应用经济数学（上）

主　编：段　渊
副主编：陈剑军　师亚萍　芮伟芳
参　编：张　庚　李小琴　史慧娟

北京理工大学出版社
BEIJING INSTITUTE OF TECHNOLOGY PRESS

内 容 简 介

本书是"行知教育协作联盟"用书,由广东科技学院和黄河交通学院联合编写.全书分上、下两册,本书为上册,主要包括极限与连续、一元函数微分学、一元函数积分学、多元函数微积分、无穷级数、微分方程与差分方程初步,书末附有各章习题的参考答案及部分解题过程.

本书以"掌握基础、强化应用、提高能力"为宗旨,突出体现知识的应用及与专业的结合,书中配有丰富的应用例题与习题.

本书适用于应用型本科院校经管类各专业,也可作为经管类专业学生继续深造及各类证书考试的参考用书,并可作为经管类从业人员的参考工具书.

版权专有　侵权必究

图书在版编目(CIP)数据

应用经济数学. 上 / 段渊主编. —北京:北京理工大学出版社,2020.8
ISBN 978-7-5682-8974-0

Ⅰ. ①应… Ⅱ. ①段… Ⅲ. ①经济数学–高等学校–教材 Ⅳ. ①F224.0

中国版本图书馆 CIP 数据核字(2020)第 163548 号

出版发行 /	北京理工大学出版社有限责任公司
社　　址 /	北京市海淀区中关村南大街5号
邮　　编 /	100081
电　　话 /	(010) 68914775(总编室)
	(010) 82562903(教材售后服务热线)
	(010) 68948351(其他图书服务热线)
网　　址 /	http://www.bitpress.com.cn
经　　销 /	全国各地新华书店
印　　刷 /	三河市天利华印刷装订有限公司
开　　本 /	787毫米×1092毫米　1/16
印　　张 /	17
字　　数 /	400千字
版　　次 /	2020年8月第1版　2020年8月第1次印刷
定　　价 /	48.00元

责任编辑 / 孟祥雪
文案编辑 / 孟祥雪
责任校对 / 周瑞红
责任印制 / 李志强

图书出现印装质量问题,请拨打售后服务热线,本社负责调换

前 言 PREFACE

随着高等教育大众化的不断推进，越来越多的高校走上了应用型高等教育的探索之路．数学教育作为高等教育重要的一部分，如何体现"应用"性，如何为"高素质应用型人才"的培养打好理论基础，如何在基础理论课与地方本科院校生源状况的夹缝中找到突破，长期以来是数学教师们研究和探索的主要课题．本教材就是基于以上的思考，遵循"立足基础、强化能力、突出应用"的编写原则，围绕"应用+实用"的指导思想，在应用型本科数学课教材建设方面的一次尝试与探索．本教材有以下几方面的特色：

1. 打破传统学科本位的思想，在不影响学科体系完整性、系统性的前提下，淡化理论学习，强化知识应用，力求使抽象的概念通俗、形象、直观．

2. 加强数学和专业知识的融合．在教材的每一章都安排一节内容，专门介绍本章知识在经济领域的应用．通过这些经济案例的教学，学生可以将所学知识融会贯通，提高应用能力，并为后续的专业学习打好基础．

3. 教材涵盖大学数学的所有内容，包括一元微积分、多元微积分、无穷级数、微分方程与差分方程、概率论、线性代数及数学规划等，可以满足不同专业学生的学习需求．

4. 教材展示数学应用的广泛性，通过大量的数学应用例题和习题，使学生能体会到数学的应用价值，更明确学习数学的目的．

5. 教材渗透数学文化的教育，每章的开篇都有一个对本章知识及一两位数学家的简短介绍，让教材更具有可读性，扩大学生的知识面，丰富学生的课外知识．

全书分上、下两册，共9章，上册内容有极限与连续、一元函数微分学、一元函数积分学、多元函数微积分、无穷级数、微分方程与差分方程初步．下册内容有线性代数、概率论、数学规划．各册书末均配有习题答案．

本教材为"行知教育协作联盟"用书，由广东科技学院和黄河交通学院联合编写．主编为段渊教授．具体编写分工如下：段渊负责第1、2章；师亚萍负责第3、4章；芮伟芳负责第5章；史慧娟负责第6章；陈剑军负责第7章；张庚负责第8章；李小琴负责第9章．教材在编写过程中，得到"行知教育协作联盟"、广东科技学院、黄河交通学院各级领导和老师的大力支持，在此表示由衷的感谢！

由于编者水平所限，教材中不足和考虑不周之处难免，甚至存在错误，我们期望得到专家、同行和读者的批评指正，使本教材在教学实践中不断完善．

编　者

目 录 CONTENTS

第1章 极限与连续 ... 1

1.1 函数及常用经济函数 ... 2
一、函数的概念 ... 2
二、常用函数及其图像 ... 6
三、常用经济函数 ... 12

1.2 函数的极限 ... 14
一、函数极限的概念 ... 14
二、极限的四则运算法则 ... 16

1.3 无穷大量与无穷小量 ... 18
一、无穷小量 ... 18
二、无穷小量的性质 ... 19
三、无穷小量的比较 ... 19
四、无穷大量 ... 20

1.4 极限存在准则与两个重要极限 ... 21
一、夹逼定理 ... 21
二、第一重要极限 ... 21
三、第二重要极限 ... 22

1.5 函数的连续性 ... 23
一、函数的连续与间断 ... 23
二、连续函数的基本性质 ... 24
三、闭区间上连续函数的性质 ... 25

1.6 极限在经济中的应用 ... 26
一、单利与复利 ... 26
二、年金 ... 31
三、连续复利与永续年金 ... 37
习题一 ... 41

第2章 一元函数微分学 ... 45

2.1 导数的概念 ... 46
一、问题的提出 ... 46
二、导数的定义 ... 47
三、导数的几何意义 ... 49

2.2 导数的计算 … 50
一、几个基本初等函数的导数公式 … 50
二、导数的四则运算法则 … 51
三、复合函数的求导法则 … 52
四、高阶导数 … 55
五、函数的微分 … 56

2.3 微分中值定理 … 58
一、罗尔（Rolle）定理 … 58
二、拉格朗日（Lagrange）中值定理 … 58
三、柯西（Cauchy）中值定理 … 60

2.4 洛必达法则 … 60
一、"$\dfrac{0}{0}$"型和"$\dfrac{\infty}{\infty}$"型未定式 … 60
二、其他类型的未定式 … 62

2.5 函数的极值与最值 … 64
一、函数的单调性 … 64
二、函数极值与判别方法 … 65
三、函数的最大值与最小值 … 67

2.6 最值经济 … 69
一、最优化问题 … 69
二、经济生产批量模型 … 70
三、经济订货批量模型 … 71
四、固定资产的经济寿命模型 … 73

2.7 边际与弹性 … 74
一、边际 … 74
二、弹性 … 76

习题二 … 81

第3章 一元函数积分学 … 84

3.1 定积分概念与性质 … 85
一、定积分的概念 … 85
二、定积分的性质 … 88

3.2 原函数与微积分基本公式 … 90
一、原函数 … 90
二、积分上限函数及其导数 … 90
三、微积分基本公式 … 91

3.3 不定积分 … 93
一、不定积分的定义 … 93

二、不定积分的性质与基本积分公式 ………………………… 93
三、不定积分的积分法 ………………………… 96
3.4 定积分的计算 ………………………… 101
一、定积分的换元积分法 ………………………… 101
二、定积分的分部积分法 ………………………… 102
3.5 反常积分 ………………………… 103
3.6 积分的应用 ………………………… 105
一、定积分计算平面图形的面积 ………………………… 105
二、积分的经济应用 ………………………… 107
习题三 ………………………… 112

第4章 多元函数微积分 ………………………… 116
4.1 二元函数及其图形 ………………………… 117
4.2 二元函数的极限与连续 ………………………… 118
4.3 二元函数的偏导数 ………………………… 120
一、偏导数的概念 ………………………… 120
二、高阶偏导数 ………………………… 121
4.4 偏导数的经济应用 ………………………… 122
一、联合成本函数的边际成本 ………………………… 122
二、边际生产率 ………………………… 123
三、相互关联商品的边际需求 ………………………… 124
四、需求的偏弹性 ………………………… 125
4.5 多元函数的极值 ………………………… 127
一、无约束条件极值与判别法 ………………………… 127
二、多元函数的有约束条件极值 ………………………… 129
4.6 二重积分 ………………………… 133
一、二重积分的概念 ………………………… 133
二、二重积分的性质 ………………………… 135
三、直角坐标系下二重积分的计算 ………………………… 136
习题四 ………………………… 140

第5章 无穷级数 ………………………… 144
5.1 常数项级数的概念与性质 ………………………… 145
一、常数项级数的概念 ………………………… 145
二、常数项级数的性质 ………………………… 147
5.2 正项级数敛散性判别法 ………………………… 148
5.3 任意项级数敛散性判别法 ………………………… 153
一、交错级数及其敛散性 ………………………… 153
二、绝对收敛与条件收敛 ………………………… 154

5.4 函数项级数 ······ 156
一、函数项级数的概念 ······ 156
二、幂级数及其敛散性 ······ 157
三、幂级数在其收敛区间内的基本性质 ······ 161
四、求幂级数的和函数 ······ 161

5.5 函数展开成幂级数 ······ 163
一、泰勒公式 ······ 163
二、泰勒级数 ······ 163
三、函数展开成幂级数 ······ 165

5.6 级数在经济学中的几个简单应用案例 ······ 169
习题五 ······ 172

第6章 微分方程与差分方程初步 ······ 175

6.1 微分方程的基本概念 ······ 176

6.2 一阶微分方程及其解法 ······ 179
一、可分离变量的微分方程 ······ 179
二、齐次方程 ······ 182
三、可化为齐次方程的微分方程* ······ 184
四、一阶线性微分方程 ······ 186
五、伯努利（Bernoulli）方程 ······ 189

6.3 微分方程的降阶法 ······ 190
一、$y^{(n)}=f(x)$ 型的微分方程 ······ 190
二、不显含未知函数 y 的方程 ······ 191
三、不显含自变量 x 的方程 ······ 192

6.4 二阶常系数线性微分方程 ······ 194
一、线性微分方程解的性质与结构 ······ 194
二、二阶常系数齐次线性微分方程及其解法 ······ 196
三、二阶常系数非齐次线性微分方程及其解法 ······ 199

6.5 常微分方程在经济中的应用 ······ 204
一、微分方程在弹性分析中的应用 ······ 204
二、微分方程在产量、成本、收入、利润问题上的应用 ······ 204
三、微分方程在国民收入、国民债务问题上的应用 ······ 206
四、微分方程在流动的收入、消费、投资问题上的应用 ······ 207
五、存储过程中食物腐败的微分方程模型 ······ 207
六、多马经济增长模型 ······ 208

6.6 差分方程的基本概念 ······ 208
一、一阶差分的概念与性质 ······ 208
二、高阶差分 ······ 210

三、常差分方程的概念 ········· 211
　　四、线性差分方程及其基本定理 ········· 212
6.7　一阶常系数线性差分方程及其解法 ········· 213
　　一、齐次差分方程的通解 ········· 213
　　二、非齐次差分方程的通解与特解 ········· 214
6.8　差分方程在经济学中的应用 ········· 217
　　一、存款模型 ········· 217
　　二、动态供需均衡模型（蛛网定理） ········· 217
　　三、凯恩斯乘数动力学模型 ········· 219
　　四、哈罗德经济增长模型 ········· 219
　　习题六 ········· 220
附录 ········· 226
　　附录一　复利终值系数表 ········· 226
　　附录二　复利现值系数表 ········· 230
　　附录三　普通复利年金终值系数表 ········· 234
　　附录四　普通复利年金现值系数表 ········· 238
参考答案 ········· 242
参考文献 ········· 255

第1章 极限与连续

※**数学史话**※

极限思想的起源

数学家拉夫纶捷夫曾说:"数学极限法的创造是对那些不能够用算术、代数和初等几何的简单方法来求解的问题进行了许多世纪的顽强探索的结果."极限思想的历史可谓源远流长,一直可以追溯到2 000多年前. 这一时期可以称作极限思想的萌芽阶段. 其突出特点为人们已经开始意识到极限的存在,并且会运用极限思想解决一些实际问题,但是还不能够对极限思想得出一个抽象的概念. 也就是说,这时的极限思想建立在一种直观的原始基础上,没有上升到理论层面,人们还不能够系统而清晰地利用极限思想解释现实问题. 极限思想的萌芽阶段以希腊的芝诺,中国古代的惠施、刘徽、祖冲之等为代表.

提到极限思想,就不得不提到著名的阿基里斯(Achilles)悖论——一个困扰了数学界十几个世纪的问题. 阿基里斯悖论是由古希腊的著名哲学家芝诺提出的,他的话援引如下:"阿基里斯①不能追上一只逃跑的乌龟,因为在他到达乌龟所在的地方所花的那段时间里,乌龟能够走开. 然而即使它等着他,阿基里斯也必须首先到达他们之间一半路程的目标;并且,为了能到达这个中点,他必须首先到达距离这个中点一半路程的目标,这样无限继续下去. 从概念上,面临这样一个倒退,他甚至不可能开始,因此运动是不可能的." 就是这样一个从直觉与现实两个角度都不可能的问题困扰了世人十几个世纪,直至17世纪随着微积分的发展,极限的概念得到进一步的完善,人们对阿基里斯悖论造成的困惑才得以解除.

我国春秋战国时期的哲学名著《庄子》记载着惠施的一句名言"一尺之棰,日取其半,万事不竭."也就是说,从一尺长的竿,每天截取前一天剩下的一半,随着时间的流逝,竿会越来越短,长度越来越趋近于零,但又永远不会等于零. 这更是从直观上体现了极限思想. 我国古代的刘徽和祖冲之计算圆周率时所采用的"割圆术"则是极限思想的一种基本应用. 所谓"割圆术",是用圆内接正多边形的面积去无限逼近圆面积并以此求取圆周率的方法,即用半径为R的圆的内接正多边形的边数n一倍一倍地增多,多边形的面积就越来越接近于圆的面积. 但可以想象,如果把这个过程无限次地继续下去,就能得到精确的圆面积.

以上诸多事例是极限思想萌芽阶段的一些表现,尽管在这一阶段人们没有明确提出极限这一概念,但是哲人们留下的这些生动事例却是激发后人继续积极探索极限、发展极限思想的不竭动力. 极限思想的发展阶段大致在16、17世纪. 在这一阶段,真正意义上的极限得

---

① 希腊的神行太保,以跑步快而闻名.

以产生. 从这一时期开始,极限与微积分开始形成密不可分的关系,并且最终成为微积分的直接基础.

数 学 家

祖冲之(429—500 年),字文远,范阳郡遒县(今河北省涞水县)人,南北朝时期杰出的数学家、天文学家. 祖冲之一生钻研自然科学,其主要贡献在数学、天文历法和机械制造三方面. 他在刘徽开创的探索圆周率的精确方法的基础上,首次将"圆周率"精算到小数第七位,即在 3.141 592 6 和 3.141 592 7 之间,他提出的"祖率"对数学的研究有重大贡献. 直到 16 世纪,阿拉伯数学家阿尔·卡西才打破了这一纪录. 由他撰写的《大明历》是当时最科学最进步的历法,为后世的天文研究提供了正确的方法. 其主要著作有《安边论》《缀术》《述异记》与《历议》等.

阿基米德(Archimedes,公元前 287—前 212 年),生于叙拉古(现意大利西西里岛). 他才智过人、成果卓著,被誉为古代最伟大的数学家和科学家. 他的传世名著有《圆的测量》《论球体和圆柱体》《论劈锥曲面体与球体》《抛物线弓形求积》《论螺线》与《砂粒计算》等. 他巧妙地把欧克多索斯的穷竭法和德·谟克利特的原子论观点结合起来,通过严密的计算,解决了求几何图形的面积、体积、曲线场等问题. 他突破了传统的有限运算,采用了无限逼近的思想,将需要求积的量分成许多微小单元,再来用另一组容易计算总和的微小单元来进行比较. 他的无穷小概念到 17 世纪被牛顿作为微积分的基础. 阿基米德的杰出成就丰富了古代数学内容,其思想的深度和论述的严密性在当时是极为罕见的,因而被人们称为"数学之神",并与高斯、欧拉和牛顿并称为 19 世纪以前的"数学四杰".

1.1 函数及常用经济函数

一、函数的概念

(一) 常量与变量

在日常生产、生活中,我们会遇到量的概念,如时间、速度、价格、利息、成本、利润等. 这些量在数学中分为两类:常量和变量. 在某个考察时期内,取值保持不变的量是常量,可以取不同数值的量是变量. 本书除非特别声明,所指量都是在实数范围内讨论的.

例如:销售某种产品时,涉及三个量:销售量 x,单价 p,销售额 y,且 $y = p \cdot x$. 在一定时期内,价格 p 通常是不变的,是常量,而销售量 x 是变化的,随着 x 的变化,销售额 y 也在变化,故 x 和 y 都是变量.

又如,计算产品的总成本时,其中固定成本是常量,可变成本及总成本都是变量. 常量与变量也是相对的,不是一成不变的. 如在前面两个例子中,随着生产的发展和供求关系的变化，单价也要作相应的调整，当产量增加到一定程度时，固定成本也可能相应增加.

在数学中，常量常用字母 a、b、c 等表示，变量常用字母 x、y、z 等表示.

变量的变化通常是有范围的，也就是说变量的取值必须是某个范围内的数值，即变量的取值范围. 如时间的取值为 $0 \sim 24$ h，变量的取值范围通常用区间来表示.

满足不等式 $a < x < b$ 的实数的全体组成的集合，叫作开区间，记为 (a,b)，即
$$(a,b) = \{x \mid a < x < b\}$$

满足不等式 $a \leq x \leq b$ 的实数的全体组成的集合，叫作闭区间，记为 $[a,b]$，即
$$[a,b] = \{x \mid a \leq x \leq b\}$$

下面两个为半开半闭区间：
$$(a,b] = \{x \mid a < x \leq b\}, [a,b) = \{x \mid a \leq x < b\}$$

以上这些区间都为有限区间，数 $b-a$ 为区间的长度.

此外还有无限区间
$$(-\infty, +\infty) = \{x \mid -\infty < x < +\infty\}$$
$$(-\infty, b) = \{x \mid -\infty < x < b\}$$
$$(-\infty, b] = \{x \mid -\infty < x \leq b\}$$
$$(a, +\infty) = \{x \mid a < x < +\infty\}$$
$$[a, +\infty) = \{x \mid a \leq x < +\infty\}$$

这里记号 "$-\infty$" 与 "$+\infty$" 分别表示"负无穷大"与"正无穷大".

邻域也是常用的一类区间.

设 x_0 是一个给定的实数，δ 是某一正数，称数集：$\{x \mid x_0 - \delta < x < x_0 + \delta\}$ 为点 x_0 的 δ 邻域，记作 $U(x_0, \delta)$. 即
$$U(x_0, \delta) = \{x \mid x_0 - \delta < x < x_0 + \delta\}$$

称点 x_0 为该邻域的中心；δ 为该邻域的半径. 称 $U(x_0, \delta) - \{x_0\}$ 为 x_0 的去心 δ 邻域，记作 $\mathring{U}(x_0, \delta)$，即
$$\mathring{U}(x_0, \delta) = \{x \mid 0 < |x - x_0| < \delta\}$$

下面两个数集：
$$\mathring{U}(x_0^-, \delta) = \{x \mid x_0 - \delta < x < x_0\}$$
$$\mathring{U}(x_0^+, \delta) = \{x \mid x_0 < x < x_0 + \delta\}$$

分别称为 x_0 的左 δ 邻域和右 δ 邻域. 当不需要指出邻域的半径时，我们用 $U(x_0)$, $\mathring{U}(x_0)$ 分别表示 x_0 的某邻域和 x_0 的某去心邻域，$\mathring{U}(x_0^-, \delta)$, $\mathring{U}(x_0^+, \delta)$ 分别表示 x_0 的某左邻域和 x_0 的某右邻域.

（二）函数的定义

我们除了要考查变量的取值范围之外，还要研究在同一过程中，各变量相互之间所存在

的关系. 例如,产量的变化会引起总成本的变化,那么它们之间存在怎样的一种变化规律? 价格的变动会引起需求量的变动,它们之间的变动规律是什么? 在数学中,我们可以函数关系来表示这些变化规律.

定义 设 x 和 y 是两个变量,如果变量 y 随变量 x 的变化而变化,且对于 x 变化范围内的每一个值,按照一定的规律 f,y 总有一个确定的值和它对应,则称变量 y 是变量 x 的函数. 记作 $y=f(x)$,其中 x 是自变量,y 是因变量(或函数值). x 的变化范围称为函数的定义域,记作 D;所有因变量 y 组成的集合 $\{y|y=f(x),x\in D\}$ 称为值域,记作 $R(f)$.

函数也可用 $w=g(t)$,$u=\varphi(v)$ 等表示.

若 $x_0 \in D$,则称 $f(x)$ 在 x_0 处有定义,x_0 对应的函数值,记作 y_0 或 $f(x_0)$.

通常,函数是指对应法则 f,但习惯上用"$y=f(x), x\in A$"表示函数,此时应理解为"由对应关系 $y=f(x)$ 所确定的函数 f". 确定一个函数有两个基本要素,即定义域和对应法则. 如果没有特别规定,我们约定:定义域表示使函数有意义的范围,即自变量的取值范围. 如 $y=\dfrac{1}{1-x}$ 定义域为 $(-\infty,1)\cup(1,+\infty)$. 在实际问题中,定义域可根据函数的实际意义来确定. 例如,在时间 t 的函数 $f(t)$ 中,t 通常取非负实数.

如果两个函数的定义域相同,且对应法则也相同,则称这两个函数是相同的.

例 1 求函数 $y=\sqrt{5-x}+\ln(x-1)$ 的定义域.

解 要使函数有意义,则

$$5-x \geqslant 0 \text{ 且 } x-1 > 0$$

即 $x \leqslant 5$ 且 $x > 1$

因此该函数定义域为 $(1,5]$.

(三) 函数的表示

函数的表示法有:公式法(解析法)、列表法、图像法.

数学中通常采用公式法表示,即运用数学运算符号表示变量之间的关系的方法,也称解析法. 函数用解析法表示,便于从数学上对它作定量分析和推导演算. 如何用解析法表示出存在于实际问题中的函数关系,并没有统一的方法,必须对具体问题具体分析,分清变量常量,自变量和因变量,并根据问题所给的条件运用数学及有关知识列出函数关系式.

下面以几个简单例子为例,用解析法建立函数关系.

例 2 某工厂生产某种产品,现有生产能力最多能生产 200 件,固定成本 120 元,每多生产一件,成本增加 7 元,产品售价为 15 元,试确定总成本及产品销售利润与产量的函数关系式.

解 设产量为 x,总成本为 y,产品销售利润为 L,因为总成本 = 固定成本 + 变动成本,所以 $y=120+7x$,其中 $0 \leqslant x \leqslant 200$,又知产品销售利润 = 总收入 - 总成本,当产量为 x 时,收入为 $15x$,因此

$$L = 15x - y = 15x - (120+7x) = 8x - 120 \quad (0 \leqslant x \leqslant 200)$$

例 3 一边长为 a 的正方形铁皮,在四角分别剪去四个小正方形后,折成一个无盖的长

方体盒子,试建立小正方形的边长与长方体盒子容积之间的函数关系.(见图1-1)

解 设小正方形的边长为 x,长方体盒子的容积为 y. 则长方体的底面积为 $(a-2x)^2$,高为 x.

由长方体体积公式,知
$$y=(a-2x)^2 \cdot x$$
其中 $0<x<\dfrac{a}{2}$.

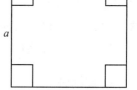

图 1-1

例 4 某防空洞的截面是矩形加半圆,周长为 l m,试把截面积表示为矩形底宽 x 的函数.

解 设矩形的长为 y,防空洞的截面积为 S.

那么防空洞的截面积 S 由矩形和半圆两部分组成(见图1-2).

两部分面积分别为 $xy(\text{m}^2)$,$\dfrac{1}{2}\pi\left(\dfrac{x}{2}\right)^2(\text{m}^2)$,

所以
$$S=xy+\dfrac{1}{2}\pi\left(\dfrac{x}{2}\right)^2$$

又知
$$x+2y+\dfrac{x}{2}\pi=l$$
$$y=\dfrac{l}{2}-\dfrac{x}{2}-\dfrac{\pi}{4}x$$

则
$$S=xy+\dfrac{1}{2}\pi\left(\dfrac{x}{2}\right)^2$$
$$=\dfrac{1}{2}\left[lx-\left(1+\dfrac{\pi}{4}\right)x^2\right]$$

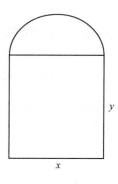

图 1-2

(四) 函数的特性

1. 奇偶性

对于函数 $y=f(x)$,$x\in D$,D 为以原点为中心的对称区间. 若对于任意 $x\in D$,都有 $f(-x)=f(x)$,则函数 $f(x)$ 在 D 上为偶函数;若对于任意 $x\in D$,都有 $f(-x)=-f(x)$,则函数 $f(x)$ 在 D 上为奇函数.

偶函数图像关于 y 轴对称,奇函数图像关于原点对称.

例如:函数 $y=\sin x$ 是奇函数,函数 $y=\cos x$ 是偶函数,函数 $y=\sin x+\cos x$ 是非奇非偶函数.

2. 单调性

设函数 $f(x)$ 定义在区间 I 上,若对任意两点 $x_1,x_2\in I$,当 $x_1<x_2$ 时,总有 $f(x_1)<f(x_2)$,则称 $f(x)$ 在 I 上单调递增. 若有 $f(x_1)>f(x_2)$,则称 $f(x)$ 在 I 上单调递减.

例如:函数 $f(x)=x^2$ 在区间 $[0,+\infty)$ 内是单调增加的,在区间 $(-\infty,0]$ 上是单调减少的.

3. 有界性

设函数 $f(x)$ 定义在 I 上,若存在一个正数 M,对任意的 $x \in I$,恒有 $|f(x)| \leq M$,则称函数 $f(x)$ 在 I 上有界,否则为无界.

如:$y = \sin x$ 在 $(-\infty, +\infty)$ 内有界,因为对任何 x,恒有 $|\sin x| \leq 1$.

4. 周期性

设函数 $f(x)$ 定义在 I 上,若存在 $l \neq 0$,对于任意 $x \in D, x \pm l \in D$ 且使得 $f(x \pm l) = f(x)$ 恒成立,则称 $f(x)$ 在 I 上为周期函数. 满足上述条件的 l 中最小的正数称为函数的最小正周期,简称周期.

如:$y = \sin x$ 是周期为 2π 的周期函数. $y = \tan x$ 是以 π 为周期的周期函数.

二、常用函数及其图像

(一) 幂函数 $y = x^\alpha$ (α 为任意实数)

该函数较复杂,它的性质随 α 而定,但不论 α 为何值,x^α 在 $(0, +\infty)$ 内都有定义,而且图形都经过点 $(1, 1)$. (见图 1-3 (a) 和图 1-3 (b))

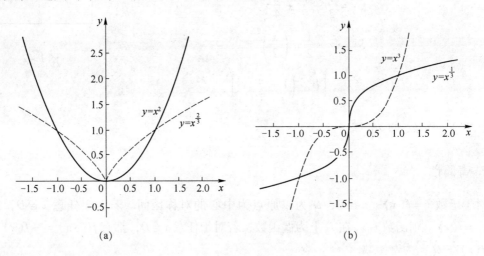

图 1-3

如 $y = x^2, y = x^{\frac{2}{3}}$ 等. 定义域为 $(-\infty, +\infty)$,图形关于 y 轴对称.

$y = x^3$ 定义域为 $(-\infty, +\infty)$,图形关于原点对称.

1. 一次函数

形如 $y = kx + b$ (k, b 为常数,且 $k \neq 0$) 的函数,称为一次函数或线性函数. (见图 1-4) 它的图像是一条直线,其中 k 为直线的斜率,b 是在 y 轴上的截距. $k > 0$ 时函数递增;$k < 0$ 时函数递减.

2. 二次函数

形如 $y=ax^2+bx+c$（a,b,c 为常数，$a\neq 0$）的函数称为二次函数.（见图 1 – 5）

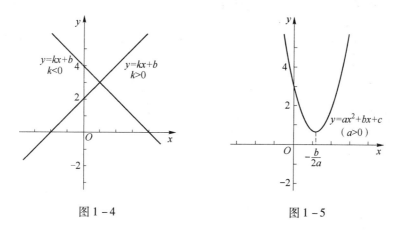

图 1 – 4   图 1 – 5

它的图像是一条抛物线. 当 $a>0$ 时, 抛物线开口向上; 当 $a<0$ 时, 抛物线开口向下. 抛物线的对称轴为 $x=-\dfrac{b}{2a}$, 顶点坐标为 $\left(-\dfrac{b}{2a},\dfrac{4ac-b^2}{4a}\right)$.

3. 正比例函数

形如 $y=kx(k\neq 0)$ 的函数称为正比例函数, k 为比例系数, 图像经过点 $(0,0)$.（见图 1 – 6）

当 $k>0$ 时, 函数单调递增, 图像经过一、三象限;

当 $k<0$ 时, 函数单调递减, 图像经过二、四象限.

如：利率一定的情况下，利息 I 是时间 t 的正比例函数.

税率一定的情况下，纳税额 y 是销售额 x 的正比例函数.

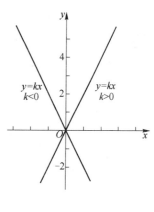

图 1 – 6

4. 反比例函数

形如 $y=\dfrac{k}{x}$（k 是常数且 $k\neq 0$）的函数称为反比例函数.

也可写成 $x\cdot y=k$.（见图 1 – 7）

当 $k>0$ 时, 函数单调递减, 图像在一、三象限;

当 $k<0$ 时, 函数单调递增, 图像在二、四象限.

例如：将一篇 20 000 字的书稿，打印成文，若录入文字的速度是 V（字/min）. 完成录入的时间为 t（min），则 V 与 t 之间就是反比例函数关系：$V=\dfrac{20\,000}{t}$.

经济活动中反比例函数的例子也很多.

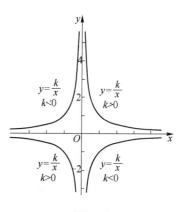

图 1 – 7

如：工作总量一定，则劳动生产率 y 与生产工人人数 x 成反比例函数；

折旧总额一定，则年折旧费 y 与使用年限 t 成反比例函数.

（二）指数函数 $y = a^x$ $(a>0, a\neq 1)$

定义域为 $(-\infty, +\infty)$，都过点 $(0, 1)$. 当 $a>1$ 时，$y=a^x$ 是单调递增的，当 $0<a<1$ 时，$y=a^x$ 是单调减少的. （见图 1-8）

以 $e = 2.718\cdots$ 为底的指数函数 $y = e^x$ 称为自然指数函数.

（三）对数函数 $y = \log_a x$ $(a>0, a\neq 1)$

定义域为 $(0, +\infty)$，都过点 $(1, 0)$. 当 $a>1$ 时，函数单调递增；当 $0<a<1$ 时，函数单调递减. （见图 1-9）

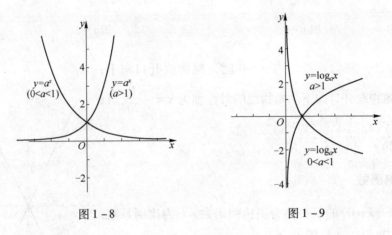

图 1-8　　　　　图 1-9

以 e 为底的对数函数 $y = \log_e x$ 称为自然对数函数，记作 $\ln x$. 另外，以 10 为底的对数函数 $y = \log_{10} x$，记作 $\lg x$.

（四）三角函数 $\sin x$，$\cos x$，$\tan x$，$\cot x$

1. 正弦函数 $y = \sin x$

定义域为 **R**；值域为 $[-1, 1]$；是周期函数，最小正周期为 2π；是奇函数，是有界函数. （见图 1-10）

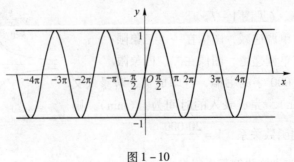

图 1-10

2. 余弦函数 $y = \cos x$

定义域为 **R**；值域为 $[-1,1]$；是周期函数，最小正周期为 2π；是偶函数；是有界函数．（见图 1-11）

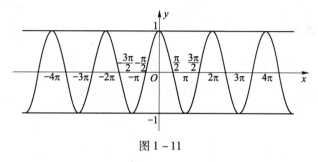

图 1-11

3. 正切函数 $y = \tan x = \dfrac{\sin x}{\cos x}$

定义域为 $x \neq \dfrac{\pi}{2} + n\pi$ 的全体实数；值域为 $(-\infty, +\infty)$；是周期函数，最小正周期为 π；是奇函数；是无界函数．（见图 1-12）

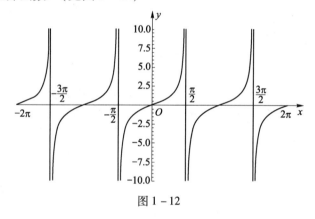

图 1-12

4. 余切函数 $y = \cot x = \dfrac{\cos x}{\sin x}$

定义域为 $x \neq n\pi$ 的全体实数；值域为 $(-\infty, +\infty)$；是周期函数，最小正周期为 π；是奇函数；是无界函数．（见图 1-13）

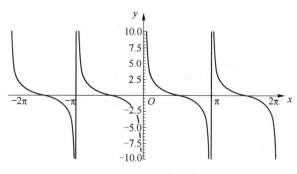

图 1-13

另外，常用的三角函数还有正割函数 $y = \sec x$，余割函数 $y = \csc x$. 它们都是以 2π 为周期的周期函数，且

$$\sec x = \frac{1}{\cos x}, \csc x = \frac{1}{\sin x}$$

（五）分段函数

有些函数对于其定义域内自变量 x 不同的值，不能用一个统一的数学表达式表示，而要用两个或者两个以上的式子表示，这类函数称为"分段函数".

例如

$$y = |x| = \begin{cases} x, & x > 0 \\ -x, & x \leq 0 \end{cases} \quad \text{（见图 1-14）}$$

$$y = \begin{cases} x+1, & x < 0 \\ 0, & x = 0 \\ x-1, & x > 0 \end{cases} \quad \text{（见图 1-15）}$$

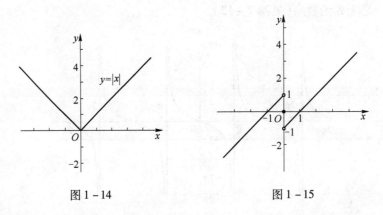

图 1-14　　　　　　　图 1-15

在实际应用中经常会用到分段函数这种表示形式.

例 5　某厂生产产品 1 000 t，定价为 130 元/t，当售出量不超过 700 t 时，按原价出售，超过 700 t 的部分按原价九折出售，试建立销售收入与销售量之间的函数关系.

解　设销售量为 x，则

$$f(x) = \begin{cases} 130x, & 0 < x \leq 700 \\ 700 \times 130 + (x-700) \times 130 \times 0.9, & 700 < x \leq 1\,000 \end{cases}$$

化简，得

$$f(x) = \begin{cases} 130x, & 0 < x \leq 700 \\ 9\,100 + 117x, & 700 < x \leq 1\,000 \end{cases}$$

例 6　旅客乘坐飞机时，随身携带的物品不超过 20 kg 免费；超过 20 kg 的部分，每千克收费 0.5 元；超过 50 kg 的部分，每千克再加收 50%，试列出收费与物品总量的函数关系式.

解　设随身携带的物品重量为 x kg，则

$$f(x)=\begin{cases}0, & 0\leqslant x\leqslant20\\(x-20)\times0.5, & 20<x\leqslant50\\30\times0.5+(x-50)\times(1+50\%)\times0.5, & x>50\end{cases}$$

化简，得

$$f(x)=\begin{cases}0, & 0\leqslant x\leqslant20\\0.5x-10, & 20<x\leqslant50\\0.75x-22.5, & x>50\end{cases}$$

例7 《中华人民共和国个人所得税》规定，公民月工资薪金所得不超过5 000元的部分不必纳税，超过5 000元的部分为应纳税所得额，此项税款按表1-1计算.

表 1-1

级数	全月应纳税所得额	税率/%	速算扣除数
1	不超过3 000元的部分	3	0
2	超过3 000元至12 000元的部分	10	210
3	超过12 000元至25 000元的部分	20	1 410
4	超过25 000元至35 000元的部分	25	2 660
…	…	…	…

注：纳税额 = 应纳税所得额 × 税率.

据表1-1解答下列问题：

(1) 设甲的工资、薪金所得为 x 元，须缴交的所得税款为 y 元，试写出 y 与 x 的函数关系式.

(2) 若乙1月份应交所得税为175元，那么他1月份的工资是多少元？

解 (1) 由表1-1可知，不同级数的税率不同，超过5 000元的部分要分段计算应交税款，是每段税款之和，因此建立的应为分段函数.

若 $x\leqslant5\ 000$，税款为0元；

若 $0<(x-5\ 000)\leqslant3\ 000$，即 $5\ 000<x\leqslant8\ 000$，应纳税所得额为 $(x-5\ 000)$ 元，则应交税款 $y=(x-5\ 000)\times3\%$.

若 $3\ 000<(x-5\ 000)\leqslant12\ 000$，即 $8\ 000<x\leqslant17\ 000$，所交税款应由两部分组成，其中3 000元按税率3%计算，超过8 000元而不足17 000元的部分 $(x-5\ 000-3\ 000)$ 元按10%交税，则应交税款 $y=3\ 000\times3\%+(x-8\ 000)\times10\%=(x-5\ 000)\times10\%-210$，其中，210为表中的速算扣除数.

若 $12\ 000<(x-5\ 000)\leqslant25\ 000$，即 $17\ 000<x\leqslant30\ 000$，所交税款应由三部分组成，其中3 000元按税率3%计算，9 000元按10%计算，超过17 000元而不足30 000元的部分 $(x-5\ 000-9\ 000-3\ 000)=(x-17\ 000)$ 元按20%计算.

则应交税款 $y=3\ 000\times3\%+9\ 000\times10\%+(x-17\ 000)\times20\%$

$=(x-5\ 000)\times20\%-1\ 410$

以下级别可类似推出：

所以，y 与 x 的函数关系为

$$y = \begin{cases} 0, & x \leqslant 5\,000 \\ (x - 5\,000) \times 3\%, & 5\,000 < x \leqslant 8\,000 \\ (x - 5\,000) \times 10\% - 210, & 8\,000 < x \leqslant 17\,000 \\ (x - 5\,000) \times 20\% - 1\,410, & 17\,000 < x \leqslant 30\,000 \\ \cdots & \cdots \end{cases}$$

（2）根据第（1）小题结论，当收入在 8 000 元至 17 000 元之间时，纳税额应在 $(8\,000 - 5\,000) \times 3\% = 90$ 元至 $(17\,000 - 5\,000) \times 10\% - 210 = 990$ 元之间，乙 1 月份应交所得税为 175 元，所以

$$175 = (x - 5\,000) \times 10\% - 210$$

解得 $x = 8\,850$.

则乙 1 月份的工资为 8 850 元.

三、常用经济函数

（一）需求函数与供给函数

1. 需求函数

在经济学中，"需求"是指消费者在一定时间内，在不同的价格水平下愿意并且能够购买某种商品的数量．一般来说，消费者对某种商品的需求量受到很多因素的影响，如消费者的收入，商品的价格，消费者个人的喜好等．其中商品的价格 P 是影响需求量 Q 的主要因素．若将价格 P 看作自变量，需求量 Q 看作因变量，函数 $Q = Q(P)$ 就称为需求函数.

通常降低商品价格会使需求量增加，提高商品价格会使需求量减少，因此 $Q = Q(P)$ 是单调递减函数.

常见的需求函数有以下几种形式：

线性需求函数：
$$Q = a - bP \quad (a \geqslant 0, b > 0)$$

反比例需求函数：
$$Q = \frac{k}{P} \quad (k > 0)$$

二次需求函数：
$$Q = a - bP - cP^2 \quad (a \geqslant 0, b \geqslant 0, c > 0)$$

指数需求函数：
$$Q = ae^{-bP} \quad (a > 0, b > 0)$$

其中线性需求函数是最常见、最简单的需求函数.

2. 供给函数

在经济学中，"供给"是指在一定时间内，一定的价格水平下生产者愿意提供和出售的

商品数量. 某一商品的市场供给量也是由多种因素决定的,在这里,仅考虑价格这个最主要的因素,商品供给量 S 是价格 P 的函数,称为供给函数,记作 $S = S(P)$.

一般说来,商品供给量随商品价格上涨而增加;反之,价格下降将使供给量减少. 因此供给量 S 是价格 P 的单调递增函数.

常见的供给函数有:

线性供给函数:
$$S = -a + bP$$

幂数供给函数:
$$S = aP^b \quad (a > 0, b > 0)$$

3. 均衡价格

需求函数与供给函数可以帮助我们分析市场规律,使某一商品的市场需求量与供给量相等的价格 P_0 称为均衡价格,此时商品的需求量称为均衡数量,如图 1 – 16 所示. 当市场价格 P 高于均衡价格 P_0 时,供给量会大于需求量,产生供过于求的市场现象,从而使价格下降;当市场价格 P 低于均衡价格时,供给量小于需求量,则产生供不应求的市场现象,从而使价格 P 上升,实现市场价格的调节.

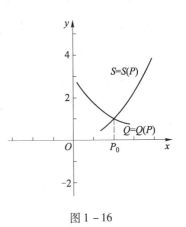

图 1 – 16

例8 已知某商品的需求函数为 $Q = 60 - \dfrac{4}{3}P$,供给函数 $S = -4 + 4P$. 求该商品的市场均衡价格和均衡数量.

解 由供需平衡条件 $Q = S$,得
$$60 - \frac{4}{3}P = -4 + 4P$$

得 $P_0 = 12$.

因此,均衡价格 $P_0 = 12$,均衡数量 $Q_0 = 44$.

(二) 成本,收入,利润

1. 总成本函数 C

总成本 C 是指生产某种产品所需要的全部费用,它由固定成本 C_0 和变动成本 C_1 组成,即 $C = C_0 + C_1$,总成本 C 是产量 q 的函数. $C = C(q)$ 称为总成本函数,即
$$C(q) = C_0 + C_1(q)$$

在经济分析中,由于从总成本中无法看出生产者生产水平的高低,故常用到平均成本的概念,即生产 q 个单位产品时,平均每单位产品的成本,记作 $\overline{C}$,则
$$\overline{C}(q) = \frac{C(q)}{q}$$

其中,q 为产量;$C(q)$ 为总成本.

2. 收入函数 R

收入是销售一定数量的商品所得的全部收入，如果产品的售价为 P，销售量为 q，则收入函数 $R(q) = Pq$。

3. 产品销售利润函数 L

生产销售一定数量产品的总收入与总成本的差称为产品销售利润

$$L(q) = R(q) - C(q)$$

例 9 设某商品的销售价格为 P（元）时，每月的需求量是 $x = 20 - \dfrac{P}{4}$。已知工厂每天生产该商品 x 单位的成本 $C(x) = 120 + 10x + x^2$（元），试求该商品销售利润函数。

解 由 $x = 20 - \dfrac{P}{4}$，得 $P = 80 - 4x$，则总收入函数为

$$R(x) = P \cdot x = x(80 - 4x)$$

所以产品销售利润函数为

$$\begin{aligned} L(x) &= R(x) - C(x) = x(80 - 4x) - (120 + 10x + x^2) \\ &= -5x^2 + 70x - 120 \end{aligned}$$

当 $L = R - C > 0$ 时，生产者盈利；

当 $L = R - C < 0$ 时，生产者亏损；

当 $L = R - C = 0$ 时，生产者盈亏平衡，使 $L(x) = 0$ 的点 x_0 称为**盈亏平衡点**（又称为**保本点**）。

例 9 中的盈亏平衡点计算如下：

令 $L(x) = -5x^2 + 70x - 120 = 0$，解方程，得 $x = 2, x = 12$。

1.2 函数的极限

一、函数极限的概念

（一）当 $x \to \infty$（$x \to +\infty$ 和 $x \to -\infty$）时，函数 $f(x)$ 的极限

例 1 讨论当 x 无限增大时函数 $y = \dfrac{1}{x}$ 的变化趋势。

先根据函数列表（见表 1-2）：

表 1-2

x	1	10	100	200	1 000	2 000	...
$y = \dfrac{1}{x}$	1	$\dfrac{1}{10}$	$\dfrac{1}{100}$	$\dfrac{1}{200}$	$\dfrac{1}{1\,000}$	$\dfrac{1}{2\,000}$	...

从表 1-2 看出，随着 x 无限增大，y 逐渐接近于 0.

一般地，当自变量 x 无限增大时，函数 $f(x)$ 无限地趋向一个常数 A，则称 A 为自变量 x 趋近于正无穷时，函数 $f(x)$ 的极限. 记作

$$\lim_{x \to +\infty} f(x) = A \text{ 或 } f(x) \to A (x \to +\infty)$$

类似地，可以定义函数在自变量 x 趋近于负无穷时的极限.

当 $x<0$，$|x|$ 无限增大时，函数 $f(x)$ 无限地趋向一个常数 A，则称 A 为自变量 x 趋近于负无穷时，函数 $f(x)$ 的极限. 记作

$$\lim_{x \to -\infty} f(x) = A \text{ 或 } f(x) \to A (x \to -\infty)$$

当函数 $f(x)$ 当 $x \to +\infty$ 和 $x \to -\infty$ 时，都以常数 A 为极限，我们就说 $f(x)$ 当 $x \to \infty$ 时以常数 A 为极限，记为

$$\lim_{x \to \infty} f(x) = A \text{ 或 } f(x) \to A (x \to \infty)$$

例 1 就有 $\lim_{x \to \infty} y = \lim_{x \to \infty} \dfrac{1}{x} = 0$.

定理 1 $\lim_{x \to \infty} f(x) = A$ 的充分必要条件是 $\lim_{x \to -\infty} f(x) = \lim_{x \to +\infty} f(x) = A$.

（二）当 $x \to x_0$ 时，函数 $f(x)$ 的极限

例 2 讨论当 $x \to 1$ 时，函数 $y = 2 + (x-1)^2$ 的变化趋势.

先根据函数列表并作图（见图 1-17），然后观察分析.

x	0.5	1.5	0.9	1.1	0.99	1.01	0.999	1.001	…
$2+(x-1)^2$	2.25		2.01		2.0001		2.00001		…

结合图 1-17 可以看出，当自变量 x 以任何方式（左侧或右侧）趋近于 1 时，函数 $y = 2 + (x-1)^2$ 都趋近于 2. 我们就称 2 是函数 $y = 2 + (x-1)^2$ 当 x 趋近于 1 时的极限.

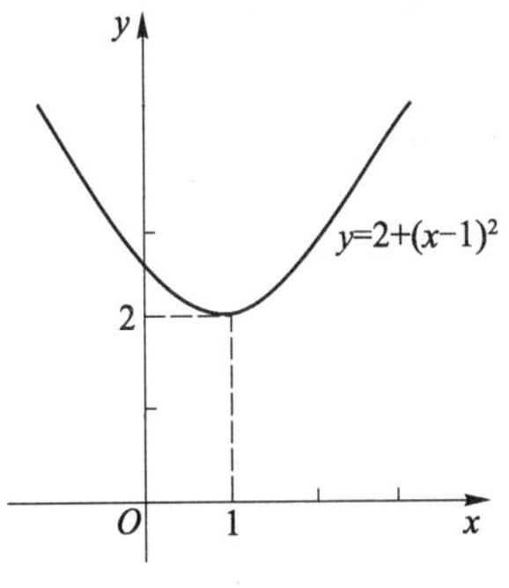

一般地，若自变量 x 无论从左侧或右侧无限趋近于 x_0，函数 $f(x)$ 都无限趋近于一个常数 A，则称当 x 无限趋近于 x_0 时，函数 $f(x)$ 以 A 为极限，记作

$$\lim_{x \to x_0} f(x) = A \text{ 或 } f(x) \to A (x \to x_0)$$

当 x 从 x_0 的左侧趋于 x_0（记作 $x \to x_0^-$）时，对应的函数值 $f(x)$ 无限趋近一个常数 A，则称 A 为函数 $f(x)$ 当 $x \to x_0^-$ 时的左极限，记为

$$\lim_{x \to x_0^-} f(x) = A, \text{ 或 } f(x) \to A (x \to x_0^-)$$

图 1-17

当 x 从 x_0 的右侧趋于 x_0（记作 $x \to x_0^+$）时，对应的函数值 $f(x)$ 无限趋近一个常数 A，则称 A 为函数 $f(x)$ 当 $x \to x_0^+$ 时的右极限，记为

$$\lim_{x \to x_0^+} f(x) = A \text{ 或 } f(x) \to A (x \to x_0^+)$$

定理 2 $\lim_{x \to x_0} f(x) = A$ 的充分必要条件是 $\lim_{x \to x_0^+} f(x) = \lim_{x \to x_0^-} f(x) = A$.

例 3 根据极限定义说明：

(1) $\lim_{x \to x_0} x = x_0$；(2) $\lim_{x \to x_0} c = c$；(3) $\lim_{x \to 0} e^x = 1$；(4) $\lim_{x \to 1} \ln x = 0$.

解 (1) 当自变量 x 趋于 x_0 时，作为函数的 x 也趋于 x_0，于是依照定义有 $\lim_{x \to x_0} x = x_0$；

(2) 无论自变量取任何值，函数都取相同的值，那么它当然趋于常数，所以 $\lim_{x \to x_0} c = c$；

(3) 当自变量 x 趋于 0 时，函数的 e^x 无限趋于 e^0，即 1，于是依照定义有 $\lim_{x \to 0} e^x = 1$；

(4) 当自变量 x 趋于 1 时，函数的 $\ln x$ 无限趋于 $\ln 1$，即 0，于是依照定义有 $\lim_{x \to 1} \ln x = 0$.

注意：

(1) $\lim_{x \to x_0} f(x)$ 表示当自变量趋近于 x_0 时，$f(x)$ 的变化趋势，而不是 $f(x)$ 在 x_0 这一孤立点的情况．它甚至不要求 $f(x)$ 在点 x_0 有定义，因此 $\lim_{x \to x_0} f(x)$ 与 $f(x_0)$ 的含义是不同的，虽然两者的值可能相等．

(2) 并非所有函数在给定点都存在极限，函数是否存在极限取决于它在某种变化过程中是否有确定的变化趋势．

例 4 设 $f(x) = \begin{cases} e^x, & x < 0 \\ x, & x \geq 0 \end{cases}$，判断 $\lim_{x \to 0} f(x)$ 是否存在．

解 因为 $\lim_{x \to 0^-} f(x) = \lim_{x \to 0^-} e^x = e^0 = 1$，$\lim_{x \to 0^+} f(x) = \lim_{x \to 0^+} x = 0$，

所以 $\lim_{x \to 0^-} f(x) \neq \lim_{x \to 0^+} f(x)$，

所以 $\lim_{x \to 0} f(x)$ 不存在．

例 5 设 $f(x) = \begin{cases} k, & x < 1 \\ \ln x, & x > 1 \end{cases}$，若 $\lim_{x \to 1} f(x)$ 存在，求 k 的值．

解 因为 $\lim_{x \to 1^-} f(x) = \lim_{x \to 1^-} k = k$，$\lim_{x \to 1^+} f(x) = \lim_{x \to 1^+} \ln x = 0$，

且 $\lim_{x \to 1} f(x)$ 存在，

所以 $\lim_{x \to 1^-} f(x) = \lim_{x \to 1^+} f(x)$，

即 $k = 0$.

二、极限的四则运算法则

法则 设 $\lim_{x \to x_0} f(x) = A, \lim_{x \to x_0} g(x) = B$ 则有

(1) $\lim_{x \to x_0} [f(x) \pm g(x)] = \lim_{x \to x_0} f(x) \pm \lim_{x \to x_0} g(x) = A \pm B$；

（代数和的极限等于极限的代数和）

(2) $\lim_{x \to x_0} [f(x) \cdot g(x)] = \lim_{x \to x_0} f(x) \cdot \lim_{x \to x_0} g(x) = A \cdot B$；

（乘积的极限等于极限的乘积）

特别有 $\lim_{x \to x_0} [cf(x)] = c \cdot \lim_{x \to x_0} f(x) = c \cdot A$；

（常数可以提到极限号外）

（3）$\lim\limits_{x \to x_0}\left[\dfrac{f(x)}{g(x)}\right] = \dfrac{\lim\limits_{x \to x_0} f(x)}{\lim\limits_{x \to x_0} g(x)} = \dfrac{A}{B}(B \neq 0)$.

（商的极限等于极限的商）

注意：法则中的（1）和（2）对于有限个函数的情形仍然成立. 特别有

$$\lim_{x \to x_0}[f(x)]^n = \left[\lim_{x \to x_0} f(x)\right]^n$$

以上运算法则对 $x \to \infty$ 型极限同样适用.

例 6 求 $\lim\limits_{x \to 2}(3x^2 - 5x + 1)$.

解 $\lim\limits_{x \to 2}(3x^2 - 5x + 1)$
$= 3\lim\limits_{x \to 2} x^2 - 5\lim\limits_{x \to 2} x + \lim\limits_{x \to 2} 1$
$= 3 \times 2^2 - 5 \times 2 + 1 = 3.$

例 7 求 $\lim\limits_{x \to 3} \dfrac{(x+1)(x^2+2)}{x^2 - 2x + 6}$.

解 因为 $\lim\limits_{x \to 3}(x^2 - 2x + 6) = 9 \neq 0$,

所以 $\lim\limits_{x \to 3} \dfrac{(x+1)(x^2+2)}{x^2 - 2x + 6}$

$= \dfrac{\lim\limits_{x \to 3}(x+1) \cdot \lim\limits_{x \to 3}(x^2+2)}{\lim\limits_{x \to 3}(x^2 - 2x + 6)} = \dfrac{44}{9}.$

应用极限法则求商的极限时，可能会遇到极限的商出现 $\dfrac{0}{0}$ 和 $\dfrac{\infty}{\infty}$ 等未定式的形式. 对这些未定式不能直接应用法则.

例 8 求 $\lim\limits_{x \to 2} \dfrac{2-x}{4-x^2}$.

解 $\lim\limits_{x \to 2} \dfrac{2-x}{4-x^2} = \lim\limits_{x \to 2} \dfrac{2-x}{(2-x)(2+x)} = \lim\limits_{x \to 2} \dfrac{1}{2+x} = \dfrac{1}{4}.$

例 9 求 $\lim\limits_{x \to -3} \dfrac{x^2 - 9}{x^2 + 7x + 12}$.

解 $\lim\limits_{x \to -3} \dfrac{x^2 - 9}{x^2 + 7x + 12} = \lim\limits_{x \to -3} \dfrac{(x+3)(x-3)}{(x+3)(x+4)}$

$= \lim\limits_{x \to -3} \dfrac{x-3}{x+4} = -6.$

例 10 求 $\lim\limits_{x \to 2} \dfrac{\sqrt{x+7} - 3}{x-2}$.

解 $\lim\limits_{x \to 2} \dfrac{\sqrt{x+7} - 3}{x-2} = \lim\limits_{x \to 2} \dfrac{(\sqrt{x+7} - 3)(\sqrt{x+7} + 3)}{(x-2)(\sqrt{x+7} + 3)} = \lim\limits_{x \to 2} \dfrac{x-2}{(x-2)(\sqrt{x+7} + 3)}$

$= \lim\limits_{x \to 2} \dfrac{1}{\sqrt{x+7} + 3} = \dfrac{1}{6}.$

例 11 求 $\lim\limits_{x\to\infty}\dfrac{3x^3-4x^2+2}{7x^3+5x^2-3}$.

解 分子、分母极限均不存在，用 x^3 除分子、分母，然后求极限．

$$\lim_{x\to\infty}\frac{3x^3-4x^2+2}{7x^3+5x^2-3}=\lim_{x\to\infty}\frac{3-\dfrac{4}{x}+\dfrac{2}{x^3}}{7+\dfrac{5}{x}-\dfrac{3}{x^3}}=\frac{3}{7}.$$

例 12 求 $\lim\limits_{x\to\infty}\dfrac{2x^2-1}{3x^4+x^2-2}$.

解 $\lim\limits_{x\to\infty}\dfrac{2x^2-1}{3x^4+x^2-2}=\lim\limits_{x\to\infty}\dfrac{\dfrac{2}{x^2}-\dfrac{1}{x^4}}{3+\dfrac{1}{x^2}-\dfrac{2}{x^4}}=\dfrac{0}{3}=0.$

例 13 已知函数 $f(x)=\begin{cases}\dfrac{1}{x-3},&x<1\\ \ln x,&x\geqslant 1\end{cases}$，讨论 $\lim\limits_{x\to 1}f(x)$ 是否存在．

解 因为 $\lim\limits_{x\to 1^-}f(x)=\lim\limits_{x\to 1^-}\dfrac{1}{x-3}=-\dfrac{1}{2}$，$\lim\limits_{x\to 1^+}f(x)=\lim\limits_{x\to 1^+}\ln x=0$，

所以 $\lim\limits_{x\to 1^-}f(x)\neq\lim\limits_{x\to 1^+}f(x)$，

所以 $\lim\limits_{x\to 1}f(x)$ 不存在．

例 14 已知函数 $f(x)=\begin{cases}e^x-k,&x>0\\ x-\cos x,&x<0\end{cases}$，若 $\lim\limits_{x\to 0}f(x)$ 存在，求 k 的值．

解 因为 $\lim\limits_{x\to 0^-}f(x)=\lim\limits_{x\to 0^-}(x-\cos x)=0-\cos 0=-1$，

$\lim\limits_{x\to 0^+}f(x)=\lim\limits_{x\to 0^+}(e^x-k)=e^0-k=1-k$，且 $\lim\limits_{x\to 0}f(x)$ 存在，

所以 $\lim\limits_{x\to 0^-}f(x)=\lim\limits_{x\to 0^+}f(x)$，即 $1-k=-1$，

即 $k=2$.

1.3 无穷大量与无穷小量

一、无穷小量

我们经常遇到极限为零的变量．例如，当 $x\to\infty$ 时，$\dfrac{1}{x}\to 0$；当 $x\to 2$ 时，$x-2\to 0$．对于这样的变量，我们给出下面的定义：

定义 1 如果当 $x\to x_0$（或 $x\to\infty$）时，函数 $f(x)$ 的极限为零，那么函数 $f(x)$ 叫作当 $x\to x_0$（或 $x\to\infty$）时的无穷小量，简称无穷小．

例如，因为 $\lim\limits_{x\to 2}(x-2)=0$，所以函数 $f(x)=x-2$ 是当 $x\to 2$ 时的无穷小．

又如，因为 $\lim\limits_{n\to\infty}\dfrac{1}{2^n}=0$，所以 $\dfrac{1}{2^n}$ 是当 $n\to\infty$ 时的无穷小．

注意：

(1) 说一个函数 $f(x)$ 是无穷小，必须指明自变量 x 的变化趋势；

(2) 不要把一个绝对值很小的常数说成无穷小，因为非零常数的极限为它本身，并不是零；

(3) 实数中只有"0"是无穷小量，但无穷小量不一定是零.

二、无穷小量的性质

在自变量的同一变化过程中，无穷小有下列性质：

性质 1 有限个无穷小的代数和是无穷小.

性质 2 有限个无穷小的乘积是无穷小.

性质 3 有界函数与无穷小的乘积是无穷小.

例 1 求 $\lim\limits_{x \to 0} x \cdot \sin \dfrac{1}{x}$.

解 因为 $\left| \sin \dfrac{1}{x} \right| \leq 1$，对任意的 $x \in (-\infty, +\infty)$ 成立，且 $\lim\limits_{x \to 0} x = 0$，故由无穷小量的性质 3 得 $\lim\limits_{x \to 0} x \cdot \sin \dfrac{1}{x} = 0$.

三、无穷小量的比较

我们知道，当 $x \to 0$ 时，$x, 3x, x^2$ 都是无穷小，而 $\lim\limits_{x \to 0} \dfrac{x^2}{3x} = 0$，$\lim\limits_{x \to 0} \dfrac{3x}{x^2} = \infty$，$\lim\limits_{x \to 0} \dfrac{3x}{x} = 3$.

两个无穷小之比的极限的各种不同情况，反映了不同的无穷小趋向于零的快慢程度. 所以，无穷小量的比较是指这种趋向于 0 的"快"与"慢"的比较，可以用它们在同一变化过程中的比值的极限来衡量.

定义 2 设 $\alpha(x)$ 和 $\beta(x)$ 都是在自变量同一变化过程中的无穷小，

(1) 如果 $\lim \dfrac{\alpha(x)}{\beta(x)} = 0$，则称 $\alpha(x)$ 是 $\beta(x)$ 的高阶无穷小量；

(2) 如果 $\lim \dfrac{\alpha(x)}{\beta(x)} = \infty$，则称 $\alpha(x)$ 是 $\beta(x)$ 的低阶无穷小量；

(3) 如果 $\lim \dfrac{\alpha(x)}{\beta(x)} = A \neq 0$，则称 $\alpha(x)$ 与 $\beta(x)$ 是同阶无穷小量，当 $A = 1$ 时，即 $\lim \dfrac{\alpha(x)}{\beta(x)} = 1$ 时，则称 $\alpha(x)$ 与 $\beta(x)$ 是等价无穷小量. 记为：$\alpha(x) \sim \beta(x)$. 常见的等价无穷小：$x \to 0$ 时，$\sin x \sim x, \tan x \sim x, \arcsin x \sim x, \arctan x \sim x, \ln(x+1) \sim x, e^x - 1 \sim x$，$1 - \cos x \sim \dfrac{x^2}{2}$ 等.

等价无穷小替换法：常用于求乘积式中有三角函数 $\sin x, \tan x, \arcsin x, \arctan x$ 时的极限.

设在自变量同一个变化趋势中，$\alpha, \alpha_1, \beta, \beta_1$ 都是无穷小量，$\alpha \sim \alpha_1, \beta \sim \beta_1$，且 $\lim \dfrac{\alpha_1}{\beta_1}$ 存在，

则 $\lim \dfrac{\alpha}{\beta} = \lim \dfrac{\alpha_1}{\beta_1}$. 即分子、分母（或某因子）可用其等价无穷小替换.

例2 求 $\lim\limits_{x\to 0} \dfrac{\arcsin 2x}{\tan 3x}$.

解 当 $x\to 0$ 时，$\arcsin 2x \sim 2x, \tan 3x \sim 3x$，则

$$\lim_{x\to 0} \dfrac{\arcsin 2x}{\tan 3x} = \lim_{x\to 0} \dfrac{2x}{3x} = \dfrac{2}{3}$$

例3 求 $\lim\limits_{x\to 0} \dfrac{\sin 2x}{e^{-x}-1}$.

解 当 $x\to 0$ 时，$\sin 2x \sim 2x, e^{-x}-1 \sim -x$，则

$$\lim_{x\to 0} \dfrac{\sin 2x}{e^{-x}-1} = \lim_{x\to 0} \dfrac{2x}{-x} = -2$$

例4 求 $\lim\limits_{x\to 0} \dfrac{\ln \cos x}{x\sin x}$.

解 当 $x\to 0$ 时，$\sin x \sim x, \ln(1-\cos x + 1) \sim 1-\cos x \sim \dfrac{x^2}{2}$，则

$$\lim_{x\to 0} \dfrac{\ln \cos x}{x\sin x} = \lim_{x\to 0} \dfrac{\ln(1-\cos x+1)}{x^2} = \lim_{x\to 0} \dfrac{1-\cos x}{x^2} = \lim_{x\to 0} \dfrac{\dfrac{x^2}{2}}{x^2} = \dfrac{1}{2}$$

四、无穷大量

定义3 如果当 $x\to x_0$（或 $x\to \infty$）时，函数 $f(x)$ 的绝对值无限增大，那么函数 $f(x)$ 叫作当 $x\to x_0$（或 $x\to \infty$）时的无穷大量，简称无穷大.

根据极限的定义，如果 $f(x)$ 是当 $x\to x_0$（或 $x\to \infty$）时的无穷大，那么它的极限是不存在的. 但为了描述函数的这种变化趋势，我们也称"函数的极限是无穷大"，并记作 $\lim f(x) = \infty$.

例如：当 $x\to 1$ 时，$f(x) = \dfrac{1}{x-1}$ 的绝对值 $\left|\dfrac{1}{x-1}\right|$ 无限增大，所以

$$\lim_{x\to 1} f(x) = \lim_{x\to 1} \dfrac{1}{x-1} = \infty$$

如果 x 在某个变化过程中，$f(x)$ 只取正值无限增大，那么 $f(x)$ 叫作正无穷大，记作 $\lim f(x) = +\infty$. 如 $\lim\limits_{x\to +\infty} e^x = +\infty, \lim\limits_{x\to +\infty} \ln x = +\infty$. 如果 x 在某个变化过程中，$f(x)$ 只取负值而 $|f(x)|$ 无限增大，那么 $f(x)$ 叫作负无穷大，记作 $\lim f(x) = -\infty$. 如：$\lim\limits_{x\to 0^+} \ln x = -\infty$.

注意：

（1）说一个函数 $f(x)$ 是无穷大，必须指明自变量 x 的变化趋向，如函数 $\dfrac{1}{x}$ 是当 $x\to 0$ 时的无穷大，当 $x\to \infty$ 时，它就不是无穷大，而是无穷小了.

（2）无穷大不是绝对值很大的常数.

（3）无穷大与无穷小的关系：

在自变量的同一变化过程中,如果 $f(x)$ 为无穷大,则 $\dfrac{1}{f(x)}$ 是无穷小;反之,如果 $f(x)$ 是无穷小,且 $f(x) \neq 0$,则 $\dfrac{1}{f(x)}$ 为无穷大.

1.4 极限存在准则与两个重要极限

一、夹逼定理

定理(夹逼定理) 设函数 $f(x)$,$F_1(x)$ 和 $F_2(x)$ 在点 x_0 的某去心邻域内有定义,并且满足

(1) $F_1(x) \leqslant f(x) \leqslant F_2(x)$;

(2) $\lim\limits_{x \to x_0} F_1(x) = \lim\limits_{x \to x_0} F_2(x) = a$.

则有 $\lim\limits_{x \to x_0} f(x) = a$.

将 $x \to x_0$ 换成其他的极限过程,定理仍成立. 例如,若 $\exists X > 0$ 使 $x > X$ 时,有 $F_1(x) \leqslant f(x) \leqslant F_2(x)$,且

$$\lim_{x \to +\infty} F_1(x) = \lim_{x \to +\infty} F_2(x) = a$$

则

$$\lim_{x \to +\infty} f(x) = a$$

夹逼定理对数列极限也成立. 如果数列 $\{x_n\}$,$\{y_n\}$ 及 $\{z_n\}$ 满足

$$y_n \leqslant x_n \leqslant z_n \; (n = 1, 2, 3, \cdots)$$

且 $\lim\limits_{n \to \infty} y_n = a$,$\lim\limits_{n \to \infty} z_n = a$,那么数列 $\{x_n\}$ 的极限存在,且 $\lim\limits_{n \to \infty} x_n = a$.

利用夹逼定理,可得两个非常重要的极限.

二、第一重要极限

$$\lim_{x \to 0} \frac{\sin x}{x} = 1$$

如图 1-18 所示的四分之一单位圆中,$x \in \left(0, \dfrac{\pi}{2}\right)$,其中,$\overset{\frown}{EAB}$ 为单位圆弧,$\angle AOB = x$,则

$$OC = \cos x, AC = \sin x, DB = \tan x$$

又因为

$\triangle AOB$ 的面积 $<$ 扇形 OAB 的面积 $<$ $\triangle DOB$ 的面积

则

$$\frac{1}{2}\sin x < \frac{1}{2}x < \frac{1}{2}\tan x$$

即

$$\sin x < x < \tan x$$

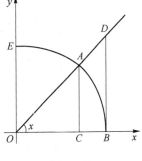

图 1-18

不等号各边都除以 $\sin x$，就有

$$1 < \frac{x}{\sin x} < \frac{1}{\cos x}$$

则

$$\cos x < \frac{\sin x}{x} < 1$$

因为当 x 用 $-x$ 代替时，$\cos x$ 与 $\frac{\sin x}{x}$ 都不变，所以上面不等式对于开区间 $\left(-\frac{\pi}{2}, 0\right)$ 内的一切 x 也成立.

由于 $\lim\limits_{x \to 0} \cos x = 1$，由夹逼定理得

$$\lim_{x \to 0} \frac{\sin x}{x} = 1$$

例 1 求 $\lim\limits_{x \to 0} \frac{\tan x}{x}$.

解 $\lim\limits_{x \to 0} \frac{\tan x}{x} = \lim\limits_{x \to 0} \frac{\sin x}{x} \cdot \frac{1}{\cos x} = \lim\limits_{x \to 0} \frac{\sin x}{x} \cdot \lim\limits_{x \to 0} \frac{1}{\cos x} = 1.$

例 2 求 $\lim\limits_{x \to 0} \frac{1 - \cos x}{x^2}$.

解 $\lim\limits_{x \to 0} \frac{1 - \cos x}{x^2} = \lim\limits_{x \to 0} \frac{(1 - \cos x)(1 + \cos x)}{x^2(1 + \cos x)} = \lim\limits_{x \to 0} \frac{1 - \cos^2 x}{x^2(1 + \cos x)}$

$= \lim\limits_{x \to 0} \left(\frac{\sin x}{x}\right)^2 \cdot \lim\limits_{x \to 0} \frac{1}{1 + \cos x} = \left(\lim\limits_{x \to 0} \frac{\sin x}{x}\right)^2 \cdot \frac{1}{2} = \frac{1}{2}.$

三、第二重要极限

$$\lim_{x \to \infty} \left(1 + \frac{1}{x}\right)^x = e \text{ 或 } \lim_{x \to 0}(1 + x)^{\frac{1}{x}} = e \quad (e = 2.71828\cdots)$$

此重要极限证明略.

例 3 求 $\lim\limits_{x \to \infty} \left(1 - \frac{3}{x}\right)^x$.

解 $\lim\limits_{x \to \infty} \left(1 - \frac{3}{x}\right)^x = \lim\limits_{x \to \infty} \left[\left(1 - \frac{3}{x}\right)^{-\frac{x}{3}}\right]^{-3} = \left[\lim\limits_{x \to \infty} \left(1 - \frac{3}{x}\right)^{-\frac{x}{3}}\right]^{-3} = e^{-3}.$

例 4 求 $\lim\limits_{x \to 0}(1 + 2x)^{\frac{1}{3x}}$.

解 $\lim\limits_{x \to 0}(1 + 2x)^{\frac{1}{3x}} = \lim\limits_{x \to 0} \left[(1 + 2x)^{\frac{1}{2x}}\right]^{\frac{2}{3}} = \left[\lim\limits_{x \to 0}(1 + 2x)^{\frac{1}{2x}}\right]^{\frac{2}{3}} = e^{\frac{2}{3}}.$

例 5 求 $\lim\limits_{x \to \infty} \left(\frac{x + 3}{x + 1}\right)^x$.

解 $\lim\limits_{x \to \infty} \left(\frac{x + 3}{x + 1}\right)^x = \lim\limits_{x \to \infty} \frac{\left(1 + \frac{3}{x}\right)^x}{\left(1 - \frac{1}{x}\right)^x} = \frac{e^3}{e^{-1}} = e^4.$

1.5 函数的连续性

自然界中有许多现象,如气温的变化,河水的流动,植物的生长等,都是连续变化着的. 这种现象在函数关系上的反映,就是函数的连续性. 例如就气温的变化来看,当时间变动很小时,气温的变化也很小,这种特点就是连续性.

一、函数的连续与间断

(一) 函数的增量

定义 1 设函数 $y = f(x)$ 在点 x_0 及其近旁有定义,如果自变量从初值 x_0 变到终值 x,对应的函数值由 $f(x_0)$ 变到 $f(x)$,则称 $x - x_0$ 为自变量的增量,记为 Δx,即 $\Delta x = x - x_0$ 或 $x = x_0 + \Delta x$;$f(x) - f(x_0)$ 称为函数的增量,记为 Δy,即 $\Delta y = f(x) - f(x_0)$ 或 $\Delta y = f(x_0 + \Delta x) - f(x_0)$.

增量 Δy 可以是正的,也可以是负的.

(二) 函数在点 x_0 的连续性

定义 2 设函数 $y = f(x)$ 在点 x_0 及其近旁有定义,若当 $\Delta x \to 0$ 时,极限 $\lim\limits_{\Delta x \to 0} \Delta y = 0$ 或 $\lim\limits_{\Delta x \to 0} [f(x_0 + \Delta x) - f(x_0)] = 0$,则称函数 $y = f(x)$ 在点 x_0 处连续.

因为 Δy 也可以写成 $\Delta y = f(x) - f(x_0)$,当 $\Delta x \to 0$ 时,$x \to x_0$,所以函数在 x_0 处连续也可以写成 $\lim\limits_{x \to x_0} [f(x) - f(x_0)] = 0$. 即 $\lim\limits_{x \to x_0} f(x) = f(x_0)$.

因此,函数 $y = f(x)$ 在点 x_0 处连续的定义也可以叙述如下:

定义 3 设函数 $y = f(x)$ 在点 x_0 及其近旁有定义,若当 $x \to x_0$ 时,$\lim\limits_{x \to x_0} f(x) = f(x_0)$,则称函数 $y = f(x)$ 在点 x_0 处连续.

这个定义指出了函数在点 x_0 连续要满足三个条件:

(1) 函数 $f(x)$ 在点 x_0 及其近旁有定义;
(2) $\lim\limits_{x \to x_0} f(x)$ 存在;
(3) $\lim\limits_{x \to x_0} f(x) = f(x_0)$.

例 1 证明函数 $f(x) = 3x^2 - 1$ 在 $x = 1$ 处连续.

证 因为 $f(1) = 3 \times 1 - 1 = 2$,且
$$\lim_{x \to 1} f(x) = \lim_{x \to 1} (3x^2 - 1) = 2$$
故函数 $f(x) = 3x^2 - 1$ 在 $x = 1$ 处连续.

例 2 已知函数 $f(x) = \begin{cases} x - 1, & x < 0 \\ 0, & x = 0 \\ 1 - x, & x > 0 \end{cases}$,讨论函数在 $x = 0$ 处的连续性.

解 $f(0) = 0$,

$$\lim_{x\to 0^-} f(x) = \lim_{x\to 0^-}(x-1) = 0-1 = -1, \lim_{x\to 0^+} f(x) = \lim_{x\to 0^+}(1-x) = 1.$$

所以 $\lim_{x\to 0^-} f(x) \neq \lim_{x\to 0^+} f(x)$，即 $\lim_{x\to 0} f(x)$ 不存在，故函数 $f(x)$ 在 $x=0$ 处不连续.

（三）函数在区间 (a,b) 内的连续性

定义 4 设函数 $f(x)$ 在区间 (a,b) 内有定义，若左极限 $\lim_{x\to b^-} f(x) = f(b)$，则称函数 $f(x)$ 在点 b 左连续；若右极限 $\lim_{x\to a^+} f(x) = f(a)$，则称函数 $f(x)$ 在点 a 右连续.

如果函数 $f(x)$ 在区间 (a,b) 内每一点都连续，则称函数 $f(x)$ 在开区间 (a,b) 内连续，区间 (a,b) 称为函数的连续区间.

如果 $f(x)$ 在 $[a,b]$ 上有定义，在 (a,b) 内连续，且 $f(x)$ 在右端点 b 左连续，在左端点 a 右连续. 即 $\lim_{x\to b^-} f(x) = f(b)$，$\lim_{x\to a^+} f(x) = f(a)$，则称函数 $f(x)$ 在闭区间 $[a,b]$ 上连续，函数 $f(x)$ 称为 $[a,b]$ 上的连续函数. 连续函数的图像是一条连续不间断的曲线.

二、连续函数的基本性质

由连续函数的定义及极限的运算法则和性质，可得到连续函数以下的基本性质.

（一）基本初等函数的连续性

定理 1 基本初等函数在其定义区间内都是连续的.

例如，反正弦函数 $y = \arcsin x$ 在其定义区间 $[-1,1]$ 上是连续的；反正切函数 $y = \arctan x$ 在定义区间 $(-\infty, +\infty)$ 内也是连续的.

（二）连续函数的和、差、积、商的连续性

定理 2 设函数 $f(x)$ 和 $g(x)$ 在 x_0 处连续，则它们的和、差、积、商（分母不等于零）在点 x_0 处也连续.

例如，函数 $y = \sin x$ 和 $y = \cos x$ 在点 $x = \frac{\pi}{3}$ 是连续的，显然它们的和、差、积、商 $\sin x \pm \cos x, \sin x \cdot \cos x, \frac{\sin x}{\cos x}$ 在 $x = \frac{\pi}{3}$ 也是连续的.

（三）复合函数的连续性

定理 3 设函数 $u = \phi(x)$ 在点 x_0 处连续，且 $\phi(x_0) = u_0$，而函数 $y = f(u)$ 在点 u_0 连续，则复合函数 $y = f[\phi(x)]$ 在点 x_0 处连续.

例如，函数 $u = 3x$ 在点 $x = \frac{\pi}{4}$ 连续，当 $x = \frac{\pi}{4}$ 时，$u = \frac{3}{4}\pi$；函数 $y = \sin u$ 在点 $u = \frac{3}{4}\pi$ 连续. 显然，复合函数 $y = \sin 3x$ 在点 $x = \frac{\pi}{4}$ 连续.

例 3 求 $\lim_{x\to \infty} \sin\left(1 + \frac{1}{x}\right)^x$.

解 $\lim\limits_{x\to\infty}\sin\left(1+\dfrac{1}{x}\right)^x = \sin\left[\lim\limits_{x\to\infty}\left(1+\dfrac{1}{x}\right)^x\right] = \sin \mathrm{e}$.

例 4 求 $\lim\limits_{x\to 0}\left(\dfrac{\sin 2x}{x}\right)^{1+x}$.

解 因为 $\lim\limits_{x\to 0}\dfrac{\sin 2x}{x}=2$，$\lim\limits_{x\to 0}(1+x)=1$，所以

$$\lim\limits_{x\to 0}\left(\dfrac{\sin 2x}{x}\right)^{1+x} = 2^1 = 2$$

（四）初等函数的连续性

定理 4 初等函数在其定义区间内是连续的.

根据定理 4 可知，如果 x_0 是初等函数 $f(x)$ 定义区间内的点，那么求当 $x\to x_0$ 时的极限，只要求 $f(x)$ 在点 x_0 的函数值就可以了. 即 $\lim\limits_{x\to x_0}f(x)=f(x_0)$.

例 5 求 $\lim\limits_{x\to 1}\dfrac{x^2+\ln(4-3x)}{\arctan x}$.

解 初等函数 $f(x)=\dfrac{x^2+\ln(4-3x)}{\arctan x}$ 在 $x=1$ 的某邻域内有定义，所以

$$\lim\limits_{x\to 1}\dfrac{x^2+\ln(4-3x)}{\arctan x} = \dfrac{1+\ln(4-3)}{\arctan 1} = \dfrac{4}{\pi}$$

例 6 求 $\lim\limits_{x\to 0}\dfrac{4x^2-1}{2x^2-3x+5}$.

解 $\lim\limits_{x\to 0}\dfrac{4x^2-1}{2x^2-3x+5} = \dfrac{4\times 0-1}{2\times 0-3\times 0+5} = -\dfrac{1}{5}$.

三、闭区间上连续函数的性质

（一）最大值最小值性质

定理 5 设函数 $f(x)$ 在闭区间 $[a,b]$ 上连续，则函数 $f(x)$ 在 $[a,b]$ 上必有最大值和最小值.

也就是说，在 $[a,b]$ 上至少存在点 ξ_1 和 ξ_2，使得对于 $[a,b]$ 上的一切 x 值，有

$$f(\xi_2)\leq f(x)\leq f(\xi_1)$$

这样的函数值 $f(\xi_1)$ 和 $f(\xi_2)$ 分别叫作函数 $f(x)$ 在区间 $[a,b]$ 上的最大值和最小值.

注意：如果函数在开区间 (a,b) 内连续或函数在闭区间上有间断点，那么函数在该区间上就不一定有最大值和最小值.

例如，函数 $y=\tan x$ 在 $\left(-\dfrac{\pi}{2},\dfrac{\pi}{2}\right)$ 内是连续的，但是 $y=\tan x$ 在 $\left(-\dfrac{\pi}{2},\dfrac{\pi}{2}\right)$ 内却不存在使函数取得最大值和最小值的点.

（二）介值性质

定理6 设函数$f(x)$在闭区间$[a,b]$上连续，M和m分别是$f(x)$在$[a,b]$上的最大值和最小值，则对于满足$m<C<M$的任何实数C，在开区间(a,b)内至少存在一点ξ，使得$f(\xi)=C$.

定理的几何意义很明显，水平直线$y=C(m<C<M)$，与闭区间$[a,b]$上的连续曲线$y=f(x)$至少相交一次，如果交点的横坐标为$x=\xi$，则有$f(\xi)=C$.（见图1-19）

推论：设函数$f(x)$在闭区间$[a,b]$上连续，且$f(a)\cdot f(b)<0$，则在开区间(a,b)内至少存在一点ξ，使得$f(\xi)=0$.（见图1-20）

我们可以利用推论来判断方程$f(x)=0$在(a,b)内根的存在性.

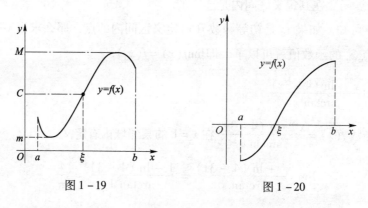

图1-19　　　　　　　　图1-20

例7 证明方程$\ln(1+e^x)=2x$至少有一个小于1的正根.

证 设$f(x)=\ln(1+e^x)-2x$，则显然$f(x)\in C([0,1])$，又
$$f(0)=\ln 2 > 0$$
$$f(1)=\ln(1+e)-2=\ln(1+e)-\ln e^2 < 0$$

由根的存在定理知，至少存在一点$x_0\in(0,1)$，使$f(x_0)=0$. 即方程$\ln(1+e^x)=2x$至少有一个小于1的正根.

1.6　极限在经济中的应用

一、单利与复利

众所周知，同样的货币在不同的时间点上的价值是不等的，即使是在没有风险和通货膨胀的情况下，现在一元钱的价值也要大于以后的一元钱的价值，这就是货币的时间价值.

利息是货币时间价值的一种表现形式，它有两种计算方法：单利和复利，不同计息方式下的利息有关计算分别以等差数列和等比数列原理为基础.

我们应首先弄清楚"现值"和"终值"两个概念，所谓"现值"就是现在的价值，即通常所说的本金；"终值"就是若干时期后包括本金和利息在内的未来价值，通常称本利和.

例如，现在存款1 000元，定期一年，期满后银行支付1 080元，其中80元是银行使用你的1 000元给的报酬，即利息，这里的1 000元本金就是现值，1 080元本利和就是1 000元本金一年后的终值.

（一）单利

单利指仅就本金计算利息的方法. 单利是"复利"的对称，它是指计算利息时，上期利息并不计入本金之内，仅按本金计算的利息，其计算公式如下：

$$单利息 = 本金 \times 利率 \times 期数$$

假设下列符号分别表示：

S 表示终值（本利和）；P 表示现值（本金）；i 表示利率；I 表示利息；n 表示期数（若 i 为年利率，则 n 为年数；若 i 为月利率，则 n 为月数）.

则计算利息公式：

$$I = P \cdot i \cdot n$$

第 n 期的终值（本利和）：

$$S_n = P + P \cdot i \cdot n = P(1 + in)$$

式 $S = P(1 + in)$ 称为单利终值公式（或本利和公式）.

由 $S = P(1 + in)$ 易得 $P = \dfrac{S}{1 + in}$ 称为单利现值公式，也称为单利折现公式. 将终值换算成现值常称为贴现或折现.

例1 某人在银行存款5 000元，半年利率为3.05%，求一年后5 000元存款的终值.

解 这里 $P = 5\ 000, i = 3.05\%, n = 2$，

由终值公式，半年后的终值为

$$S = 5\ 000(1 + 3.05\% \times 2) = 5\ 305(元)$$

例2 某企业从银行贷款25万元，两年后需要连本带利还银行28.075万元，试计算银行对企业的贷款利率.

解 由已知，贷款利息为：$I = S - P = 28.075 - 25 = 3.075$（万元），

由 $I = P \cdot i \cdot n$，得 $i = \dfrac{I}{Pn} = \dfrac{3.075}{25 \times 2} = 0.061\ 5 = 6.15\%$.

即银行对企业的贷款利率为6.15%.

例3 某人准备在银行存一笔款，以便在5年后得到100 000元，若银行利率为4.75%，问：现值应存款多少？

解 该题已知终值 $S = 100\ 000$ 元，年利率 $i = 4.75\%$，期数 $n = 5$，

求现值的问题 $P = \dfrac{S}{1 + in} = \dfrac{100\ 000}{1 + 4.75\% \times 5} = 80\ 808.08(元)$.

例4 某人若每月初在银行存款1 000元. 储蓄利息按年利率2.85%计算，求一年到期的本利和.

解 这种储蓄形式为零存整取，它的本利和就是每个月存款到年底的终值之和.

由单利终值公式

$$S_n = P(1+in)$$

第1个月存款的终值为 $S_1 = P(1+12i) = 1\,000\left(1 + 12 \times \dfrac{2.85\%}{12}\right) = 1\,028.5$

第2个月存款的终值为 $S_2 = P(1+11i) = 1\,000\left(1 + 11 \times \dfrac{2.85\%}{12}\right) = 1\,026.13$

……

第12个月存款的终值为 $S_{12} = P(1+i) = 1\,000\left(1 + \dfrac{2.85\%}{12}\right) = 1\,002.37$

以上的 $S_1, S_2, \cdots, S_{12}$ 是一个以 iP 为公差的等差数列,由求和公式,一年到期的本利和为

$$S = \dfrac{a_1 + a_{12}}{2} \times 12 = 6 \times (1\,028.5 + 1\,002.37) = 12\,185.22(元)$$

例5 某人贷款购买一辆汽车,首付5万元,剩余款分三年付清,每年付款2万元,若银行贷款利率为6.15%,试求:车身总成本价为多少?

解 车身价格即是每期付款的现值之和,

由单利现值公式

$$P = \dfrac{S}{1+in}$$

第1年付款的现值为 $P_1 = \dfrac{20\,000}{1 + 6.15\%} = 18\,841.26(元)$

第2年付款的现值为 $P_2 = \dfrac{20\,000}{1 + 2 \times 6.15\%} = 17\,809.44(元)$

第3年付款的现值为 $P_3 = \dfrac{20\,000}{1 + 3 \times 6.15\%} = 16\,884.76(元)$

车身总成本 $= 50\,000 + P_1 + P_2 + P_3 = 103\,535.46$(元).

(二) 复利

1. 复利终值

复利不同于单利,它不仅要计算本金上的利息,也要计算利息所产生的利息,即所谓"利上滚利"。按这种计算方法计息,每期末结息一次,然后将利息加入本金作为下一次计息的基础,复利终值的计算公式推导如下:

$$S_1 = P + P \cdot i = P(1+i)$$
$$S_2 = S_1 + S_1 \cdot i = S_1(1+i) = P(1+i)^2$$
$$S_3 = S_2 + S_2 \cdot i = S_2(1+i) = P(1+i)^3$$
$$\cdots$$
$$S_n = S_{n-1} + S_{n-1} \cdot i = S_{n-1}(1+i) = P(1+i)^n$$

所以 n 期复利终值公式为

$$S = P(1+i)^n$$

其中,$(1+i)^n$ 表示 n 期后1元的复利终值,称为复利终值系数,记作 $F_{i,n}$,$F_{i,n}$ 的值可以查

用复利终值系数表（附录一），因此复利终值公式也可以写成
$$S = P \cdot F_{i,n}$$

例6 设货币的时间价值为 5%．求当 $n = 20$，30 和 40 时，1 000 元现值的各期终值分别是多少？

解 这里 $P = 1\,000$，$i = 5\%$．由终值公式当 $n = 20$，30 和 40 时，各期终值分别为
$$S_{20} = 1\,000 \times (1 + 5\%)^{20} = 1\,000 \cdot F_{5\%,20} = 1\,000 \times 2.653 = 2\,653(元)$$
$$S_{30} = 1\,000 \times (1 + 5\%)^{30} = 1\,000 \cdot F_{5\%,30} = 1\,000 \times 4.322 = 4\,322(元)$$
$$S_{40} = 1\,000 \times (1 + 5\%)^{40} = 1\,000 \cdot F_{5\%,40} = 1\,000 \times 2.653 \times 2.653 = 7\,038.4(元)$$

若货币时间价值为 10%，那么各期终值为
$$S_{20} = 1\,000 \times (1 + 10\%)^{20} = 1\,000 \cdot F_{10\%,20} = 1\,000 \times 6.727 = 6\,727(元)$$
$$S_{30} = 1\,000 \times (1 + 10\%)^{30} = 1\,000 \cdot F_{10\%,30} = 1\,000 \times 17.449 = 17\,449(元)$$
$$S_{40} = 1\,000 \times (1 + 10\%)^{40} = 1\,000 \cdot F_{10\%,40} = 1\,000 \times 6.727 \times 6.727 = 45\,252.5(元)$$

例7 某公司现从留存盈余中提出 24 万元进行投资，准备若干年后建造一价值为 48 万元的职工宿舍，若投资收益率为 8%，多少年才能达到造房所需的款项？

解 由 $S = P(1 + i)^n$，
有 $48 = 24(1 + 8\%)^n$，$(1 + 8\%)^n = 2$，
所以 $n = \log_{(1+8\%)} 2 \approx 9$．

也可以通过查表求 n，从附表可以看到 $(1 + 8\%)^n = 1.939$，接近于 2 的值，因此 $n = 9$，即大约需要 9 年可以达到建房所需的款 48 万元．

在公式的运用中，有时不能在表中得到所需要的数字，但可以由表上提供的数据为基础，采用"线性插值法"进行测算，进而求得所需的数字．

例8 某人选择了一项开放式基金作为投资工具进行长期投资，他选择一次性投资策略，投资 20 万元，希望 3 年后能获得 30 万元，投资收益率达到多少时才能实现这一目标呢？

解 由 $S = P(1 + i)^n$，
有 $30 = 20(1 + i)^3$，即 $(1 + i)^3 = 1.5$，
所以 $i = \sqrt[3]{1.5} - 1 \approx 14.46\%$．

也可以通过查表运用线性插值法进行测算，从表上可以查到，
当 $i = 14\%$ 时，$F_{i,n} = 1.482$；
当 $i = 15\%$ 时，$F_{i,n} = 1.521$．
可见，所求的利率一定是介于 14% 和 15% 之间，现用线性插值法进行计算：

利率　　　　　　　　　　　复利终值系数

$\left.\begin{array}{l}14\% \\ ?\% \\ 15\%\end{array}\right\}\left.\begin{array}{l}x\% \\ \end{array}\right\}1\%$　　　　$\left.\begin{array}{l}1.482 \\ 1.5 \\ 1.521\end{array}\right\}\left.\begin{array}{l}0.018 \\ \end{array}\right\}0.039$

则有 $\dfrac{x}{1} = \dfrac{0.018}{0.039}$，$x = 0.46$，
所以 $i = 14\% + 0.46\% = 14.46\%$．

注意线性插值法是一种近似计算方法，它只在假设利率和终值之间是直线关系下的一种计算方法，因此在查表过程中一定要选择相邻的两个数字，否则会产生较大的误差.

线性插值法求利率近似值的公式为

$$i_0 = i_1 + (i_2 - i_1)\frac{F_{i_0} - F_{i_1}}{F_{i_2} - F_{i_1}}$$

其中，$i_1 < i_0 < i_2$，F_{i_0}，F_{i_1}，F_{i_2} 分别为利率 i_0，i_1，i_2 下的复利终值系数.

2. 复利现值

将复利终值换算成现值，称为复贴现，简称贴现.

由复利终值公式 $S = P(1+i)^n$，变形后，可得复利现值公式（或贴现公式）

$$P = \frac{S}{(1+i)^n}$$

式中，$\frac{1}{(1+i)^n}$ 表示 n 期后一元的复利现值，叫作复利现值系数或贴现系数，记作 $P_{i,n}$，它的值也可在现成的表（附表二）查到.

例9 4期后收到 2 000 元，若货币时间价值为 3%，其现值是多少？

解 这里 $S = 2\,000$，$i = 3\%$，$n = 4$，

所以 $P = \dfrac{S}{(1+i)^n} = \dfrac{2\,000}{(1+3\%)^4} = 2\,000 \cdot P_{3\%,4} = 2\,000 \times 0.888 = 1\,776$（元）.

若上述的题目中，货币时间价值为 10%，那么其现值是多少？

$$P = \frac{S}{(1+i)^n} = \frac{2\,000}{(1+10\%)^4} = 2\,000 \cdot P_{10\%,4} = 2\,000 \times 0.683 = 1\,366 (元)$$

一般地，从现值公式可以看出，当 S，n（或 i）一定时，P 随着 n（或 i）的增加而减少.

3. 名义利率与实际利率

按惯例，复利计息中如无特殊说明，规定的利率一般都是年利率，但在实际经济活动中，计息期有时可能短于一年，如半年、季、月、日等. 例如：某些债券半年计息一次；有的抵押贷款每月计息一次；股利有时每季支付一次；银行之间拆借资金每日计息一次等. 名义利率是指债券、票据的票面利率，实际利率是指按年计息办法计算出的终值所对应的利率.

当利率在一年内复利多次时，相同年利率下每年计算多次的终值会大于每年计息一次的终值. 若一年内复利 m 次，年利率为 i，则复利终值公式为

$$S = P\left(1 + \frac{i}{m}\right)^{mn}$$

例10 某公司向银行借款 5 万元，年利率 6.15%，分别按年复利和季复利计息，问：两年后应向银行偿还多少本利和？

解 按年复利计息，则

$$S = 50\,000(1 + 6.15\%)^2 = 50\,000 \times 1.126\,78 = 56\,339 (元)$$

按季复利计息，则每年计息 4 次，即 $m = 4$，$n = 2$，

由公式，知两年后的本利和

$$S = 50\,000\left(1 + \frac{6.15\%}{4}\right)^{4\times 2} \approx 50\,000 \times (1 + 1.54\%)^8 = 50\,000 \times 1.13 = 56\,502.45(元)$$

本例中所给出的年利率 6.15% 就是名义利率，而实际利率则应是按年复利计息办法求出终值 56 502.45 元的利率，它可计算如下：

设实际年利率为 i_0，则

$$56\,502.45 = 50\,000(1 + i_0)^2, (1 + i_0)^2 = \frac{56\,502.45}{50\,000} \approx 1.13$$

查复利终值系数表，$F_{6\%,2} = 1.1236, F_{7\%,2} = 1.1449$，

由插值法计算可得 $i_0 = 6.3\%$.

也就是说，如果有两家银行，一家按季复利的年利率为 6.15%，另一家按年复利的年利率为 6.3%，则这两家银行的贷款利息完全相同.

实际利率 i_0 和名义利率 i 可以进行如下换算，

由于 $P(1 + i_0)^n = P\left(1 + \frac{i}{m}\right)^{mn}$，两边除以 P，并开 n 次方根，得

$$1 + i_0 = \left(1 + \frac{i}{m}\right)^m$$

因此 $i_0 = \left(1 + \frac{i}{m}\right)^m - 1$.

利用上述公式，例 6-10 中的实际年利率

$$i_0 = F_{i/m,m} - 1 \approx F_{1.54\%,4} - 1 = 1.063 - 1 = 6.3\%$$

这与前面的计算结果完全相同.

例 11 设名义利率为 6%，每半年计息一次，求实际年利率及 10 000 元 5 年后的终值.

解 $i = 6\%, m = 2, n = 5, P = 10\,000$，

$$i_0 = \left(1 + \frac{6\%}{2}\right)^2 - 1 = (1 + 3\%)^2 - 1$$

$$= 1.061 - 1 = 6.1\%$$

$$S = 10\,000(1 + 6.1\%)^5 = 10\,000\left(1 + \frac{6\%}{2}\right)^{10} = 10\,000(1 + 3\%)^{10}$$

$$= 10\,000 \times 1.3439 = 13\,439(元)$$

二、年金

每隔一定相同的时期收入或支出相等金额的款项称为年金. 经济生活中普遍存在的租金、折旧、保险等分期付款（或收款）都表现为年金的形式. 日常生活中的工资、退休金、零存整取、房贷车贷等也都表现为年金形式.

年金按支付或收入在每期期初还是期末分为即付年金与普通年金两种形式. 收入或支出在每期期末的年金称为普通年金，收入或支出发生在每期期初的年金称为即付年金. 下面利用数列理论推导两种年金形式的终值与现值计算公式.

（一）普通年金的终值与现值

1. 普通年金终值（AAF）

若每期期末发生额（收入或支出）为 R，每期利率为 i，共 n 期，则 n 期后每期年金终值之和，称为普通年金终值(AAF)．

若采用复利计算，利用复利终值公式，从最后一期往前推导，每期期末发生额的终值如下：

第 n 期年金终值为 $\qquad R = R(1+i)^0 = R(1+i)^{n-n}$

第 $n-1$ 期年金终值为 $\qquad R(1+i) = R(1+i)^{n-(n-1)}$

…

第 3 期年金终值为 $\qquad R(1+i)^{n-3}$

第 2 期年金终值为 $\qquad R(1+i)^{n-2}$

第 1 期年金终值为 $\qquad R(1+i)^{n-1}$

如图 1-21 所示．

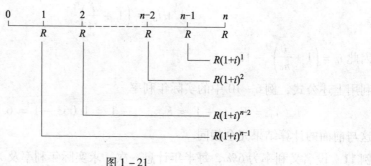

图 1-21

普通年金终值（AAF）可表示为

$$AAF = R + R(1+i) + R(1+i)^2 + \cdots + R(1+i)^{n-2} + R(1+i)^{n-1}$$

$$= \sum_{k=0}^{n-1} R(1+i)^k$$

上式是以 $1+i$ 为公比的等比数列之和，于是根据等比数列前 n 项和公式有

$$AAF = R \cdot \frac{[1-(1+i)^n]}{1-(1+i)}$$

$$= R \cdot \frac{(1+i)^n - 1}{i}$$

式中，$\frac{(1+i)^n - 1}{i}$ 表示 1 元的普通复利年金终值，称为普通复利年金终值系数．记作 $AF_{i,n}$．它在计算中可查表得到（附表三）．

利用 $AF_{i,n}$，上述公式可以简化写成

$$AAF = R \cdot AF_{i,n}$$

例 12 10 年内每年年末投入 10 000 元，资金时间价值为复利率 4%，问：第 10 年年末

的终值是多少?

解 这是一求普通年金终值问题,其中 $n=10, i=4\%, R=10\,000$,由年金终值公式

$$\text{AAF} = 10\,000 \times \frac{(1+4\%)^{10}-1}{4\%}$$

$$= 10\,000 \times \text{AF}_{4\%,10}$$

$$= 10\,000 \times 12.006\,1 = 120\,061(元)$$

由 $\text{AAF} = R \cdot \text{AF}_{i,n}$,得 $R = \dfrac{\text{AAF}}{\text{AF}_{i,n}}$,可看作已知普通复利年金终值求年金的公式.

如果普通年金终值采用单利计算,那么每期期末发生额的终值如下:

若 n 期年金终值 R

第 $n-1$ 期年金终值 $R(1+i)$

第 $n-2$ 期年金终值 $R(1+2i)$

     ⋯

第 2 期年金终值 $R[1+(n-2)i]$

第 1 期年金终值 $R[1+(n-1)i]$

则年金终值为

$$\text{AAF} = R + R(1+i) + R(1+2i) + \cdots + R[1+(n-1)i]$$

$$= \sum_{k=0}^{n-1} R(1+ki)$$

上式是一个以 Ri 为公差的等差数列之和,于是

$$\text{AAF} = \frac{R + R[1+(n-1)i]}{2} \cdot n = \frac{R}{2}[2+(n-1)i] \cdot n$$

已知普通年金终值求年金的公式为

$$R = \frac{2\text{AAF}}{[2+(n-1)i] \cdot n}$$

例 13 某公司有一台机床需要在第 5 年年末更新,估计那时残值为 500 元,清理费用为 400 元,新机床的买价、运杂费和安装费为 28 000 元. 如果银行利率为 4.75%,问:在这 5 年内,每年年末存入银行的折旧基金应为多少才能恰好保证第 5 年年末更新机床的需要?

解 这是已知 $n=5, i=4.75\%, \text{AAF}=28\,000+400-500=27\,900(元)$,求年金 R 的问题,由公式得

$$R = \frac{2\text{AAF}}{[2+(n-1)i] \cdot n} = \frac{2 \times 27\,900}{(2+4 \times 4.75\%) \times 5} = 5\,095.89(元)$$

即每年应大约存入银行 5 095.89 元.

2. 普通年金现值

若每期期末发生额为 R,每期利率为 i,则 n 期的现值之和称为普通年金现值(AAP).

若采用复利计算,利用复利现值公式,普通年金换算为现值的情况如图 1-22 所示.

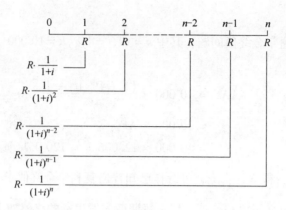

图 1-22

由此可得普通年金现值计算如下

$$\text{AAP} = R \cdot \frac{1}{1+i} + R \cdot \frac{1}{(1+i)^2} + \cdots + R \cdot \frac{1}{(1+i)^{n-1}} + R \cdot \frac{1}{(1+i)^n}$$

$$= \sum_{k=1}^{n} R \cdot \frac{1}{(1+i)^k} = R \sum_{k=1}^{n} \frac{1}{(1+i)^k}$$

上式是一个以 $\frac{1}{1+i}$ 为公比的等比数列之和，于是

$$\text{AAP} = R \cdot \frac{1}{1+i} \cdot \frac{\left[1 - \left(\frac{1}{1+i}\right)^n\right]}{1 - \frac{1}{1+i}} = R \cdot \frac{1}{i}\left[1 - \frac{1}{(1+i)^n}\right]$$

式中，$\frac{1}{i}\left[1 - \frac{1}{(1+i)^n}\right]$ 表示 1 元的普通复利年金现值，称为普通复利年金现值系数，或普通年金贴现系数，记作 $\text{AP}_{i,n}$，由此上述公式又可以表示为

$$\text{AAP} = R \cdot \text{AP}_{i,n}$$

普通复利年金现值系数 $\text{AP}_{i,n}$ 也有表可查（附表四）。

例 14 未来 8 期内，每期末可收到 10 000 元，若货币时间价值为 3%，其现值是多少？（复利）

解 这里是已知 $n = 8$，$i = 3\%$，年金 $R = 10\,000$，求现值 AAP 的问题。

由年金现值公式，

$$\text{AAP} = R \cdot \text{AP}_{i,n} = 10\,000 \times \text{AP}_{3\%,8} = 10\,000 \times 7.019\,7 = 70\,197(\text{元})$$

例 15 某计算中心准备购买一批电脑，现有两种方案可供选择，一是从甲公司购入，分 4 年付款，每年年末付 5 万元，另一个是从乙公司购入，现款 17 万元一次付清，试确定最后方案（复利率 8%）。

解 首先应该把向甲公司 4 年中所付款折成现值，与一次付款方式比较，这里 $n = 4$，$i = 8\%$，$R = 5$，所以 $\text{AAP} = R \cdot \text{AP}_{i,n} = 5 \cdot \text{AP}_{i,n} = 5 \times 3.312\,1 = 16.560\,6(\text{万元})$。

可见，分期付款方案较优，因为它比一次性付款少付 $17 - 16.560\,6 = 0.439\,4(\text{万元})$。

由普通年金现值公式 $\text{AAP} = R \cdot \text{AP}_{i,n}$，可得 $R = \frac{\text{AAP}}{\text{AP}_{i,n}}$，可看作已知普通复利年金现值，

求年金的公式.

例 16 王先生退休时，一次性将退休金 200 000 元购买了保险公司一款养老险，保险期限 10 年，该险种预计年收益率为 5%，问：未来 10 年内，老王可每年从保险公司领取多少元？

解 这是一个已知现值求年金的问题. 这里 AAP = 200 000，$n = 10$，$i = 5\%$，求 R.
由公式

$$R = \frac{\text{AAP}}{\text{AP}_{i,n}} = \frac{200\ 000}{\text{AP}_{5\%,10}} = \frac{200\ 000}{7.721\ 7} = 25\ 901.03(\text{元})$$

如果采用单利计算普通年金现值，那么

$$\text{AAP} = \frac{R}{1+i} + \frac{R}{1+2i} + \cdots + \frac{R}{1+(n-1)i} + \frac{R}{1+ni}$$

$$= \sum_{k=1}^{n} R \cdot \frac{1}{1+ki}$$

（二）即付年金的终值和现值

1. 即付年金的终值（IAF）

若每期发生额 R 在每期期初发生，其终值之和就是即付年金的终值.
图 1-23 中右侧各式之和就是即付年金终值（复利计算）.

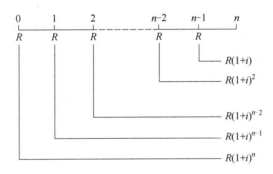

图 1-23

由此可得即付年金终值如下

$$\text{IAF} = R(1+i) + R(1+i)^2 + \cdots + R(1+i)^n = R\sum_{k=0}^{n-1}(1+i)^k$$

上式各项是一个以 $1+i$ 为公比的等比数列，因此

$$\text{IAF} = R \cdot (1+i) \cdot \frac{[1-(1+i)^n]}{1-(1+i)}$$

$$= R \cdot \frac{[(1+i)^n - 1]}{i} \cdot (1+i)$$

$$= R \cdot \text{AF}_{i,n} \cdot (1+i)$$

其中，$\text{AF}_{i,n}$ 为 n 期普通年金终值系数；$R \cdot \text{AF}_{i,n}$ 为普通年金终值，因此上式也给出了即付年金终值与普通年金终值的换算关系. 即

$$\text{IAF} = \text{AAF} \cdot (1+i)$$

例17 10年内每年年初投入1 000元，收益率为6%，问：第10年年末的终值为多少？

解 $n=10, i=6\%, R=1\,000$，此题为即付年金终值问题．

由公式 $IAF = R \cdot AF_{i,n} \cdot (1+i) = 1\,000 \times AF_{6\%,10} \times (1+6\%)$

$\qquad\qquad = 1\,000 \times 13.81 \times (1+6\%)$

$\qquad\qquad = 13\,971.86(元)$

由 $IAF = R \cdot AF_{i,n} \cdot (1+i)$，易得 $R = \dfrac{IAF}{AF_{i,n} \cdot (1+i)}$，其可看作已知即付年金终值，求年金的公式．

如果即付年金终值采用单利计算，则各期 R 终值分别为

$$R(1+ni), R[1+(n-1)i], \cdots, R(1+2i), R(1+i)$$

年金终值 $= R(1+ni) + R[1+(n-1)i] + \cdots + R(1+2i) + R(1+i)$

$\qquad\qquad = \sum_{k=1}^{n} R(1+ki)$

$\qquad\qquad = \dfrac{R(1+i) + R(1+ni)}{2} \cdot n$

$\qquad\qquad = \dfrac{R}{2}[2+(n+1)i] \cdot n$

2. 即付年金现值（IAP）

每期期初相等发生额的现值之和，就是即付年金现值 IAP．

图 1-24 左侧各式之和就是即付年金现值（复利计算）．

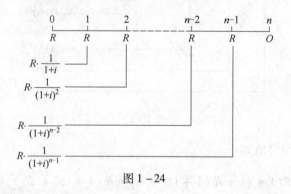

图 1-24

由此可得即付年金现值如下：

$$IAP = R + R \cdot \dfrac{1}{1+i} + R \dfrac{1}{(1+i)^2} + \cdots + R \dfrac{1}{(1+i)^{n-1}}$$

$\qquad = \sum_{k=0}^{n-1} R \cdot \dfrac{1}{(1+i)^k}$

$\qquad = R \cdot \dfrac{1 - \dfrac{1}{(1+i)^n}}{1 - \dfrac{1}{1+i}} = R \cdot \dfrac{1}{i} \cdot \left[1 - \dfrac{1}{(1+i)^n}\right] \cdot (1+i)$

$\qquad = R \cdot AP_{i,n} \cdot (1+i)$

式中，$AP_{i,n}$ 为 n 期普通年金现值系数；$R \cdot AP_{i,n}$ 为普通年金现值，因此上式也给出了即付年金现值与普通年金现值的换算关系，即

$$IAP = AAP(1+i)$$

例18 在上面例15中，如果把年末付款改为年初付款，其他条件不变，这时哪个方案较优？

解 利用即付年金现值公式把分期付款折算成现值

$$IAP = R \cdot AP_{i,n} \cdot (1+i) = 5 \times AP_{8\%,4} \times (1+8\%)$$
$$= 5 \times 3.3121 \times (1+8\%) = 17.88(万元)$$

可见，如果是年初付款，分期付款方案比一次付款方案要多花 $17.88 - 17 = 0.88$（万元），故一次性付款较优．

如果即付年金现值采用单利计算，则各期 R 的现值分别为

$$R, R \cdot \frac{R}{1+i}, R \cdot \frac{R}{1+2i}, \cdots, R \cdot \frac{R}{1+(n-1)i}$$

年金现值

$$IAP = R + R \cdot \frac{R}{1+i} + R \cdot \frac{R}{1+2i} + \cdots + R \cdot \frac{R}{1+(n-1)i} = \sum_{k=1}^{n} R \cdot \frac{1}{1+ki}$$

例19 某人欲购买价值 150 000 元的轿车一部，首付 50 000 元，余款 100 000 元银行按揭．银行贷款利率为 4.75%，分 3 年还清本息，要求这 3 次金额相等并在年初偿还，试求每年的还款金额及利息总额．（单利计算）

解 这里 $n=3, i=5\%$，年金现值为 $IAP = 100\,000$ 元，求每年还款额 R（年金）．

由即付年金现值公式，易知

$$R = \frac{IAP}{1 + \frac{1}{1+i} + \frac{1}{1+2i}}$$

$$\frac{100\,000}{2.8678} \approx 34\,869.94(元)$$

利息总额 $= 34\,869.94 \times 3 - 100\,000 = 4\,609.82(元)$．

所以每年还款额 34 869.94 元，3 年共付利息 4 609.82 元．

三、连续复利与永续年金

（一）连续复利

1. 问题背景——拿破仑玫瑰花事件

1797 年 3 月，法兰西总统拿破仑在卢森堡第一国立小学演讲时，潇洒地把一束价值 3 路易的玫瑰花送给该校的校长，并且说了这样一番话："为了答谢贵校对我尤其是对我夫人约瑟芬的盛情款待，我不仅今天呈献上一束玫瑰花，并且在未来的日子里，只要我们

法兰西存在一天，每年的今天我都将派人送给贵校一束价值相等的玫瑰花，作为法兰西与卢森堡友谊的象征."从此卢森堡这个小国即对这"欧洲巨人与卢森堡孩子亲切、和谐相处的一刻"念念不忘，并载之入史册. 后来，拿破仑穷于应付连绵的战争和此起彼伏的政治事件，并最终因失败而被流放到圣赫勒拿岛，自然也把对卢森堡的承诺忘得一干二净.

谁都不曾料到，1984 年年底，卢森堡人竟旧事重提，向法国政府提出这"赠送玫瑰花"的诺言，并且要求索赔. 他们要求法国政府：第一，要么从 1798 年起，用 3 个路易作为一束玫瑰花的本金，以 5 厘复利计息全部清偿；第二，要么在法国各大报刊上公开承认拿破仑是个言而无信的小人. 法国政府当然不想有损拿破仑的声誉，但电脑算出来的数字让他们惊呆了：原本 3 路易的许诺，至今本息已高达 1 375 596 法郎. 最后，法国政府通过冥思苦想，才找到一个使卢森堡比较满意的答复，即："以后无论在精神上还是在物质上，法国将始终不渝地对卢森堡大公国的中小学教育事业予以支持与赞助，来兑现我们的拿破仑将军那一诺千金的玫瑰花信誓."

为什么 1798 年的 3 路易到 1984 年就成了 1 375 596 法郎？

2. 连续复利的概念

设 P 为本金，i 为年利率，n 为年数，若按复利计息，则 n 年后的复利终值为

$$S = P(1+i)^n$$

在普通复利计算中，所给定或采用的利率一般都是年利率，即利率的时间单位是年，而且在不特别指明时，计算利息的计息周期也是以年为单位，即一年计息一次. 在实际工作中，所给定的利率虽然还是年利率，但由于计息周期可能是比年还短的时间单位，比如计息周期可以是半年、一个季度、一个月、一周或者为一天等，因此一年内的计息次数就相应为 2 次、4 次、12 次、52 次、365 次等.

一般地，现将一年分为 m 期计息，如果年利率 i 不变，则每期利率为 $\dfrac{i}{m}$，一年末复利终值为

$$S_1 = P\left(1+\dfrac{i}{m}\right)^m$$

n 年末复利终值为

$$S_n = P\left(1+\dfrac{i}{m}\right)^{mn}$$

如果把计算时间区间无限缩短，即 $m \to \infty$，称为连续复利，则 n 年后复利终值为

$$S = \lim_{m\to\infty} S_n = \lim_{m\to\infty} P\left(1+\dfrac{i}{m}\right)^{mn} = \lim_{m\to\infty}\left[P\left(1+\dfrac{i}{m}\right)^{\frac{m}{i}}\right]^{in} = P\left[\lim_{m\to\infty}\left(1+\dfrac{i}{m}\right)^{\frac{m}{i}}\right]^{in} = Pe^{in}$$

将上述公式变形又得到，连续贴现的现值为

$$P = Se^{-in}$$

一般来说，企业与投资项目相关，特别是营业中的收入或支出款项，并不是发生在一年中某一时点（例如，年初或年末）上，企业的实际资金周转和增值是每时每刻都在进行的. 在这种情况下，可以认为其计息次数 m 趋近于无穷大，可采用连续复利模型计算一笔现金流量和年金的终值或现值.

例 20 一投资者欲用 10 000 元投资 5 年，设年利率为 6%，试分别按单利、复利、每年按 4 次复利和连续复利付利息方式计算，到第 5 年年末，求该投资者应得的本利和.

解 按单利计算
$$S = 10\,000 + 10\,000 \times 0.06 \times 5 = 13\,000(元)$$

按复利计算
$$S = 10\,000 \times (1 + 0.06)^5 = 10\,000 \times 1.338\,23 = 13\,382.3(元)$$

按每年复利 4 次计算
$$S = 10\,000 \times \left(1 + \frac{0.06}{4}\right)^{4 \times 5} = 10\,000 \times 1.015^{20} = 13\,468.6(元)$$

按每年连续复利 4 次计算
$$S = 10\,000 \times e^{0.06 \times 5} = 10\,000 \times e^{0.3} = 13\,498.6(元)$$

注意：连续复利的计算公式在其他许多问题中也常有应用. 如细胞分裂、数目增长等问题.

例 21 证明无穷递减等比数列 $a_1, a_1q, a_1q^2, \cdots, a_1q^k, \cdots, |q| < 1$ 之和 S 为 $\dfrac{a_1}{1-q}$.

证 因为
$$S_n = a_1 + a_1q + a_1q^2 + \cdots + a_1q^n = \sum_{k=0}^{n} a_1q^k = \frac{a_1(1-q^{n+1})}{1-q}$$

则
$$S = \lim_{n \to \infty} S_n = \lim_{n \to \infty} \frac{a_1(1-q^{n+1})}{1-q}$$

$$= \frac{a_1}{1-q} \lim_{n \to \infty}(1-q^{n+1})$$

因为 $|q| < 1$，所以 $\lim\limits_{n \to \infty} q^{n+1} = 0$，$\lim\limits_{n \to \infty}(1-q^{n+1}) = 1$，

于是
$$S = \frac{a_1}{1-q}$$

例 22 设普通股股票的销售价格为 P_0，筹资成本率为 f，第 1 年年末发放股票为 D_1，以后每年的股息增长率为 g，试确定普通股的成本 k.

解 实际上，普通股没有期限，因此，可以假定只发股息永不还本. 这时
$$P_0(1-f) = \frac{D_1}{1+k} + \frac{D_1(1+g)}{(1+k)^2} + \frac{D_1(1+g)^2}{(1+k)^3} + \cdots$$

$$= D_1\left[\frac{1}{1+k} + \frac{1+g}{(1+k)^2} + \frac{(1+g)^2}{(1+k)^3} + \cdots\right]$$

上式括号中各项构成一个无穷递减等比数列，其中首项 $a_1 = \dfrac{1}{1+k}$；公比 $q = \dfrac{1+g}{1+k} < 1$，于是，有

$$P_0(1-f) = D_1 \frac{\frac{1}{1+k}}{1 - \frac{1+g}{1+k}} = D_1 \frac{1}{k-g}$$

得

$$k = \frac{D_1}{P_0(1-f)} + g$$

（二）永续年金

当年金的期数永远延续，即 n 趋于无穷时，称为永续年金，永续年金的终值不存在．因为它是可以无限大的（终值无穷大，没有极限），但永续年金的现值是存在的（现值有极限），从普通年金复利现值公式

$$\mathrm{AP} = \frac{R}{i}\left[1 - \frac{1}{(1+i)^n}\right]$$

可知，当 n 趋于无穷时，$\dfrac{1}{(1+i)^n}$ 趋于 0.
则

$$\mathrm{AP} = \frac{R}{i}（n \text{ 趋于无穷}）$$

所以

$$R = \mathrm{AP} \cdot i$$

例 23 某高校建立一种永久性的奖学基金，奖励品学兼优的优秀学生，奖金每年发放一次，奖金总额 10 万元，求：基金总额应为多少万元？（资金时间价值 5%）

解 根据永续年金的计算公式

$$\mathrm{AP} = \frac{R}{i}$$

其中 $R = 10$ 万元，$i = 5\%$，

则 $\mathrm{AP} = \dfrac{10}{5\%} = 200$（万元）．

所以永续基金 10 万元的基金总额应为 200 万元．

例 24 某慈善机构欲将募集的善款总额 1 000 万元用来永久性资助贫困地区的医疗卫生机构，每年发放一次，求每年的资助额？（资金时间价值 4.5%）

解 由永续年金计算公式，

$$R = \mathrm{AP} \cdot i$$

其中 $\mathrm{AP} = 1\,000$ 万元，$i = 4.5\%$，

所以 $R = 1\,000 \times 4.5\% = 45$（万元），

即今后每年可资助 45 万元．

习题一

1. 求下列函数的定义域：

(1) $y = -\dfrac{x}{\sqrt{x-1}}$;

(2) $y = \dfrac{1}{1-x^2} + \sqrt{-x^2+3x-2}$;

(3) $y = \ln(2-x) + \dfrac{1}{x^2-4}$;

(4) $y = \sqrt{4-x} + \sin x$;

(5) $y = \sqrt{x+3} + \dfrac{1}{\lg(1-x)}$;

(6) $y = \dfrac{x}{x^2-1}$.

2. 设 $f(x) = \dfrac{x-3}{x+5}$，求 $f(1)$，$f\left(\dfrac{1}{2}\right)$，$f\left(\dfrac{1}{x}\right)$，$f\left(\dfrac{x-3}{x+5}\right)$.

3. 一商家销售某种商品的价格满足关系 $p = 7 - 0.2x$（万元/t），x 为销售量，商品的成本函数为 $C = 3x + 1$（万元）. 若每销售一吨商品，政府要征税 t（万元），试将该商家税后利润 L 表示为 x 的函数.

4. 某商业机械厂根据市场需要，生产电梯踏板，固定成本为 20 000 元，每生产 1 个单位产品，成本增加 5 元，销售收入 90 元，每年最多生产 100 000 个单位产品. 如果年产量为 x 个单位产品，试把一年的总利润 L 表示为 x 的函数.

5. 收音机每台售价为 90 元，成本为 60 元，厂方为鼓励销售商大量采购，决定凡是订购量超过 100 台以上的，每多订购 100 台每台售价就降低 1 元，但最低价为每台 75 元：

(1) 将每台的实际售价 p 表示为订购量 x 的函数；

(2) 将厂方所获的利润 L 表示成订购量 x 的函数；

(3) 某一商行订购了 1 000 台，厂方可获利润多少？

6. 某产品年产量为 x 台，每台售价 180 元，当年产量在 300 台以内时，可以全部售出；当年产量超过 300 台时，经广告宣传后最多可再售出 200 台，每台平均广告费 20 元；生产再多一些，本年内销售不出去，试将本年的销售收入 R 表示为年产量 x 的函数.

7. 某厂生产的 250 mL 瓶装水，每瓶出厂价为 0.3 元，销量总在一万瓶左右，通过革新，提高效率后，逐步降低价格占领市场. 据统计，每瓶降低 3 分钱，市场需求量增加约 0.3 万瓶，试求价格为 p 时的需求量 Q_P，并求出当 $p = 0.21$ 时的需求量.（需求函数为线性需求）

8. 已知下列需求函数和供给函数，求相应的市场均衡价格 p.

(1) $Q_d = \dfrac{100}{3} - \dfrac{2}{3}p, Q_s = -20 + 10p$;

(2) $p^2 + 2Q_d^2 = 114, p = Q_s + 3$.

9. 每印一本杂志的成本为 12.2 元，每售出一本杂志仅能得 1.20 元的收入，但销售额超过 15 000 本时还能取得超过部分收入的 10% 作为广告费收入，试问：应至少销售多少本杂志才能保本？销售量达到多少时才能获利达 1 000 元？

10. 求下列函数的极限：

(1) $\lim\limits_{x \to 2} \dfrac{x^2+5}{x^2-3}$;

(2) $\lim\limits_{x \to 1} \dfrac{x^2-2x+1}{x^3-x}$;

(3) $\lim\limits_{x \to -2} \dfrac{x^3+3x^2+2x}{-6-x+x^2}$;

(4) $\lim\limits_{x \to 1} \left(\dfrac{1}{1-x} - \dfrac{3}{1-x^3} \right)$;

(5) $\lim\limits_{x \to 0} \dfrac{x^2}{1-\sqrt{1+x^2}}$;

(6) $\lim\limits_{x \to \infty} \dfrac{2x-3}{6x-1}$;

(7) $\lim\limits_{x \to \infty} \dfrac{5x^2-x+7}{x^3+2}$;

(8) $\lim\limits_{x \to 0} \dfrac{4x^3-2x^2+x}{3x^2+2x}$;

(9) $\lim\limits_{x \to \infty} \dfrac{(2x-1)^{300}(3x-2)^{200}}{(2x+1)^{500}}$;

(10) $\lim\limits_{x \to \infty} \left(1+\dfrac{4}{x}\right)^{2x}$;

(11) $\lim\limits_{x \to \infty} \left(1-\dfrac{2\,020}{x}\right)^{\frac{x}{3}}$;

(12) $\lim\limits_{x \to 0} \left(\dfrac{3-x}{3}\right)^{\frac{2}{x}}$;

(13) $\lim\limits_{x \to \frac{1}{2}} \ln \arcsin x$;

(14) $\lim\limits_{x \to 4} \dfrac{\sqrt{x+5}-3}{x-4}$.

11. 设 $\lim\limits_{x \to 1} \dfrac{x^3+ax^2+x+b}{x^2-1} = 3$，试确定 a，b 的值.

12. 设 $\lim\limits_{x \to +\infty} \left(3x - \sqrt{ax^2+bx+1}\right) = 2$，试确定 a，b 的值.

13. 用等价无穷小替换求以下极限：

(1) $\lim\limits_{x \to 0} \dfrac{\sin 2x}{x}$;

(2) $\lim\limits_{x \to 1} \dfrac{\sin (x-1)}{x^2-1}$;

(3) $\lim\limits_{x \to 0} \dfrac{e^x-1}{\sin 3x}$;

(4) $\lim\limits_{x \to 0} \dfrac{e^{-x}-1}{\ln (2x+1)}$;

(5) $\lim\limits_{x \to 0} \dfrac{e^{x^2}-1}{1-\cos 2x}$;

(6) $\lim\limits_{x \to 0} \dfrac{\tan \ln(1+2x)}{\sin (e^{3x}-1)}$;

(7) $\lim\limits_{x \to 0} x \cot x$;

(8) $\lim\limits_{x \to 0} \dfrac{1-\cos 2x}{x \sin x}$;

(9) $\lim\limits_{x \to 0} \dfrac{e^{\tan x}-1}{1-e^{\sin 6x}}$;

(10) $\lim\limits_{n \to \infty} 2^n \sin \dfrac{x}{2^n}$;

(11) $\lim\limits_{x \to 0} \dfrac{\tan x - \sin x}{\sin x^3}$;

(12) $\lim\limits_{x \to 0} \dfrac{\ln \cos ax}{\ln \cos bx}$;

(13) $\lim\limits_{x \to 0} \dfrac{\cos \alpha x - \cos \beta x}{x^2}$;

(14) $\lim\limits_{x \to 0} \dfrac{1-\cos 4x}{2\sin^2 x + x\tan^2 x}$.

14. 求下列函数在指定点处的左、右极限，并说明在该点处函数的极限是否存在.

(1) $f(x) = \begin{cases} \dfrac{|x|}{x}, & x \neq 0 \\ 1, & x = 0 \end{cases}$ 在 $x = 0$ 处;

(2) $f(x) = \begin{cases} x+2, & x \leq 2 \\ \dfrac{1}{x-2}, & x > 2 \end{cases}$ 在 $x = 2$ 处.

15. 已知函数 $f(x) = \begin{cases} x^2-1, & x < 0 \\ x, & 0 \leq x \leq 1 \\ 2-x, & 1 < x \leq 2 \end{cases}$，讨论函数在 $x = 0$ 和 $x = 1$ 处的连续性.

16. 讨论函数 $f(x)=\begin{cases} e^{-x}, & x\leq 0 \\ x+1, & x>0 \end{cases}$ 在 $x=0$ 处的连续性.

17. 讨论函数 $f(x)=\begin{cases} x, & x\geq 0 \\ -x+1, & x<0 \end{cases}$ 在 $x=0$ 处的连续性.

18. 设函数 $f(x)=\begin{cases} \dfrac{1-\cos bx}{x^2}, & x\neq 0 \\ 2b-\dfrac{3}{2}, & x=0 \end{cases}$ 在 $x=0$ 处连续，求 b 的值.

19. 证明方程 $x^3+3x^2-1=0$ 在区间（0，1）内至少有一个根.

20. 试证：方程 $x\cdot 2^x=1$ 至少有一个小于 1 的正根.

21. 试证：方程 $x=a\sin x+b$ 至少有一个不超过 $a+b$ 的正根，其中 $a>0$，$b>0$.

22. 设 $f(x)$ 在 $[0,2a]$ 上连续，且 $f(0)=f(2a)$，证明：方程 $f(x)=f(x+a)$ 在 $[0,a]$ 上至少有一根.

23. 设 $f(x)$ 在 $[0,1]$ 上连续，且 $0\leq f(x)\leq 1$，证明：至少存在一点 $\xi\in[0,1]$，使 $f(\xi)=\xi$.

24. 证明方程 $x^5-3x=1$ 至少有一个根介于 1 和 2 之间.

25. 若银行存款年利率 4%，用单利计算 10 000 元存款 6 个月的终值.

26. 按照银行规定，某种外币一年期存款的年利率为 4.2%，半年期存款的年利率为 4.0%，每笔存款到期后，银行自动将其转存为同样期限的存款，设将总数为 A 单位货币的该种外币存入银行，两年后取出，问：存何种期限的存款能有较多的收益？多多少？

27. 一份 16 年前的存折，银行按年利率 6.5%，共付给 2.2 万元，问：这份存折的当年本金是多少？

28. 某企业 4 月 5 日向银行借款 20 万元，7 月 18 日归还，如果贷款年利率为 6.75%，求借款利息.

29. 某企业向银行借款 10 万元，月息 4 厘 2，每季度结息一次，单利计算 2 年到期的利息总额.

30. 面值 18 000 元的应收票据，票面利率 5%，出票日期 5 月 1 日，7 月 29 日到期，于 5 月 14 日向银行贴现，如果银行贴现率 7%，求贴现所得额.

31. 某人每年过生日时存入银行 5 000 元，如果年利率 4%，存满 18 年后的账户上共有多少钱？

32. 某人欲给孩子购买一项教育险，希望在 10 年后，能获得 50 万元的回报，若该险种的年收益率为 5%，他选择一次性买入，则现在应一次性投入多少元？如果他选择每年年末投入一次，那么应每次投入多少元？

33. 某人预贷款购置一套商品房，商品房总价 88 万元，首付 3 成，余款银行贷款 20 年付清，贷款利息 7.2%，问：他月供多少元？20 年总贷款利息是多少？

34. 某企业从 1 月份起，每月提取福利基金 10 000 元，存入专户，存款月息为 3 厘 6，单利计息，求年底时的本利和.（1）每月初提存；（2）每月末提存.

35. 甲机器价值 12 万元，每年收益 3 万元，使用期 8 年；乙机器价值 11 万元，每年收益 2.8 万元，使用期 7 年，以年息 4.5% 计算两种机器净收益的现值各多少（复利）.

36. 利华机械设备有限公司欲购买一台设备，现有两个方案可供选择：一个是从甲公司购入，分五年付款，每年年末付 4 万元；另一个是从乙公司购入，款价 17 万元，先付款 10 万元，余下的 7 万元两年后一次付清，若货币时间价值为 5%，试比较哪个方案较优.

37. 设某项投资的年收益率为 10%，若以年复利计息，应一次性投入多少资金才能保证从投入之日起，以后每年能从银行提取 500 万元以支付职工福利直到永远.

38. 某篮球明星与一个篮球俱乐部签订一项合同，合同规定，俱乐部在 20 年内连续每年年末支付给该明星 20 万元，假定银行存款以 5% 的年复利的方式计息.

（1）俱乐部老板在签约当天应在银行中存入多少钱，才能保证付清合同所规定的应付给该明星的钱呢？

（2）如果合同规定永不停止地向该明星及其后代每年支付 20 万元，那么老板应在银行中存入多少钱呢？

第2章 一元函数微分学

※数学史话※

导数与微分的起源

求变量的导数是微分学的核心问题，但在微积分的初创阶段，这个概念是十分模糊的，不仅在牛顿和莱布尼兹的工作中找不到导数的明确定义，在此后相当长的一个时期这个概念都没有得到认真的处理. 1750 年达朗贝尔（1717—1783 年）在为法国科学院出版的《百科全书》第四版写的"微分"条目中提出了关于导数的一种概念，可以用现代符号简单地表示为 $\dfrac{dy}{dx} = \lim\limits_{\Delta x \to 0} \dfrac{\Delta y}{\Delta x}$，也就是说，他把导数看作增量之比的极限，而不是看作微分或流数之比，这是十分值得注意的. 他坚持微分只能严格地用极限来理解，这才接近了导数的现代概念. 但是，他的思想仍然受到了几何直观的束缚. 拉格朗日（1736—1813 年）在《解析函数论》中首次给出了"导数"这一名称，并用 $f'(x)$ 来表示. 19 世纪 60 年代以后，魏尔斯特拉斯（1815—1897 年）创造了 ε-δ 语言，对微积分中出现的各种类型的极限加以表述，导数的定义也就获得了今天通常所见到的形式.

1675 年 10 月在莱布尼兹的一篇手稿中，他首次引入了微分的概念和符号，也就是今天我们使用的符号. 1677 年，他未加证明地给出了两个函数的和、差、积、商以及幂和方根的微分法则. 1684 年，莱布尼兹发表了题为《一种求极大值与极小值和切线的新方法》的论文，这是最早发表的微积分文献. 1823 年，法国数学家柯西在《无穷小分析教程概论》中首先用因变量与自变量差商之比的极限定义了导数，并使之成了微分学的核心概念. 然后，他通过把 dx 定义为任一有限量而把 dy 定义为 $f'(x)dx$，从而把导数概念与微分概念统一起来. 这样，微分通过导数就有了意义.

数 学 家

纪尧姆·弗朗索瓦·安托万·洛必达（1661—1702 年），法国数学家，伟大的数学思想传播者. 1661 年了出生于法国的贵族家庭，15 岁时就解出了帕斯卡的摆线难题，1696 年写了世界上微积分最早的教科书《无限小分析》，书中创造了一种算法用以寻找满足一定条件的两函数之商的极限，此方法就是著名的"洛必达"法则.

约瑟夫·路易斯·拉格朗日（1736—1813 年），法国著名数学家、力学家、天文学家. 1736 年出生于意大利都灵一个富裕家庭，18 岁时拉格朗日独自推出了求两个函数乘积的导数的莱布尼兹公式，19 岁即被任命为都灵皇家炮兵学院的教授. 朗格拉日在数学的许多领域如数学分析、变分法、分析力学、数论、常微分方程等方面都有着广泛深入的研究,并取得了许多重要成果,特别地,拉格朗日作为 18 世纪的科学巨擘,为分析学的发展作出了开创性的贡献. 在各类数学书中经常会看到以拉格朗日命名的公式和定理,足以可见其影响之广泛及深远.

函数刻画了因变量随自变量变化的依赖关系. 但是,对于研究变化过程来说,仅知道变量之间的依赖关系是不够的,还需要进一步了解因变量随自变量变化的快慢程度,即变化率. 如物体运动的瞬时速度、人口增长率、产品总成本变化率、总收入变化率等. 导数就是这些问题在数量关系上的抽象.

2.1 导数的概念

一、问题的提出

为了方便叙述和表达,我们首先引入改变量的概念.

设函数 $y=f(x)$. 当自变量由某一值 x_0 变到另一值 x 时,称它们的差 $x-x_0$ 为自变量在 x_0 处的改变量(或增量),记为 Δx,即

$$\Delta x = x - x_0$$

这时,函数值由 $f(x_0)$ 变为 $f(x)$,它们之差 $f(x) - f(x_0)$ 称为函数 $f(x)$ 在 x_0 处的改变量(或增量),记为

$$\Delta y = f(x) - f(x_0)$$

由于 $x = x_0 + \Delta x$,因此函数的改变量还可以写成

$$\Delta y = f(x_0 + \Delta x) - f(x_0)$$

当 x_0 固定时,Δy 是 Δx 的函数,比值

$$\frac{\Delta y}{\Delta x} = \frac{f(x_0 + \Delta x) - f(x_0)}{\Delta x}$$

称为函数 y 在 x_0 与 $x_0 + \Delta x$ 之间的平均变化率(也是 Δx 的函数).

增量之比有简单的几何意义. 由图 2-1 看出,$\frac{\Delta y}{\Delta x} =$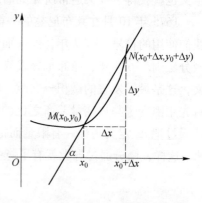
$\tan \alpha$,即它是割线 $\overline{MN}$ 的斜率.

图 2-1

引例 1 变速直线运动物体的瞬时速度问题.

当物体做匀速直线运动时,求速度的问题是很容易解决的,就是所经过的路程与时间的比值. 但对变速直线运动的物体,用上面公式求出的速度只能是物体在某段时间内的平均速度,它不能准确地反映物体在某一时刻的瞬时速度. 例如,一汽车从甲地出发到乙地,全程 120 km,行驶 4 h,则汽车的平均行驶速度是 120/4 = 30 (km/h). 实际上,汽车并不是每时每刻都以每小时 30 km 的速度行驶. 那么,如果我们知道了物体运动规律,怎样计算物体运动的瞬时速度呢?

设物体做变速直线运动,其运动规律(函数)是

$$s = f(t)$$

其中，t 是时间；s 是路程. 求它在时刻 $t = t_0$ 的瞬时速度 $v(t_0)$.

为此，我们在时刻 t_0 附近任取一时刻 $t_0 + \Delta t$（即给自变量一个改变量 Δt），在 Δt 这段时间内，物体所经过的路程（即相应的函数改变量）Δs 为

$$\Delta s = f(t_0 + \Delta t) - f(t_0)$$

于是，在 t_0 到 $t_0 + \Delta t$ 这段时间内，物体的平均速度为

$$\bar{v} = \frac{f(t_0 + \Delta t) - f(t_0)}{t - t_0} = \frac{\Delta s}{\Delta t}$$

从整个运动过程来看，速度的变化可能是比较显著的. 但是由于速度是连续变化的，故从局部看，例如在很短的一段时间 t_0 到 $t_0 + \Delta t$ 内，速度的变化则不大，因此，当 Δt 很小时，就有

$$v(t_0) \approx \frac{f(t_0 + \Delta t) - f(t_0)}{\Delta t} = \frac{\Delta s}{\Delta t}$$

并且 Δt 越小，近似程度就越好，即平均速度 $\bar{v}$ 越接近瞬时速度 $v(t_0)$. 但是无论 Δt 怎样小，仍不能正确反映 t_0 时的情况. 因此，很自然地，只有在 $\Delta t \to 0$ 时，$\bar{v}$ 的极限才能正确反映出 t_0 时的速度情况. 因而这个极限值就是物体在时刻 t_0 的瞬时速度：

$$v(t_0) = \lim_{\Delta t \to 0} \bar{v} = \lim_{\Delta t \to 0} \frac{f(t_0 + \Delta t) - f(t_0)}{\Delta t} = \lim_{\Delta t \to 0} \frac{\Delta s}{\Delta t}$$

这个瞬时速度与 Δt 无关而只与 t_0 有关.

引例 2 产品的边际成本问题.

假定在企业的生产过程中，某产品的总成本 C 是产量 q 的函数，$C = C(q)$，在产量为 q_0 时，总成本是 $C(q_0)$，当产品产量增加 Δq 时，即产量由 q_0 改变为 $q_0 + \Delta q$，则总成本取得相应的改变为

$$\Delta C(q) = C(q_0 + \Delta q) - C(q_0)$$

此时称

$$\frac{\Delta C(q)}{\Delta q} = \frac{C(q_0 + \Delta q) - C(q_0)}{\Delta q}$$

为产量由 q_0 到 $q_0 + \Delta q$ 时产品总成本的平均变化率（平均成本）.

一般情况下，产品成本的平均变化率与产量的增量 Δq 有关，当 Δq 很小时，此时的平均变化率近似等于产量在 q_0 时的瞬时变化率.

也就是说当 $\Delta q \to 0$ 时，如果产品成本的平均变化率的极限存在，则其极限值为产量是 q_0 时总成本对产量的瞬时变化率，在经济上，这个瞬时变化率又称为边际成本，即产量为 q_0 的边际成本为

$$\lim_{\Delta q \to 0} \frac{\Delta C(q)}{\Delta q} = \lim_{\Delta q \to 0} \frac{C(q_0 + \Delta q) - C(q_0)}{\Delta q}$$

二、导数的定义

在上面对瞬时速度和边际成本的讨论中，如果抽去问题或变量的实际意义，单纯从数量关系或数学结构上看，就是求函数改变量与自变量改变量之比 $\frac{\Delta s}{\Delta t}\left(\frac{\Delta C(q)}{\Delta q}\right)$ 的极限（当 $\Delta t \to$

0、$\Delta q \to 0$ 时). 实际中, 许多问题最后都可归结成这种形式的极限. 这种特殊的极限就叫作函数的导数或函数在某一点上的变化率.

定义 设函数 $y = f(x)$, 给 x_0 以任意改变量 Δx, 相应地, 函数 y 有改变量 $\Delta y = f(x_0 + \Delta x) - f(x_0)$, 若极限

$$\lim_{\Delta x \to 0} \frac{\Delta y}{\Delta x} = \lim_{\Delta x \to 0} \frac{f(x_0 + \Delta x) - f(x_0)}{\Delta x}$$

存在, 则此极限值就称为 $f(x)$ 在点 x_0 的导数, 记为 $f'(x_0)$. 即

$$f'(x_0) = \lim_{\Delta x \to 0} \frac{f(x_0 + \Delta x) - f(x_0)}{\Delta x} = \lim_{\Delta x \to 0} \frac{\Delta y}{\Delta x}$$

也可记为 $y'|_{x=x_0}$ 或 $\frac{\mathrm{d}y}{\mathrm{d}x}\Big|_{x=x_0}$ 或 $\frac{\mathrm{d}f(x)}{\mathrm{d}x}\Big|_{x=x_0}$.

并称函数 $y = f(x)$ 在点 x_0 可导或存在导数. 否则, 称函数 $y = f(x)$ 在点 x_0 处不可导.

利用导数符号, 实例中的瞬时速度可表成 $v(t_0) = s'(t_0)$.

例1 求函数 $y = x^2$ 在 x_0 处的导数.

解 (1) 给 x_0 以改变量 Δx, 求出相应函数改变量.

$$\Delta y = f(x_0 + \Delta x) - f(x_0) = (x_0 + \Delta x)^2 - x_0^2 = 2x_0 \Delta x + (\Delta x)^2$$

(2) 算比值.

$$\frac{\Delta y}{\Delta x} = \frac{2x_0 \Delta x + (\Delta x)^2}{\Delta x} = 2x_0 + \Delta x$$

(3) 取极限.

$$\lim_{\Delta x \to 0} \frac{\Delta y}{\Delta x} = \lim_{\Delta x \to 0}(2x_0 + \Delta x) = 2x_0$$

由定义, $f'(x_0) = 2x_0$.

若函数 $y = f(x)$ 在区间 (a, b) 内每一点都可导, 则称 $f(x)$ 在 (a, b) 内可导或称 $f(x)$ 为 (a, b) 内可导函数.

如果函数 $f(x)$ 在 (a, b) 内可导, 那么对 (a, b) 内每一个 x 都有一个导数值 $f'(x)$ 与之对应. 这样, 就在 (a, b) 内产生一个 (由导数所确定的) 新的函数, 这个函数称为 $f(x)$ 的导函数, 记为

$$f'(x), \quad y', \quad \frac{\mathrm{d}y}{\mathrm{d}x}, \quad \frac{\mathrm{d}f(x)}{\mathrm{d}x}$$

函数的导函数 $f'(x)$ 与函数在点 $x = x_0$ 处的导数 $f'(x_0)$ 是既有区别又有联系的两个概念. 前者是一个函数, 后者却为一个数值. 在 $x = x_0$ 处的导数值 $f'(x_0)$ 就是导函数 $f'(x)$ 在 $x = x_0$ 处的函数值, 即 $f'(x_0) = f'(x)|_{x=x_0}$. 为了方便, 导函数也常常简称为导数.

例2 设 $f(x) = \frac{1}{x}$, 求 $f'(x), f'(2), f'(5)$.

解 (1) 求增量.

给 x 改变量 Δx, 相应地

$$\Delta y = \frac{1}{x + \Delta x} - \frac{1}{x} = \frac{-\Delta x}{x(x + \Delta x)}$$

（2）算比值.
$$\frac{\Delta y}{\Delta x} = \frac{-\Delta x}{x(x+\Delta x)\Delta x} = -\frac{1}{x(x+\Delta x)}$$

（3）取极限.
$$\lim_{\Delta x \to 0} \frac{\Delta y}{\Delta x} = \lim_{\Delta x \to 0} -\frac{1}{x(x+\Delta x)} = -\frac{1}{x^2}$$

所以 $f'(x) = -\frac{1}{x^2}$, $f'(2) = -\frac{1}{4}$, $f'(5) = -\frac{1}{25}$.

例 3 求函数 $f(x) = \sin x$ 的导数.

解
$$f'(x) = \lim_{\Delta x \to 0} \frac{f(x+\Delta x)-f(x)}{\Delta x} = \lim_{\Delta x \to 0} \frac{\sin(x+\Delta x) - \sin x}{\Delta x}$$
$$= \lim_{\Delta x \to 0} \frac{2\cos\left(x+\frac{\Delta x}{2}\right)\sin\frac{\Delta x}{2}}{\Delta x} = \lim_{\Delta x \to 0} \cos\left(x+\frac{\Delta x}{2}\right) \frac{\sin\frac{\Delta x}{2}}{\frac{\Delta x}{2}}$$
$$= \cos x$$

由导数的定义可知，函数的导数实质就是平均变化率 $\frac{\Delta y}{\Delta x}$ 的极限. 函数在一点的导数就是在该点的（瞬时）变化率. 它表示一个变量相对于另一个变量在某一点处变化的快慢程度.

三、导数的几何意义

设曲线 L 是函数 $y=f(x)$ 的图像（见图 2-2）. 求过曲线上一点 $P(x_0, y_0)$ 的切线 $\overline{PN}$ 的斜率.

为此，我们在曲线上任取另一点 Q, 设它的坐标是 $Q(x_0+\Delta x, y_0+\Delta y)$, 过点 P 与点 Q 引割线 $\overline{PQ}$, 则 $\overline{PQ}$ 的斜率为
$$\tan \alpha = \frac{\Delta y}{\Delta x} = \frac{f(x_0+\Delta x) - f(x_0)}{\Delta x}$$

当 Δx 变化时，即点 Q 在曲线上变化时，割线 $\overline{PQ}$ 也随着变化. 当 $|\Delta x| \to 0$ 时，点 Q 就沿着曲线趋向点 P, 割线 $\overline{PQ} \to$ 切线 $\overline{PN}$. 所以割线 $\overline{PQ}$ 的极限位置就是切线 $\overline{PN}$, 于是，切线 $\overline{PN}$ 的斜率
$$\tan \varphi = \lim_{\Delta x \to 0}\tan \alpha = \lim_{\Delta x \to 0} \frac{f(x_0+\Delta x) - f(x_0)}{\Delta x} = f'(x_0)$$

由此，我们得到导数的几何意义：$f'(x_0)$ 就是函数 $y=f(x)$ 的曲线在点 (x_0, y_0) 处切线的斜率.

由导数的几何意义，我们可以得出：若在点 x 处 $f'(x) > 0$, 即函数的变化率为正值，则 $y=f(x)$ 的曲线在该点处上升（从自变量增大过程来看）. 反之，若在点 x 处 $f'(x) < 0$, 即函数的变化率为负值，则曲线在该点处下降. $|f'(x)|$ 越大，上升或下降得越陡. 若在点 x 处 $f'(x) = 0$, 即函数变化率为 0, 则曲线在该点处的切线平行于 x 轴. 曲线在该点处呈"驻

留"状态. 这样的点称为驻点（见图 2-3）.

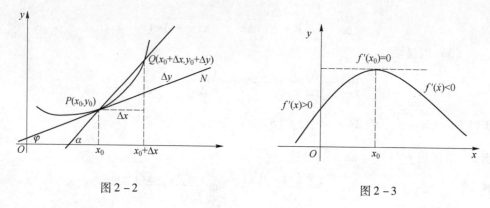

图 2-2   图 2-3

例 4 求抛物线 $y = x^2$ 在点 (1, 1) 处的切线方程和法线方程.

解 因为 $y' = (x^2)' = 2x$, 由导数的几何意义知, 曲线 $y = x^2$ 在点 (1, 1) 处的切线斜率为 $y'|_{x=1} = 2x|_{x=1} = 2$. 所以, 由点斜式得切线方程为
$$y - 1 = 2(x - 1)$$
即
$$y = 2x - 1$$
法线方程为
$$y - 1 = -\frac{1}{2}(x - 1)$$
即
$$y = -\frac{1}{2}x + \frac{3}{2}$$

2.2 导数的计算

给定函数, 如果总是按定义计算它的导数, 不仅烦琐, 而且容易出错, 尤其是对那些比较复杂的函数更是如此. 其实导数作为一种数学运算已被公式化或法则化, 所以我们可以使用特定类型的求导公式或法则来计算导数. 这些公式或法则都可利用导数的定义与极限的运算性质推出.

一、几个基本初等函数的导数公式

利用导数的定义容易求出下列几个基本初等函数的导数:

(1) $c' = 0$, 其中 c 是常数.

(2) $(x^a)' = ax^{a-1}$, 其中 a 是任意实数.

例如, $(x^2)' = 2x$, $(x^3)' = 3x^2$,
$$\left(\frac{1}{x}\right) = (x^{-1})' = -\frac{1}{x^2},$$
$$(\sqrt{x})' = \frac{1}{2}x^{-\frac{1}{2}} = \frac{1}{2\sqrt{x}}.$$

(3) $(\log_a x)' = \frac{1}{x \ln a}$, $(\ln x)' = \frac{1}{x}$.

(4) $(a^x)' = a^x \ln a, \quad (e^x)' = e^x.$

(5) $(\sin x)' = \cos x.$

(6) $(\cos x)' = -\sin x.$

上面公式给出的都是某种类型的函数的导函数. 这样, 如果要计算一个具体函数在某一点的导数, 只需利用上述类型公式先求出导函数, 然后再把该点代入导函数就可以了.

例1 设函数 $f(x) = \dfrac{1}{\sqrt[3]{x^2}}$, 求 $f'(-1), f'(2)$.

解 利用公式 $(x^a)' = ax^{a-1}$, 得导函数

$$f'(x) = (x^{-\frac{2}{3}})' = -\frac{2}{3} x^{-\frac{5}{3}} = -\frac{2}{3x\sqrt[3]{x^2}}$$

于是 $f'(-1) = \dfrac{2}{3}, f'(2) = -\dfrac{1}{3\sqrt[3]{4}}.$

二、导数的四则运算法则

法则1 设 $u = u(x), v = v(x)$ 都是 x 的可导函数, 则

$$(u \pm v)' = u' \pm v'$$

即有限个可导函数代数和的导数等于它们导数的代数和.

法则2 设 $u = u(x), v = v(x)$ 都是 x 的可导函数, 则

$$(u \cdot v)' = u'v + uv'$$

特别地, 当 $u = c$ (常数) 时, 有 $(cu)' = cu'$, 即常数因子可以提到导数符号外面来.

法则3 设 $u = u(x), v = v(x)$ 都是 x 的可导函数, 且 $v(x) \neq 0$, 则

$$\left(\frac{u}{v}\right)' = \frac{u'v - uv'}{v^2}$$

特别地

$$\left(\frac{1}{v}\right)' = -\frac{v'}{v^2}$$

下面仅对法则2进行证明, 其他法则证明可类似得到.

证 设 $f(x) = u(x)v(x)$,

由导数定义与极限运算法则, 有

$$\begin{aligned} f'(x) &= \lim_{\Delta x \to 0} \frac{f(x + \Delta x) - f(x)}{\Delta x} \\ &= \lim_{\Delta x \to 0} \frac{u(x + \Delta x)v(x + \Delta x) - u(x)v(x)}{\Delta x} \\ &= \lim_{\Delta x \to 0} \frac{[u(x + \Delta x)v(x + \Delta x) - u(x)v(x + \Delta x)] + [u(x)v(x + \Delta x) - u(x)v(x)]}{\Delta x} \\ &= \lim_{\Delta x \to 0} \frac{u(x + \Delta x) - u(x)}{\Delta x} \cdot \lim_{\Delta x \to 0} v(x + \Delta x) + u(x) \lim_{\Delta x \to 0} \frac{v(x + \Delta x) - v(x)}{\Delta x} \\ &= u'(x)v(x) + u(x)v'(x) \end{aligned}$$

简记为 $(u \cdot v)' = u'v + uv'$.

例2 设 $y = 3x^4 - 5x^2 + 6x - 7$, 求 y'.

解 $y' = (3x^4)' - (5x^2)' + (6x)' - 7' = 12x^3 - 10x + 6.$

例 3 设 $y = 7x^3 + x\ln x$，求 y'.

解 $y' = (7x^3)' + (x\ln x)'$
$= 21x^2 + x'\ln x + x(\ln x)'$
$= 21x^2 + \ln x + x \cdot \dfrac{1}{x}$
$= 21x^2 + \ln x + 1.$

例 4 设 $y = x^2 e^x \ln x$，求 y'.

解 $y' = (x^2 e^x \ln x)'$
$= (x^2)' e^x \ln x + x^2 (e^x)' \ln x + x^2 e^x (\ln x)'$
$= 2x e^x \ln x + x^2 e^x \ln x + x e^x$
$= (2x\ln x + x^2 \ln x + x) e^x.$

由上题结果易得 $(u \cdot v \cdot w)' = u'vw + uv'w + uvw'.$

例 5 设 $y = \tan x$，求 y'.

解 $y' = \left(\dfrac{\sin x}{\cos x}\right)' = \dfrac{(\sin x)'\cos x - \sin x(\cos x)'}{\cos^2 x} = \dfrac{\cos^2 x + \sin^2 x}{\cos^2 x} = \dfrac{1}{\cos^2 x} = \sec^2 x.$

类似地，可得 $(\cot x)' = -\dfrac{1}{\sin^2 x} = -\csc^2 x.$

例 6 设 $y = \sec x$，求 y'

解 $y' = (\sec x)' = \left(\dfrac{1}{\cos x}\right)' = -\dfrac{(\cos x)'}{\cos^2 x} = \dfrac{\sin x}{\cos^2 x} = \sec x \tan x$

类似地，可得 $(\csc x)' = -\csc x \cot x.$

由此又可以得出下列几个基本初等函数的导数公式

$$(\tan x)' = \sec^2 x = \dfrac{1}{\cos^2 x}$$

$$(\cot x)' = -\csc^2 x = -\dfrac{1}{\sin^2 x}$$

$$(\sec x)' = \sec x \tan x$$

$$(\csc x)' = -\csc x \cot x$$

下面不加证明给出反三角函数的导数公式，今后计算中可直接利用.

$$(\arcsin x)' = \dfrac{1}{\sqrt{1-x^2}}; \quad (\arccos x)' = -\dfrac{1}{\sqrt{1-x^2}}$$

$$(\arctan x)' = \dfrac{1}{1+x^2}; \quad (\text{arccot } x)' = -\dfrac{1}{1+x^2}$$

三、复合函数的求导法则

设 $y = f(u)$，而 $u = \varphi(x)$，这里，y 是 u 的函数，u 是 x 的函数. 于是，通过"媒介"u 得到 y 是 x 的函数 $y = f[\varphi(x)]$，$y = f[\varphi(x)]$ 称为 $y = f(u)$ 与 $u = \varphi(x)$ 的复合函数，u 称为中间变量.

例如，函数 $y=u^2$ 与 $u=2x+3$ 复合成函数 $y=(2x+3)^2$；函数 $y=\ln u$ 与 $u=x-5$ 复合成函数 $y=\ln(x-5)$．

一个比较复杂的复合函数往往可以看作由若干个比较简单的函数复合而成．因此，下面的法则可以把求较复杂函数的导数转化成求较简单函数的导数．

法则 4（链式法则） 设 $y=f(u)$ 是 u 的可导函数，$u=\varphi(x)$ 是 x 的可导函数，则复合函数 $y=f[\varphi(x)]$ 也是 x 的可导函数，且

$$\frac{dy}{dx}=\frac{dy}{du}\cdot\frac{du}{dx} \quad \text{或} \quad \frac{dy}{dx}=f'(u)\cdot\varphi'(x)$$

即复合函数 y 对自变量 x 的导数，等于 y 对中间变量 u 的导数乘以中间变量 u 对自变量 x 的导数．这个公式还常常表示成

$$y'_x=y'_u\cdot u'_x$$

式中的下标表示的是对哪个变量的导数．

复合函数的求导法则亦称为链式法则．这个法则可以推广到多个中间变量情形．

例 7 设 $y=(4x^3-x^2+6)^3$，求 $\dfrac{dy}{dx}$．

解 引入中间变量 $u=4x^3-x^2+6$，这个函数可以看作函数 $y=u^3$ 与 $u=4x^3-x^2+6$ 的复合函数，于是

$$\begin{aligned}\frac{dy}{dx}&=\frac{dy}{du}\cdot\frac{du}{dx}=3u^2\cdot(12x^2-2x)\\&=6(4x^3-x^2+6)^2(6x^2-x)\\&=6x(4x^3-x^2+6)^2(6x-1)\end{aligned}$$

例 8 设 $y=\ln(x^2-3x+2)$，求 $\dfrac{dy}{dx}$．

解 令中间变量 $u=x^2-3x+2$，则

$$\begin{aligned}\frac{dy}{dx}&=\frac{dy}{du}\cdot\frac{du}{dx}=\frac{1}{u}\cdot(2x-3)\\&=\frac{2x-3}{x^2-3x+2}\end{aligned}$$

例 9 设 $y=\sin^2(2x-3)$，求 $\dfrac{dy}{dx}$．

解 $y=\sin^2(2x-3)$ 可以看作由 $y=u^2$，$u=\sin v$，$v=2x-3$ 复合而成，因此

$$\begin{aligned}\frac{dy}{dx}&=\frac{dy}{du}\cdot\frac{du}{dv}\cdot\frac{dv}{dx}=2u\cdot\cos v\cdot 2\\&=4\sin(2x-3)\cos(2x-3)=2\sin(4x-6)\end{aligned}$$

不难看出，利用链式法则求函数的导数时，关键是分析出函数的复合关系，恰当选取中间变量．当然方法熟练后，对中间变量只要心中有数，可不必写出，从而简化求导运算．另外，求导过程中，各种法则和公式常常结合使用．

例 10 设 $y=e^{-x^2+2x}$，求 $\dfrac{dy}{dx}$．

解 $\dfrac{dy}{dx} = e^{-x^2+2x} \cdot (-x^2+2x)'$

$= 2(1-x)e^{-x^2+2x}.$

例11 设 $y = \sqrt[3]{1-2x^2}$, 求 $\dfrac{dy}{dx}$.

解 $\dfrac{dy}{dx} = [(1-2x^2)^{\frac{1}{3}}]' = \dfrac{1}{3}(1-2x^2)^{-\frac{2}{3}} \cdot (1-2x^2)'$

$= \dfrac{1}{3}(1-2x^2)^{-\frac{2}{3}} \cdot (-4x) = \dfrac{-4x}{3\sqrt[3]{(1-2x^2)^2}}.$

例12 设 $y = \left(\ln\dfrac{1}{x}\right)^3$, 求 y'.

解 $y' = 3\left(\ln\dfrac{1}{x}\right)^2 \cdot \left(\ln\dfrac{1}{x}\right)' = 3\left(\ln\dfrac{1}{x}\right)^2 \cdot x \cdot \left(\dfrac{1}{x}\right)'$

$= 3\left(\ln\dfrac{1}{x}\right)^2 \cdot x \cdot \left(-\dfrac{1}{x^2}\right) = -3\left(\ln\dfrac{1}{x}\right)^2 \cdot \dfrac{1}{x}.$

这里，我们两次使用了链式法则，由表及里，逐步简化．既迅速又准确（第一次把 $u = \ln\dfrac{1}{x}$ 看成中间变量；第二次把 $v = \dfrac{1}{x}$ 看成中间变量）．

例13 设 $y = \left(\dfrac{1+x}{1-x}\right)^3$, 求 $\dfrac{dy}{dx}$.

解 $\dfrac{dy}{dx} = 3\left(\dfrac{1+x}{1-x}\right)^2 \cdot \left(\dfrac{1+x}{1-x}\right)'$

$= 3\left(\dfrac{1+x}{1-x}\right)^2 \cdot \dfrac{2}{(1-x)^2} = \dfrac{6(1+x)^2}{(1-x)^4}.$

例14 设 $y = \ln(x + \sqrt{1+x^2})$, 求 $\dfrac{dy}{dx}$.

解 $y' = \dfrac{1}{x + \sqrt{1+x^2}}(x + \sqrt{1+x^2})'$

$= \dfrac{1}{x + \sqrt{1+x^2}}\left(1 + \dfrac{x}{\sqrt{1+x^2}}\right) = \dfrac{1}{\sqrt{1+x^2}}.$

例15 利用链式法则证明幂函数导数公式 $(x^a)' = ax^{a-1}$, a 为任意实数．

证 设 $y = x^a$, 两边取对数得

$$\ln y = a\ln x$$

在等式两边同时对 x 求导

$$\dfrac{1}{y} \cdot y'_x = (a\ln x)' = \dfrac{a}{x}$$

$$y'_x = \dfrac{a}{x} \cdot y = \dfrac{a}{x} \cdot x^a = ax^{a-1}$$

即 $(x^a)' = ax^{a-1}$.

上面使用的求导方法称为**取对数求导法**．

取对数求导法就是先对函数两边取对数，再求导的方法．常用来计算幂指函数的导数以及某些乘幂、连乘积、带根号函数的导数．

例 16 求 $y = \sqrt[3]{\dfrac{x(3x-1)}{(5x+3)(2-x)}}\left(\dfrac{1}{3} < x < 2\right)$的导数．

解 两边取对数，有
$$\ln y = \frac{1}{3}[\ln x + \ln(3x-1) - \ln(5x+3) - \ln(2-x)]$$

两边同时对 x 求导，可得
$$\frac{1}{y} \cdot y' = \frac{1}{3}\left(\frac{1}{x} + \frac{3}{3x-1} - \frac{5}{5x+3} + \frac{1}{2-x}\right)$$

即
$$y' = \frac{1}{3}\sqrt[3]{\frac{x(3x-1)}{(5x+3)(2-x)}} \cdot \left(\frac{1}{x} + \frac{3}{3x-1} - \frac{5}{5x+3} + \frac{1}{2-x}\right)$$

例 17 求 $y = x^{\sin x}$ 的导数 $(x > 0)$．

解 两边取对数，有
$$\ln y = \sin x \cdot \ln x$$

两边同时对 x 求导，可得
$$\frac{1}{y} \cdot y' = \cos x \ln x + \frac{1}{x}\sin x$$

则
$$y' = x^{\sin x}\left(\cos x \ln x + \frac{1}{x}\sin x\right)$$

四、高阶导数

函数 $f(x)$ 的导数 $f'(x)$ 仍为 x 的函数，如果它仍可导，则称 $f'(x)$ 的导数为函数 $f(x)$ 的二阶导数，记为 $f''(x)$，$\dfrac{\mathrm{d}^2 y}{\mathrm{d}x^2}$，$y''$，即

$$f''(x) = \lim_{\Delta x \to 0}\frac{f'(x+\Delta x) - f'(x)}{\Delta x}$$

函数 $f(x)$ 的二阶导数 $f''(x)$ 仍是 x 的函数，如果它可导，则 $f''(x)$ 的导数称为原函数 $f(x)$ 的三阶导数，记为 $f'''(x)$，$\dfrac{\mathrm{d}^3 y}{\mathrm{d}x^3}$，$y'''$，以此类推，$(n-1)$ 阶导数的导数称为 $f(x)$ 的 n 阶导数，记作 $f^{(n)}(x)$，$\dfrac{\mathrm{d}^n y}{\mathrm{d}x^n}$，$y^{(n)}$．二阶及二阶以上导数统称为 $f(x)$ 的高阶导数．

例 18 求下列函数的二阶导数：
(1) $y = \mathrm{e}^x \sin x$；(2) $f(x) = x^2 \ln x$，求 $f'''(2)$．

解 (1) $y' = (\mathrm{e}^x)' \cdot \sin x + \mathrm{e}^x \cdot (\sin x)' = \mathrm{e}^x(\sin x + \cos x)$，
$y'' = [\mathrm{e}^x(\sin x + \cos x)]' = (\mathrm{e}^x)' \cdot (\sin x + \cos x) + \mathrm{e}^x(\sin x + \cos x)'$
$= 2\mathrm{e}^x \cos x$．

(2) $f'(x) = 2x\ln x + x$，
$f''(x) = 2\ln x + 3$，

$$f'''(x) = \frac{2}{x},$$
$$f'''(2) = 1.$$

例 19 设 $y = 2^x$,求 $y^{(n)}$.

解 $y' = 2^x \ln 2, y'' = 2^x (\ln 2)^2, \cdots, y^{(n)} = 2^x (\ln x)^n.$

例 20 设 $y = \ln(1 + x)$,求 $y^{(n)}$.

解 $y' = \dfrac{1}{1 + x},$

$$y'' = (y')' = \left(\frac{1}{1+x}\right)' = -\frac{1}{(1+x)^2},$$

$$y''' = (y'')' = \left[-\frac{1}{(1+x)^2}\right]' = \frac{2}{(1+x)^3},$$

运用数学归纳法,可知

$$y^{(n)} = (-1)^{n-1} \frac{(n-1)!}{(1+x)^n}, \quad n = 1, 2, 3, \cdots$$

五、函数的微分

在前面的学习中我们看到,导数反映的是自变量变化引起函数变化的快慢程度,但在许多实际问题中,还要常常计算当自变量在某一点处取得一个微小改变,函数取得相应改变的大小.

如下例:

某种产品的总成本 y 是产量 x 的函数 $y = 100 + 6x - 0.4x^2 + 0.02x^3$,试问:当生产水平 $x = 10$ 万件增加到 $x + \Delta x = 10.01$ 万件时,总成本增加多少?

当 $x = 10$ 万件增加到 $x + \Delta x = 10.01$ 万件时,总成本的改变量为

$$\begin{aligned}\Delta y &= f(x + \Delta x) - f(x)\\ &= 100 + 6 \times 10.01 - 0.4 \times 10.01^2 + 0.02 \times 10.01^3 -\\ &\quad (100 + 6 \times 10 - 0.4 \times 10^2 + 0.02 \times 10^3)\\ &= 0.040\,020\,02\end{aligned}$$

从上面计算我们看到,用公式 $\Delta y = f(x + \Delta x) - f(x)$ 计算函数的改变量往往比较麻烦,于是我们想到能否寻找一种当 Δx 很小时,近似计算 Δy 的简便方法.

若给定函数 $y = f(x)$ 在点 x_0 处可导,根据导数定义,有

$$\lim_{\Delta x \to 0} \frac{\Delta y}{\Delta x} = f'(x_0)$$

即

$$\frac{\Delta y}{\Delta x} = f'(x_0) + \alpha$$

其中,α 是当 $\Delta x \to 0$ 时的无穷小量,上式也可写作

$$\Delta y = f'(x_0) \Delta x + \alpha \cdot \Delta x$$

这表明函数的增量 Δy 可以表示为两项之和,第一项 $f'(x_0) \Delta x$ 是 Δx 的线性函数,第二项 $\alpha \cdot \Delta x$,当 $\Delta x \to 0$ 时是比 Δx 高阶的无穷小量. 因此,当 Δx 很小时,$\alpha \cdot \Delta x$ 可以略去,

故 $\Delta y \approx f'(x_0)\Delta x$.

由此可得：

(1) 用 $f'(x_0)\Delta x$ 近似代替 Δy，简化了计算；

(2) 用 $f'(x_0)\Delta x$ 代替 Δy，其误差较小，$|\Delta x|$ 越小，误差也越小.

据此，我们给出如下的定义：

定义 设函数 $y=f(x)$ 在点 x_0 处有导数 $f'(x_0)$，则称 $f'(x_0)\Delta x$ 为 $y=f(x)$ 在点 x_0 处的微分，记作 $\mathrm{d}y$，即

$$\mathrm{d}y = f'(x_0)\Delta x$$

此时，称 $y=f(x)$ 在点 x_0 处是可微的.

例如，计算上例中函数 $y=100+6x-0.4x^2+0.02x^3$ 在点 $x_0=10$，$\Delta x=0.01$ 时的微分

$$\mathrm{d}y = (100+6x-0.4x^2+0.02x^3)'|_{x=10}\cdot \Delta x = (6-0.8x+0.06x^2)|_{x=10}\cdot \Delta x = 0.04$$

可见 $\mathrm{d}y \approx \Delta y$.

函数 $y=f(x)$ 在任意点 x 的微分，叫作函数 $y=f(x)$ 的微分，记作

$$\mathrm{d}y = f'(x)\Delta x \quad \text{或} \quad \mathrm{d}[f(x)] = f'(x)\Delta x$$

如果将自变量 x 当作自己的函数 $y=x$，则有

$$\mathrm{d}x = \mathrm{d}y = (x)'\Delta x = \Delta x$$

说明自变量的微分 $\mathrm{d}x$ 就等于它的改变量 Δx，于是函数的微分可以写成

$$\mathrm{d}y = f'(x)\mathrm{d}x$$

或

$$\mathrm{d}[f(x)] = f'(x)\mathrm{d}x$$

例21 求下列函数的微分：

(1) $y = x^3 \mathrm{e}^{2x}$；　(2) $y = \sqrt{2-5x^2}$.

解 (1) $y' = 3x^2 \mathrm{e}^{2x} + 2x^3 \mathrm{e}^{2x} = x^2 \mathrm{e}^{2x}(3+2x)$，

所以 $\mathrm{d}y = x^2 \mathrm{e}^{2x}(3+2x)\mathrm{d}x$.

(2) $y' = \dfrac{-5x}{\sqrt{2-5x^2}}$，

所以 $\mathrm{d}y = \dfrac{-5x}{\sqrt{2-5x^2}}\mathrm{d}x$.

例22 括号内填入适当的函数，使等式成立.

(1) $\mathrm{d}(\ln \sin x) = $ ＿＿＿＿＿＿；

(2) $\mathrm{d}(\quad) = 2x\mathrm{d}x$；

(3) $\mathrm{d}(\quad) = \sin x\mathrm{d}x$；

(4) $\mathrm{d}(\quad) = x^3 \mathrm{d}x$；

(5) $\mathrm{d}(\quad) = \mathrm{e}^{-2x}\mathrm{d}x$.

解 (1) $\cot x\mathrm{d}x$；　(2) x^2；　(3) $-\cos x$；

(4) $\dfrac{1}{4}x^4$；　(5) $-\dfrac{1}{2}\mathrm{e}^{-2x}$.

2.3 微分中值定理

微分中值定理是微积分学的重要理论基础，它给出了函数及其导数之间的联系，是导数应用的理论基础，中值定理包括罗尔定理、拉格朗日中值定理和柯西中值定理.

一、罗尔（Rolle）定理

如果函数 $y=f(x)$ 满足条件以下三个条件：

(1) 在闭区间 $[a,b]$ 上连续；
(2) 在开区间 (a,b) 内可导；
(3) 在区间端点处函数值相等，即 $f(a)=f(b)$.

则在区间 (a,b) 内至少存在一点 ξ，使得 $f'(\xi)=0$.

罗尔定理的几何意义是，函数 $y=f(x)(a\leqslant x\leqslant b)$ 在几何上表示一段曲线弧. 函数 $f(x)$ 满足罗尔定理中的三个条件表示曲线 $y=f(x)$ 是连续的，除端点外处处有不垂直于 x 轴的切线且弦 AB 是水平的（见图 2-4）. 定理的结论表明，在曲线 $y=f(x)$ 上至少存在一点 $C(\xi,f(\xi))$，在该点处曲线的切线也是水平的，即切线平行于弦.

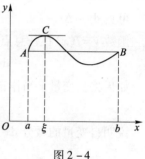

图 2-4

注意：定理中的三个条件，若缺少其中一个，定理将不成立.

二、拉格朗日（Lagrange）中值定理

如果去掉罗尔定理中区间端点处函数值相等，即 $f(a)\neq f(b)$，则有下面的定理.

如果函数 $y=f(x)$ 满足以下两个条件：

(1) 在闭区间 $[a,b]$ 上连续；
(2) 在开区间 (a,b) 内可导.

则在区间 (a,b) 内至少存在一点 ξ，使得

$$f'(\xi) = \frac{f(b)-f(a)}{b-a}$$

定理的几何意义是，一条连续曲线，如若除端点外处处有不垂直于 x 轴的切线，则在曲线上至少存在一点 $C(\xi,f(\xi))$，使曲线在点 C 处的切线平行于弦 AB（见图 2-5）.

若 AB 为水平的弦，就是罗尔定理，可见，拉格朗日中值定理是罗尔定理的推广，罗尔定理是拉格朗日中值定理的特殊情形.

例1 验证函数 $f(x)=x^2\sqrt{5-x}$ 在区间 $[0,5]$ 上满足罗尔定理的条件，并求 ξ.

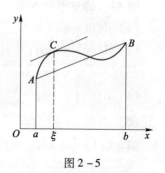

图 2-5

解 $f(x) = x^2\sqrt{5-x}$ 在 $[0,5]$ 上连续，在 $(0,5)$ 内有

$$f'(x) = 2x\sqrt{5-x} - \frac{x^2}{2\sqrt{5-x}} = \frac{x(20-5x)}{2\sqrt{5-x}}$$

即 $f(x)$ 在 $(0,5)$ 内可导，显然 $f(0) = f(5) = 0$. 故 $f(x)$ 在 $[0,5]$ 上满足罗尔定理的条件.

令 $$f'(x) = \frac{x(20-5x)}{2\sqrt{5-x}} = 0$$

得 $x = 0$, $x = 4$, 又 $x = 0$ 为区间端点, 故 $\xi = 4$.

例 2 函数 $f(x) = x^2 + 2x$ 在区间 $[0,2]$ 上满足拉格朗日中值定理的条件，求 ξ.

解 $b = 2, a = 0, f(2) = 8, f(0) = 0$

又 $$f'(x) = 2x + 2$$

由拉格朗日中值定理得

$$8 - 0 = (2\xi + 2) \cdot 2$$

所以 $$\xi = 1$$

例 3 证明：当 $0 < a < b$ 时，不等式

$$\frac{b-a}{b} < \ln\frac{b}{a} < \frac{b-a}{a}$$

成立.

证 令 $f(x) = \ln x$，则 $f(x)$ 在区间 $[a,b]$ 上满足拉格朗日中值定理的条件，$f'(x) = \frac{1}{x}$.

所以存在 $\xi \in (a,b)$，使

$$\ln\frac{b}{a} = \ln b - \ln a = \frac{1}{\xi}(b-a)$$

又 $a < \xi < b$，故 $\frac{1}{b} < \frac{1}{\xi} < \frac{1}{a}$,

即 $$\frac{b-a}{b} < \frac{b-a}{\xi} < \frac{b-a}{a}$$

所以 $$\frac{b-a}{b} < \ln\frac{b}{a} < \frac{b-a}{a}$$

由拉格朗日中值定理，还可以得出以下两个推论：

推论 1 若函数 $f(x)$ 在区间 I 上的导数恒为零，则 $f(x)$ 在区间 I 上为常数.

推论 2 函数 $f(x)$ 及 $g(x)$ 在区间 I 上可导，若对任一 $x \in I$，有 $f'(x) = g'(x)$，

则 $$f(x) = g(x) + c$$

对任意 $x \in I$ 成立，其中 c 为常数.

例 4 证明三角恒等式 $\arcsin x + \arccos x = \frac{\pi}{2}, x \in [-1,1]$.

证 令 $f(x) = \arcsin x + \arccos x$，易知

$$f'(x) = \frac{1}{\sqrt{1-x^2}} - \frac{1}{\sqrt{1-x^2}} = 0, x \in (-1,1)$$

从而 $$f(x) = c, x \in (-1,1) \ (c \text{ 为常数})$$

取 $x=0$，得 $f(0)=c=\dfrac{\pi}{2}$，所以

$$\arcsin x + \arccos x = \dfrac{\pi}{2}, x\in(-1,1)$$

当 $x=\pm 1$ 时，易验证上式亦成立，所以得到

$$\arcsin x + \arccos x = \dfrac{\pi}{2}, x\in[-1,1]$$

类似地，可以证明

$$\arctan x + \text{arccot}\, x = \dfrac{\pi}{2}$$

三、柯西（Cauchy）中值定理

若函数 $f(x)$ 与 $g(x)$ 满足以下两个条件：
(1) 在闭区间 $[a,b]$ 上连续；
(2) 在开区间 (a,b) 内可导，且 $g'(x)\neq 0$.
则在区间 (a,b) 内至少存在一点 ξ，使得

$$\dfrac{f(b)-f(a)}{g(b)-g(a)}=\dfrac{f'(\xi)}{g'(\xi)}$$

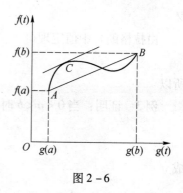

图 2-6

在上式中，如果 $g(x)=x$，就变成拉格朗日中值定理（见图 2-6），所以拉格朗日中值定理是柯西中值定理的特例.

2.4 洛必达法则

在求函数的极限时，常会遇到两个函数 $f(x),g(x)$ 都是无穷小或都是无穷大，求它们比值的极限 $\lim\dfrac{f(x)}{g(x)}$. 这种极限可能存在也可能不存在，通常称这种比值的极限为未定式，当 $f(x),g(x)$ 都是无穷小时，称为"$\dfrac{0}{0}$"型未定式，如 $\lim\limits_{x\to 0}\dfrac{\sin x}{x}$ 就是"$\dfrac{0}{0}$"型未定式. 当 $f(x),g(x)$ 都是无穷大时，称为"$\dfrac{\infty}{\infty}$"型未定式. 例如 $\lim\limits_{x\to+\infty}\dfrac{\ln x}{x}$. 本节就主要讨论这两种未定式极限的计算方法，以及在此基础上进一步讨论其他类型的未定式极限. 我们称此方法为**洛必达法则**.

一、"$\dfrac{0}{0}$"型和"$\dfrac{\infty}{\infty}$"型未定式

1. 洛必达法则一

若函数 $f(x),g(x)$ 满足条件：
(1) $\lim\limits_{x\to x_0}f(x)=0,\lim\limits_{x\to x_0}g(x)=0$；
(2) $f(x)$ 与 $g(x)$ 在点 x_0 的某去心邻域内可导，且 $g'(x)\neq 0$；

(3) $\lim\limits_{x \to x_0} \dfrac{f'(x)}{g'(x)} = A$(或$\infty$).

则 $$\lim\limits_{x \to x_0} \dfrac{f(x)}{g(x)} = \lim\limits_{x \to x_0} \dfrac{f'(x)}{g'(x)} = A (或\infty)$$

2. 洛必达法则二

若函数$f(x)$，$g(x)$满足条件：

(1) $\lim\limits_{x \to x_0} f(x) = \infty, \lim\limits_{x \to x_0} g(x) = \infty$；

(2) $f(x)$与$g(x)$在点x_0的某去心邻域内可导，且$g'(x) \neq 0$；

(3) $\lim\limits_{x \to x_0} \dfrac{f'(x)}{g'(x)} = A$(或$\infty$)

则 $$\lim\limits_{x \to x_0} \dfrac{f(x)}{g(x)} = \lim\limits_{x \to x_0} \dfrac{f'(x)}{g'(x)} = A (或\infty)$$

对于法则一和法则二，把$x \to x_0$改为$x \to \infty$，同样成立.

例 1 求$\lim\limits_{x \to 0} \dfrac{e^x - 1}{x^2 - x}$.

解 当$x \to 0$时，有$e^x - 1 \to 0$和$x^2 - x \to 0$，这是"$\dfrac{0}{0}$"未定式极限，由洛必达法则，可得

$$\lim\limits_{x \to 0} \dfrac{e^x - 1}{x^2 - x} = \lim\limits_{x \to 0} \dfrac{e^x}{2x - 1} = -1$$

例 2 求$\lim\limits_{x \to 1} \dfrac{\ln x}{(x-1)^2}$.

解 这是一个"$\dfrac{0}{0}$"未定式极限，由洛必达法则得

$$\lim\limits_{x \to 1} \dfrac{\ln x}{(x-1)^2} = \lim\limits_{x \to 1} \dfrac{1}{2x(x-1)} = \infty$$

例 3 求$\lim\limits_{x \to 0} \dfrac{\tan x - x}{x - \sin x}$.

解
$$\lim\limits_{x \to 0} \dfrac{\tan x - x}{x - \sin x} = \lim\limits_{x \to 0} \dfrac{\sec^2 x - 1}{1 - \cos x}$$
$$= \lim\limits_{x \to 0} \dfrac{1 - \cos^2 x}{\cos^2 x (1 - \cos x)}$$
$$= \lim\limits_{x \to 0} \dfrac{1 + \cos x}{\cos^2 x} = 2$$

例 4 求$\lim\limits_{x \to 1} \dfrac{x^3 - 3x + 2}{x^3 - x^2 - x + 1}$.

解 $$\lim\limits_{x \to 1} \dfrac{x^3 - 3x + 2}{x^3 - x^2 - x + 1} = \lim\limits_{x \to 1} \dfrac{3x^2 - 3}{3x^2 - 2x - 1} = \lim\limits_{x \to 1} \dfrac{6x}{6x - 2} = \dfrac{3}{2}$$

注意：在使用洛必达法则时，必须检查所求极限是否是"$\dfrac{0}{0}$"或"$\dfrac{\infty}{\infty}$"型，特别是连

续使用洛必达法则时必须每一次都做检查. 如例 4 中最后出现 $\lim\limits_{x \to 1} \dfrac{6x}{6x-2}$，已不再是 "$\dfrac{0}{0}$" 型未定式，不能再应用洛必达法则，否则会导致错误结果.

例 5 求 $\lim\limits_{x \to +\infty} \dfrac{\dfrac{\pi}{2} - \arctan x}{\dfrac{1}{x}}$.

解 这是 $x \to +\infty$ 时的 "$\dfrac{0}{0}$" 型，则由洛必达法则，得

$$\lim_{x \to +\infty} \dfrac{\dfrac{\pi}{2} - \arctan x}{\dfrac{1}{x}} = \lim_{x \to +\infty} \dfrac{-\dfrac{1}{1+x^2}}{-\dfrac{1}{x^2}} = \lim_{x \to +\infty} \dfrac{x^2}{1+x^2} = 1$$

例 6 求 $\lim\limits_{x \to +\infty} \dfrac{\ln x}{x^n}$.

解 这是 "$\dfrac{\infty}{\infty}$" 型，由洛必达法则，得

$$\lim_{x \to +\infty} \dfrac{\ln x}{x^n} = \lim_{x \to +\infty} \dfrac{\dfrac{1}{x}}{nx^{n-1}} = \lim_{x \to +\infty} \dfrac{1}{nx^n} = 0$$

例 7 求 $\lim\limits_{x \to +\infty} \dfrac{x^n}{e^{\lambda x}}$（$n$ 为正整数，$\lambda > 0$）.

解 $\lim\limits_{x \to +\infty} \dfrac{x^n}{e^{\lambda x}} = \lim\limits_{x \to +\infty} \dfrac{nx^{n-1}}{\lambda e^{\lambda x}} = \lim\limits_{x \to +\infty} \dfrac{n(n-1)x^{n-2}}{\lambda^2 e^{\lambda x}} = \cdots = \lim\limits_{x \to +\infty} \dfrac{n!}{\lambda^n e^{\lambda x}} = 0$

二、其他类型的未定式

除上述 "$\dfrac{0}{0}$" "$\dfrac{\infty}{\infty}$" 型未定式以外，还有其他类型的未定式，如 "$0 \cdot \infty$" "$\infty - \infty$" "1^∞" "0^0" "∞^0" 等. 求这些未定式的值，通常是将其转化为 "$\dfrac{0}{0}$" "$\dfrac{\infty}{\infty}$" 型未定式，再用洛必达法则来计算. 下面以例题说明.

例 8 求 $\lim\limits_{x \to 0} \left(\dfrac{1}{x} - \dfrac{1}{e^x - 1} \right)$.

解 这是 "$\infty - \infty$" 型未定式，将其通分化成

$$\lim_{x \to 0} \left(\dfrac{1}{x} - \dfrac{1}{e^x - 1} \right) = \lim_{x \to 0} \dfrac{e^x - 1 - x}{x(e^x - 1)}$$

此时极限为 "$\dfrac{0}{0}$" 型未定式，用洛必达法则，得

$$\lim_{x \to 0} \dfrac{e^x - 1 - x}{x(e^x - 1)} = \lim_{x \to 0} \dfrac{e^x - 1}{xe^x + e^x - 1} = \lim_{x \to 0} \dfrac{e^x}{2e^x + xe^x} = \dfrac{1}{2}$$

所以

$$\lim_{x \to 0} \left(\dfrac{1}{x} - \dfrac{1}{e^x - 1} \right) = \dfrac{1}{2}$$

例 9 求 $\lim\limits_{x \to 0^+} x \ln x$.

解 这是"$0 \cdot \infty$"型未定式，可变形为

$$\lim_{x \to 0^+} x \ln x = \lim_{x \to 0^+} \frac{\ln x}{\frac{1}{x}} \quad (\text{已化为}"\frac{\infty}{\infty}")$$

$$= \lim_{x \to 0^+} \frac{\frac{1}{x}}{-\frac{1}{x^2}} = \lim_{x \to 0^+}(-x) = 0$$

例 10 求 $\lim\limits_{x \to 1} x^{\frac{1}{1-x}}$.

解 这是"1^∞"型未定式. 设 $y = x^{\frac{1}{1-x}}$，取对数得

$$\ln y = \ln x^{\frac{1}{1-x}} = \frac{\ln x}{1-x}$$

所以
$$y = e^{\frac{\ln x}{1-x}} \text{ 或 } x^{\frac{1}{1-x}} = e^{\frac{\ln x}{1-x}}$$

因为
$$\lim_{x \to 1} \frac{\ln x}{1-x} = \lim_{x \to 1} \frac{\frac{1}{x}}{-1} = -1$$

所以
$$\lim_{x \to 1} x^{\frac{1}{1-x}} = \lim_{x \to 1} e^{\frac{\ln x}{1-x}} = e^{\lim_{x \to 1} \frac{\ln x}{1-x}} = e^{-1} = \frac{1}{e}$$

例 11 求 $\lim\limits_{x \to 0} \frac{\tan x - x}{x^2 \sin x}$.

解 求这个"$\frac{0}{0}$"型未定式的值要连续使用洛必达法则，此时分母的高阶导数较繁，设法简化计算过程. 由于 $x \to 0$ 时，$\sin x$ 与 x 是等价无穷小，用等价无穷小的替换可得

$$\lim_{x \to 0} \frac{\tan x - x}{x^2 \sin x} = \lim_{x \to 0} \frac{\tan x - x}{x^3}$$

则
$$\lim_{x \to 0} \frac{\tan x - x}{x^2 \sin x} = \lim_{x \to 0} \frac{\tan x - x}{x^3} = \lim_{x \to 0} \frac{\sec^2 x - 1}{3x^2} = \frac{1}{3} \lim_{x \to 0} \frac{\tan^2 x}{x^2} = \frac{1}{3}$$

在使用洛必达法则求未定式的值时，要适当结合求极限的其他方法，尽量简化计算过程.

例 12 求 $\lim\limits_{x \to \infty} \frac{x + \sin x}{1 + x}$.

解 这是"$\frac{\infty}{\infty}$"型未定式，但极限

$$\lim_{x \to \infty} \frac{f'(x)}{g'(x)} = \lim_{x \to \infty} \frac{1 + \cos x}{1}$$

不存在，即不满足洛必达法则的第三个条件，所以不能使用洛必达法则. 事实上，原极限可由下面的方法求出：

$$\lim_{x \to \infty} \frac{x + \sin x}{1 + x} = \lim_{x \to \infty} \frac{1 + \frac{\sin x}{x}}{\frac{1}{x} + 1} = 1$$

从上面的例子可以看出,洛必达法则虽然是求未定式极限的一种有效的方法,但它不是万能的,有时会失效.

2.5 函数的极值与最值

在最优化分析过程中,经常需要确定一个函数的最大或最小值(如果存在的话)出现在哪一点,以便作出费用低、效益高的最优决策. 函数的极值与这个问题关系密切,因此,有必要建立极值的有关理论.

一、函数的单调性

如果函数 $f(x)$ 在某一区间内,当自变量 x 由小变大时,$f(x)$ 的值也由小变大,即对任意的 x_1,x_2,当 $x_1<x_2$ 时,有 $f(x_1)<f(x_2)$,则称 $f(x)$ 在此区间上单调增加(简称递增);如果函数 $f(x)$ 在某一区间内,当自变量 x 由小变大时,$f(x)$ 的值却由大变小,即对任意的 x_1,x_2,当 $x_1<x_2$ 时,$f(x_1)>f(x_2)$,则称 $f(x)$ 在此区间上单调减少(简称递减).

从几何上看,函数在 (a,b) 内单调增加,它表示的曲线在 (a,b) 内随 x 的增大而上升;函数在 (a,b) 内单调减少,它表示的曲线在 (a,b) 内随 x 的增大而下降. (见图2-7)

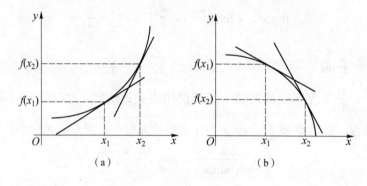

图 2-7

因此,由导数的几何意义,得到如下判别法.

定理 1(函数单调性判别法) 设函数 $f(x)$ 在 (a,b) 内可导,且导数不变号.

若 $f'(x)>0$,则 $f(x)$ 在 $[a,b]$ 上递增;

若 $f'(x)<0$,则 $f(x)$ 在 $[a,b]$ 上递减.

根据定理,讨论函数 $f(x)$ 的单调性可按下列步骤进行:

(1) 确定函数 $f(x)$ 的定义域;

(2) 求导函数 $f'(x)$ 的驻点(即方程 $f'(x)=0$ 的根);

(3) 用驻点将定义域分成若干区间;

(4) 判别导数 $f'(x)$ 在每个区间的符号,确定函数 $f(x)$ 是单调递增还是单调递减.

例 1 讨论 $f(x)=x-x^2$ 的单调性.

解 函数定义域为 $(-\infty,+\infty)$,

$$f'(x) = 1 - 2x$$

令 $f'(x)=0$，得 $x=\dfrac{1}{2}$.

$x=\dfrac{1}{2}$ 将 $(-\infty, +\infty)$ 分成两个区间 $\left(-\infty,\dfrac{1}{2}\right]$，$\left(\dfrac{1}{2}, +\infty\right)$.

列表如下：

x	$\left(-\infty, \dfrac{1}{2}\right]$	$\left(\dfrac{1}{2}, +\infty\right)$
$f'(x)$	+	−
$f(x)$	↗	↘

由判别法知，函数 $f(x)$ 在区间 $\left(-\infty,\dfrac{1}{2}\right]$ 上递增，在区间 $\left(\dfrac{1}{2}, +\infty\right)$ 内递减. 驻点 $x=\dfrac{1}{2}$ 是由增到减的转折点（见图 2-8）.

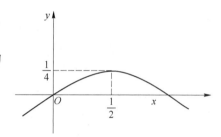

图 2-8

二、函数极值与判别方法

如果函数 $f(x)$ 在点 x_0 的函数值大于点 x_0 附近的一切函数值，则称 x_0 为函数 $f(x)$ 的极大值点，$f(x_0)$ 称为函数 $f(x)$ 的极大值；如果 $f(x)$ 在点 x_0 的函数值 $f(x_0)$ 小于 x_0 附近的一切函数值，则称 x_0 为 $f(x)$ 的极小值点，$f(x_0)$ 称为 $f(x)$ 的极小值.

极大值和极小值统称为极值，极大值点和极小值点统称为极值点.

注意：极值只是对 x_0 附近的函数值（并不是对整个定义域）而言的. 换句话说，极值只是个局部概念. 极大值不一定是整个定义域内的最大值，极小值不一定是整个定义域内的最小值. 一个函数可能有许多极值，甚至可能某个极大值比另个极小值还小. 从图 2-9 中可以看到，极值点处如果有切线的话，一定是水平方向的. 但有水平切线的点却不一定是极值点，如曲线在点 x_5 处的切线是水平的，x_5 却不是极值点.

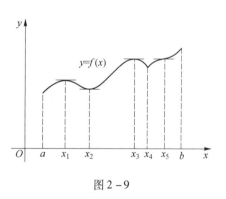

图 2-9

在上述几何直观的基础上，我们给出下面的定理：

定理 2　（极值存在的必要条件）如果 $f(x)$ 在点 x_0 处取得极值且在点 x_0 处可导，则 $f'(x_0)=0$.

关于这个定理需要说明两点：

(1) $f'(x_0)=0$ 只是 $f(x)$ 在点 x_0 处取得极值的必要条件，而不是充分条件. 事实上，我们熟悉的函数 $y=x^3$ 在 $x=0$ 时，导数等于零，但在该点并不取得极值.

(2) 定理的条件之一是函数在点 x_0 可导，而导数不存在的点也有可能取得极值，如图 2-9 中的 x_4，再例如 $f(x)=\sqrt[3]{x^2}$，$f'(x)=\dfrac{2}{3\sqrt[3]{x}}$，显然 $f'(0)$ 不存在，但函数在 $x=0$ 处却取得极小值 $f(0)=0$. 通常把使导数为零的点称作驻点. 由此可知，函数的极值点只能在驻点和导数不存在的点中产生，但是驻点和导数不存在的点不一定是极值点.

下面给出判断极值的两个充分条件：

1. 极值判别法一

若 $f(x)$ 在 $x=x_0$ 点附近可导，且 $f'(x_0)=0$（或者 $f'(x_0)$ 不存在），当 x 由小变大经过 x_0 时，

(1) $f'(x)$ 的符号不变，则 x_0 不是极值点；
(2) $f'(x)$ 的符号由正变负，则 x_0 是极大值点；
(3) $f'(x)$ 的符号由负变正，则 x_0 是极小值点.

把必要条件和充分条件结合起来，就可以求函数的极值了.

例 2 求 $f(x)=(x-1)^2(x+1)^3$ 的极值.

解
$$f'(x)=2(x-1)(x+1)^3+3(x-1)^2(x+1)^2$$
$$=(x-1)(x+1)^2(5x-1)$$

令 $f'(x)=0$，得驻点 $x_1=-1$，$x_2=\dfrac{1}{5}$，$x_3=1$.

得到三个驻点，没有导数不存在的点.
列表讨论如下：

x	$(-\infty,-1)$	-1	$\left(-1,\dfrac{1}{5}\right)$	$\dfrac{1}{5}$	$\left(\dfrac{1}{5},1\right)$	1	$(1,+\infty)$
$f'(x)$	+	0	+	0	−	0	+
$f(x)$	↗	无极值	↗	极大值	↘	极小值	↗

由表可见，函数极大值为 $f\left(\dfrac{1}{5}\right)=\dfrac{3\ 456}{3\ 125}$，极小极为 $f(1)=0$.

例 3 求 $f(x)=\dfrac{2}{3}x-(x-1)^{\frac{2}{3}}$ 的极值.

解
$$f'(x)=\dfrac{2}{3}-\dfrac{2}{3}(x-1)^{-\frac{1}{3}}=\dfrac{2}{3}\left(1-\dfrac{1}{\sqrt[3]{x-1}}\right)$$
$$=\dfrac{2}{3}\dfrac{\sqrt[3]{x-1}-1}{\sqrt[3]{x-1}}$$

令 $f'(x)=0$，得驻点 $x=2$.

当 $x=1$ 时，$f'(x)$ 不存在.

列表讨论如下：

x	$(-\infty, 1)$	1	$(1, 2)$	2	$(2, +\infty)$
$f'(x)$	+	×	-	0	+
$f(x)$	↗	极大值	↘	极小值	↗

所以，函数的极大值 $f(1)=\dfrac{2}{3}$，极小值 $f(2)=\dfrac{1}{3}$.

当函数在驻点处二阶导数存在时，也有如下的判别定理：

2. 极值的判别法二

设 $f'(x_0)=0$，$f''(x_0)$ 存在.

(1) 如果 $f''(x_0)>0$，则 $f(x_0)$ 为 $f(x)$ 的极小值；

(2) 如果 $f''(x_0)<0$，则 $f(x_0)$ 为 $f(x)$ 的极大值.

例 4 求函数 $f(x)=x^3-6x^2+9x$ 的极值.

解 因为 $f(x)=x^3-6x^2+9x$ 的定义域为 $(-\infty, +\infty)$，

且 $f'(x)=3x^2-12x+9$，$f''(x)=6x-12$，

令 $f'(x)=3x^2-12x+9=0$，得驻点 $x_1=1$，$x_2=3$.

又因为 $f''(1)=-6<0$，所以 $f(1)=4$ 为极大值；

$f''(3)=6>0$，所以 $f(3)=0$ 为极小值.

我们把求函数的极值的步骤归纳如下：

(1) 求 $f(x)$ 的导数 $f'(x)$；

(2) 解方程 $f'(x)=0$，求出 $f(x)$ 在定义域内的所有驻点；

(3) 找出 $f(x)$ 在定义域内所有导数不存在的点；

(4) 分别考查每一个驻点或导数不存在的点是否为极值点，是极大值点还是极小值点；

(5) 求出各极值点的函数值.

三、函数的最大值与最小值

函数的最大值和最小值是个整体性概念，即在整个定义域区间上，对每一点 x 都有 $f(x) \leqslant f(x_0)$（或 $f(x) \geqslant f(x_0)$），那么 $f(x_0)$ 就为函数在整个区间上的最大值（或最小值）. 一般情况下，函数在闭区间 $[a, b]$ 上的最大值和最小值只能在区间 (a, b) 内的极值点和区间端点处达到，因此我们可以求出函数极值点的函数值及端点处的函数值，通过这些函数值的比较，即可求出函数的最大值与最小值. 特别地，对应用中的许多问题，如果由问题的实际情况，可以断定函数在其定义区间存在最大（小）值，而且这个函数在此区间内又只有一个极值点，一般来说这个极值点的函数值就是最大（小）值.

例 5 如图 2-10 所示，一边长为 a 的正方形铁皮，在四角分别剪去四个小正方形后，

折成一个无盖的长方体盒子,求小正方形的边长为多少时,折成的无盖长方体盒子的容积最大?最大容积是多少?

解 设小正方形的边长为 x,长方体盒子的容积为 y,则折成的长方体盒子的容积为

$$y = (a - 2x)^2 \cdot x$$

其中,$0 < x < \dfrac{a}{2}$。

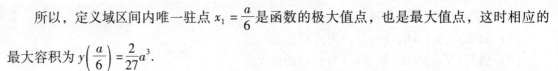

图 2-10

则问题可以归结为:当 x 为何值时,函数 y 取得最大值

$$y' = (a - 2x)(a - 6x)$$

令 $y' = (a - 2x)(a - 6x) = 0$,得 $x_1 = \dfrac{a}{6}, x_2 = \dfrac{a}{2}$(舍去).

$$y'' = -8a + 24x, \quad y''\left(\dfrac{a}{6}\right) = -4a < 0$$

所以,定义域区间内唯一驻点 $x_1 = \dfrac{a}{6}$ 是函数的极大值点,也是最大值点,这时相应的最大容积为 $y\left(\dfrac{a}{6}\right) = \dfrac{2}{27}a^3$.

例6 要做一个容积为 V 的圆柱形罐头筒,怎样设计才能使所用材料最省?

解 显然,要材料最省,就是要罐头筒的总表面积最小。设罐头筒的底半径为 r,高为 h,如图 2-11 所示,则它的侧面积为 $2\pi rh$,底面积为 πr^2,因此总表面积为

$$S = 2\pi rh + 2\pi r^2 \quad (0 < r < +\infty)$$

由体积公式 $V = \pi r^2 h$,有 $h = \dfrac{V}{\pi r^2}$,

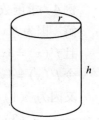

图 2-11

所以

$$S = \dfrac{2V}{r} + 2\pi r^2, \quad r \in (0, +\infty)$$

$$S' = 4\pi r - \dfrac{2V}{r^2} = \dfrac{2(2\pi r^3 - V)}{r^2}$$

令 $S' = 0$,得 $r = \sqrt[3]{\dfrac{V}{2\pi}}$.

$$S'' = 4\pi + \dfrac{4V}{r^3}$$

因为 π,V 都是正数,$r > 0$,所以 $S'' > 0$. 因此 S 在点 $r = \sqrt[3]{\dfrac{V}{2\pi}}$ 处取得极小值,也就是最小值. 这时相应的高为

$$h = \dfrac{V}{\pi \cdot r^2} = \dfrac{V}{\pi \left[\sqrt[3]{\dfrac{V}{2\pi}}\right]^2} = 2\sqrt[3]{\dfrac{V}{2\pi}} = 2r$$

于是得出结论:当所做罐头筒的高和底直径相等时,所用材料最省.

2.6 最值经济

一、最优化问题

在第一章中我们介绍了常用的成本函数、收益函数、利润函数等经济函数,在实际中,经常会遇到在一定条件下,使成本最低、收入和利润最大等问题. 这些问题在经济中常称为最优化问题,它可以用函数的极值理论加以解决.

例 1 设某产品日产量为 Q 件时,产品总成本为
$$C(Q) = \frac{1}{100}Q^2 + 20Q + 1\,600$$
求:(1)日产量为 500 件的总成本和平均成本.
(2)产量为多少时平均成本最低?最低平均成本是多少?.

解 (1)日产量为 500 件的总成本为
$$C(500) = \frac{500^2}{100} + 20 \times 500 + 1\,600 = 14\,100(\text{元})$$
平均成本为
$$\overline{C}(500) = \frac{14\,100}{500} = 28.2(\text{元})$$

(2)最低平均成本及产量
$$\overline{C}(Q) = \frac{C(Q)}{Q} = \frac{Q}{100} + 20 + \frac{1\,600}{Q}$$
$$\overline{C}'(Q) = \frac{1}{100} - \frac{1\,600}{Q^2}$$

令 $\overline{C}'(Q) = 0$,因 $Q > 0$,故得唯一驻点为 $Q = 400$.

又 $\overline{C}''(Q) = \frac{3\,200}{Q^3} > 0$,故 $Q = 400$ 是 $\overline{C}(Q)$ 的极小值点,即当日产量为 400 件时,平均成本最低,最低平均成本为 25 元.

例 2 某商店每天向工厂按出厂价每件 3 元购进一批商品零售,若零售价定为每件 4 元,估计销售量为 400 件,若每件降低 0.05 元,则可多销售 40 件,问:每件售价定为多少时才可获得最大利润?最大利润是多少?此时的进货量是多少?

解 设利润为 L,进货量为 x 件,售价为 p 元/件,则利润为
$$L = (p - 3)x$$
假定销售量等于进货量,由题设有
$$x - 400 = \frac{40}{0.05}(4 - p)$$
则
$$x = 3\,600 - 800p$$
所以
$$L(p) = (p-3)(3\,600 - 800p) = -800p^2 + 6\,000p - 10\,800$$
$$L'(p) = -1\,600p + 6\,000$$

令 $L'(p) = 0$,解得 $p = 3.75$,又由于 $L''(p) = -1\,600 < 0$,

故 $p=3.75$ 是极大值点，也是最大值点，这就是说，当定价为每件 3.75 元，进货量为 $x|_{P=3.75}=(3\,600-800P)|_{P=3.75}=600$（件）时，每天能获得最大利润，最大利润为

$$L(P)|_{P=3.75}=(-800P^2+6\,000P-10\,800)|_{P=3.75}=450(元)$$

二、经济生产批量模型

一次投入或产出的一批相同产品的数量，称为生产批量。批量的大小与企业经济效益密切相关。当某种产品的年生产数量一定时，每批产量越大，全年的生产批数就越少；反之，批量越小，批数就越多，两者为反比例关系。一般来说，批量的大小及批数的多少与两种成本有关：一种是设备调整准备成本（如调整机器、清理工卡模具、布置生产线等），它与批数成正比；另一种是产品的储存成本（如仓储设备费、保管费、保险费、储存过程的损失费、占用资金的利息等），它与批量成正比。因此，若采用较大的批量，可以减少批数，从而降低年调整准备成本，但却增加了储存成本；反之，若采用较小的批量，增加批数，降低年储存成本，但又增加了年调整准备成本。可见，在选择批量或批数时，年调整准备成本和储存成本是相互矛盾的，此消彼长，所谓经济生产批量就是使这两种成本之和达到最低的生产批量，与经济批量相应的批数称为最优批数。这里，由于年生产量一定，产品生产基本上保持不变（无论批量大小），故对经济批量无影响。通常，确定经济生产批量最简单的方法是利用公式（即数学模型）进行计算，公式的一般推导如下：

设：A 为全年总产量，Q 为每次生产批量，p 为日产量，d 为日耗量（或销售量），S 为每批调整准备成本，C 为单位产品的年平均储存成本，T 为相关的年调整准备成本与年储存成本之和（简称年总成本），则

$$T=C\cdot\frac{Q}{2}\left(1-\frac{d}{p}\right)+S\cdot\frac{A}{Q} \tag{1}$$

经济生产批量就是使 T 达到最小值时的 Q 值，为此，以 Q 为自变量，求 T 的一阶导数

$$T'=C\cdot\frac{1}{2}\left(1-\frac{d}{p}\right)-\frac{SA}{Q^2}$$

令 $T'=0$，即 $\frac{SA}{Q^2}=\frac{1}{2}C\left(1-\frac{d}{p}\right)$，得 $Q^2=\frac{2SA}{C\left(1-\frac{d}{p}\right)}$，

所以经济批量

$$\hat{Q}=\sqrt{\frac{2SA}{C\left(1-\frac{d}{p}\right)}} \tag{2}$$

最优生产批数可以根据年产量 A 和经济批量 $\hat{Q}$ 的数值进行计算，也可以根据最优的模型直接计算，最优批数模型可建立如下：

因为 $\quad\dfrac{SA}{\hat{Q}^2}=\dfrac{C}{2}\left(1-\dfrac{d}{p}\right),\ \dfrac{A^2}{\hat{Q}^2}=\dfrac{AC\left(1-\dfrac{d}{p}\right)}{2S}$

所以最优批数 $\quad\dfrac{A}{\hat{Q}}=\sqrt{\dfrac{AC\left(1-\dfrac{d}{p}\right)}{2S}}$

将式（2）代入式（1），还可得到计算最低年总成本 $\hat{T}$ 的模型.
最低年总成本

$$\hat{T} = \frac{C}{2}\left(1 - \frac{d}{p}\right) \cdot \sqrt{\frac{2AS}{C\left(1 - \frac{d}{p}\right)}} + \frac{AS}{\sqrt{\frac{2AS}{C\left(1 - \frac{d}{p}\right)}}}$$

$$= \frac{1}{2}\sqrt{2ASC\left(1 - \frac{d}{p}\right)} + \frac{1}{2}\sqrt{2ASC\left(1 - \frac{d}{p}\right)}$$

$$= \sqrt{2ASC\left(1 - \frac{d}{p}\right)} \tag{3}$$

此外，因为 $\dfrac{SA}{Q^2} = \dfrac{C}{2}\left(1 - \dfrac{d}{p}\right)$，所以 $\dfrac{SA}{\hat{Q}} = \dfrac{C}{2}\hat{Q}\left(1 - \dfrac{d}{p}\right)$.

这说明：恰恰是在年调整准备成本与年储存成本相等时，年总成本最低. 即经济批量所处的位置正好是年调整准备成本与年储存成本相等的那一点（见图 2-12）.

例 3 万达公司每年需用某种零件 36 000 个，专门生产这种零件的设备每日能生产 40 个，每日耗用 10 个，每批调整准备成本为 200 元，每个零件的年储存成本为 1 元，试确定经济生产批量及最低年总成本.

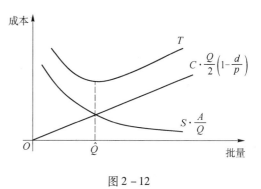

图 2-12

解 这里，$A = 36\ 000$，$p = 40$，$d = 10$，$S = 200$，$C = 1$ 代入式（2）得经济生产批量为

$$\hat{Q} = \sqrt{\frac{2AS}{C\left(1 - \frac{d}{p}\right)}} = \sqrt{\frac{2 \times 36\ 000 \times 200}{1 \times \left(1 - \frac{10}{40}\right)}} = 4\ 382(\text{个})$$

代入式（3）得最低年总成本

$$\hat{T} = \sqrt{2ASC\left(1 - \frac{d}{p}\right)} = \sqrt{2 \times 36\ 000 \times 200 \times 1 \times \left(1 - \frac{10}{40}\right)} = 3\ 286.24(\text{元})$$

批数 $\dfrac{A}{\hat{Q}} = \dfrac{36\ 000}{4\ 328} = 8.2$.

在实际工作中批数均为整数，则最优生产批数应为 8 批.

三、经济订货批量模型

在一个计划期内，生产厂家对原料的需求量是一定的，由于仓库和资金的限制，不可能将全部原料或商品一次性采购进来，因此一般情况下，采用的都是分批进货的方法. 在年需用量一定并且保证正常生产或供应的条件下，如何使企业在存货上所花总费用最低，是存货决策的基本内容之一. 这里也涉及两种互为消长的成本：一种是变动性订货成本（如订货业务费、差旅费、运费、检验及入库等费用），它与批数的多少成正比；另一种是存货的变动性储存成本，它与批量的大小成正比. 若要降低年订货成本，就应减少批数，增加批量，但却增加了年储存成本；反之，若要降低年储存成本，增加批数，减少批量，又增加了年订货成本. 所谓经济订货批量，就是年储存成本与年订货成本之和达到最低的每次订货（采购）数量. 经济订货批量要求的订购次数称为最优订货批数.

这里我们有个假设前提，即在总需求一定的情况下，等量地分批进货，且以均匀的速度消耗这批原料. 在此前提假设下，我们不难得出这种存储模型的一个典型数量特征——平均储存量恰为批量的一半. 于是，某个生产（或销售）过程中总储存费的计算为

$$\text{年储存成本} = \frac{1}{2} \times \text{批量} \times \text{单位储存费用}$$

$$\text{年订购成本} = \text{每次订购成本} \times \text{订购次数}$$

设：A 为全年需用量，Q 为每次订购批量，P 为每次订货费用，C 为单位存货年平均储存费用，T 为年储存费用与年订货成本之和（即年总费用），则有

$$T = \frac{Q}{2} \cdot C + \frac{A}{Q} \cdot P \tag{4}$$

以 Q 为自变量，求 T 的一阶导数

$$T' = \frac{C}{2} - \frac{AP}{Q^2}$$

令 $T' = 0$，即 $\frac{AP}{Q^2} = \frac{C}{2}$，得 $Q^2 = \frac{2AP}{C}$，$Q = \sqrt{\frac{2AP}{C}}$.

又 $T'' = \frac{2AP}{Q^3} > 0$，所以 $\sqrt{\frac{2AP}{C}}$ 为 T 的最小值点，所以

经济订货批量 $$\hat{Q} = \sqrt{\frac{2AP}{C}} \tag{5}$$

最优订购批数 $$\frac{A}{\hat{Q}} = \sqrt{\frac{AC}{2P}} \tag{6}$$

把式（5）代入式（4），得年最低总成本

$$\hat{T} = \frac{Q}{2} \cdot C + \frac{A}{Q} \cdot P$$
$$= \frac{C}{2} \cdot \sqrt{\frac{2AP}{C}} + \frac{AP}{\sqrt{\frac{2AP}{C}}} = \sqrt{2APC}$$

与经济生产批量的情形类似，经济订货量所处的位置恰好是年储存成本和年订货成本相等的那一点（见图 2-13）.

例 4 设某企业每年需要耗用甲种材料（A）3 000 kg，该种材料需在其他公司订购. 每次订货成本（p）为 1 000 元，每千克存货的年储存成本（C）为 6 元，求经济订货批量与最优订购批数

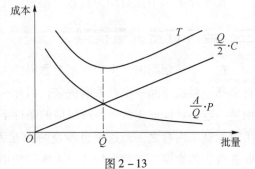

图 2-13

及年总订购成本.

解 由公式易得

经济订货批量 $\hat{Q} = \sqrt{\dfrac{2 \times 3\,000 \times 1\,000}{6}} = 1\,000$（千克）

最优订购批数 $\dfrac{A}{\hat{Q}} = \sqrt{\dfrac{3\,000 \times 6}{2 \times 1\,000}} = 3$

经计算最优订购批数为 3 次.

最低年总成本 $\hat{T} = \sqrt{2 \times 3\,000 \times 1\,000 \times 6} = 6\,000$（元）.

应该注意：实际中存货问题比较复杂，上述模型并非在一切场合都能适用，它仅为实际的存货决策提供了一个基础方法，许多问题需要对此模型作出修正和推广.

四、固定资产的经济寿命模型

固定资产在使用初期运行费用比较低，以后随着设备逐渐陈旧，性能变差，维护费用、修理费用、能源消耗等运行成本会逐渐增加. 与此同时，固定资产的价值逐渐减少，资产占用的资金应计利息等持有成本也会逐渐减少. 随着时间的递延，运行成本和持有成本呈反方向变化，两者之和呈马鞍形，这样必然存在一个最经济的使用年限.

固定资产的年均成本最低的使用年限称为固定资产的经济寿命，它是企业长期投资决策需要考虑的一个很重要指标. 在维修成本逐年增长，资本成本和残值不变，且不计时间价值的情况下，固定资产的年均使用成本可表示为：

$$T = \dfrac{C}{n} + G_1 + \dfrac{(n-1)g}{2} \tag{7}$$

其中，T 表示年均使用成本；C 表示资本成本（原值减残值后的差额）；n 表示资产使用年限；G_1 表示第一年维修成本；g 表示维修成本的每年增加额；$\dfrac{C}{n}$ 表示年均资产成本（折旧额）；$G_1 + \dfrac{(n-1)g}{2}$ 表示年均维修成本. 这时，固定资产的经济寿命模型可推导如下：

以 n 为自变量，求 T 关于 n 的导数，确定 T 的最小值点.

$$T' = \dfrac{g}{2} - \dfrac{C}{n^2}$$

令 $T' = 0$，即 $\dfrac{C}{n^2} = \dfrac{g}{2}$，得 $n^2 = \dfrac{2C}{g}$，$n = \sqrt{\dfrac{2C}{g}}$.

由于，$T'' = \dfrac{2C}{n^3} > 0$，故 $n = \sqrt{\dfrac{2C}{g}}$ 是 T 的最小值点. 所以，

经济寿命 $$\hat{n} = \sqrt{\dfrac{2C}{g}} \tag{8}$$

把式 (8) 代入式 (7)，就得到最低年均使用成本.

最低年均使用成本

$$\hat{T} = \frac{C}{\sqrt{\frac{2C}{g}}} + G_1 + \frac{\left(\sqrt{\frac{2C}{g}} - 1\right)g}{2}$$

$$= \sqrt{2Cg} + G_1 - \frac{g}{2} \tag{9}$$

例 5 某公司拟购一台机器设备，购价和安装费共需 26 000 元，估计残值为 200 元，第一年维修成本为 100 元，以后每年增加 300 元，试确定该设备经济寿命和最低年均成本.

解 根据题意，$C = 26\,000 - 200 = 25\,800$，$G_1 = 100$，$g = 300$，代入式（8）和式（9）得

经济寿命 $\quad\hat{n} = \sqrt{\dfrac{2 \times 25\,800}{300}} = 13.1(年)$

最低年均使用成本 $\quad\hat{T} = \sqrt{2 \times 25\,800 \times 300} + 100 - \dfrac{300}{2} = 3\,884.5(元)$

例 6 某设备的资产成本 8 500 元，其维修费、燃料动力消耗费、停工损失费随设备使用年限的延长每年增加 380 元，求该设备的经济寿命.

解 由于燃料动力消耗费，停工损失费与维修费性质相同，因此可以用上述公式计算. 这里，$C = 8\,500$，$g = 380$，于是

$$\hat{n} = \sqrt{\frac{2C}{n}} = \sqrt{\frac{2 \times 8\,500}{380}} \approx 6.69(年)$$

所以，该设备的经济寿命大约 7 年.

一般来说，上述公式中的 g 可以是设备的平均低劣化值，它与设备使用时间的长短成正比，且可根据企业关于设备使用中费用消耗的统计资料，通过计算得到.

固定资产的经济寿命，仅是其更新时间的重要参考数据之一，在研究固定资产的技术改造与更新时，还应考虑到它的物质寿命与技术寿命以及资金来源和成本费用等再作决策.

2.7 边际与弹性

一、边际

在经济上，函数的边际是一个经常出现的词汇，如"边际成本""边际利润""边际效用"等. 那么，这里所说的"边际"是什么含义？下面，我们以"边际成本"为例来说明这个问题.

设某产品的总成本 C 是产量 x 的函数

$$C = C(x) \quad (x \geq 0)$$

于是，当产量为 x_0 时，总成本即为 $C(x_0)$. 如果在此基础上产量增加 Δx 单位，那么总成本相应的改变量为

$$\Delta C = C(x_0 + \Delta x) - C(x_0)$$

由之前的微分理论知 $\Delta C \approx C'(x_0) \cdot \Delta x$，当 $\Delta x = 1$ 时，则有 $\Delta C \approx C'(x_0)$.

这就是说，当产量为 x_0 时，再改变一个单位的产量，总成本近似地改变了 $C'(x_0)$ 个单位. 在实际应用中，常常略去"近似"二字.

在经济学中，$C'(x_0)$ 就称为 $x = x_0$ 时的**边际成本**. 它是指单位数量的产品变动时总成本相应的改变量，是总成本在某一点处的瞬时变化率.

通过以上讨论，我们可把边际的含义作如下一般性的定义.

定义 设经济函数 $f(x)$ 在 x 处可导，则称 $f'(x)$ 为 $f(x)$ 的**边际函数**，$f'(x)$ 在 x_0 处的值 $f'(x_0)$ 称为 $x = x_0$ 时的**边际函数值**. 即当 $x = x_0$ 时，x 改变一个单位，y 改变 $f'(x_0)$ 个单位.

例如，成本函数 $C = C(x)$ 的导数 $C'(x)$ 就称为边际成本函数；收入函数 $R = R(x)$ 的导数 $R'(x)$ 就称为边际收入函数；利润函数 $L = L(x)$ 的导数 $L'(x)$ 就称为边际利润函数. 它们分别近似地表示产（销）量为 x 时，再产（销）一个单位产品所增加的成本、收益或利润. 类似地，经济学中还有边际需求、边际供给等.

值得注意的是：平均成本和边际成本这两个概念虽然都描述了单位产品中的成本值，但平均成本表示成本在某一产量范围内的平均值，边际成本表示成本在某一产量点上的成本值.

例1 某产品生产 x 个单位的总成本 C（元）为 x 的函数：$C = 1\,000 + 7x + 50\sqrt{x}$，求：（1）产量为 100 个单位时的总成本和平均单位成本；（2）产量由 100 个单位增加到 225 个单位时总成本的平均变化率；（3）产量为 100 个单位和 225 个单位时的边际成本.

解 （1）$C(100) = 1\,000 + 7 \times 100 + 50\sqrt{100} = 2\,200$（元），

$$\overline{C}(100) = \frac{C(100)}{100} = \frac{2\,200}{100} = 22（元）；$$

（2）$\Delta x = 225 - 100 = 125$，

$$\Delta C = C(225) - C(100) = 3\,325 - 2\,200 = 1\,125（元）.$$

产量由 100 个单位增加到 225 个单位时总成本的平均变化率为

$$\frac{\Delta C}{\Delta x} = \frac{1\,125}{125} = 9（元）$$

（3）边际成本函数

$$C'(x) = 7 + \frac{25}{\sqrt{x}}$$

当 $x = 100$ 时，边际值为 $C'(100) = 9.5$，它表示当产量为 100 时，再增加一个单位的产量，成本会增加 9.5 元.

当 $x = 225$ 时，边际值为 $C'(225) = 8.7$，它表示当产量为 225 时，再增加一个单位的产量，成本会增加 8.7 元.

例2 设某产品的需求函数为 $Q = 900 - 10P$（单位:t）（价格 P:万元），成本函数为 $C(Q) = 20Q + 6\,000$（万元）.

求：（1）求边际需求函数，并解释其经济意义；

（2）求边际利润函数，并分别求需求量为 300 t，350 t 和 400 t 的边际利润，所得结果

说明什么问题?

解 (1) 边际需求函数为 $Q'(P) = -10$,其经济意义是:若价格上涨(或下降)1 万元,则需求量减少(或增加)10 t.

(2) 由 $Q = 900 - 10P$,得 $P = 90 - \dfrac{Q}{10}$,故收入函数为

$$R(Q) = P \cdot Q = \left(90 - \dfrac{Q}{10}\right)Q = 90Q - \dfrac{Q^2}{10}$$

因此,利润函数为

$$\begin{aligned} L(Q) &= R(Q) - C(Q) \\ &= \left(90Q - \dfrac{Q^2}{10}\right) - (20Q + 6\,000) \\ &= -\dfrac{Q^2}{10} + 70Q - 6\,000 \end{aligned}$$

故边际利润函数为 $L'(Q) = -\dfrac{Q}{5} + 70$.

于是 $L'(300) = 10, L'(350) = 0, L'(400) = -10$. 所得结果表明:当需求量为 300 t 时,每增加 1 t,利润将增加 10 万元;当需求量为 350 t 时,再增加 1 t,利润不变;当需求量为 400 t 时,每增加 1 t,利润反而减少 10 万元. 这也说明了并非需求量越大利润越高.

二、弹性

弹性是经济分析中普遍使用的一个概念,它是指当经济变量之间存在函数关系时,一变量对另一变量变化反应的灵敏程度,其大小可以用两个变量的相对变化率(变化的百分率)之比来表示. 对弹性的测定有两种方式:弧弹性与点弹性,点弹性测定是函数在某一点上的弹性,而弧弹性测定是函数在某一区间上的平均弹性.

(一) 弧弹性与点弹性

先介绍一个与弹性相关的概念——绝对改变量与相对改变量.

设变量 t 由初值 t_0 改变到终值 t_1,则 $\Delta t = t_1 - t_0$ 称为变量 t 在 t_0 处的(绝对)改变量,$\dfrac{\Delta t}{t_0}$ 称为变量 t 在 t_0 处的相对改变量. 不难看出,绝对改变量指的是改变的具体数值,而相对改变量则描述了改变量相对于初始值的变化幅度(后者常常用百分数表示). 从某种意义上说,相对改变量更能反映变化的实质. 例如,某品牌服装的价格从 160 元降了 80 元和某品牌空调的价格从 2 600 元降为 2 520 元相比,其价格的绝对改变量均为 -80 元,但服装的降价幅度是 50%,而空调的降价幅度还不到 4%. 从以下的具体实例中,我们可以发现相对改变量与弹性之间的关系.

假设某商场根据市场需求对金饰品的价格进行了调整,由销售记录,可以得到调价前一周和调价后一周金饰品销售单价 p 和需求量(即销售量)Q 的有关数据,如表 2-1 所示.

表 2-1

调价前		调价后	
单价 p/元	需求量 Q/g	单价 p/元	需求量 Q/g
350	500	340	600

现在就让我们借助于绝对改变量和相对改变量的概念，根据以上的数据设计出一个指标，使之能从数量上反映出金饰品单价波动对需求量的影响程度．

第一步，我们要分别计算出单价和需求量的绝对改变量和相对改变量：

单价的绝对改变量和相对改变量为

$$\Delta p = 340 - 350 = -10(元), \quad \frac{\Delta p}{p} = \frac{-10}{350} \approx -0.03$$

需求量的绝对改变量和相对改变量为

$$\Delta Q = 600 - 500 = 100(g), \quad \frac{\Delta Q}{Q} = \frac{100}{500} = 0.2$$

上述结果表明，降价 3% 使得金饰品的需求量增加了 20%；

第二步，计算需求量的相对改变量对于单价相对改变量的倍数：

由比值

$$\frac{\frac{\Delta Q}{Q}}{\frac{\Delta p}{p}} = \frac{0.2}{-0.03} \approx -6.7$$

可知，需求量的变动幅度是单价变动幅度的 6.7 倍．也就是说，若单价平均变动 1%，需求量将随之变动 6.7%（这里的负号表示需求量和单价变动方向相反，即单价上浮，需求减少；单价下调，需求增加）．

显然，我们第二步得到的这个指标从数量上比较精确地描述出了单价波动对需求量的影响程度．

以上所讨论的虽然只是金饰品单价在 p_0 和 p_1 两点之间需求量受价格影响的平均变动情况，但却给我们提供了度量单价波动对需求量影响程度的一种方法．如果我们把这种处理问题的方法推广到更一般的情形，就可以得到弹性的一般概念：

设函数 $y = f(x)$，当自变量有改变量 Δx 时，函数有改变量 $\Delta y = f(x + \Delta x) - f(x)$，则 $\frac{\Delta x}{x}$ 和 $\frac{\Delta y}{y}$ 分别表示自变量的相对变化率与函数的相对变化率，而 $\frac{\Delta y}{y}$ 与 $\frac{\Delta x}{x}$ 的比值 $\frac{\frac{\Delta y}{y}}{\frac{\Delta x}{x}}$ 称为函数在 x 与 $x + \Delta x$ 两点间的平均弹性，简称为弧弹性，记作 $\eta_{(x, x+\Delta x)}$，即

$$\eta_{(x, x+\Delta x)} = \frac{\frac{\Delta y}{y}}{\frac{\Delta x}{x}}$$

它表示在区间 $[x, x + \Delta x]$ 上，自变量波动 1%，函数值平均变动 $|\eta_{(x, x+\Delta x)}|$%．

特别地，当上式中 $\Delta x \to 0$ 时，$\dfrac{\Delta y}{y}$ 与 $\dfrac{\Delta x}{x}$ 之比的极限存在，则表示了函数相对变化率与自变量的相对变化率在点 x 处的瞬时比率，我们称此极限值为该函数在点 x 处的点弹性，记作 $\eta(x)$，即

$$\eta(x) = \lim_{\Delta x \to 0} \dfrac{\dfrac{\Delta y}{y}}{\dfrac{\Delta x}{x}} = \lim_{\Delta x \to 0} \dfrac{\Delta y}{\Delta x} \cdot \dfrac{x}{y} = f'(x) \cdot \dfrac{x}{f(x)}$$

它表明了当自变量在点 x 处变化 1% 时，函数随之改变 $|\eta|\%$.

由点弹性的计算公式可知，当函数 $f(x)$ 在某区间内每一点都可导时，点弹性 $\eta(x)$ 是 x 的一个函数，称为弹性函数. 函数在某一点处的弹性就是弹性函数在该点的函数值.

例 3 某商品的需求量 Q 与价格 P 的函数关系为

$$Q = 20 - 2P^2$$

求：(1) 函数在点 $P_1 = 1.88$ 到点 $P_2 = 2$ 之间的弧弹性；

(2) 函数在点 $P_1 = 1.88$ 与点 $P_2 = 2$ 处的点弹性.

解 (1) 点 P_1 与 P_2 之间的弧弹性

$$P_1 = 1.88, \quad Q_1 = 20 - 2 \times 1.88^2 = 12.93$$
$$P_2 = 2, \quad Q_2 = 20 - 2 \times 2^2 = 12$$
$$\Delta P = 0.12, \quad \Delta Q = -0.93$$

由弧弹性计算公式，得点 P_1 与 P_2 之间的弧弹性为

$$\eta(1.88, 2) = \dfrac{\dfrac{\Delta Q}{Q}}{\dfrac{\Delta p}{p}} = \dfrac{\Delta Q}{\Delta p} \cdot \dfrac{p}{Q} = \dfrac{-0.93}{0.12} \times \dfrac{1.88}{12.93} = -1.13$$

它表示，价格在 1.88 到 2 的范围内，每增加 1%，需求量平均大约减少 1.13%.

(2) 点弹性.

由

$$Q' = -4P$$

$$\eta(P) = Q' \cdot \dfrac{P}{Q} = \dfrac{-4P^2}{20 - 2P^2} = \dfrac{-2P^2}{10 - P^2}$$

得

$$\eta|_{P=1.88} = \dfrac{-2 \times 1.88^2}{10 - 1.88^2} = -1.09$$

$$\eta|_{P=2} = \dfrac{-2 \times 2^2}{10 - 2^2} = -1.33$$

以上结果分别表示，当价格在 1.88 元水平时，价格增加 1%，需求量会随之减少 1.09%；但在 2 元水平时，增加 1%，需求量会减少 1.33%.

例 4 设产品总成本 C 与产量 Q 的函数关系为：$C = 20 + 2Q + 0.5Q^2$. 求产量在 100 个单位时的总成本弹性.

解 由

$$C' = 2 + Q$$

$$\eta(Q) = C' \cdot \dfrac{Q}{C} = \dfrac{Q(2 + Q)}{20 + 2Q + 0.5Q^2}$$

得 $$\eta\big|_{Q=100} = \frac{10\ 200}{5\ 220} = 1.954$$

结果表明：在产量为 100 个单位水平上，增产 1%，总成本将增加 1.954%.

例 5 设某商品的需求量 Q 是价格 P 的函数：$Q = 1\ 600\mathrm{e}^{-1.2P}$，价格增加 1% 时，需求量约降低多少？

解 由
$$Q' = 1\ 600\mathrm{e}^{-1.2p} \times (-1.2)$$
$$\eta(p) = Q' \cdot \frac{P}{Q} = 1\ 600\mathrm{e}^{-1.2p} \times (-1.2) \times \frac{P}{1\ 600\mathrm{e}^{-1.2p}} = -1.2p$$

即价格增加 1% 时，需求量将下降 $1.2P\%$. 从这个结果可以看出，价格 P 越高弹性就越大，需求量对价格的反应程度就越强，这时价格的 P 微小变动将引起需求量相当大的变动. 反之，价格 P 越低，弹性也越小，需求量对价格变动就不那么灵敏.

（二）需求的价格弹性

弹性概念的经典和最常见的应用出现在分析商品的需求对其价格变化的反应程度中. 为此，有必要对需求的价格弹性作一下专门介绍.

设需求量 Q 是价格的 P 函数：$Q = Q(P)$，则需求的价格弹性可计算如下：

$$\eta(P) = Q'(P) \cdot \frac{P}{Q(P)}$$

需求的价格弹性一般是负值，这是因为绝大多数商品的需求量是朝着与价格相反的方向变动的，另 $\eta(P)$ 是的 P 函数，即价格弹性往往随着 P 的变化而变化. 研究这个变化能更好地掌握需求与价格的关系，从而估计出价格变动对销售总收入的影响.

需求按弹性大小，一般分成以下几种类型：

(1) 若 $|\eta(p)| > 1$，则称为富有弹性或弹性充足；（见图 2-14（a））
(2) 若 $|\eta(p)| < 1$，则称为缺乏弹性或弹性不足；（见图 2-14（b））
(3) 若 $|\eta(p)| = 1$，则称为单位弹性需求.（见图 2-14（c））

以上三种类型的需求价格弹性分别如图 2-14(a)~图 2-14(c)所示.

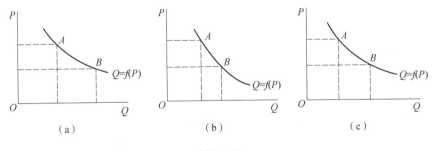

图 2-14

由于需求弹性是价格的函数，因此在不同价格点上的弹性一般不同. 因此，任何特定的需求函数在某些价格水平上弹性充足，而在另一些价格水平上却可能变成弹性不足.

例 6 设某商品的需求函数为 $Q = 100 - 2P$，试确定在不同价格水平上的需求类型.

解 由
$$Q' = (100 - 2P)' = -2$$

$$\eta(P) = -2 \times \frac{P}{100-2P} = \frac{-P}{50-P}$$

令 $|\eta(p)|=1$，即 $\frac{P}{50-P}=1$，得 $P=25$；

$|\eta(p)|>1$，即 $\frac{P}{50-P}>1$，得 $25<P<50$；

$|\eta(p)|<1$，即 $\frac{P}{50-P}<1$，得 $0<P<25$.

于是，当 $P=25$ 时为单位弹性需求；当 $25<P<50$ 时为弹性充足，若在这个范围内提价，需求量下降的百分率大于价格增加的百分率；在 $0<P<25$ 时为弹性不足，在这个范围内降价，需求量增加的百分比小于价格降低的百分比.

（三）需求价格弹性与总收入

在经营管理活动中，产品价格的变动不但会引起需求的变化，也会影响到总收入的变化，下面就从需求价格弹性来分析讨论.

设产品价格为 P，销售量（需求量）为 Q，需求函数为 $Q=Q(P)$，则总收入为

$$R(P) = P \cdot Q = P \cdot Q(P)$$

对上式求导数得

$$R'(P) = Q(P) + P \cdot Q'(P) = Q(P) \cdot \left[1 + Q'(P)\frac{P}{Q(P)}\right] = Q(P) \cdot [1+\eta(p)]$$

由上式可得如下结论：

（1）当 $|\eta(p)|<1$ 时，即弹性不足时，$R'>0$，R 递增，说明提高价格可使总收入增加，而降价可使总收入减少；

（2）当 $|\eta(p)|>1$ 时，即弹性充足时，$R'<0$，R 递减，说明提高价格可使总收入减少，降价可使总收入增加；

（3）当 $|\eta(p)|=1$ 时，说明需求变动的幅度等于价格变动的幅度，此时 $R'=0$，R 取得最大值.

由此可知，在需求是单位弹性的情况下，需求量变化的百分率与价格变化的百分率相等，这意味着价格变化对总收入的影响恰好被需求量变化对总收入的影响抵消，结果价格变化并不影响收入；如果需求是富有弹性的，需求量变化的百分数大于价格变化的百分数，价格变化将使需求量以更大的比例向相反的方向变化，因此价格的提高将会减少总收入，而价格的降低将会增加总收入；当弹性不足时，价格变化只使需求量以较小的比例向相反方向变动，于是总收入随价格上升而增长，随价格下降而减少. 上述结论对商家进行经营决策具有一定的指导意义.

当商品的价格弹性是高弹性时，此时要使收益有所增加，必须降低价格，采取降价促销、薄利多销的营销策略；当商品的价格是低弹性时，因为此时需求量变动的幅度小于价格变动的幅度，所以即使涨价也不会造成销售量大幅度降低，而单价的提高同样可以保证收益的增加，故此时适当地提高价格才是正确的应对措施；作为一种特殊的情况，如果商品的价

格是单位弹性的，由于此时需求量变动的幅度与价格变动的幅度相等，因而也就没有对现行价格进行调整的必要了.

习题二

1. 求下列函数的定义域：

(1) $y = -\dfrac{x}{\sqrt{x-3}}$；

(2) $y = \dfrac{1}{1-x^2} + \sqrt{-x^2+3x-2}$；

(3) $y = \ln(2-x) + \dfrac{1}{x^2-4}$.

2. 求下列函数的导数：

(1) $y = 2\sqrt{x} - \dfrac{1}{x} + 4\sqrt{3}$；

(2) $y = \dfrac{x^2}{2} + \dfrac{2}{x^2}$；

(3) $y = (\sqrt{x}+1)\left(\dfrac{1}{\sqrt{x}}-1\right)$；

(4) $y = (x+1)(x+2)(x+3)$；

(5) $y = \dfrac{x}{1-\cos x}$；

(6) $y = \dfrac{10^x - 1}{10^x + 1}$；

(7) $y = \dfrac{x^3 + 2\sqrt{x} + x\sqrt{x}}{x}$；

(8) $y = x^3 \log_3 x$；

(9) $y = \dfrac{1}{1+\sqrt{x}} + \dfrac{1}{1-\sqrt{x}}$；

(10) $y = x^2 \ln x \cdot e^x$.

3. 求下列复合函数的导数：

(1) $y = \sqrt{5-3x}$；

(2) $y = e^{-x^2}$；

(3) $y = \ln(a^2 - x^2)$；

(4) $y = \sin \dfrac{x}{2}$；

(5) $y = (1+2x)^{30}$；

(6) $y = \cos^2 x$；

(7) $y = \log_3(3+2x^2)$；

(8) $y = \ln \sin \dfrac{x}{2}$；

(9) $y = \sin^3 \dfrac{x}{3}$；

(10) $y = x^2 \cdot \sin \dfrac{1}{x}$；

(11) $y = 5^{x\ln x}$；

(12) $y = \ln(x + \sqrt{x^2 - a^2})$；

(13) $y = \sqrt[3]{\dfrac{x(x^2+1)}{(x^2-1)^2}}$ $(x>0)$；

(14) $y = (\cos x)^{\sin x}$.

4. 求下列函数的高阶导数：

(1) $y = \ln(1-x^2)$，求 y''；

(2) $y = x\cos x$，求 $y''\left(\dfrac{\pi}{2}\right)$；

(3) $y = x^3 \ln x$，求 $y^{(4)}$；

(4) $y = xe^x$，求 $y^{(n)}$；

(5) $y = \ln(1+x)$，求 $y^{(n)}$.

5. 验证函数 $f(x) = \sqrt{x} - 1$ 在区间 $[1,4]$ 满足拉格朗日中值定理的条件，并求出定理结论

中的 ξ.

6. 证明下列不等式：

(1) 当 $a > b > 0$，$n > 1$ 时，
$$nb^{n-1}(a-b) < a^n - b^n < na^{n-1}(a-b)$$

(2) $|\arctan x - \arctan y| \leqslant |x-y|$.

7. 利用洛必达法则求下列极限：

(1) $\lim\limits_{x \to 0} \dfrac{e^x - e^{-x}}{x}$；

(2) $\lim\limits_{x \to 0} \dfrac{\ln(1+x)}{x}$；

(3) $\lim\limits_{x \to \frac{\pi}{2}} \dfrac{\tan x}{\tan 3x}$；

(4) $\lim\limits_{x \to +\infty} \dfrac{\ln\left(1+\dfrac{1}{x}\right)}{\operatorname{arccot} x}$；

(5) $\lim\limits_{x \to 0} \dfrac{e^{-\frac{1}{x^2}}}{x^{100}}$；

(6) $\lim\limits_{x \to 0} \dfrac{e^x + \sin x - 1}{\ln(1+x)}$；

(7) $\lim\limits_{x \to \infty} x(e^{\frac{1}{x}} - 1)$；

(8) $\lim\limits_{x \to 1} \left(\dfrac{x}{x-1} - \dfrac{1}{\ln x}\right)$；

(9) $\lim\limits_{x \to 0^+} x^{\sin x}$；

(10) $\lim\limits_{x \to 0} \left(\dfrac{2}{\pi} \arccos x\right)^{\frac{1}{x}}$.

8. 求下列函数的单调区间：

(1) $y = 3x^2 + 6x + 5$；

(2) $y = x^4 - 2x^2 + 2$；

(3) $y = x - e^x$；

(4) $y = 2x^2 - \ln x$.

9. 求下列函数的极值：

(1) $y = x^3 - 3x^2 + 7$；

(2) $y = 2x^3 - 3x^2 - 12x + 14$；

(3) $y = x - e^x$；

(4) $y = \dfrac{2x}{1+x^2}$.

10. 利用极值判别法二，求下列函数极值：

(1) $y = x^3 - 3x^2 - 9x - 5$；

(2) $y = (x-3)^2(x-2)$；

(3) $y = 2x - \ln(4x)^2$；

(4) $y = e^x + e^{-x}$.

11. 要建造一个容积为 $300~\mathrm{m}^3$ 的无盖圆柱形蓄水池，已知池底的单位造价为周围单位造价的两倍，并知周围材料造价为 k 元$/\mathrm{m}^2$，问：蓄水池的尺寸应怎样设计，才能使总造价最低？

12. 某化肥厂生产某类化肥，其总成本函数为
$$C(x) = 1\,000 + 60x - 0.3x^2 + 0.001x^3 (元)$$
销售该产品的需求函数为 $x = 800 - \dfrac{20}{3}p$（单位：t），问：销售量为多少时，可获最大利润？此时的价格为多少？

13. 某大楼有 50 间办公室出租，若定价每间每月租金 1 200 元，可全部租出，租出的办公室每月需由房主负担维修费 100 元，若每月租金每提高 50 元，将空出一间办公室，每间月租金多少时才能获得最大利润？这时利润是多少？

14. 假设某种商品的需求量 Q 是单价 P 的函数 $Q = 12\,000 - 80P$，商品的总成本 C 是需

求量 Q 的函数 $C = 25\,000 + 50Q$，试求使销售利润最大时的商品价格及最大利润．

15. 设价格函数 $p = 15\mathrm{e}^{\frac{x}{3}}$（$x$ 为产量），求最大收益时的产量、价格和收益．

16. 某仪器厂一年需要另一企业生产某种配件 50 000 件，平时对这种配件的使用数量是稳定的．该配件每次订货费为 4 000 元，单价为每件 10 元，而当一次订货量达到 8 000 件时，单价可以优惠至每件 9.5 元，配件的库存费为每件 16 元/年，电器厂每次订该配件多少才最经济？

17. 某化工厂日产能力最高为 1 000 t，每日产品的总成本 C（单位：元）是日产量 x（单位：吨）的函数
$$C(x) = 1\,000 + 7x + 50\sqrt{x} \quad (x \in [0, 1\,000])$$
求：（1）边际成本函数；

（2）当日产量为 100 t 时的平均单位成本和边际成本．
并解释其经济意义．

18. 设某产品的成本函数和收入函数分别为 $C(x) = 100 + 5x + 2x^2, R(x) = 200x + x^2$，其中 x 表示产品的产量，求：

（1）边际成本函数、边际收入函数、边际利润函数；

（2）已生产并销售 25 个单位产品，第 26 个单位产品会有多少利润？

19. 某商品的价格 P 关于需求量 Q 的函数为 $P = 10 - \dfrac{Q}{5}$，求：

（1）总收益函数、平均收益函数和边际收益函数；

（2）当 $Q = 20$ 个单位时的总收益、平均收益和边际收益，并解释经济意义．

20. 设某商品的需求函数为 $Q = \mathrm{e}^{-\frac{p}{5}}$，求：

（1）需求弹性函数；

（2）当 $P = 3, 5, 6$ 时的需求弹性，并说明其经济意义．

21. 某商品的需求量 Q 为价格 P 的函数 $Q = 150 - 2P^2$．求：

（1）当 $P = 6$ 时的边际需求，并说明其经济意义；

（2）当 $P = 6$ 时的需求弹性，并说明其经济意义；

（3）当 $P = 6$ 时，若价格下降 2%，总收益将变化百分之几？是增加还是减少？

22. 设某商品的需求函数为 $Q = 100 - 5p$，其中 Q, p 分别表示需求量和价格，试分别求出需求弹性大于 1，等于 1 的商品价格的取值范围．

23. 设某产品的需求函数为 $Q = Q(p)$，收益函数 $R = R(Q)$，其中 p 为产品价格．$Q(p)$ 为单调减少函数．如果当价格为 p_0 对应产量为 Q_0 时，边际收益 $\left.\dfrac{\mathrm{d}R}{\mathrm{d}Q}\right|_{Q=Q_0} = a > 0$，收益对价格的边际收益为 $\left.\dfrac{\mathrm{d}R}{\mathrm{d}p}\right|_{p=p_0} = c < 0$，需求对价格的弹性为 $\eta = b > 1$，求 p_0 与 Q_0 的值．

第 3 章 一元函数积分学

※数学史话※

积分的起源与发展

积分学是高等数学研究的基本内容之一. 积分学的出现比微分学早得多, 最早可追溯到古希腊时期用以计算面积和体积的穷竭法. 古希腊人在丈量形状不规则的土地面积时, 先将土地分割成若干小块, 计算出每一小块的面积再相加, 这就是分割与逼近思想的萌芽. 公元前 240 年左右, 阿基米德就曾用此方法计算过抛物线与弦所围成图形的面积及其他图形的面积. 中国古代数学家对面积、体积问题也做过大量的研究. 魏晋时期著名数学家刘徽所著《九章算术》, 南北朝时期的数学家、天文学家祖暅 (祖冲之之子) 的《祖暅原理》, 在关于面积、体积的多处注文中均体现了初步的积分思想.

欧洲文艺复兴之后, 积分技巧有了进一步的发展. 1629 年意大利数学家卡瓦列利发表了《用新的方法促进的连续不可分量的几何学》, 建立了不可分量原理, 开始系统地运用无穷小方法计算面积和体积. 这一理论是古希腊穷竭法向牛顿、莱布尼兹现代积分理论的过渡.

17 世纪上半叶, 欧洲一些数学家们对卡瓦列利的不可分量方法进行了继承和发展. 1637 年法国数学家费马 (1601—1665 年) 完成了一篇手稿《求最大值和最小值的方法》, 费马不仅成功地克服了卡瓦列利不可分量方法的致命弱点, 而且几乎采用了近代定积分的全部过程.

到了 17 世纪中叶, 两位伟大的数学天才走上历史舞台, 为微积分的创立作出了决定性贡献. 他们就是英国数学家、物理学家牛顿和德国数学家、哲学家莱布尼兹. 1666 年, 牛顿完成了他的微积分学方面的开创性论文《流数短论》, 在这篇论文中, 牛顿讨论了如何利用反微分来解决积分问题. 与牛顿的积分概念不同, 莱布尼兹的积分是曲线下面积的分割求和, 即无穷多个无穷小之和, 并首次使用符号"$\int$"表示积分, 而且两人又几乎同时互相独立地得到积分与微分的互逆关系, 并由此得到很多情况下可行的积分计算方法, 即通过求原函数算积分 (微积分基本公式). 这样积分才成为真正意义的概念, 它也标志着积分学这个新学科的诞生.

数 学 家

艾萨克·牛顿 (1643—1727 年), 英国伟大的物理学家、数学家、天文学家. 生于英格兰林肯郡格兰瑟姆镇伍尔索普村的一个农民家庭. 1661 年牛顿以优异成绩考入剑桥大学三一学院. 在剑桥大学学习期间, 牛顿阅读了大量的自然科学著作. 牛顿一生三大主要成就: 流数术（微积分）、万有引力定律和光学分析, 基本都完成于 1665—1667 年, 这时牛顿年仅 23 岁. 1669 年牛顿成为剑桥大学的数学教授. 在数学方面, 牛顿在前人工作的基础上提出了流数术, 建立了二项式定理, 并和莱布尼兹同时独立创立了微积分学.

戈特弗里德·威廉·莱布尼兹（1646—1716 年）, 德国哲学家、数学家. 生于德国莱比锡的一个书香世家. 1661 年 15 岁的莱布尼兹进入莱比锡大学学习法律, 同时广泛阅读并研究了大量哲学和数学著作. 在数学方面, 莱布尼兹独创了微积分的基本概念与算法, 与牛顿共同奠定了微积分学. 他所使用的微积分符号被更广泛地使用, 并一直沿用至今. 除了微积分、微分方程, 他还是二进制的发明人, 数理逻辑的奠基人. 在哲学方面, 莱布尼兹同样有着突出的成就, 被誉为 17 世纪的亚里士多德.

在前面的学习中, 我们介绍了用导数求经济函数的边际函数、极值和弹性. 利用这些方法可以帮助我们对一些简单的经济现象进行分析, 但在实际中常常遇到相反的问题, 如已知边际利润求某一区间上的总利润; 已知商品的边际需求求某区间上的销售总收入等, 本章介绍的就是导数的这些逆运算问题.

3.1 定积分概念与性质

一、定积分的概念

定积分是积分学中一个重要的概念, 它是从大量的实际问题中抽象出来的. 如求平面图形的面积、空间立体的体积以及产品的总产量、总成本等. 虽然它们的实际意义各不相同, 但求解的思路和方法却是等同的. 下面先从曲边梯形的面积谈起.

（一）曲边梯形的面积

设 $y=f(x)$ 在区间 $[a,b]$ 上非负且连续. 由直线 $x=a$, $x=b$, $y=0$ 及曲线 $y=f(x)$ 所围成的平面图形称为**曲边梯形**, 如图 3-1 所示. 下面我们讨论如何求这个曲边梯形的面积 S.

(1) 分割: 将曲边梯形分割成 n 个小曲边梯形（化整为零）（见图 3-2）.

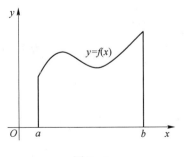

图 3-1

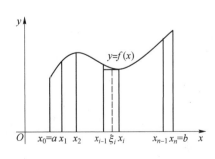

图 3-2

取 $n-1$ 个分点 $a = x_0 < x_1 < x_2 < \cdots < x_{n-1} < x_n = b$（也可不等分），把区间 $[a,b]$ 分割成 n 个小区间 $[x_{i-1}, x_i]$，每个小区间的长度是 $\Delta x_i = x_i - x_{i-1} (i = 1, 2, \cdots, n)$，过每个点 x_i 作 x 轴的垂线，这样整个大曲边梯形被分割成 n 个小曲边梯形.

（2）取近似值：用矩形近似代替小曲边梯形（以匀代不匀，以不变代变）.

在 $[x_{i-1}, x_i]$ 上任取一点 ξ_i，并以 $[x_{i-1}, x_i]$ 为底、$f(\xi_i)$ 为高的矩形近似代替第 i 个小曲边梯形 $(i = 1, 2, \cdots, n)$，则小矩形的面积为 $f(\xi_i) \cdot \Delta x_i$，用此小矩形的面积来近似代替小曲边梯形的面积 ΔS_i，即

$$\Delta S_i \approx f(\xi_i) \Delta x_i (i = 1, 2, \cdots, n)$$

（3）求和：得到曲边梯形面积的近似值（化零为整）.

将这 n 个小矩形的面积加起来，从而得到整个大曲边梯形面积的近似值为 $\sum_{i=1}^{n} f(\xi_i) \cdot \Delta x_i$. 显然，区间分割越细，该梯形面积近似值的精度越高.

（4）取极限：曲边梯形面积近似值过渡到精确值（面积精确化）.

记 $\lambda = \max_{1 \leq i \leq n} \{\Delta x_i\}$，当 $\lambda \to 0$ 时，即意味着对区间 $[a,b]$ 的分划无限加密（此时必有 $n \to \infty$），此时近似值 $\sum_{i=1}^{n} f(\xi_i) \Delta x_i$ 越来越接近曲边梯形的面积，即

$$S = \lim_{\lambda \to 0} \sum_{i=1}^{n} f(\xi_i) \Delta x_i$$

为曲边梯形的面积. 可见曲边梯形的面积是一个和式的极限.

（二）变速直线运动的路程

设某物体做变速直线运动，已知速度 $v = v(t)$ 是时间间隔 $[T_1, T_2]$ 上的一个连续函数，求在这段时间间隔内物体所经过的路程 S.

在匀速直线运动中，计算路程用公式：

$$路程 = 速度 \times 时间$$

而对于变速运动，就不能简单地按上述公式计算了. 但是物体运动的速度变化是连续的，若在很短的时间内考察，速度变化很小，可近似于匀速，因此，完全可以用类似于求曲边梯形面积的方法来计算路程.

（1）分割：任取分点 $T_1 = t_0 < t_1 < \cdots < t_{i-1} < t_i < \cdots < t_n = T_2$，把区间 $[T_1, T_2]$ 分成 n 个小时间段 $[t_{i-1}, t_i] (i = 1, 2, \cdots, n)$，记 $\Delta t_i = t_i - t_{i-1} (i = 1, 2, \cdots, n)$.

（2）取近似值：在每个小时间段 $[t_{i-1}, t_i]$ 上任取一时刻 $\xi_i (t_{i-1} \leq \xi_i \leq t_i)$，并以 ξ_i 时刻的速度 $v(\xi_i)$ 近似代替时间段 $[t_{i-1}, t_i]$ 上的平均速度，则得到时间 Δt_i 内经过的路程 ΔS_i 的近似值为

$$\Delta S_i \approx v(\xi_i) \Delta t_i (i = 1, 2, \cdots, n)$$

（3）求和：把这 n 个小时间段的路程相加，就得到整个时间间隔 $[T_1, T_2]$ 经过的总路程 S 的近似值，即

$$S = \sum_{i=1}^{n} \Delta S_i \approx \sum_{i=1}^{n} v(\xi_i) \Delta t_i$$

(4) 取极限：取 $\lambda = \max[\Delta t_1, \Delta t_2, \cdots, \Delta t_n]$，当 $\lambda \to 0$ 时，和式 $\sum_{i=1}^{n} v(\xi_i) \Delta t_i$ 的极限就是路程 S，即

$$S = \lim_{\lambda \to 0} \sum_{i=0}^{n} v(\xi_i) \Delta t_i$$

可见变速直线运动的路程也是一个和式的极限.

在经济和其他的一些领域，还有很多类似问题，其实际意义虽不同，但解决问题的思想和方法都一样，最后都归结为一种特定结构的和式的极限. 抛开问题的实际意义，对这种特定和式的极限，从数量特征上进行概括、抽象，即可引出定积分的概念.

定义 设函数 $f(x)$ 在区间 $[a,b]$ 上有界，取分点 $a = t_0 < t_1 < t_2 < \cdots < t_{n-1} < t_n = b$，将区间 $[a,b]$ 分成 n 个小区间 $[x_{i-1}, x_i]$ $(i = 1, 2, \cdots, n)$，每个小区间的长度记为 $\Delta x_i = x_i - x_{i-1}$，且最大小区间长度记为 $\Delta x = \max_{1 \leq i \leq n} \{\Delta x_i\}$，在每个小区间上任取一点 ξ_i $(x_{i-1} \leq \xi_i \leq x_i)$，作和式 $\sum_{i=1}^{n} f(\xi_i)_i \Delta x_i$，若极限 $\lim_{\Delta x \to 0} \sum_{i=1}^{n} f(\xi_i)_i \Delta x_i$ 存在，且此极限与 $[a,b]$ 的分法与 ξ_i 的取法无关，则称函数 $f(x)$ 在 $[a,b]$ 上可积，并称此极限值为函数 $f(x)$ 在 $[a,b]$ 上的定积分，记为 $\int_a^b f(x) dx$，即

$$\int_a^b f(x) dx = \lim_{\Delta x \to 0} \sum_{i=1}^{n} f(\xi_i) \Delta x_i$$

其中，$f(x)$ 称为被积函数；x 称为积分变量；$f(x) dx$ 称为被积表达式；$\int$ 称为积分号；a 称为积分下限；b 称为积分上限；$[a,b]$ 称为积分区间.

注意：由定积分的定义可知：

(1) 定积分 $\int_a^b f(x) dx$ 是一个数值，这个值与被积函数 $f(x)$ 及积分区间 $[a,b]$ 有关，而与积分变量用什么字母无关，即

$$\int_a^b f(x) dx = \int_a^b f(t) dt$$

(2) 定义中假定的是 $a < b$，如果 $a > b$，则规定

$$\int_a^b f(x) dx = -\int_b^a f(x) dx$$

特别地，当 $a = b$ 时，$\int_a^b f(x) dx = 0$.

(3) 由定积分的定义可得定积分的几何意义.

①若在 $[a,b]$ 上，连续函数 $f(x) \geq 0$，则定积分的值就是曲线 $f(x)$，直线 $x = a, x = b$ 及 x 轴所围成的曲边梯形的面积 S，如图 3-3 所示；即

$$\int_a^b f(x) dx = S$$

②若在 $[a,b]$ 上，连续函数 $f(x) < 0$，则定积分 $\int_a^b f(x) dx$ 的值就是对应的曲边梯形的面

积 S 的相反数（见图 3-4）. 即

$$\int_a^b f(x)\,dx = -S$$

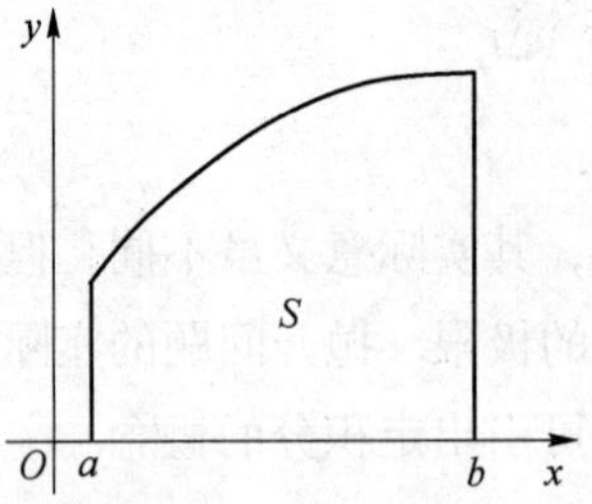

图 3-3

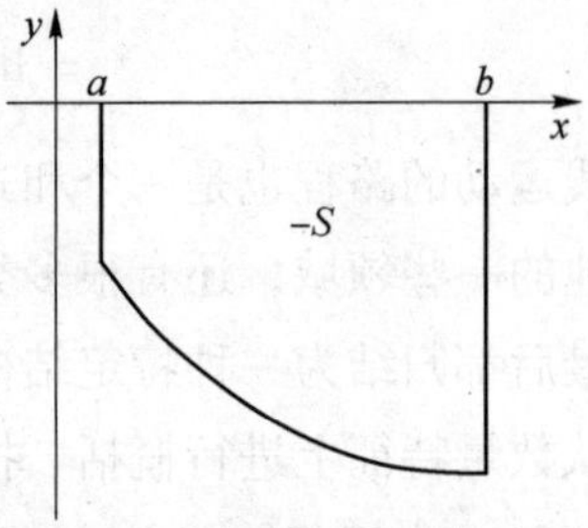

图 3-4

③对 $[a,b]$ 上的任意连续函数 $f(x)$，则定积分 $\int_a^b f(x)\,dx$ 的值应是对应的各个曲边梯形的面积的代数和（见图 3-5），即

$$\int_a^b f(x)\,dx = S_1 - S_2 + S_3 = \int_a^c f(x)\,dx + \int_c^d f(x)\,dx + \int_d^b f(x)\,dx$$

例 1　由定积分的几何意义，确定定积分 $\int_0^1 (x+1)\,dx$ 的值.

解　作出定积分 $\int_0^1 (x+1)\,dx$ 对应的曲边梯形（见图 3-6）. 恰好是一个直边梯形，由直边梯形的面积公式可得其面积 $S = \dfrac{3}{2}$.

所以由定积分的几何意义，知 $\int_0^1 (x+1)\,dx = \dfrac{3}{2}$.

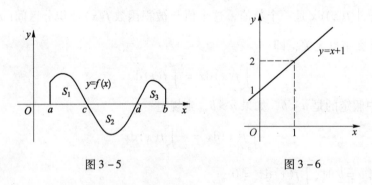

图 3-5

图 3-6

二、定积分的性质

由定积分的定义，可以直接推证定积分具有下述性质，其中所涉及的函数在讨论的区间上都是可积的.

性质 1　常数因子 k 可以提到积分号外面，即

$$\int_a^b kf(x)\,dx = k\int_a^b f(x)\,dx$$

性质 2 代数和的积分等于积分的代数和，即

$$\int_a^b [f(x) \pm g(x)] dx = \int_a^b f(x) dx \pm \int_a^b g(x) dx$$

性质 3 若 $f(x) = 1$，则

$$\int_a^b f(x) dx = \int_a^b dx = b - a$$

性质 4（积分区间的可加性） 对任意三个数 a，b，c，有

$$\int_a^b f(x) dx = \int_a^c f(x) d(x) + \int_c^b f(x) dx$$

注意： 无论 c 是在 $[a,b]$ 之内，还是在 $[a,b]$ 之外，性质 4 都是成立的.

性质 5（比较定理） 设在区间 $[a,b]$ 上有 $f(x) \leq g(x)$，则

$$\int_a^b f(x) dx \leq \int_a^b g(x) dx$$

推论 1 设在区间 $[a,b]$ 上有 $f(x) \geq 0$，则 $\int_a^b f(x) dx \geq 0$.

推论 2 $\left| \int_a^b f(x) dx \right| \leq \int_a^b |f(x)| dx$.

性质 6（估值定理） 设函数 $f(x)$ 在 $[a,b]$ 上有最大值 M 和最小值 m，则

$$m(b-a) \leq \int_a^b f(x) dx \leq M(b-a)$$

性质 7（积分中值定理） 设函数 $f(x)$ 在闭区间 $[a,b]$ 上连续，则至少存在一点 $\xi(a < \xi < b)$，使得

$$\int_a^b f(x) dx = f(\xi)(b-a)$$

它的几何解释是：一条连续曲线 $y = f(x)$ 在 $[a,b]$ 上的曲边梯形面积等于以区间 $[a,b]$ 的长度为长，$[a,b]$ 中一点 ξ 的函数值为宽的矩形面积，如图 3-7 所示. $f(\xi) = \frac{1}{b-a} \int_a^b f(x) dx$ 称为连续函数 $f(x)$ 在区间 $[a,b]$ 上的平均值.

例 2 求解定积分 $\int_0^2 f(x) dx$，其中 $f(x) = \begin{cases} 1 + x, & 0 \leq x \leq 1 \\ 2, & 1 \leq x \leq 2 \end{cases}$.

解 由性质 4，得 $\int_0^2 f(x) dx = \int_0^1 f(x) dx + \int_1^2 f(x) dx$

$$= \int_0^1 (1 + x) dx + \int_1^2 2 dx$$

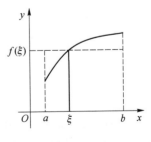

图 3-7

由前面例 2 及性质 1、性质 2，可得

$$\int_0^1 (1 + x) dx = \frac{3}{2}, \int_1^2 2 dx = 2$$

于是

$$\int_0^2 f(x) dx = \int_0^1 f(x) dx + \int_1^2 f(x) dx = \frac{7}{2}$$

3.2 原函数与微积分基本公式

由上一节可以看到，用定积分的定义或定积分的几何意义来求定积分的值是一件不太容易的事，特别当被积函数是比较复杂的函数时，困难更大．因此需要找到一个计算定积分的有效、简便的方法，这就是本节要研究的问题．

一、原函数

在导数一章的学习中，我们主要解决了一个主要问题是：已知一个函数 $F(x)$，求它的导数即 $F'(x) = f(x)$．但在很多实际问题中，需要解决其相反问题，即已知一个函数 $F(x)$，求出一个可导函数 $F'(x)$，使得 $F'(x) = f(x)$，这也是积分学要研究的基本问题之一．

定义 1 设函数 $f(x)$ 是定义在某区间上的已知函数，如果存在一个函数 $F(x)$，对于该区间上的任意一点都有

$$F'(x) = f(x)$$

则称 $F(x)$ 是 $f(x)$ 在该区间上的**一个原函数**．

例如，在区间 $(-\infty, +\infty)$ 内有 $(x^2)' = 2x$，所以 x^2 是 $2x$ 在该区间上的一个原函数．不难验证，$x^2 + 1, x^2 + \frac{1}{2}, x^2 + c$（$c$ 为任意常数），也都是 $2x$ 的原函数，可见 $2x$ 有无穷多个原函数．如果假设 $F(x)$ 和 $G(x)$ 都是 $f(x)$ 的原函数，即 $F'(x) = G'(x) = f(x)$，则有 $[G(x) - F(x)]' = 0$，故 $G(x) - F(x) = c$，即 $G(x) = F(x) + c$，这表明 $f(x)$ 的任意两个原函数只相差一个常数．

二、积分上限函数及其导数

设函数 $f(x)$ 在区间 $[a, b]$ 上连续，则对于任意一点 $x \in [a, b]$，函数 $f(x)$ 在 $[a, x]$ 上仍然连续，定积分 $\int_a^x f(x) dx$ 一定存在．在这个积分中，x 既表示积分上限，又表示积分变量，由于积分值与积分变量的记法无关，为明确起见，可将积分变量改用其他符号，如用 t 表示，则上面的积分可表示为 $\int_a^x f(t) dt$．

如果上限 x 在区间 $[a, b]$ 上任意变动，则对每一个取定的 x，定积分有确定的值与之对应，所以它在 $[a, b]$ 上是 x 的函数，记为 $\Phi(x)$，即

$$\Phi(x) = \int_a^x f(t) dt \quad (a \leq x \leq b)$$

函数 $\Phi(x)$ 是积分上限 x 的函数，称为**积分上限函数**，也称为 $f(x)$ 的变上限积分．积分上限函数有下述重要性质．

定理 1 如果函数 $f(x)$ 在区间 $[a, b]$ 上连续，则积分上限函数 $\Phi(x) = \int_a^x f(t) dt$ 在 $[a, b]$ 上可导，且

$$\Phi'(x) = \frac{d}{dx} \int_a^x f(t) dt = f(x) \quad (a \leq x \leq b)$$

证明略.

即积分上限函数 $\Phi(x)$ 就是 $f(x)$ 的一个原函数.

类似地，若 $f(x)$ 在 $[a,b]$ 上连续，则称函数
$$\int_x^b f(t)\,\mathrm{d}t \quad (a \leq x \leq b)$$

为 $f(x)$ 在 $[a,b]$ 上的**积分下限函数**，由定理可得
$$\frac{\mathrm{d}}{\mathrm{d}x}\int_x^b f(t)\,\mathrm{d}t = -\frac{\mathrm{d}}{\mathrm{d}x}\int_b^x f(t)\,\mathrm{d}t = -f(x)$$

例 1 求 $\dfrac{\mathrm{d}}{\mathrm{d}x}\displaystyle\int_0^x \sin^2 t\,\mathrm{d}t$.

解 $\dfrac{\mathrm{d}}{\mathrm{d}x}\displaystyle\int_0^x \sin^2 t\,\mathrm{d}t = \sin^2 x$.

例 2 求 $\dfrac{\mathrm{d}}{\mathrm{d}x}\displaystyle\int_1^{\sqrt{x}} \mathrm{e}^{-t^2}\,\mathrm{d}t$.

解 将 $\displaystyle\int_1^{\sqrt{x}}\mathrm{e}^{-t^2}\,\mathrm{d}t$ 视为 $\sqrt{x}$ 的函数，因而是 x 的复合函数，令 $\sqrt{x} = u$，则
$$\varphi(u) = \int_1^u \mathrm{e}^{-t^2}\,\mathrm{d}t$$

根据复合函数求导法则，有
$$\frac{\mathrm{d}}{\mathrm{d}x}\int_1^{\sqrt{x}}\mathrm{e}^{-t^2}\,\mathrm{d}t = \frac{\mathrm{d}}{\mathrm{d}u}\left[\int_1^u \mathrm{e}^{-t^2}\,\mathrm{d}t\right]\cdot\frac{\mathrm{d}u}{\mathrm{d}x}$$
$$= \mathrm{e}^{-u^2}\cdot\frac{1}{2\sqrt{x}}$$
$$= \frac{\mathrm{e}^{-x}}{2\sqrt{x}}$$

例 3 求 $\displaystyle\lim_{x\to 0}\dfrac{\displaystyle\int_0^x \sin t^2\,\mathrm{d}t}{x^3}$.

解 利用洛必达法则
$$\lim_{x\to 0}\frac{\displaystyle\int_0^x \sin t^2\,\mathrm{d}t}{x^3} = \lim_{x\to 0}\frac{\sin x^2}{3x^2} = \frac{1}{3}$$

三、微积分基本公式

定理 2 设函数 $f(x)$ 在区间 $[a,b]$ 上连续，$F(x)$ 是 $f(x)$ 的一个原函数，则
$$\int_a^b f(x)\,\mathrm{d}x = F(b) - F(a)$$

此公式称为**微积分基本公式**，也称为**牛顿—莱布尼兹公式**，它是微积分中的一个基本公式，为计算定积分提供了一个简单而有效的方法.

证 因为 $F(x)$ 与 $\displaystyle\int_a^x f(t)\,\mathrm{d}t$ 都是 $f(x)$ 在 $[a,b]$ 上的原函数，所以它们只相差一个常数

c，即
$$\int_a^x f(t)\,dt = F(x) + c$$

令 $x = a$，由于 $\int_a^a f(t)\,dt = 0$，得 $c = -F(a)$，因此
$$\int_a^x f(t)\,dt = F(x) - F(a)$$

在上式中令 $x = b$，得
$$\int_a^b f(t)\,dt = \int_a^b f(x)\,dx = F(b) - F(a)$$

在运用牛顿—莱布尼兹公式时，为书写方便，通常用 $F(x)\Big|_a^b$ 来表示 $F(b) - F(a)$，于是牛顿—莱布尼兹公式可记为
$$\int_a^b f(x)\,dx = F(x)\Big|_a^b = F(b) - F(a)$$

例4 求下列定积分：

(1) $\int_0^1 x^2\,dx$； (2) $\int_0^{\frac{\pi}{2}} \cos x\,dx$； (3) $\int_2^4 |x-3|\,dx$.

解 (1) 由于 $\left(\dfrac{1}{3}x^3\right)' = x^2$，即 $\dfrac{1}{3}x^3$ 是 x^2 的一个原函数，故有
$$\int_0^1 x^2\,dx = \dfrac{1}{3}x^3\Big|_0^1 = \dfrac{1}{3}(1^3 - 0) = \dfrac{1}{3}$$

(2) 由于 $(\sin x)' = \cos x$，即 $\sin x$ 是 $\cos x$ 的一个原函数，故有
$$\int_0^{\frac{\pi}{2}} \cos x\,dx = \sin x\Big|_0^{\frac{\pi}{2}} = \sin\dfrac{\pi}{2} - \sin 0 = 1$$

(3) 由定积分的区间可加性及绝对值的概念，知
$$\int_2^4 |x-3|\,dx = \int_2^3 |x-3|\,dx + \int_3^4 |x-3|\,dx$$
$$= \int_2^3 -(x-3)\,dx + \int_3^4 (x-3)\,dx$$
$$= -\left(\dfrac{1}{2}x^2 - 3x\right)\Big|_2^3 + \left(\dfrac{1}{2}x^2 - 3x\right)\Big|_3^4$$
$$= 1$$

例5 求 $\int_{-1}^2 (3x^2 + 2x)\,dx$.

解 $\int_{-1}^2 (3x^2 + 2x)\,dx = (x^3 + x^2)\Big|_{-1}^2 = 2^3 + 2^2 - [(-1)^3 + (-1)^2] = 12$.

例6 求 $\int_1^4 \dfrac{1 - \sqrt{x}}{\sqrt{x}}\,dx$.

解 $\int_1^4 \dfrac{1 - \sqrt{x}}{\sqrt{x}}\,dx = \int_1^4 (x^{-\frac{1}{2}} - 1)\,dx = (2\sqrt{x} - x)\Big|_1^4 = -1$.

3.3 不定积分

由微积分基本公式可知,定积分的值等于被积函数的任一原函数在积分上、下限处的函数值的差. 显然,要利用该公式,关键是找出被积函数的原函数,但有时被积函数较复杂,它的原函数可能不那么容易找出,为此本节介绍不定积分的概念与原函数的求法.

一、不定积分的定义

由于任意常数 c 的导数等于零,因此若知道 $F(x)$ 是 $f(x)$ 的一个原函数,则 $F(x)+c$ 也是 $f(x)$ 的原函数,这就说明若 $f(x)$ 有一个原函数 $F(x)$,则必有无数多个原函数,而且可以证明出若 $F(x)$ 是 $f(x)$ 的一原函数,则 $F(x)+c$ 是 $f(x)$ 的全部原函数,我们将函数 $f(x)$ 的所有原函数称为 $f(x)$ 的不定积分,记为 $\int f(x)\mathrm{d}x$,即

$$\int f(x)\mathrm{d}x = F(x) + c \quad (c \text{ 为任意常数})$$

根据上述定义,要求一个已知函数的不定积分,只要先求出它的一个原函数,再加上一个任意常数 c 即可.

例1 求 $\int x^{\alpha}\mathrm{d}x \quad (\alpha \neq -1)$.

解 因为
$$\left(\frac{1}{\alpha+1}x^{\alpha+1}\right)' = x^{\alpha}$$

所以
$$\int x^{\alpha}\mathrm{d}x = \frac{1}{\alpha+1}x^{\alpha+1} + c$$

例2 求 $\int \frac{1}{x}\mathrm{d}x$.

解 被积函数 $\frac{1}{x}$ 在 $x=0$ 时无定义,

当 $x>0$ 时,有 $(\ln x)' = \frac{1}{x}$,

当 $x<0$ 时,有 $[(\ln -x)'] = \frac{1}{-x} \cdot (-x)' = \frac{1}{x}$,

由此得 $x \neq 0$ 时,
$$(\ln |x|)' = \frac{1}{x}$$

所以
$$\int \frac{1}{x}\mathrm{d}x = \ln |x| + c$$

二、不定积分的性质与基本积分公式

根据上面例题求解的方法,我们不难看出不定积分是导数运算的逆运算,因此由常用函数的导数公式可以得到以下一些常用的不定积分基本公式:

(1) $\int 0\mathrm{d}x = c$.

(2) $\int k\,dx = kx + c$ （k 为任意常数）.

(3) $\int x^\alpha\,dx = \dfrac{1}{\alpha+1}x^{\alpha+1} + c$ （$\alpha \neq -1$）.

(4) $\int \dfrac{1}{x}\,dx = \ln|x| + c$.

(5) $\int a^x\,dx = \dfrac{a^x}{\ln a} + c$，特别地 $\int e^x\,dx = e^x + c$.

(6) $\int \sin x\,dx = -\cos x + c$.

(7) $\int \cos x\,dx = \sin x + c$.

(8) $\int \sec^2 x\,dx = \int \dfrac{1}{\cos^2 x}\,dx = \tan x + c$.

(9) $\int \csc^2 x\,dx = \int \dfrac{1}{\sin^2 x}\,dx = -\cot x + c$.

(10) $\int \sec x\tan x\,dx = \sec x + c$.

(11) $\int \csc x\cot x\,dx = -\csc x + c$.

(12) $\int \dfrac{1}{\sqrt{1-x^2}}\,dx = \arcsin x + c$.

(13) $\int \dfrac{1}{1+x^2}\,dx = \arctan x + c$.

以上公式是求解其他不定积分运算的基础，务必记熟.

根据不定积分的定义，可推知不定积分有以下性质：

性质 1 $\left(\int f(x)\,dx\right)' = f(x)$；$\int F'(x)\,dx = F(x) + c$；

$$d\int f(x)\,dx = f(x)\,dx；\quad \int df(x) = f(x) + c.$$

性质 1 表明：导数运算和积分运算互为逆运算，先求积分后求导，两者作用互相抵消；先求导后求积分，则作用抵消后需加上一个任意常数.

性质 2 $\int kf(x)\,dx = k\int f(x)\,dx$ （$k \neq 0$，k 为常数）.

性质 3 $\int [f(x) \pm g(x)]\,dx = \int f(x)\,dx \pm \int g(x)\,dx$.

根据不定积分的性质和基本积分公式以及对被积函数适当的变形，我们可求解一部分函数的不定积分.

例 3 求：(1) $\int 2^x 3^x\,dx$；(2) $\int \dfrac{\sqrt{x}}{\sqrt[3]{x^2}}\,dx$.

解 (1) $\int 2^x 3^x\,dx = \int (2\cdot 3)^x\,dx = \int 6^x\,dx = \dfrac{6^x}{\ln 6} + c$.

(2) $\int \dfrac{\sqrt{x}}{\sqrt[3]{x^2}}dx = \int \dfrac{x^{\frac{1}{2}}}{x^{\frac{2}{3}}}dx = \int x^{-\frac{1}{6}}dx = \dfrac{6}{5}x^{\frac{5}{6}}+c.$

例4 求 $\int \left(3-2\cos x + e^x - \dfrac{4}{x}\right)dx.$

解 $\int \left(3-2\cos x + e^x - \dfrac{4}{x}\right)dx = \int 3dx - \int 2\cos xdx + \int e^x dx - \int \dfrac{4}{x}dx$

$\qquad = 3\int dx - 2\int \cos xdx + \int e^x dx - 4\int \dfrac{1}{x}dx$

$\qquad = 3x - 2\sin x + e^x - 4\ln|x| + c.$

注意：各项积分后都含有一个任意常数，由于任意常数之和仍是任意常数，故最后结果只写上一个任意常数即可．

例5 求 $\int \left(\sqrt[3]{x} - \dfrac{1}{\sqrt{x}}\right)dx.$

解 $\int \left(\sqrt[3]{x} - \dfrac{1}{\sqrt{x}}\right)dx = \int x^{\frac{1}{3}}dx - \int x^{-\frac{1}{2}}dx = \dfrac{3}{4}x^{\frac{4}{3}} - 2x^{\frac{1}{2}} + c.$

例6 求 $\int \sin^2 \dfrac{x}{2} dx.$

解 $\int \sin^2 \dfrac{x}{2} dx = \int \dfrac{1-\cos x}{2}dx = \dfrac{1}{2}\int (1-\cos x)dx$

$\qquad = \dfrac{1}{2}\left(\int dx - \int \cos xdx\right) = \dfrac{1}{2}(x - \sin x) + c.$

例7 已知某产品的边际成本函数为：$C'(x) = x^2 - 10x + 100$，已知生产3个单位时的总成本是352（元），试求总成本函数．

解 设总成本函数为 $C = C(x)$，由于边际成本是总成本函数 $C(x)$ 关于 x 的导数 $C'(x)$，故总成本是边际函数关于 x 的不定积分，则总成本函数为

$$C(x) = \int (x^2 - 10x + 100)dx$$

$$= \dfrac{1}{3}x^3 - 5x^2 + 100x + c$$

由于当 $x = 3$ 时，$C(3) = 352$，即

$$C(3) = \dfrac{1}{3}\times 3^3 - 5\times 3^2 + 100\times 3 + c = 352$$

因此 $c = 88$，故总成本函数为

$$C(x) = \dfrac{1}{3}x^3 - 5x^2 + 100x + 88$$

例8 某商品的需求量 Q 是价格 P 的函数，该商品最大需求量为 $1\,000$（即 $P=0$ 时，$Q = 1\,000$），设边际需求函数（即需求量的变化率）为

$$Q'(P) = -1\,000 \times \ln 3 \times \left(\dfrac{1}{3}\right)^P$$

试求需求量与价格的函数关系．

解 由于 $Q'(P) = -1\,000 \times \ln 3 \times \left(\frac{1}{3}\right)^P$，因此

$$Q = \int \left[-1\,000 \times \ln 3 \times \left(\frac{1}{3}\right)^P\right] dP$$

$$= -1\,000 \times \ln 3 \times \frac{1}{\ln\frac{1}{3}} \times \left(\frac{1}{3}\right)^P + c$$

$$= 1\,000 \times \left(\frac{1}{3}\right)^P + c$$

因为当 $P=0$ 时，$Q=1\,000$，由上式即 $1\,000 = 1\,000 + c$，故 $c=0$. 因此，所求的函数关系为

$$Q = 1\,000 \times \left(\frac{1}{3}\right)^P$$

三、不定积分的积分法

利用基本积分公式和不定积分的性质，所能计算的不定积分是非常有限的. 为了能够求出更多函数的不定积分，必须进一步研究求积分的方法. 下面介绍求不定积分的两个基本方法——换元法与分部积分法.

（一）换元法

1. 第一类换元法

例 9 求 $\int \cos 2x\,dx$.

解 由 $dx = \frac{1}{2}d(2x)$，令 $u = 2x$，

则 $$\int \cos 2x\,dx = \frac{1}{2}\int \cos 2x\,d(2x) = \frac{1}{2}\int \cos u\,du = \frac{1}{2}\sin u + c$$

再代回原变量，得

$$\int \cos 2x\,dx = \frac{1}{2}\sin 2x + c$$

定理 1 若已知 $\int f(u)du = F(u) + c$，$u = \varphi(x)$ 可导，

则 $$\int f[\varphi(x)] \cdot \varphi'(x)dx = \int f[\varphi(x)]d[\varphi(x)] = F[\varphi(x)] + c$$

由于第一换元积分法的关键是将被积函数凑成微分形式，故通常又称第一换元积分法为**凑微分法**. 利用凑微分法解题的关键是将被积表达式写成 $\int f[\varphi(x)]\varphi'(x)dx$，进而凑成 $\int f[\varphi(x)]d\varphi(x)$ 的形式，然后利用积分公式求出原函数 $F[\varphi(x)] + C$.

例 10 求 $\int \frac{dx}{2x+1}$.

解 $dx = \frac{1}{2}d(2x+1)$，令 $u = 2x+1$，则有

$$\int \frac{dx}{2x+1} = \frac{1}{2}\int \frac{d(2x+1)}{2x+1} = \frac{1}{2}\int \frac{1}{u}du = \frac{1}{2}\ln|u|+c = \frac{1}{2}\ln|2x+1|+c$$

例 11 求 $\int 2x e^{x^2} dx$.

解 由 $2xdx = d(x^2)$，令 $u = x^2$，则有
$$\int 2x e^{x^2} dx = \int e^{x^2} d(x^2) = \int e^u du = e^u + c = e^{x^2} + c$$

当"凑微分"法应用熟练后，可不写出换元这一步，而直接写出结果：

例 12 求 $\int \frac{\sin\sqrt{x}}{\sqrt{x}} dx$.

解
$$\int \frac{\sin\sqrt{x}}{\sqrt{x}} dx = 2\int \sin\sqrt{x}\, d(\sqrt{x}) = -2\cos\sqrt{x} + c$$

例 13 求 $\int \frac{1}{\sqrt{a^2-x^2}} dx\ (a>0)$.

解
$$\int \frac{1}{\sqrt{a^2-x^2}} dx = \int \frac{d\left(\frac{x}{a}\right)}{\sqrt{1-\left(\frac{x}{a}\right)^2}} = \arcsin\frac{x}{a} + c$$

例 14 求 $\int \tan x\, dx$

解
$$\int \tan x\, dx = \int \frac{\sin x}{\cos x} dx = -\int \frac{1}{\cos x} d(\cos x) = -\ln|\cos x| + c$$

例 15 求 $\int \frac{dx}{x^2 - a^2}$.

解
$$\int \frac{dx}{x^2-a^2} = \int \frac{dx}{(x-a)(x+a)} = \frac{1}{2a}\left[\int \frac{d(x-a)}{x-a} - \int \frac{d(x+a)}{x+a}\right]$$
$$= \frac{1}{2a}[\ln|x-a| - \ln|x+a|] + c$$
$$= \frac{1}{2a}\ln\left|\frac{x-a}{x+a}\right| + c$$

例 16 求 $\int \sec x\, dx$.

解
$$\int \sec x\, dx = \int \frac{1}{\cos x} dx = \int \frac{\cos x}{\cos^2 x} dx = \int \frac{d(\sin x)}{1-\sin^2 x}$$
$$= \int \frac{du}{1-u^2} = \frac{1}{2}\int\left(\frac{1}{1-u} + \frac{1}{1+u}\right)du$$
$$= \frac{1}{2}[-\ln(1-u) + \ln(1+u)] + c = \frac{1}{2}\ln\left|\frac{1+u}{1-u}\right| + c$$
$$= \frac{1}{2}\ln\left|\frac{1+\sin x}{1-\sin x}\right| + c = \frac{1}{2}\ln\frac{(1+\sin x)^2}{\cos^2 x} + c$$
$$= \ln\left|\frac{1+\sin x}{\cos x}\right| + c = \ln|\sec x + \tan x| + c$$

2. 第二类换元法

在第一类换元法中，是用新变量 u 代换被积函数中的可微函数 $\varphi(x)$，从而使不定积分容易计算．而在第二类换元法中，则是引入新变量 t，将 x 表示为 t 的一个函数 $x = \varphi(t)$，从而简化积分计算．

定理 2 设函数 $x = \varphi(t)$ 单调，可导，且 $\varphi'(t) \neq 0$，$g[\varphi(t)]\varphi'(t)$ 的原函数存在，则有

$$\int g(x)dx = \int g[\varphi(t)]\varphi'(t)dt = G(t) + c = G[\varphi^{-1}(x)] + c$$

如 $\int \dfrac{xdx}{\sqrt{x-3}}$ 积分中有根式 $\sqrt{x-3}$，不妨就设 $\sqrt{x-3} = t$，即 $x = t^2 + 3$.

于是

$$\int \frac{xdx}{\sqrt{x-3}} = \int \frac{t^2+3}{t}d(t^2+3) = \int \frac{t^2+3}{t} \cdot 2tdt = 2\int(t^2+3)dt$$

$$= 2\left(\frac{t^3}{3} + 3t\right) + c$$

再将 $t = \sqrt{x-3}$ 回代，得

$$\int \frac{xdx}{\sqrt{x-3}} = \frac{2}{3}(x+6)\sqrt{x-3} + c$$

例 17 求 $\int \dfrac{1}{1+\sqrt{x}}dx$.

解 设 $\sqrt{x} = t$，则 $x = t^2$，$dx = 2tdt$

$$\int \frac{1}{1+\sqrt{x}}dx = \int \frac{1}{1+t} \cdot 2tdt = 2\int\left(1 - \frac{1}{1+t}\right)dt$$

$$= 2t - 2\ln(1+t) + c = 2\sqrt{x} - 2\ln(1+\sqrt{x}) + c$$

例 18 求 $\int \sqrt{a^2 - x^2}dx \quad (a > 0)$.

解 令 $x = a\sin t\left(-\dfrac{\pi}{2} < t < \dfrac{\pi}{2}\right)$，则 $dx = a\cos tdt$，于是

$$\int \sqrt{a^2 - x^2}dx = \int a^2 \cos^2 tdt$$

$$= \frac{a^2}{2}\int(1 + \cos 2t)dt$$

$$= \frac{a^2}{2}\left(t + \frac{\sin 2t}{2}\right) + c$$

$$= \frac{a^2}{2}(t + \sin t\cos t) + c$$

$$= \frac{a^2}{2}\left[\arcsin \frac{x}{a} + \frac{x}{a}\sqrt{1 - \left(\frac{x}{a}\right)^2}\right] + c$$

$$= \frac{a^2}{2}\arcsin \frac{x}{a} + \frac{x}{2}\sqrt{a^2 - x^2} + c$$

为了把 $\cos t$ 换成 x 的函数，常采用作辅助三角形的办法，由 $\sin t = \dfrac{x}{a}$ 作图 3 - 8，便可得到 $\cos t = \dfrac{\sqrt{a^2 - x^2}}{a}$.

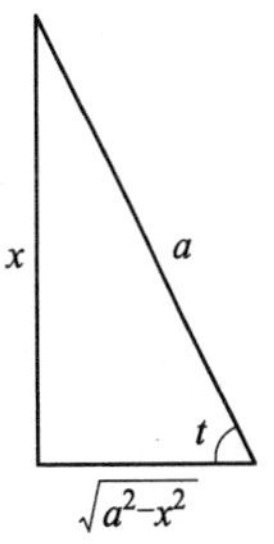

例 19 求 $\int \dfrac{\mathrm{d}x}{\sqrt{x^2 + a^2}}\ (a > 0)$.

解 令 $x = a\tan t\left(-\dfrac{\pi}{2} < x < \dfrac{\pi}{2}\right)$，则 $\mathrm{d}x = a\sec^2 t\,\mathrm{d}t$，由图 3 - 9 得

$$\tan t = \dfrac{x}{a},\ \sec t = \dfrac{\sqrt{x^2 + a^2}}{a}$$

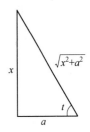

图 3 - 8

于是

$$\int \dfrac{\mathrm{d}x}{\sqrt{x^2 + a^2}} = \int \dfrac{a\sec^2 t}{\sqrt{a^2 + a^2\tan^2 t}}\,\mathrm{d}t$$

$$= \int \dfrac{a\sec^2 t}{a\sec t}\,\mathrm{d}t$$

$$= \int \sec t\,\mathrm{d}t$$

利用例 16 的结果，得

$$\int \dfrac{\mathrm{d}x}{\sqrt{x^2 + a^2}} = \ln|\sec t + \tan t| + c_1$$

$$= \ln\left|\dfrac{x}{a} + \dfrac{\sqrt{x^2 + a^2}}{a}\right| + c_1$$

$$= \ln\left|x + \sqrt{x^2 + a^2}\right| + c\ \ (c = c_1 - \ln a)$$

图 3 - 9

（二）分部积分法

当被积函数是两种不同类型函数的乘积（如 $\int xe^x\mathrm{d}x, \int x\cos x\mathrm{d}x, \int e^x\sin x\mathrm{d}x$ 等）时，往往需要用下面所讲的分部积分法来解决. 分部积分法是与两个函数乘积的求导法则相对应的，也是一种基本积分方法，公式推导如下：

设函数 $u(x), v(x)$ 具有连续导数，由乘积的导数法则，有

$$(uv)' = u'v + uv'$$

移项，得

$$uv' = (uv)' - u'v$$

对这个等式两边求不定积分，得

$$\int uv'\mathrm{d}x = uv - \int u'v\mathrm{d}x$$

或写成

$$\int u\mathrm{d}v = uv - \int v\mathrm{d}u$$

此公式称为**分部积分公式**. 它可以将求 $\int u\mathrm{d}v$ 的积分问题转化为求 $\int v\mathrm{d}u$ 的积分，当右端这个积分较容易求时，分部积分公式就起到了化难为易的作用.

例20 求 $\int x\cos x\,\mathrm{d}x$.

解 设 $u=x, \mathrm{d}v=\cos x\,\mathrm{d}x=\mathrm{d}\sin x$，于是 $\mathrm{d}u=\mathrm{d}x, v=\sin x$，
利用分部积分公式，得

$$\int x\cos x\,\mathrm{d}x = x\sin x - \int \sin x\,\mathrm{d}x = x\sin x + \cos x + c$$

注意：本题若设 $u=\cos x, \mathrm{d}v=x\,\mathrm{d}x$，则有 $\mathrm{d}u=-\sin x\,\mathrm{d}x$ 及 $v=\frac{1}{2}x^2$，于是

$$\int x\cos x\,\mathrm{d}x = \frac{1}{2}x^2\cos x + \frac{1}{2}\int x^2\sin x\,\mathrm{d}x$$

显然，$\int x^2\sin x\,\mathrm{d}x$ 比 $\int x\cos x\,\mathrm{d}x$ 更不易求出，所以这样行不通。

由此可见，如果 u 和 $\mathrm{d}v$ 选取不当，就求不出结果，所以应用分部积分法时，恰当选取 u 和 $\mathrm{d}v$ 是关键，一般要考虑下面两点：

（1）v 要容易求得；

（2）$\int v\,\mathrm{d}u$ 要比 $\int u\,\mathrm{d}v$ 容易求出。

例21 求 $\int x\mathrm{e}^x\,\mathrm{d}x$.

解 设 $u=x, \mathrm{d}v=\mathrm{e}^x\,\mathrm{d}x=\mathrm{d}(\mathrm{e}^x)$，则 $\mathrm{d}u=\mathrm{d}x, v=\mathrm{e}^x$，于是

$$\int x\mathrm{e}^x\,\mathrm{d}x = x\mathrm{e}^x - \int \mathrm{e}^x\,\mathrm{d}x = x\mathrm{e}^x - \mathrm{e}^x + c$$

例22 求 $\int \ln x\,\mathrm{d}x$.

解 $\int \ln x\,\mathrm{d}x = x\ln x - \int x\,\mathrm{d}(\ln x) = x\ln x - \int x\cdot\frac{1}{x}\,\mathrm{d}x = x\ln x - x + c$

例23 求 $\int x^2\mathrm{e}^x\,\mathrm{d}x$.

解
$$\int x^2\mathrm{e}^x\,\mathrm{d}x = \int x^2\,\mathrm{d}(\mathrm{e}^x) = x^2\mathrm{e}^x - \int \mathrm{e}^x\,\mathrm{d}(x^2)$$
$$= x^2\mathrm{e}^x - 2\int x\mathrm{e}^x\,\mathrm{d}x = x^2\mathrm{e}^x - 2\int x\,\mathrm{d}(\mathrm{e}^x)$$
$$= x^2\mathrm{e}^x - 2(x\mathrm{e}^x - \int \mathrm{e}^x\,\mathrm{d}x) = x^2\mathrm{e}^x - 2x\mathrm{e}^x + 2\mathrm{e}^x + c$$
$$= (x^2 - 2x + 2)\mathrm{e}^x + c$$

例24 求 $\int \mathrm{e}^x\sin x\,\mathrm{d}x$.

解
$$\int \mathrm{e}^x\sin x\,\mathrm{d}x = \int \sin x\,\mathrm{d}(\mathrm{e}^x) = \mathrm{e}^x\sin x - \int \mathrm{e}^x\cos x\,\mathrm{d}x$$
$$= \mathrm{e}^x\sin x - \int \cos x\,\mathrm{d}(\mathrm{e}^x) = \mathrm{e}^x\sin x - \mathrm{e}^x\cos x - \int \mathrm{e}^x\sin x\,\mathrm{d}x$$

上式右端第三项 $\int \mathrm{e}^x\sin x\,\mathrm{d}x$ 恰是所求的不定积分，移项后，有

$$2\int e^x \sin x\,dx = e^x(\sin x - \cos x) + c_1$$

所以
$$\int e^x \sin x\,dx = \frac{1}{2}e^x(\sin x - \cos x) + c$$

3.4 定积分的计算

在前面的学习中我们知道，利用牛顿—莱布尼兹公式即可进行定积分的计算. 计算定积分要先求出原函数，即求解不定积分. 在不定积分的计算中，有换元法和分部积分法，将这两种方法运用到定积分计算中，可简化计算过程.

一、定积分的换元积分法

定理 1 设

(1) 函数 $f(x)$ 在区间 $[a,b]$ 上连续；

(2) 函数 $x = \varphi(t)$ 在区间 $[\alpha,\beta]$ 上单调且有连续导数 $\varphi'(t)$；

(3) 当 t 在区间 $[\alpha,\beta]$ 上变化时，$x = \varphi(t)$ 的值在 $[a,b]$ 上变化，且 $\varphi(\alpha) = a, \varphi(\beta) = b$，则有

$$\int_a^b f(x)\,dx = \int_\alpha^\beta f[\varphi(t)]\varphi'(t)\,dt$$

证明略.

例 1 计算 $\int_0^4 \dfrac{x+2}{\sqrt{2x+1}}dx$.

解 设 $\sqrt{2x+1} = t$，则 $x = \dfrac{t^2-1}{2}, dx = t\,dt$. 当 $x = 0$ 时，$t = 1$；当 $x = 4$ 时，$t = 3$，于是

$$\int_0^4 \frac{x+2}{\sqrt{2x+1}}dx = \int_1^3 \frac{\frac{t^2-1}{2}+2}{t}t\,dt = \frac{1}{2}\int_1^3 (t^2+3)\,dt$$
$$= \frac{1}{2}\left(\frac{t^3}{3}+3t\right)\bigg|_1^3 = \frac{22}{3}$$

例 2 计算 $\int_0^{\frac{\pi}{2}} \cos^3 x \sin x\,dx$.

解法一 $\int_0^{\frac{\pi}{2}} \cos^3 x \sin x\,dx = -\int_0^{\frac{\pi}{2}} \cos^3 x\,d(\cos x) = -\frac{1}{4}\cos^4 x\bigg|_0^{\frac{\pi}{2}} = \frac{1}{4}$

解法二 设 $t = \cos x$，则当 $x = 0$ 时，$t = 1$；$x = \dfrac{\pi}{2}$ 时，$t = 0$.

$$\int_0^{\frac{\pi}{2}} \cos^3 x \sin x\,dx = -\int_1^0 t^3\,dt = \int_0^1 t^3\,dt = \frac{1}{4}t^4\bigg|_0^1 = \frac{1}{4}$$

例 3 证明：

(1) 若 $f(x)$ 在 $[-a,a]$ 上连续且为偶函数，则

$$\int_{-a}^{a} f(x)\,dx = 2\int_{0}^{a} f(x)\,dx$$

(2) 若 $f(x)$ 在 $[-a, a]$ 上连续且为奇函数，则

$$\int_{-a}^{a} f(x)\,dx = 0$$

证 因为

$$\int_{-a}^{a} f(x)\,dx = \int_{-a}^{0} f(x)\,dx + \int_{0}^{a} f(x)\,dx$$

对积分 $\int_{-a}^{0} f(x)\,dx$ 作变量代换 $x = -t$，则得

$$\int_{-a}^{0} f(x)\,dx = -\int_{a}^{0} f(-t)\,dt = \int_{0}^{a} f(-t)\,dt = \int_{0}^{a} f(-x)\,dx$$

于是

$$\int_{-a}^{a} f(x)\,dx = \int_{0}^{a} f(-x)\,dx + \int_{0}^{a} f(x)\,dx$$

$$= \int_{0}^{a} [f(x) + f(-x)]\,dx$$

(1) 若 $f(x)$ 为偶函数，即 $f(-x) = f(x)$，则

$$f(x) + f(-x) = 2f(x)$$

从而

$$\int_{-a}^{a} f(x)\,dx = 2\int_{0}^{a} f(x)\,dx$$

(2) 若 $f(x)$ 为奇函数，即 $f(-x) = -f(x)$，则

$$f(x) + f(-x) = 0$$

从而

$$\int_{-a}^{a} f(x)\,dx = 0$$

二、定积分的分部积分法

定理 2 如果函数 $u = u(x), v = v(x)$ 在区间 (a,b) 内具有连续导数 $u'(x), v'(x)$，则有

$$\int_{a}^{b} u\,dv = uv \Big|_{a}^{b} - \int_{a}^{b} v\,du$$

这就是定积分的**分部积分公式**.

例 4 计算 $\int_{1}^{2} x\ln x\,dx$.

解

$$\int_{1}^{2} x\ln x\,dx = \frac{1}{2}x^2 \ln x \Big|_{1}^{2} - \int_{1}^{2} \frac{1}{2}x^2 \cdot \frac{1}{x}\,dx$$

$$= 2\ln 2 - \frac{1}{4}x^2 \Big|_{1}^{2} = 2\ln 2 - \frac{3}{4}$$

例 5 计算 $\int_{0}^{1} x\arcsin x\,dx$.

解 先用定积分的分部积分法，再用定积分的换元法

$$\int_{0}^{1} x\arcsin x\,dx = \frac{1}{2}\int_{0}^{1} \arcsin x\,dx^2$$

$$= \frac{1}{2}x^2 \arcsin x \Big|_{0}^{1} - \frac{1}{2}\int_{0}^{1} \frac{x^2}{\sqrt{1-x^2}}\,dx$$

$$\xlongequal{x=\sin t} \frac{\pi}{4} - \frac{1}{2}\int_0^{\frac{\pi}{2}} \frac{\sin^2 t}{\sqrt{1-\sin^2 t}} \cos t \, dt$$

$$= \frac{\pi}{4} - \frac{1}{2}\int_0^{\frac{\pi}{2}} \sin^2 t \, dt$$

$$= \frac{\pi}{4} - \frac{1}{2}\int_0^{\frac{\pi}{2}} \frac{1-\cos 2t}{2} dt$$

$$= \frac{\pi}{4} - \frac{1}{4}\left(t - \frac{1}{2}\sin 2t\right)\Big|_0^{\frac{\pi}{2}}$$

$$= \frac{\pi}{4} - \frac{1}{4}\left(\frac{\pi}{2} - 0\right) = \frac{\pi}{8}$$

例 6 求 $\int_0^1 e^{\sqrt{x}} dx$.

解 令 $\sqrt{x} = t$,则 $x = t^2$, $dx = 2t dt$,并且,当 $x=0$ 时,$t=0$;当 $x=1$ 时,$t=1$. 因此有

$$\int_0^1 e^{\sqrt{x}} dx = 2\int_0^1 t e^t dt$$

$$= 2\int_0^1 t \, d(e^t)$$

$$= 2t e^t \Big|_0^1 - 2\int_0^1 e^t dt$$

$$= 2e - 2e^t \Big|_0^1 = 2$$

3.5 反常积分

牛顿—莱布尼兹公式的运用条件之一是积分区间是有限的闭区间,但在实际问题中我们会遇到很多无限区间上的积分问题,比如,将火箭发射到远离地球的太空中去,要计算克服地心引力所做的功,这就需要考虑积分区间为无限区间的积分. 因此,有必要推广定积分的概念,即讨论积分区间为无限或者被积函数在积分区间上无界的情形,这些情形下的积分被称为反常积分. 本节仅介绍无限区间上的反常积分.

定义 设 $f(x)$ 是定义在区间 $[a, +\infty)$ 内的连续函数,对于任意给定的 $t > a$,积分 $\int_a^t f(x) dx$ 存在,则它是 t 的函数,如果极限 $\lim\limits_{t \to +\infty} \int_a^t f(x) dx$ 存在,则称此极限为函数 $f(x)$ 在无限区间 $[a, +\infty)$ 内的**反常积分**,记为 $\int_a^{+\infty} f(x) dx$,即

$$\int_a^{+\infty} f(x) dx = \lim_{t \to +\infty} \int_a^t f(x) dx$$

此时也称反常积分 $\int_a^{+\infty} f(x) dx$ 收敛. 若上述极限不存在,则称反常积分 $\int_a^{+\infty} f(x) dx$ 发散.

类似地,如果 $f(x)$ 在 $(-\infty, b]$ 上连续,则定义 $f(x)$ 在区间 $(-\infty, b]$ 上的反常积分为

$$\int_{-\infty}^{b} f(x)\,dx = \lim_{t \to -\infty} \int_{t}^{b} f(x)\,dx \quad (t < b)$$

如果 $f(x)$ 在 $(-\infty, +\infty)$ 内连续，且反常积分 $\int_{-\infty}^{0} f(x)\,dx$ 及 $\int_{0}^{+\infty} f(x)\,dx$ 都收敛，则定义 $f(x)$ 在 $(-\infty, +\infty)$ 内的反常积分为

$$\int_{-\infty}^{+\infty} f(x)\,dx = \int_{-\infty}^{0} f(x)\,dx + \int_{0}^{+\infty} f(x)\,dx$$

如果反常积分 $\int_{-\infty}^{0} f(x)\,dx$ 及 $\int_{0}^{+\infty} f(x)\,dx$ 至少有一个发散，则反常积分 $\int_{-\infty}^{+\infty} f(x)\,dx$ 发散。

设 $F(x)$ 是 $f(x)$ 的一个原函数，则 $\int_{a}^{x} f(t)\,dt = F(x) - F(a)$。记

$$F(+\infty) = \lim_{x \to +\infty} F(x),\ F(-\infty) = \lim_{x \to -\infty} F(x)$$

于是三种无限区间的反常积分可表示为

$$\int_{a}^{+\infty} f(x)\,dx = F(x)\Big|_{a}^{+\infty} = F(+\infty) - F(a)$$

$$\int_{-\infty}^{b} f(x)\,dx = F(x)\Big|_{-\infty}^{b} = F(b) - F(-\infty)$$

$$\int_{-\infty}^{+\infty} f(x)\,dx = F(x)\Big|_{-\infty}^{+\infty} = F(+\infty) - F(-\infty)$$

从形式上看，上列各式与定积分的牛顿-莱布尼兹公式相似，但应注意到 $F(+\infty)$ 和 $F(-\infty)$ 是极限，反常积分是否收敛，取决于这些极限是否存在。

无限区间上的反常积分也称为无限区间上的广义积分，也称为第一类反常积分。

例 1 求 $\int_{1}^{+\infty} \dfrac{1}{x^4}\,dx$。

解
$$\int_{1}^{+\infty} \frac{1}{x^4}\,dx = -\frac{1}{3x^3}\Big|_{1}^{+\infty} = \lim_{x \to +\infty}\left(-\frac{1}{3x^3}\right) + \frac{1}{3} = \frac{1}{3}$$

例 2 求 $\int_{-\infty}^{+\infty} \dfrac{dx}{1+x^2}$。

解
$$\int_{-\infty}^{+\infty} \frac{dx}{1+x^2} = \arctan x\Big|_{-\infty}^{+\infty} = \lim_{x \to +\infty}\arctan x - \lim_{x \to -\infty}\arctan x = \frac{\pi}{2} - \left(-\frac{\pi}{2}\right) = \pi$$

例 3 讨论反常积分 $\int_{1}^{+\infty} \dfrac{1}{x^p}\,dx$ 的敛散性。

解 当 $p = 1$ 时

$$\int_{1}^{+\infty} \frac{1}{x}\,dx = \ln x\Big|_{1}^{+\infty} = +\infty$$

当 $p \neq 1$ 时

$$\int_{1}^{+\infty} \frac{1}{x^p}\,dx = \frac{x^{-p+1}}{-p+1}\Big|_{1}^{+\infty} = \lim_{x \to +\infty}\frac{x^{1-p}}{1-p} - \frac{1}{1-p}$$

$$= \begin{cases} \dfrac{1}{p-1}, & p > 1 \\ +\infty, & p < 1 \end{cases}$$

因此，反常积分 $\int_{1}^{+\infty} \dfrac{1}{x^p}\,dx$ 当 $p > 1$ 时收敛，当 $p \leq 1$ 时发散。

在计算反常积分时，也可运用换元法和分部积分法.

例 4 求 $\int_{1}^{+\infty} \dfrac{1}{x\sqrt{1+x^2}}dx$.

解 令 $x = \tan t$，$t = \arctan x$，当 $x = 1$ 时，$t = \dfrac{\pi}{4}$，当 $x \to +\infty$ 时，$t \to \dfrac{\pi}{2}$，于是

$$\int_{1}^{+\infty} \dfrac{1}{x\sqrt{1+x^2}}dx = \int_{\frac{\pi}{4}}^{\frac{\pi}{2}} \dfrac{1}{\tan t \sec t} \cdot \sec^2 t\, dt = \int_{\frac{\pi}{4}}^{\frac{\pi}{2}} \csc t\, dt$$

$$= \ln(\csc t - \cot t)\Big|_{\frac{\pi}{4}}^{\frac{\pi}{2}} = -\ln(\sqrt{2}-1) = \ln(\sqrt{2}+1)$$

换元后，反常积分变成了定积分，自然是收敛的.

例 5 求 $\int_{0}^{+\infty} x e^{-x} dx$.

解

$$\int_{0}^{+\infty} x e^{-x} dx = \int_{0}^{+\infty} (-x) d(e^{-x})$$

$$= -x e^{-x}\Big|_{0}^{+\infty} + \int_{0}^{+\infty} e^{-x} dx$$

$$= \lim_{x \to +\infty}(-x e^{-x}) - e^{-x}\Big|_{0}^{+\infty}$$

$$= -\lim_{x \to +\infty}\dfrac{x}{e^x} - \lim_{x \to +\infty} e^{-x} + 1$$

$$= 1$$

3.6 积分的应用

一、定积分计算平面图形的面积

由定积分的定义，我们已经知道由曲线 $y = f(x)$ $(f(x) \geq 0)$，x 轴和直线 $x = a$，$x = b$ 所围成的曲边梯形的面积 $S = \int_{a}^{b} f(x) dx$，下面讨论更为一般的情况.

设函数 $f(x)$，$g(x)$ 在区间 $[a, b]$ 上连续，并且在 $[a, b]$ 上有

$$0 \leq g(x) \leq f(x), x \in [a, b]$$

则曲线 $f(x)$，$g(x)$ 与直线 $x = a$，$x = b$ 所围成的图形面积 S 应该是两个曲边梯形面积的差（见图 3-10）. 因此

$S = $ 曲边梯形 $AabB$ 的面积 $-$ 曲边梯形 $CabD$ 的面积

$$= \int_{a}^{b} f(x) dx - \int_{a}^{b} g(x) dx$$

即 $S = \int_{a}^{b} [f(x) - g(x)] dx$

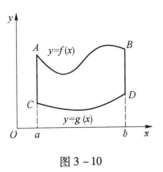

图 3-10

此结果也适用于曲线 $f(x)$，$g(x)$ 不全在 x 轴上方的情形. 在图 3-11 中，如果将 x 轴向下平移，使两条曲线都位于新 x 轴上方，在新坐标系中，曲线方程为 $y = f(x) + c$ 和 $y =$

$g(x)+c$. 所以,该图形的面积仍为

$$S = \int_a^b \{[f(x)+c] - [g(x)+c]\}\mathrm{d}x = \int_a^b [f(x)-g(x)]\mathrm{d}x$$

类似的分析可以得到:由连续曲线 $x=\varphi(y)$,$x=\psi(y)(\varphi(y)\geqslant\psi(y))$ 与直线 $y=c$,$y=d$ 所围成的平面图形的面积(见图 3 – 12)为

$$S = \int_c^d [\varphi(y) - \psi(y)]\mathrm{d}y$$

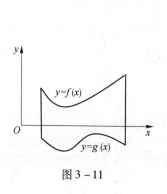

图 3 – 11　　　　　　　图 3 – 12

例 1　求曲线 $y=\mathrm{e}^x$,$y=\mathrm{e}^{-x}$ 与直线 $x=1$ 所围成的平面图形的面积.

解　如图 3 – 13 所示,曲线 $y=\mathrm{e}^x$,$y=\mathrm{e}^{-x}$ 与直线 $x=1$ 的交点分别为 $(1,\mathrm{e})$,$(1,\mathrm{e}^{-1})$,则所求面积为

$$\begin{aligned}S &= \int_0^1 [\mathrm{e}^x - \mathrm{e}^{-x}]\mathrm{d}x \\ &= (\mathrm{e}^x + \mathrm{e}^{-x})\Big|_0^1 = \mathrm{e} + \mathrm{e}^{-1} - 2\end{aligned}$$

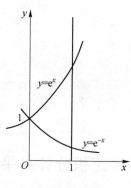

图 3 – 13

例 2　求由曲线 $y^2=2x$ 与直线 $y=x-4$ 所围成的平面图形的面积.

解　如图 3 – 14 所示,先确定两条曲线交点的坐标,解方程组

$$\begin{cases} y^2 = 2x \\ y = x-4 \end{cases}$$

得交点 $(2,-2)$,$(8,4)$,则所求面积

$$\begin{aligned}S &= \int_{-2}^4 \left[(y+4) - \frac{y^2}{2}\right]\mathrm{d}y \\ &= \left(\frac{1}{2}y^2 + 4y - \frac{1}{6}y^3\right)\Big|_{-2}^4 \\ &= 18\end{aligned}$$

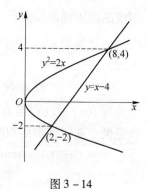

图 3 – 14

如果以 x 为积分变量,则所求面积

$$S = \int_0^2 [\sqrt{2x} - (-\sqrt{2x})]\mathrm{d}x + \int_2^8 [\sqrt{2x} - (x-4)]\mathrm{d}x = 18$$

这时所求面积需分块计算，计算较烦琐．

例 3 求在区间 $[0，\pi]$ 上曲线 $y = \cos x$ 与 $y = \sin x$ 之间所围成的平面图形的面积．

解 如图 3 – 15 所示，曲线 $y = \cos x$ 与 $y = \sin x$ 的交点坐标为 $\left(\dfrac{\pi}{4}, \dfrac{\sqrt{2}}{2}\right)$，因此，所求面积

$$S = \int_0^{\frac{\pi}{4}} (\cos x - \sin x) dx + \int_{\frac{\pi}{4}}^{\pi} (\sin x - \cos x) dx$$

$$= (\sin x + \cos x) \Big|_0^{\frac{\pi}{4}} + (-\cos x - \sin x) \Big|_{\frac{\pi}{4}}^{\pi}$$

$$= 2\sqrt{2}$$

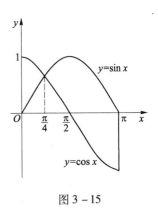

图 3 – 15

由上面的例题可总结出求若干条曲线围成的平面图形面积的步骤：
(1) 画草图：在平面直角坐标系中，画出有关曲线，确定各曲线所围成的平面区域；
(2) 求各曲线交点的坐标：求解每两条曲线方程所构成的方程组，得到各交点的坐标；
(3) 求面积：适当地选择积分变量，确定积分的上、下限，列式计算出平面图形面积．

二、积分的经济应用

（一）由边际函数求经济总量

根据积分运算与导数运算的互逆关系可知，若已知边际成本函数 $C'(x)$，则当产量由 a 增加到 b 时，增加的总成本为

$$C(b) - C(a) = \int_a^b C'(x) dx$$

同理，若已知边际收入函数 $R'(x)$，则当产量由 a 增加到 b 时增加的总收入为

$$R(b) - R(a) = \int_a^b R'(x) dx$$

再次，若已知边际利润函数 $L'(x)$，则当产量由 a 增加到 b 时增加的总利润为

$$L(b) - L(a) = \int_a^b L'(x) dx$$

例 4 已知生产某产品单位时，边际收入 $R'(x) = 200 - \dfrac{x}{200}$（元／单位），试求：

(1) 生产 100 个单位产品的总收入；
(2) 生产 100 个单位产品到 200 个单位产品获得的收入；
(3) 总收入函数．

解 (1) $R(100) = \int_0^{100} R'(x) dx = \int_0^{100} \left(200 - \dfrac{x}{200}\right) dx$

$$= \left(200x - \dfrac{x^2}{400}\right)\Big|_0^{100} = 20\,000 - 25 = 19\,975 \text{（元）}.$$

(2) $R(200) - R(100) = \int_{100}^{200} R'(x) dx = \int_{100}^{200} \left(200 - \dfrac{x}{200}\right) dx$

$$= \left(200x - \frac{x^2}{400}\right)\Big|_{100}^{200} = (40\,000 - 100) - (20\,000 - 25)$$
$$= 19\,975(元).$$

(3) 总收入函数

$$R(x) = \int R'(x)\,dx = \int \left(200 - \frac{x}{200}\right)dx$$
$$= 200x - \frac{x^2}{400} + c(元)$$

因为当 $x = 0$ 时，$R(x) = 0$，所以 $c = 0$.

总收入函数
$$R(x) = 200x - \frac{x^2}{400}$$

例 5 某出口公司每月销售额是 1 000 000 美元，平均利润是销售额的 10%，根据公司以往的经验，广告宣传期间月销售额的增长率近似地服从增长曲线 $1 \times 1\,000\,000 \times e^{0.02t}$（$t$ 以月为单位），公司现在需要决定是否举行一次总成本为 130 000 美元的广告活动. 按惯例，对于超过 100 000 美元的广告活动，如果新增销售额产生的利润超过广告投资的 10%，则决定做广告. 试问：该公司按惯例是否应该做此广告？

解 由公式知，12 个月后总销售额是计算区间 [0, 12] 上的定积分

$$总销售额 = \int_0^{12} 1\,000\,000 e^{0.02t} dt = \frac{1\,000\,000 e^{0.02t}}{0.02}\Big|_0^{12}$$
$$= 50\,000\,000(e^{0.24} - 1) \approx 13\,560\,000(美元)$$

公司的利润是销售额的 10%，所以新增销售额产生的利润是

$$0.10 \times (13\,560\,000 - 12\,000\,000) = 156\,000(美元)$$

156 000 美元利润是由花费 130 000 美元的广告费而取得的，因此，广告所产生的实际利润是 156 000 − 130 000 = 26 000（美元）. 这表明利润大于广告成本的 10%，故公司应该做此广告.

（二）消费者剩余和生产者剩余

在经济管理中，一般说来，商品价格低，需求就大；反之，商品价格高，需求就小，因此需求函数 $Q = f(P)$ 是价格 P 的单调递减函数. 同时商品价格低，生产者就不愿生产，因而供给就少；反之，商品价格高，供给就多，因此供给函数 $Q = g(P)$ 是价格 P 的单调递增函数.

由于函数 $Q = f(P)$ 与 $Q = g(P)$ 都是单调函数，因此分别存在反函数 $P = f^{-1}(Q)$ 与 $P = g^{-1}(Q)$，在许多经济学的论著中将需求函数的反函数 $P = f^{-1}(Q)$ 也称为需求函数，而将 $P = g^{-1}(Q)$ 称为供给函数.

需求曲线（函数）$P = f^{-1}(Q)$ 与供给曲线（函数）$P = g^{-1}(Q)$ 的交点 $A(P^*, Q^*)$ 称为均衡点（见图 3—16），在此点供需达到均衡. 均衡点的价格 P^* 称为均衡价格，即对某商品而言，顾客愿买、生产者愿卖的价格. 均衡点的商品量 Q^* 称为均衡商品量. 如果消费者以比他们原来预期的价格 (P_1) 低的价格（如均衡价格）购得某种商品，由此而节省下来的钱的总数称为**消费者剩余**.

假设消费者愿意以较高价格 P_1 购买某商品并情愿支付，则在 $[0,Q^*]$ 上消费者的总消费额为 $\int_0^{Q^*} f^{-1}(Q)\mathrm{d}Q$，它是需求曲线 $P=f^{-1}(Q)$ 在 0 与 Q^* 之间的曲边梯形 OQ^*AP_1 的面积.

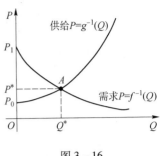

图 3-16

如果商品以均衡价格 P^* 出售，那么消费者实际的消费额为 P^*Q^*. 因此，消费者剩余为

$$\int_0^{Q^*} f^{-1}(Q)\mathrm{d}Q - P^*Q^*$$

它是曲边三角形 P^*AP_1 的面积.

如果生产者以均衡价格 P^* 出售某商品，而没有以他们本来计划的以较低的售价 P_0 出售该商品，由此所获得的额外收入，称为**生产者剩余**.

同理分析可知：P^*Q^* 是生产者实际出售商品的收入总额，$\int_0^{Q^*} g^{-1}(Q)\mathrm{d}Q$ 是生产者按原计划以较低价格售出商品所获得的收入总额，故生产者剩余为

$$P^*Q^* - \int_0^{Q^*} g^{-1}(Q)\mathrm{d}Q$$

它是曲边三角形 P_0AP^* 的面积.

例 6 设某产品的需求函数是 $P = 30 - 0.2\sqrt{Q}$，如果价格固定在每件 10 元，试计算消费者剩余.

解 已知需求函数 $P = f^{-1}(Q) = 30 - 0.2\sqrt{Q}$.

首先求出对应于 P^* 的 Q^* 值，令 $30 - 0.2\sqrt{Q} = 10$，得 $Q^* = 10\,000$.

于是消费者剩余为

$$\int_0^{Q^*} f^{-1}(Q)\mathrm{d}Q - P^*Q^* = \int_0^{10\,000}(30 - 0.2\sqrt{Q})\mathrm{d}Q - 10 \times 10\,000$$

$$= \left(30Q - \frac{2}{15}Q^{\frac{3}{2}}\right)\Big|_0^{10\,000} - 100\,000$$

$$= 66\,666.67(\text{元})$$

例 7 设某商品的供给函数为 $P = 250 + 3Q + 0.01Q^2$，如果产品的单价为 425 元，计算生产者剩余.

解 首先求出对应于 $P^* = 425$ 的 Q^* 值，

令 $425 = 250 + 3Q + 0.01Q^2$，得解 $Q^* = 50$，于是生产者剩余为

$$P^*Q^* - \int_0^{Q^*} g^{-1}(Q)\mathrm{d}Q$$

$$= 425 \times 50 - \int_0^{50}(250 + 3Q + 0.01Q^2)\mathrm{d}Q$$

$$= 425 \times 50 - \left(250Q + \frac{3}{2}Q^2 + 0.01 \times \frac{1}{3}Q^3\right)\Big|_0^{50}$$

$$= 4\,583.339(\text{元})$$

（三）利用定积分计算资本现值和投资回收期

在前面的学习中，我们曾推出复利终值和现值公式．设年利率为 r，投资为 P，每年计息一次，则 t 年后的终值为

$$F = P(1+r)^t$$

若 t 年后的终值 F 为已知，则在当前的投资现值 P 为：$P = F(1+r)^{-t}$．

若每年计息 m 次，则期利率为 $\dfrac{r}{m}$，t 年共计息 mt 次，则 t 年后的复利终值和当前的投资现值公式分别为

$$F = P\left(1+\frac{r}{m}\right)^{mt} \quad (P \text{ 已知})$$

$$P = F\left(1+\frac{r}{m}\right)^{-mt} \quad (P \text{ 已知})$$

若投资 P 在连续复利（每年计息无数次）的条件下，则 t 年后的复利终值 F 为

$$F = \lim_{n\to\infty} P\left(1+\frac{r}{m}\right)^{mt} = Pe^{rt}$$

现值为

$$P = Fe^{-rt}$$

若假定收益流以每年 a 元进行，则在从 t 到 $t+\Delta t$ 年的时间间隔内得到的收入（近似地）为 $a \cdot \Delta t$．由于利息是连续复利，因此在年利率为 r 时的现值为 $ae^{-rt} \cdot \Delta t$．若这个收入延续了 T 年，则 T 年的总现值可用定积分表示为

$$P = \int_0^T ae^{-rt}dt = -\frac{a}{r} \cdot e^{-rt}\bigg|_0^T = \frac{a}{r}(1-e^{-rT})$$

一般地，若 a 不是常数，而是时间的函数 $f(t)$，即收益流的收入率为 $f(t)$，则在连续复利且年利率为 r 的条件下，持续 T 年的资金收支流的总现值

$$P = \int_0^T f(t)e^{-rt}dt$$

例 8 现对某企业给予一笔投资 A，经测算该企业在 T 年中可以按每年 a 元的均匀收入率获得收入，若年利润为 r，试求：

（1）该投资的纯收入贴现值；

（2）收回该笔投资的时间．

解 （1）因收入率为 a，年利润为 r，故投资后的 T 年中获总收入的现值为

$$P = \int_0^T ae^{-rt}dt = \frac{a}{r}(1-e^{-rT})$$

从而投资所获得的纯收入的贴现值为

$$R = P - A = \frac{a}{r}(1-e^{-rT}) - A$$

收回投资，即为总收入的现值等于投资．由 $\dfrac{a}{r}(1-e^{-rT}) = A$，得

$$T = \frac{1}{r}\ln\frac{a}{a-Ar}$$

即收回投资的时间为
$$T = \frac{1}{r}\ln\frac{a}{a-Ar}$$

例 9 若对某企业投资 $A = 800$（万元），年利率为 5%，设在 20 年中的均匀收入率为 $a = 200$（万元/年），则投资回收期为
$$T = \frac{1}{0.05}\ln\frac{200}{200 - 800 \times 0.05} = 20\ln 1.25 \approx 4.46(\text{年})$$

由此可知，投资回收期约为 4.46 年．

例 10 有一个大型投资项目，投资成本为 $A = 10\,000$（万元），投资年利率为 5%，每年的均匀收入率为 $a = 2\,000$（万元），求该投资为无限期时的纯收入的贴现值（或称为投资的资本价值）．

解 由已知条件收入率为 $a = 2\,000$（万元），年利率 $r = 5\%$，故无限期的投资的总收入的贴现值为
$$\begin{aligned}P &= \int_0^{+\infty} a\mathrm{e}^{-rt}\mathrm{d}t = \int_0^{\infty} 2\,000\mathrm{e}^{-0.05t}\mathrm{d}t \\ &= \lim_{b\to\infty}\int_0^b 2\,000\mathrm{e}^{-0.05t}\mathrm{d}t \\ &= \lim_{b\to\infty}\frac{2\,000}{0.05}(1 - \mathrm{e}^{-0.05b}) \\ &= 2\,000 \times \frac{1}{0.05} \\ &= 40\,000(\text{万元})\end{aligned}$$

从而投资为无限期时的纯收入贴现值为
$$R = P - A = 40\,000 - 10\,000 = 30\,000(\text{万元}) = 3(\text{亿元})$$

（四）投资与资本形成

假设净投资流量以方程 $I(t) = 3t^{1/2}$ 表示，在 $t = 0$ 时的初始资本存量是 $K(0)$．何谓资本 K 的时间路径？将 $I(t)$ 对 t 积分得到：
$$K(t) = \int I(t)\mathrm{d}t = \int 3t^{1/2}\mathrm{d}t = 2t^{1/2} + C$$

令最左边和最右边表达式中的 $t = 0$，求得 $K(0) = C$，因而，K 的时间路径为
$$K(t) = 2t^{1/2} + K(0)$$

当有人期望求某一时间段的资本形成数量（而非资本 K 的时间路径）时，就需使用定积分的概念，因为 $\int I(t)\mathrm{d}t = K(t)$，所以我们可以写出定积分
$$\int_a^b I(t)\mathrm{d}t = [K(t)]\Big|_a^b = K(b) - K(a)$$

其表示时间段 $[a,b]$ 的总资本积累．当然，它也可以表示曲线 $I(t)$ 下的面积．但应注意，在函数 $K(t)$ 的图形中，定积分表示一段垂直距离，更具体地说，表示两个垂直距离 $K(b)$ 与 $K(a)$ 之差．

为更充分地理解 $K(t)$ 与 $I(t)$ 之间的不同，我们强调资本 K 是一个存量的概念，而投资 I

是一个流量的概念．因而 $K(t)$ 表示在每一时点存在的 K 数量，而 $I(t)$ 则给出每年或某一时期的净投资率，该投资率在该时期内是一致的．因此，为计算所进行的净投资数量（资本积累），我们必须首先设定所涉及的时期的长度．当我们将恒等式 $dK/dt = I(t)$ 重写为 $dK = I(t)dt$ 时，也可以看到这一事实．$dK = I(t)dt$ 表明，K 的增量不仅以流量变化率 $I(t)$ 为基础，而且以逝去的时间 dt 为基础，正是由于设定表达式 $I(t)dt$ 中的时期的需要，才要进行定积分，并以它来表示 $I(t)$ 曲线（与 $K(t)$ 曲线相对）下的面积．

若净投资是一个不变流量 $I(t) = 1\,000$（美元/年），那么在一年内即由 $t = 0$ 至 $t = 1$ 的总净投资（资本形成）是多少？显然，答案是 $1\,000$ 美元；正式地，此结果可以如下方式得出

$$\int_0^1 I(t)dt = \int_0^1 1\,000\,dt = [1\,000t]\Big|_0^1 = 1\,000$$

读者可以验证，如果所涉及的年份是 $t = 1$ 至 $t = 2$，答案依然相同．

若 $I(t) = 3t^{1/2}$，这是一个可变流量，那么时期 $[1,4]$ 的资本形成为多少？在于定积分：

$$\int_1^4 I(t)dt = \int_1^4 3t^{1/2}dt = [2t^{3/2}]\Big|_1^4 = 16 - 2 = 14$$

在上例的基础上，我们可以用定积分

$$\int_0^t I(t)dt = [K(t)]\Big|_0^t = K(t) - K(0)$$

表示对于投资率，在时间段的资本积累数量．图描述了时期的情况．从另一个角度看，上述方程产生了对于时间路径的如下表达式：

$$K(t) = K(0) + \int_0^t I(t)dt$$

在任意时间的 t 的数量，等于原始资本加上自那时起的总资本积累．

习题三

1. 利用定积分的几何意义计算定积分的值：

（1）$\int_0^1 (2x + 1)dx$；
（2）$\int_{-2}^2 \sqrt{4 - x^2}\,dx$；
（3）$\int_0^{2\pi} \cos x\,dx$．

2. 不计算积分的值，比较下列各组积分的大小：

（1）$\int_0^1 x\,dx$ 与 $\int_0^1 x^2\,dx$；
（2）$\int_e^2 \ln x\,dx$ 与 $\int_e^2 \ln^2 x\,dx$；
（3）$\int_0^{\pi} \sin x\,dx$ 与 $\int_0^{\pi} \cos x\,dx$．

3. 估计下列定积分值的范围：

（1）$\int_0^1 \frac{1}{1 + x^2}dx$；
（2）$\int_{\frac{\pi}{2}}^{\pi} (1 + \sin^2 x)dx$．

4. 求下列函数的导数：

(1) $f(x) = \int_a^b \cos^2 t \, dt$；

(2) $f(x) = \int_x^{-2} e^{2t} \sin t \, dt$；

(3) $f(x) = \int_0^{e^x} \dfrac{\ln(1+t)}{t} dt$；

(4) $f(x) = \int_{\cos x}^{\sin x} (1-t^2) \, dt$.

5. 求下列极限：

(1) $\displaystyle\lim_{x \to 0} \dfrac{\int_0^x \cos t^2 \, dt}{x}$；

(2) $\displaystyle\lim_{x \to +\infty} \dfrac{\int_0^x (\arctan t)^2 \, dt}{\sqrt{x^2+1}}$；

(3) $\displaystyle\lim_{x \to +\infty} \dfrac{\int_0^{x^2} \sqrt{1+t^4} \, dt}{x^6}$.

6. 设当 $x > 0$ 时，$g(x)$ 是连续函数，且 $\int_0^{x^2-1} g(t) \, dt = -x$，求 $g(3)$.

7. 求下列不定积分：

(1) $\int \sqrt[3]{x} \, dx$；

(2) $\int \sqrt{x}(x-1)^2 \, dx$；

(3) $\int (2x - x^3 + 2\sin x - 3^x) \, dx$；

(4) $\int \left(\sqrt{x} + \dfrac{1}{\sqrt{x}}\right)^2 dx$；

(5) $\int \dfrac{x^2 + 2\sqrt{x} + 3}{\sqrt[3]{x}} \, dx$；

(6) $\int \dfrac{1 + x + x^2}{x(1+x^2)} \, dx$；

(7) $\int \dfrac{e^{2x} - 1}{e^x - 1} \, dx$；

(8) $\int \dfrac{\cos^2 x - \sin^2 x}{\sin x + \cos x} \, dx$；

(9) $\int \cos^2 \dfrac{x}{2} \, dx$；

(10) $\int \tan^2 x \, dx$.

8. 利用换元法求下列不定积分：

(1) $\int e^{-5x} \, dx$；

(2) $\int \dfrac{1}{3-2x} \, dx$；

(3) $\int \dfrac{1}{x^2} e^{\frac{1}{x}} \, dx$；

(4) $\int \dfrac{\cos \sqrt{t}}{\sqrt{t}} \, dt$；

(5) $\int (2x - 3)^{100} \, dx$；

(6) $\int \dfrac{dx}{x \ln x}$；

(7) $\int \sqrt[3]{x+2} \, dx$；

(8) $\int x \cos(x^2) \, dx$；

(9) $\int \dfrac{dx}{\sin x \cos x}$；

(10) $\int \dfrac{1 + \ln x}{(x \ln x)^2} \, dx$；

(11) $\int \dfrac{\sin x \cos x}{1 + \sin^4 x} \, dx$；

(12) $\int \tan^3 x \sec x \, dx$；

(13) $\int \dfrac{dx}{1 + e^x}$；

(14) $\int x \sqrt{x+1} \, dx$；

(15) $\int \dfrac{\sqrt{x}}{1 + \sqrt{x}} \, dx$；

(16) $\int \dfrac{dx}{1 + \sqrt{2x}}$；

(17) $\int \dfrac{dx}{(x+2)\sqrt{x+1}}$;

(18) $\int \dfrac{x^2}{\sqrt{1-x^2}}dx$;

(19) $\int \dfrac{dx}{x^2\sqrt{1+x^2}}$;

(20) $\int \dfrac{\sqrt{x}}{\sqrt[3]{x^2}-\sqrt{x}}dx$.

9. 利用分部积分法求下列不定积分：

(1) $\int \sin x \cdot x dx$;

(2) $\int x^3 \ln x dx$;

(3) $\int e^x \cos x dx$;

(4) $\int \ln(1+x^2)dx$;

(5) $\int x e^{-x} dx$;

(6) $\int \dfrac{\ln x}{x^2} dx$;

(7) $\int e^{\sqrt{2x-1}} dx$;

(8) $\int \arccos x dx$.

10. 如果函数 $f(x)$ 的一个原函数是 $x\ln x$, 试求 $\int x f''(x) dx$.

11. 求下列定积分：

(1) $\int_1^2 (x-3) dx$;

(2) $\int_0^1 x(2x+3) dx$;

(3) $\int_0^{\frac{\pi}{2}} (\sin x - \cos x) dx$;

(4) $\int_1^3 |x-2| dx$;

(5) $\int_0^1 (2x+1)^5 dx$;

(6) $\int_0^1 \dfrac{\sqrt{x}}{1+\sqrt{x}} dx$;

(7) $\int_{-1}^1 \dfrac{1}{e^x+e^{-x}} dx$;

(8) $\int_0^{\frac{\pi}{2}} \sin x \cos^2 x dx$;

(9) $\int_1^e x^2 \ln x dx$;

(10) $\int_0^3 \dfrac{x}{1+\sqrt{x+1}} dx$;

(11) $\int_0^1 e^{\sqrt{x}} dx$;

(12) $\int_1^{+\infty} \dfrac{1}{x^5} dx$;

(13) $\int_{-\infty}^0 e^{3x} dx$;

(14) $\int_e^{+\infty} \dfrac{1}{x\ln^2 x} dx$.

12. 证明：$\int_0^a x^3 f(x^2) dx = \dfrac{1}{2} \int_0^{a^2} x f(x) dx \, (a>0)$.

13. 求下列各题中平面图形的面积：

(1) 抛物线 $y=x^2$ 与直线 $y=2x$ 所围成的平面图形；

(2) 抛物线 $y^2=2x$ 与直线 $y=x-4$ 所围成的平面图形；

(3) 在区间 $\left[0, \dfrac{\pi}{2}\right]$ 上，曲线 $y=\sin x$ 与直线 $x=\dfrac{\pi}{2}$, $y=0$ 所围成的平面图形；

(4) 曲线 $y=x^2$ 与直线 $y=x$, $y=2x$ 所围成的平面图形；

(5) 曲线 $y=\dfrac{1}{x}$ 与直线 $y=x$, $y=2$ 所围成的平面图形.

14. 已知某产品在时刻 t 的总产量的变化率为 $Q'(t)=100+10t-0.6t^2 (\text{kg/h})$, 求从 $t=$

1 到 $t=4$，这 3 个小时的总产量.

15. 已知销售某商品 x 件的边际收入是 $R'(x)=200-\dfrac{x}{100}$（百元/件），求销售 50 件的总收入；若已经销售了 100 件，求再销售 100 件的总收入.

16. 已知生产某产品的固定成本为 2 万元，边际成本为 $C'(Q)=6Q+8$（万元/单位），边际收入为 $R'(Q)=4Q+20$（万元/单位）.

   求：（1）产量由 2 个单位增至 6 个单位时，总成本和总收入各增加了多少？
   （2）总成本和总收入函数.

17. 已知某企业每天生产某单位产品，边际成本为 $C'(x)=0.4x+2$（元/单位），生产 25 个单位产品时总成本为 195 元，这种产品的销售价为 22 元/单位，且产品可全部售出，每天生产多少单位产品时，才能获得最大利润？最大利润是多少？

18. 已知需求函数为 $P=\dfrac{1}{4\sqrt{Q}}$，求 $P=0.05$，$Q=25$ 时的消费者剩余.

19. 已知某一商品的个人需求 $q=\dfrac{64\,000}{(p-5)^3}$，当需求是 125 个单位时，计算这个人的消费者剩余. 如果该种商品的供给函数为 $q=8+9p$，试计算市场均衡，并计算此时的生产者剩余.

20. 某企业投资 800 万元，年利率 5%，按连续复利计算，求投资后 20 年中企业均匀收入率为 200 万元/年的收入总现值及该投资的投资回收期.

21. 某公司投资 100 万元建成 1 条生产线，并于 1 年后取得经济效益，年收入为 30 万元，设银行年利率为 10%，问：公司多少年后收回投资？

第4章 多元函数微积分

※数学史话※

关于多元函数微积分

多元函数微积分学是微积分学的一个重要组成部分. 多元微积分是在一元微积分的基本思想的发展和应用中自然形成的. 将微积分算法推广到多元函数而建立偏导数理论和多重积分理论的主要是 18 世纪的数学家.

偏导数的朴素思想,在微积分学创立的初期,就多次出现在力学研究的著作中,但这一时期,普通的导数与偏导数并没有明显地被区分开,人们只是注意到其物理意义不同. 偏导数是在多个自变量的函数中,考虑其中某一个自变量变化的导数. 牛顿从 x 和 y 的多项式 $f(x,y)$ 中导出 f 关于 x 或 y 的偏微商的表达式. 雅各布·伯努利在他关于等周问题的著作中使用了偏导数. 尼古拉·伯努利在 1720 年的一篇关于正交轨线的文章中也使用了偏导数,并证明了函数在一定条件下,同时对 x、y 求偏导数其结果与求导顺序无关. 关于偏导数的理论是由瑞士数学家欧拉（1707—1783 年）和法国数学家方丹（1705—1771 年）、克莱罗（1713—1765 年）与达朗贝尔（1717—1783 年）在早期偏微分方程的研究中建立起来的. 不过当时一般都用同一个记号 d 表示导数与偏导数,现在用的专门的偏导数记号 ∂ 直到 19 世纪 40 年代才由雅可比（1804—1851 年）在其行列式理论中正式创用并逐渐普及.

重积分的概念,牛顿在他的《原理》中讨论球与球壳作用于质点上的万有引力时就已经涉及,但他是用几何形式论述的. 在 18 世纪上半叶,牛顿的工作被以分析的形式加以推广. 1769 年,欧拉建立了平面有界区域上二重积分理论,他给出了用累次积分计算重积分的方法. 多元微积分和一元微积分同时随着其理论分析的发展在数学物理的许多领域获得广泛的应用.

数 学 家

数学界的名门望族——伯努利家族.

在各种数学书和物理书中,我们经常会看到伯努利这个名字,其实这些伯努利并非一个人,而是一个家族. 伯努利家族是瑞士的一个贵族家族,也是一个盛产科学家的家族. 仅从 17 世纪到 18 世纪,伯努利家族三代人就至少诞生了 8 位数学家. 其中以雅各布·伯努利（1654—1705 年）、约翰·伯努利（1667—1748 年）、丹尼尔·伯努利（1700—1782 年）这三位数学家最为知名. 他们为包括微积分学、流体力学、概率论和统计学在内的应用数学及物理学的基础研究作出了巨大贡献. 尤其值得称赞的是他们还培养了一大批著名的学者, 如法国数学家洛必达, 瑞士数学家克莱姆等, 而且被誉为 18 世纪最伟大的数学家欧拉也曾受教于约翰·伯努利. 伯努利家族中的数学家们, 并非有意选择数学为职业, 而是出自对数学的热爱, 他们忘情地沉溺于数学研究之中. 伯努利家族星光闪耀, 人才济济的现象, 数百年来一直受到人们的赞颂.

前面的学习中, 我们讨论了含有一个自变量的函数问题, 但在很多自然现象、工程技术和经济关系的研究中所遇到的函数, 往往并不仅仅依赖于一个自变量, 如某种商品的市场需求量不仅与其市场价格有关, 而且与消费者的收入以及这种商品的其他代用品的价格等因素有关, 即决定该商品需求量的因素不止一个而是多个, 要全面研究这类问题, 就需要引入多元函数的概念.

4.1 二元函数及其图形

函数可以按照自变量的个数进行分类, 如果只有 1 个自变量就称为一元函数, 如函数 $y = f(x) = x^2 - 2x$; 含有 2 个自变量的函数称为二元函数, 如函数

$$z = f(x,y) = 2x + 3y - 5$$

含有 2 个或以上个自变量的函数称为多元函数, 如函数

$$w = f(x,y,z) = xy + yz + zx + 5$$

例如, 市场上某种商品的销售量 Q 除与该商品的价格 P 有关外, 还受其他许多因素的影响, 如消费者人数 N, 收入水平 M 等. 若只考虑价格因素, 其他视为常量, 则得到的是一元函数 $Q = f(P)$; 若考虑价格和人数, 其他视为常量, 则得到二元函数 $Q = f(P,N)$; 如果所有因素均考虑进去, 可得三元函数 $Q = f(P,N,M)$ 等.

下面主要以介绍二元函数为主, 其他多元函数的结论可类似得到.

定义 设 x, y 和 z 为实数范围内的三个变量, 如果当变量 x, y 在一定的平面区域范围 D 内任取一对值时, 变量 z 按照一定的规则 f 总有一确定的数值和它对应, 则变量 z 叫作变量 x, y 的二元函数, 记作

$$z = f(x,y)$$

其中, x, y 称为自变量; z 为因变量. x, y 变化的范围 D 称为函数的定义域, 函数值的全体称为值域.

二元函数 $z = f(x,y)$ 在点 (x_0, y_0) 处的函数值, 记作

$$f(x_0, y_0) \text{ 或 } z\Big|_{(x_0, y_0)} \text{ 或 } z\Big|_{\substack{x = x_0 \\ y = y_0}}$$

例如, 二元函数 $z = \ln(x + y)$, 定义域 $D = \{(x,y) \mid x + y > 0\}$ (见图 4-1), 值域为 $\mathbf{R}$. 二元函数 $z = \sqrt{1 - x^2 - y^2}$, 定义域为 $\{(x,y) \mid x^2 + y^2 \leq 1\}$ (见图 4-2).

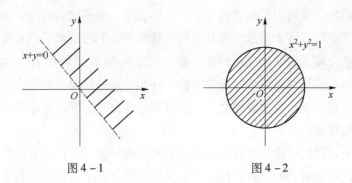

图 4 – 1　　　　　　　　　　　图 4 – 2

我们知道一元函数 $y = f(x)$ 的图像表示平面上的一条曲线，二元函数 $z = f(x,y)$ 则表示空间中的一个曲面，其中平面区域 D 为函数的定义域，如图 4 – 3 所示.

例如，函数 $z = \dfrac{x^2}{a} + \dfrac{y^2}{b}$ 的图形是一个椭圆抛物面（见图 4 – 4）.

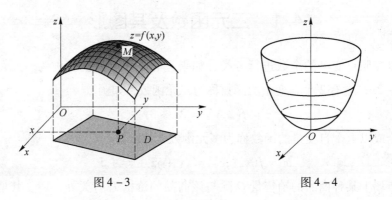

图 4 – 3　　　　　　　　　　　图 4 – 4

4.2　二元函数的极限与连续

与一元函数的极限相类似，我们给出二元函数极限的概念.

定义 1　设二元函数 $z = f(x,y)$ 在点 $P_0(x_0, y_0)$ 的某个邻域内有定义，点 $P(x,y)$ 是该邻域内异于 P_0 的任意一点，如果当 $P(x,y)$ 以任何方式无限接近于 P_0 时，对应的函数值无限地接近于一个确定的常数 A，则称当 $x \to x_0$，$y \to y_0$ 时，$f(x,y)$ 有极限，极限为 A，记作

$$\lim_{\substack{x \to x_0 \\ y \to y_0}} f(x,y) = A$$

上述定义的二元函数的极限又叫作二重极限. 二重极限是一元函数极限的推广，有关一元函数极限的运算和法则，基本都可以直接类推到二重极限.

例 1　求极限 $\lim\limits_{\substack{x \to 0 \\ y \to 0}} \dfrac{x^2 + y^2}{\sqrt{1 + x^2 + y^2} - 1}$.

解　当 $x \to 0$，$y \to 0$ 时，$x^2 + y^2 \to 0$，由极限的运算法则

$$\lim_{\substack{x \to 0 \\ y \to 0}} \sqrt{1 + x^2 + y^2} = 1$$

所以
$$\lim_{\substack{x\to 0\\y\to 0}}\frac{x^2+y^2}{\sqrt{1+x^2+y^2}-1}=\lim_{\substack{x\to 0\\y\to 0}}\frac{(x^2+y^2)(\sqrt{1+x^2+y^2}+1)}{(\sqrt{1+x^2+y^2}-1)(\sqrt{1+x^2+y^2}+1)}$$
$$=\lim_{\substack{x\to 0\\y\to 0}}(\sqrt{1+x^2+y^2}+1)=2$$

注意：二重极限存在是指 $P(x,y)$ 以任何方式趋于 $P_0(x_0,y_0)$ 时，函数都无限接近于 A. 因此，如果 $P(x,y)$ 以某一特殊方式，例如沿着一条定直线或定曲线趋于 $P_0(x_0,y_0)$，即使函数无限接近于某一确定值，我们还不能由此断定函数的极限存在. 但是反过来，如果当 $P(x,y)$ 以不同方式趋于 $P_0(x_0,y_0)$ 时，函数趋于不同的值，那么就可以断定函数的极限不存在.

例 2 设函数 $f(x,y)=\begin{cases}\dfrac{xy}{x^2+y^2}, & x^2+y^2\neq 0\\ 0, & x^2+y^2=0\end{cases}$，求 $\lim\limits_{\substack{x\to 0\\y\to 0}}f(x,y)$.

解 当点 $P(x,y)$ 沿 x 轴趋于点 $(0,0)$ 时，有
$$\lim_{x\to 0}f(x,0)=0$$
又当点 $P(x,y)$ 沿 y 轴趋于点 $(0,0)$ 时，有
$$\lim_{y\to 0}f(0,y)=0$$
当点 $P(x,y)$ 沿着直线 $y=kx$ 趋于点 $(0,0)$ 时，有
$$\lim_{\substack{x\to 0\\y=kx\to 0}}\frac{xy}{x^2+y^2}=\lim_{x\to 0}\frac{kx^2}{x^2+k^2x^2}=\frac{k}{1+k^2}$$
显然它是随着 k 值的不同而改变的，所以当 $P(x,y)\to(0,0)$ 时，函数的极限不存在.

有了二元函数的极限概念以后，不难给出二元函数的连续性概念.

定义 2 设函数 $f(x,y)$ 在 $P_0(x_0,y_0)$ 的某个邻域内有定义，点 $P(x,y)$ 是邻域内任意一点，如果
$$\lim_{\substack{x\to x_0\\y\to y_0}}f(x,y)=f(x_0,y_0)$$
则称函数 $f(x,y)$ 在点 $P_0(x_0,y_0)$ 连续.

如果函数 $f(x,y)$ 在区域 D 内每一点都连续，则称函数 $f(x,y)$ 在区域 D 内连续，又称函数 $f(x,y)$ 是 D 内的连续函数.

如果函数 $f(x,y)$ 在点 $P_0(x_0,y_0)$ 不连续，则称 $P_0(x_0,y_0)$ 为函数 $f(x,y)$ 的间断点. 如前面讨论的函数
$$f(x,y)=\begin{cases}\dfrac{xy}{x^2+y^2}, & x^2+y^2\neq 0\\ 0, & x^2+y^2=0\end{cases}$$

当 $x\to 0$，$y\to 0$ 时，极限不存在，所以点 $(0,0)$ 是该函数的一个间断点.

根据极限四则运算法则及有关复合函数的极限定理，可以证明，二元函数的和、差、积、商（分母不为零）及二元连续函数的复合函数都是连续的. 由此我们进一步得到：二元初等函数在其定义区域内是连续的.

例3 求 $\lim\limits_{\substack{x\to 1\\ y\to 1}} \dfrac{2x-y^2}{x^2+y^2}$.

解 函数 $f(x,y) = \dfrac{2x-y^2}{x^2+y^2}$ 是初等函数，它的定义域

$$D = \{(x,y) \mid x^2+y^2 \neq 0\}$$

而点 $(1,1) \in D$，所以

$$\lim_{\substack{x\to 1\\ y\to 1}} \frac{2x-y^2}{x^2+y^2} = \frac{2\times 1-1^2}{1^2+1^2} = \frac{1}{2}$$

4.3 二元函数的偏导数

一、偏导数的概念

对二元函数 $z=f(x,y)$，x，y 是两个独立的变量，当只有某一个自变量有变化，而另一个自变量保持不变时，可转为一元函数的问题，在此基础上讨论导数，就可得到偏导数的概念.

定义 设函数 $z=f(x,y)$ 在点 (x_0,y_0) 的某一邻域内有定义，当自变量 y 保持定值 y_0，而自变量 x 在 x_0 处有增量 Δx 时，函数 $z=f(x,y)$ 相应地有增量

$$\Delta z_x = f(x_0+\Delta x, y_0) - f(x_0,y_0)$$

（此增量称为关于自变量 x 的偏增量）如果极限

$$\lim_{\Delta x\to 0} \frac{\Delta z_x}{\Delta x} = \lim_{\Delta x\to 0} \frac{f(x_0+\Delta x,y_0)-f(x_0,y_0)}{\Delta x}$$

存在，则称此极限为函数 $z=f(x,y)$ 在点 (x_0,y_0) 处对 x 的偏导数，记作

$$f'_x(x_0,y_0) \text{ 或 } \left.\frac{\partial z}{\partial x}\right|_{\substack{x=x_0\\ y=y_0}} \text{ 或 } \left.\frac{\partial f}{\partial x}\right|_{\substack{x=x_0\\ y=y_0}} \text{ 或 } z'_x(x_0,y_0)$$

类似地，函数 $z=f(x,y)$ 在点 (x_0,y_0) 处对 y 的偏导数定义为

$$\lim_{\Delta y\to 0} \frac{\Delta z_y}{\Delta y} = \lim_{\Delta y\to 0} \frac{f(x_0,y_0+\Delta y)-f(x_0,y_0)}{\Delta y}$$

记作

$$f'_y(x_0,y_0) \text{ 或 } \left.\frac{\partial z}{\partial y}\right|_{\substack{x=x_0\\ y=y_0}} \text{ 或 } \left.\frac{\partial f}{\partial y}\right|_{\substack{x=x_0\\ y=y_0}} \text{ 或 } z'_y(x_0,y_0)$$

二元函数偏导数的定义可以类推到三元及以上多元函数.

如果函数 $z=f(x,y)$ 在区域 D 内每一点处对 x 的偏导数都存在，那么这个偏导数是 x 的函数，称为函数 $f(x,y)$ 对自变量 x 的偏导函数，记作

$$f'_x(x,y) \text{ 或 } \frac{\partial z}{\partial x} \text{ 或 } \frac{\partial f}{\partial x} \text{ 或 } z'_x$$

类似地，可以定义函数 $f(x,y)$ 对自变量 y 的偏导函数，记作

$$f'_y(x,y) \text{ 或 } \frac{\partial z}{\partial y} \text{ 或 } \frac{\partial f}{\partial y} \text{ 或 } z'_y$$

偏导函数也简称为偏导数.

由定义我们很容易得知，求二元函数对某个自变量的偏导数，只需将另外一个自变量看成常数用一元函数求导方法即可求得.

例 1 已知 $z = x^2 + 3xy + y^2$，求 $\dfrac{\partial z}{\partial x}$，$\dfrac{\partial z}{\partial y}$.

解 $\dfrac{\partial z}{\partial x} = 2x + 3y$； $\dfrac{\partial z}{\partial y} = 3x + 2y$.

例 2 求 $z = e^{xy^2}$ 在 (1，1) 处的偏导数.

解
$$\frac{\partial z}{\partial x} = y^2 e^{xy^2}, \frac{\partial z}{\partial y} = 2xy e^{xy^2}$$

$$\left.\frac{\partial z}{\partial x}\right|_{\substack{x=1\\y=1}} = y^2 e^{xy^2} \Big|_{\substack{x=1\\y=1}} = e$$

$$\left.\frac{\partial z}{\partial y}\right|_{\substack{x=1\\y=1}} = 2xy e^{xy^2} \Big|_{\substack{x=1\\y=1}} = 2e$$

例 3 设 $z = x^y (x > 0, x \neq 1)$，求证：$\dfrac{x}{y} \dfrac{\partial z}{\partial x} + \dfrac{1}{\ln x} \dfrac{\partial z}{\partial y} = 2z$.

证 因为 $\dfrac{\partial z}{\partial x} = yx^{y-1}$，$\dfrac{\partial z}{\partial y} = x^y \ln x$.

所以 $\dfrac{x}{y} \dfrac{\partial z}{\partial x} + \dfrac{1}{\ln x} \dfrac{\partial z}{\partial y} = \dfrac{x}{y} \cdot yx^{y-1} + \dfrac{1}{\ln x} \cdot x^y \ln x = x^y + x^y = 2z$.

二、高阶偏导数

一般情况下，函数的偏导数还是 x 和 y 的二元函数，对它们还可以继续对 x 或 y 求偏导数. 这些偏导数如果存在的话，就称为 z 的二阶偏导数，分别记作

$$\frac{\partial}{\partial x}\left(\frac{\partial z}{\partial x}\right) = \frac{\partial^2 z}{\partial x^2} = f''_{xx}(x,y), \frac{\partial}{\partial y}\left(\frac{\partial z}{\partial x}\right) = \frac{\partial^2 z}{\partial x \partial y} = f''_{xy}(x,y)$$

$$\frac{\partial}{\partial x}\left(\frac{\partial z}{\partial y}\right) = \frac{\partial^2 z}{\partial y \partial x} = f''_{yx}(x,y), \frac{\partial}{\partial y}\left(\frac{\partial z}{\partial y}\right) = \frac{\partial^2 z}{\partial y^2} = f''_{yy}(x,y)$$

其中，$\dfrac{\partial}{\partial y}\left(\dfrac{\partial z}{\partial x}\right) = \dfrac{\partial^2 z}{\partial x \partial y} = f''_{xy}(x,y)$，$\dfrac{\partial}{\partial x}\left(\dfrac{\partial z}{\partial y}\right) = \dfrac{\partial^2 z}{\partial y \partial x} = f''_{yx}(x,y)$ 称为混合偏导数.

以此类推，得出三阶、四阶以及 n 阶偏导数，二阶及二阶以上的偏导数统称为高阶偏导数.

例 4 设 $z = x^3 y^2 - 3xy^3 - xy + 1$，求 $\dfrac{\partial^2 z}{\partial x^2}$、$\dfrac{\partial^2 z}{\partial y^2}$、$\dfrac{\partial^2 z}{\partial y \partial x}$ 和 $\dfrac{\partial^2 z}{\partial x \partial y}$.

解
$$\frac{\partial z}{\partial x} = 3x^2 y^2 - 3y^3 - y, \frac{\partial z}{\partial y} = 2x^3 y - 9xy^2 - x$$

$$\frac{\partial^2 z}{\partial x^2} = 6xy^2, \frac{\partial^2 z}{\partial y^2} = 2x^3 - 18xy$$

$$\frac{\partial^2 z}{\partial y \partial x} = 6x^2 y - 9y^2 - 1, \frac{\partial^2 z}{\partial x \partial y} = 6x^2 y - 9y^2 - 1$$

例5 设二元函数 $z = e^{xy}$，求二阶偏导数及 $\dfrac{\partial^2 z}{\partial x^2}$、$\dfrac{\partial^2 z}{\partial y^2}$、$\dfrac{\partial^2 z}{\partial y \partial x}$ 和 $\dfrac{\partial^2 z}{\partial x \partial y}$.

解
$$\frac{\partial z}{\partial x} = (e^{xy})'_x = e^{xy} \cdot (xy)'_x = y e^{xy}$$

$$\frac{\partial z}{\partial y} = (e^{xy})'_y = e^{xy} \cdot (xy)'_y = x e^{xy}$$

$$\frac{\partial^2 z}{\partial x^2} = (y e^{xy})'_x = y (e^{xy})'_x = y e^{xy} \cdot (xy)'_x = y^2 \cdot e^{xy}$$

$$\frac{\partial^2 z}{\partial x \partial y} = (y e^{xy})'_y = e^{xy} + y (e^{xy})'_y = e^{xy} + y e^{xy} \cdot (xy)'_y = e^{xy} + xy e^{xy} = (1 + xy) e^{xy}$$

$$\frac{\partial^2 z}{\partial y \partial x} = (x e^{xy})'_x = e^{xy} + x (e^{xy})'_x = e^{xy} + x e^{xy} \cdot (xy)'_x = e^{xy} + xy e^{xy} = (1 + xy) e^{xy}$$

$$\frac{\partial^2 z}{\partial y^2} = (x e^{xy})'_y = x (e^{xy})'_y = x e^{xy} \cdot (xy)'_y = x^2 e^{xy}$$

由例4与例5的结果可以看到：$\dfrac{\partial^2 z}{\partial y \partial x} = \dfrac{\partial^2 z}{\partial x \partial y}$.

定理 如果函数 $z = f(x, y)$ 的两个二阶混合偏导数 $\dfrac{\partial^2 z}{\partial y \partial x}$ 及 $\dfrac{\partial^2 z}{\partial x \partial y}$ 在区域 D 内连续，那么在该区域内这两个二阶混合偏导数必相等.

例6 验证函数 $z = \ln \sqrt{x^2 + y^2}$ 满足拉普拉斯方程 $\dfrac{\partial^2 z}{\partial x^2} + \dfrac{\partial^2 z}{\partial y^2} = 0$.

解 因为 $z = \ln \sqrt{x^2 + y^2} = \dfrac{1}{2} \ln (x^2 + y^2)$，所以

$$\frac{\partial z}{\partial x} = \frac{x}{x^2 + y^2}, \frac{\partial z}{\partial y} = \frac{y}{x^2 + y^2}$$

$$\frac{\partial^2 z}{\partial x^2} = \frac{(x^2 + y^2) - x \cdot 2x}{(x^2 + y^2)^2} = \frac{y^2 - x^2}{(x^2 + y^2)^2}$$

$$\frac{\partial^2 z}{\partial y^2} = \frac{(x^2 + y^2) - y \cdot 2y}{(x^2 + y^2)^2} = \frac{x^2 - y^2}{(x^2 + y^2)^2}$$

因此 $\dfrac{\partial^2 z}{\partial x^2} + \dfrac{\partial^2 z}{\partial y^2} = \dfrac{y^2 - x^2}{(x^2 + y^2)^2} + \dfrac{x^2 - y^2}{(x^2 + y^2)^2} = 0$.

4.4 偏导数的经济应用

一、联合成本函数的边际成本

如果生产两种产品的联合成本函数为 $c = f(x, y)$，其中 x 和 y 分别是两种产品的产量，那么 c 的偏导数就是边际成本. $\dfrac{\partial c}{\partial x}$ 是关于 x 的边际成本，$\dfrac{\partial c}{\partial y}$ 是关于 y 的边际成本. 它们分别表示在一定产量水平上，某一产品产量保持不变时，另一产品产量增加或减少一个单位所引起的总成本变动. 随着产量的增加，一般情况下成本也会相应增加，所以大多数经济问题的边际成本都是正值.

例1 设生产甲、乙两种产品的联合成本函数为
$$c = 5x^3 + 2xy^2 + y^3 + 6 (元)$$
其中，x，y 分别是甲、乙两种产品的产量（单位：t）．求边际成本函数以及当 $x=4, y=3$ 时的边际成本．

解 甲产品的边际成本函数
$$\frac{\partial c}{\partial x} = 15x^2 + 2y^2$$

乙产品的边际成本函数
$$\frac{\partial c}{\partial y} = 4xy + 3y^2$$

$x=4, y=3$ 的边际成本
$$\left.\frac{\partial c}{\partial x}\right|_{(4,3)} = 258, \left.\frac{\partial c}{\partial y}\right|_{(4,3)} = 75$$

上述结果表明，在 $x=4, y=3$ 的产量水平上，如果 y 保持不变，再多生产一个单位的 x，则总成本将增加 258 元；如果 x 保持不变，再多生产一个单位的 y，则总成本增加 75 元．

二、边际生产率

一种产品的生产一般都需要多种生产资源的投入，如劳动力、资本、原材料等，称函数 $Q = f(x, y, z, \cdots)$ 为生产函数，其中 Q 为产量，$x, y, z, \cdots$ 表示所投入的生产资源．所谓某种投入要素的边际生产率（或边际产量）是指在其他投入要素保持不变的情况下，该投入要素的微小变化所引起的产量变化．

假设用两种投入要素产出一种产品的生产函数为 $Q = f(x, y)$，其中 x 和 y 可以分别代表两种生产资源的投入量，Q 代表产品的产量，那么，$\frac{\partial Q}{\partial x}$ 为 x 的边际生产率，$\frac{\partial Q}{\partial y}$ 为 y 的边际生产率．

边际生产率通常在相当大的范围内是正的，这相应于在其他投入要素保持不变的情况下，产量随着某种投入要素的增加而增加．然而，在其他要素保持不变时，随着一个投入要素的增加，产量通常以递减的速率增加，直到达到产量不再增加为止（边际生产率为零）．事实上，再增加此要素的投入，产量就要下降（边际生产率为负）．总之，投入要素的边际生产率最终将趋于减少．生产函数的这一特有性质称为边际生产率递减律．

例2 若生产函数为 $Q = 5xy - 3x^2 - y^2$，求边际生产率．

解 x 的边际生产率
$$\frac{\partial Q}{\partial x} = 5y - 6x$$

y 的边际生产率
$$\frac{\partial Q}{\partial y} = 5x - 2y$$

进一步可以得到：当 $x < \frac{5}{6}y$ 时，$\frac{\partial Q}{\partial x} > 0$；当 $x = \frac{5}{6}y$ 时，$\frac{\partial Q}{\partial x} = 0$；当 $x > \frac{5}{6}y$ 时，$\frac{\partial Q}{\partial x} < 0$．

类似地，对于 $\frac{\partial Q}{\partial y}$，当 $y < \frac{5}{2}x$ 时，$\frac{\partial Q}{\partial y} > 0$；当 $y = \frac{5}{2}x$ 时，$\frac{\partial Q}{\partial y} = 0$；当 $y > \frac{5}{2}x$ 时，$\frac{\partial Q}{\partial y} < 0$．可见

边际生产率随着投入的增加而减少，最后出现负值.

三、相互关联商品的边际需求

当市场上的某种商品由于价格波动而使需求发生变化时，如果另一种商品的需求也随之发生变化，我们就说这两种商品是相互关联的. 譬如鸡肉与猪肉，如果鸡肉价格不变而猪肉价格上涨，那么原来买猪肉的消费者就会转向买鸡肉，从而导致猪肉销量减少而鸡肉销量增加. 通常我们把这种相互关联的商品称为"竞争型"的（替代品）. 还有一类相互关联的商品与上面谈到的情形恰好相反：两种商品中任何一种需求的增加（或减少），都会导致另一种商品需求的同步增加（或减少）. 例如，影碟机与碟片、刮胡刀与刀片等，通常称这样相互关联的商品为"互补型"的（相辅品）.

在市场上，某种商品需求的变化不仅受自身价格变动的影响，而且也受到与之相关联商品价格变动的影响.

假设有两种相互关联商品 A 和 B，需求量分别为 Q_A 和 Q_B，价格分别为 p_A 和 p_B，其需求函数分别为

$$Q_A = f(p_A, p_B), Q_B = g(p_A, p_B)$$

那么，Q_A、Q_B 的偏导数就是边际需求，有 $\frac{\partial Q_A}{\partial p_A}$、$\frac{\partial Q_A}{\partial p_B}$、$\frac{\partial Q_B}{\partial p_B}$、$\frac{\partial Q_B}{\partial p_A}$. 其中 $\frac{\partial Q_A}{\partial p_A}$、$\frac{\partial Q_B}{\partial p_B}$ 为偏边际需求，它表示当相关商品价格不变时，自身价格改变一个单位，自身需求的改变量. $\frac{\partial Q_A}{\partial p_B}$、$\frac{\partial Q_B}{\partial p_A}$ 为交叉边际需求，它表示当自身价格保持不变时，相关商品的价格改变一个单位，自身需求的改变量.

由于交叉边际反映的是"对方"价格上升时（此时对方需求减少），"本方"需求的变化情况，因此当交叉边际都大于 0 时，表明无论从哪一方来看，都是对方需求减少而本方需求增加，故它们是竞争型的，是可替代品. 而当交叉边际都小于 0 时，则表明无论从哪一方来看，都是对方由于提价而使需求减少时，本方的需求也跟着减少，故它们是互补型的，是相辅品.

例 3 设两种相关商品 A 和 B，它们的价格分别为 p 和 q，需求函数分别为

$$x = 15 - 4p - q, y = 20 - 3p - 4q$$

求边际需求，并指出两种商品的关系.

解 x 的边际需求 $\quad \frac{\partial x}{\partial p} = -4, \frac{\partial x}{\partial q} = -1$

y 的边际需求 $\quad \frac{\partial y}{\partial p} = -3, \frac{\partial y}{\partial q} = -4$

从上述结果可以看到，当商品 B 的价格保持不变时，商品 A 的价格增加一个单位，则 A 的需求量会减少 4 个单位，而相关商品 B 的需求量也会相应减少 3 个单位；当商品 A 的价格保持不变时，B 的价格增加一个单位，B 的需求量会减少 4 个单位，相关商品 A 的需求量也会减少 1 个单位. 所以两种商品是相辅品.

例 4 设两种相关商品的需求函数分别为 $x = ae^{2q-p}, y = be^{3p-q}$，求边际需求.

解 $\quad \frac{\partial x}{\partial p} = ae^{2q-p} \cdot (2q-p)'_p = -ae^{2q-p}$

$$\frac{\partial x}{\partial q} = ae^{2q-p} \cdot (2q-p)'_q = 2ae^{2q-p}$$

$$\frac{\partial y}{\partial p} = be^{3p-q} \cdot (3p-q)'_p = 3be^{3p-q}$$

$$\frac{\partial y}{\partial q} = be^{3p-q} \cdot (3p-q)'_q = -be^{3p-q}$$

因为 $\frac{\partial x}{\partial q} > 0$ 和 $\frac{\partial y}{\partial p} > 0$，所以这两种商品是替代品.

例5 设有两种不同等级的同种材料，而较好材料只能通过加工较低级的材料得到，它们的需求函数分别为 $x = ae^{-pq}, y = be^{p-q}$，求边际需求.

解
$$\frac{\partial x}{\partial p} = -aqe^{-pq}, \frac{\partial y}{\partial p} = be^{p-q}$$

$$\frac{\partial x}{\partial q} = -ape^{-pq}, \frac{\partial y}{\partial q} = -be^{p-q}$$

因为 $\frac{\partial x}{\partial q} < 0$ 和 $\frac{\partial y}{\partial p} > 0$，所以这两种商品既不是相辅品也不是替代品.

四、需求的偏弹性

多元函数的各种弹性都叫作偏弹性. 需求函数对某一变量的偏弹性表示在其他变量保持不变的情况下，该变量变化1%时，需求量变化的百分比. 二元需求函数的偏弹性表示两种相关联商品的需求分别对自身价格与相关商品价格波动的敏感程度. 同一元函数类似，偏弹性可由偏导数及自变量与需求函数（因变量）的比率给出.

假设有两种相关联商品 A 和 B，需求量分别为 Q_A 和 Q_B，价格为 p_A 和 p_B，其需求函数分别为

$$Q_A = f(p_A, p_B), Q_B = g(p_A, p_B)$$

那么，偏弹性分别有

$$\eta_{AA} = \frac{P_A}{Q_A} \cdot \frac{\partial Q_A}{\partial P_A}, \quad \eta_{AB} = \frac{P_B}{Q_A} \cdot \frac{\partial Q_A}{\partial P_B}$$

$$\eta_{BB} = \frac{P_B}{Q_B} \cdot \frac{\partial Q_B}{\partial P_B}, \quad \eta_{BA} = \frac{P_A}{Q_B} \cdot \frac{\partial Q_B}{\partial P_A}$$

其中，$\eta_{AA} = \frac{P_A}{Q_A} \cdot \frac{\partial Q_A}{\partial P_A}, \eta_{BB} = \frac{P_B}{Q_B} \cdot \frac{\partial Q_B}{\partial P_B}$ 叫直接价格偏弹性，它表示当相关商品价格保持不变时，自身价格上调（或下浮）1%，将引起自身需求减少（或增加）的百分比，它反映了在某个价格水平上，某种商品的需求对自身价格变动反应的灵敏度；$\eta_{AB} = \frac{P_B}{Q_A} \cdot \frac{\partial Q_A}{\partial P_B}, \eta_{BA} = \frac{P_A}{Q_B} \cdot \frac{\partial Q_B}{\partial P_A}$ 叫交叉价格偏弹性，它表示当自身保持不变时，相关商品的价格上调（或下浮）1%，将引起自身需求减少（或增加）的百分比，它反映了在某个价格水平上，某种商品需求对相关商品价格变动反应的灵敏度. 交叉弹性的符号与相应的边际需求的符号是一致的，它更适合用来确定商品之间的关系. 相辅品的交叉弹性总是负值，一种商品的价格与另一种商品的

需求量按相反方向变动；替代品的交叉弹性总是正值，一种商品的价格与另一种商品的需求量按相同方向变动；至于两种互不相关或几乎互不相关的商品，其交叉弹性为零或接近于零（这表明，一种商品的价格变化对另一种商品的需求没有影响或几乎没有影响）。

例 6 假设两种相关商品的需求函数为 $x = ae^{q-p}, y = be^{p-q}$。其中 a, b 为常数，求需求的偏弹性并确定两种商品之间的关系。

解 x 对 p 和 q 的偏弹性为

$$\eta_{xp} = \frac{p}{x} \cdot \frac{\partial x}{\partial p} = \frac{p}{ae^{q-p}} \cdot (-ae^{q-p}) = -p$$

$$\eta_{xq} = \frac{q}{x} \cdot \frac{\partial x}{\partial q} = \frac{q}{ae^{q-p}} \cdot (ae^{q-p}) = q$$

y 对 p 和 q 的偏弹性为

$$\eta_{yp} = \frac{p}{y} \cdot \frac{\partial y}{\partial p} = \frac{p}{be^{p-q}} \cdot (be^{p-q}) = p$$

$$\eta_{yq} = \frac{q}{y} \cdot \frac{\partial y}{\partial q} = \frac{q}{be^{p-q}} \cdot (-be^{p-q}) = -q$$

由于交叉弹性 $\eta_{xq} > 0, \eta_{yp} > 0$，因此这两种产品是替代品。

例 7 假设牛肉的需求函数为 $Q = 4\,447.6 - 5p + 1.5q + 0.1R$，式中 p 和 q 分别为牛肉和猪肉的价格，R 为消费者可支配的收入，计算在点 $p=2, q=1.6, R=1\,000$ 需求的各种弹性，并说明其意义

解 需求对价格 p 的偏弹性为

$$\eta_{Qp} = \frac{p}{Q} \cdot \frac{\partial Q}{\partial p} = -5 \cdot \frac{p}{Q}$$

需求对价格 q 的偏弹性（交叉弹性）为

$$\eta_{Qq} = \frac{q}{Q} \cdot \frac{\partial Q}{\partial q} = 1.5 \cdot \frac{q}{Q}$$

需求对收入 R 的偏弹性为

$$\eta_{QR} = \frac{R}{Q} \cdot \frac{\partial Q}{\partial R} = 0.1 \cdot \frac{R}{Q}$$

由于 $\eta_{Qq} > 0$，故牛肉与猪肉为替代品。

又由 $Q(2, 1.6, 1\,000) = 540$，因此当 $p=2, q=1.6, R=1\,000$ 时

$$\eta_{Qp} = -5 \times \frac{2}{540} \approx -0.019$$

$$\eta_{Qq} = 1.5 \times \frac{1.6}{540} \approx 0.004$$

$$\eta_{QR} = 0.1 \times \frac{1\,000}{540} \approx 0.19$$

上述计算结果表明，在 $p=2, q=1.6$ 的价格水平上，消费者可支配的收入 $R=1\,000$ 的情况下，如果牛肉价格增加 1%，其需量将减少 0.019%；而猪肉价格增加 1%，牛肉的需求量将增加 0.004%；如果消费者可支配的收入增加 1%，牛肉的需求量将增加 0.19%。

4.5 多元函数的极值

多元函数的极值理论在经济管理中具有广泛的应用. 下面以二元函数为例来介绍极值的概念和求法.

一、无约束条件极值与判别法

二元函数极值的概念与一元函数的极值概念类似, 定义如下:

定义 1 设函数 $z=f(x,y)$ 在点 (x_0,y_0) 的某个邻域内有定义, 对于该邻域内异于 (x_0,y_0) 的点 (x,y), 如果不等式

$$f(x,y) < f(x_0,y_0)$$

恒成立, 则称函数在点 (x_0,y_0) 有极大值, $f(x_0,y_0)$ 为函数的极大值; 如果不等式

$$f(x,y) > f(x_0,y_0)$$

恒成立, 则称函数在点 (x_0,y_0) 有极小值, $f(x_0,y_0)$ 为函数的极小值. 极大值和极小值统称为极值, 使函数取得极值的点称为极值点.

例如, 函数 $z = \sqrt{x^2+y^2}$ 在点 $(0,0)$ 有极小值; 函数 $z = 2 - \sqrt{x^2+y^2}$ 在点 $(0,0)$ 处有极大值.

下面讨论函数取得极值的条件.

定理 1 (极值存在的必要条件) 若函数 $f(x,y)$ 在点 (x_0,y_0) 处有极值, 且两个一阶偏导数都存在, 那么它们的一阶偏导数必定等于零, 即

$$\left.\frac{\partial f}{\partial x}\right|_{(x_0,y_0)} = 0, \left.\frac{\partial f}{\partial y}\right|_{(x_0,y_0)} = 0$$

此定理证明如下:

设 $z=f(x,y)$ 在点 (x_0,y_0) 处有极大值, 由函数极值的定义可知, 对点 (x_0,y_0) 附近异于 (x_0,y_0) 的点, 都有不等式

$$f(x,y) < f(x_0,y_0)$$

那么现取 $y=y_0$, 而 $x \neq x_0$ 的点, 应有不等式

$$f(x,y_0) < f(x_0,y_0)$$

于是一元函数 $f(x,y_0)$ 在点 $x=x_0$ 处取得极大值, 因此, 有

$$\left.\frac{\partial f}{\partial x}\right|_{(x_0,y_0)} = 0, 同理 \left.\frac{\partial f}{\partial y}\right|_{(x_0,y_0)} = 0$$

对于极小值的情况, 完全可作类似的证明.

注意: 使函数的各偏导数同时为零的点, 称为**驻点**. 也就是说, 偏导数存在的极值点必为驻点, 但驻点却不一定是极值点, 例如, 函数 $z=xy$, 在点 $(0,0)$ 处的两个偏导数为

$$\left.\frac{\partial f}{\partial x}\right|_{(0,0)} = 0, \left.\frac{\partial f}{\partial y}\right|_{(0,0)} = 0$$

所以, 点 $(0,0)$ 是函数 $z=xy$ 的驻点, 而按定义可直接判断点 $(0,0)$ 不是该函数的极值点. 那么如何判断驻点是不是极值点呢?

定理 2 （极值的判别法）设函数 $f(x,y)$ 在点 (x_0,y_0) 的某邻域内连续且有一阶及二阶连续偏导数，又 (x_0,y_0) 是它的驻点，设

$$\left.\frac{\partial^2 f}{\partial x^2}\right|_{(x_0,y_0)} = A, \left.\frac{\partial^2 f}{\partial x \partial y}\right|_{(x_0,y_0)} = B, \left.\frac{\partial^2 f}{\partial y^2}\right|_{(x_0,y_0)} = C$$

（1）若 $B^2 - AC < 0$，则函数在点 (x_0,y_0) 存在极值，且当 $A < 0$ 时，有极大值；当 $A > 0$ 时，有极小值.

（2）若 $B^2 - AC > 0$，则函数在点 (x_0,y_0) 没有极值.

（3）若 $B^2 - AC = 0$，则函数可能有极值，也可能没有极值，还需另作讨论.

证明从略.

由定理 1 和定理 2，求二元函数极值的步骤可归纳如下：

（1）根据函数极值存在的必要条件，求出可能的极值点（称为驻点），即求方程组

$$\begin{cases} f'_x(x,y) = 0 \\ f'_y(x,y) = 0 \end{cases}$$

其解即为驻点；

（2）对应于每一个驻点，求函数的二阶偏导数 A，B，C；

（3）由函数极值的判别法，依据 $B^2 - AC$ 的符号，确定驻点是否为极值点，是极大值点还是极小值点；

（4）求极值.

例 1 求函数 $z = x^3 - y^2 - 27x$ 的极值.

解 $z'_x = 3x^2 - 27, z'_y = -2y$

解方程组

$$\begin{cases} z'_x = 3x^2 - 27 = 0 \\ z'_y = -2y = 0 \end{cases}$$

得驻点为 $(-3,0)$ 和 $(3,0)$，又

$$A = z''_{xx} = 6x, B = z''_{xy} = 0, C = z''_{yy} = -2$$

在点 $(-3,0)$ 处，因 $B^2 - AC = -36 < 0$，且 $A = -18 < 0$，所以函数在点 $(-3,0)$ 处取得极大值；

在点 $(3,0)$ 处，因 $B^2 - AC = 36 > 0$，所以函数在点 $(3,0)$ 处不取得极值.

多元函数的极值与最大值、最小值的关系同一元函数的情形完全类似. 特别是对许多实际问题中所涉及的函数，如果我们可以肯定它存在最大（或最小）值，并且函数恰好只有一个驻点，那么驻点的函数值就是最大值（或最小值）.

例 2 设某工厂一年内生产甲产品 x 件，乙产品 y 件，其总成本为 $C = 2x^2 + 2y^2$，且甲产品每件售价 1 000 元，乙产品每件售价 2 000 元，问：该厂一年内生产甲产品、乙产品各多少件时，才能使利润最大？并求最大利润.

解 收入函数为 $R = 1\,000x + 2\,000y$

所以利润函数 $L = R - C = 1\,000x + 2\,000y - (2x^2 + 2y^2)$

又 $L'_x = 1\,000 - 4x, L'_y = 2\,000 - 4y$.

令
$$\begin{cases} L'_x = 1\,000 - 4x = 0 \\ L'_y = 2\,000 - 4y = 0 \end{cases}$$

得唯一驻点为 $(250, 500)$.

又根据实际情况知，利润 L 在 $x>0, y>0$ 内一定有最大值，且 L 在 $x>0, y>0$ 内又只有一个驻点，所以 L 在点 $(250,500)$ 取得最大值，即当甲产品生产 250 件，乙产品生产 500 件时，才能使利润最大，最大利润为 62.5 万元.

例 3 设产品甲、乙的需求函数分别为 $p_1 = 36 - 3x$ 和 $p_2 = 40 - 5y$，其联合成本函数为 $c = x^2 + 2xy + 3y^2$，试求使利润最大的产量和价格.

解 由已知，利润函数为
$$\begin{aligned} L(x,y) &= p_1 x + p_2 y - c \\ &= -4x^2 - 8y^2 + 36x + 40y - 2xy \end{aligned}$$

解方程组
$$\begin{cases} \dfrac{\partial L}{\partial x} = -8x - 2y + 36 = 0 \\ \dfrac{\partial L}{\partial y} = -2x - 16y + 40 = 0 \end{cases}$$

得驻点 $(4,2)$. 又由 $\dfrac{\partial^2 L}{\partial x^2} = -8, \dfrac{\partial^2 L}{\partial x \partial y} = -2, \dfrac{\partial^2 L}{\partial y^2} = -16$，可知在点 $(4,2)$，$B^2 - AC = -124 < 0$ 且 $A < 0$，所以 $(4,2)$ 为 $L(x,y)$ 的最大值点，其相应价格 $p_1 = 24, p_2 = 30$. 这表明，在甲、乙两种产品的产量分别为 4 和 2 时，其相应价格为 24 和 30 时，利润最大，利润最大值为 $L(4,2) = 112$.

二、多元函数的有约束条件极值

在多元函数极值原理的实际应用中，许多问题是要使给定函数在对所含变量的一定约束条件下取得最大或最小. 例如，企业在生产时有时需要在某一规定的总产量条件下，使总成本降到最低程度；有时需要在生产的各种投入有限的条件下，使产品的产量达到最大；销售时往往需要在广告费支出不超过预算金额的条件下，使销售额达到最大等. 这些问题均可看成有约束条件的极值问题，这些约束条件可以用等式或不等式来表示.

例如，某企业用两条装配线生产产品，其总成本函数为
$$T(x,y) = 3x^2 + 6y^2 - xy$$

其中，x 和 y 分别代表第一条装配线和第二条装配线生产出来的产品产量，企业管理者力求在产品总产量为 20 个单位的约束条件下使总成本最低.

这个有约束条件的极值问题可表述为：在 $x + y = 20$ 的条件下，求函数
$$T(x,y) = 3x^2 + 6y^2 - xy$$

的最小值.

下面介绍求条件极值的方法——**拉格朗日乘数法**.

1. 拉格朗日乘数法

拉格朗日乘数法广泛用来解函数在等式约束条件下的极值问题，而且这种方法很容易推

广到含不等式约束条件的情况.

假设要求函数 $f(x,y)$ 在约束条件 $\varphi(x,y) = 0$ 下的极值. 作辅助函数
$$F(x,y,\lambda) = f(x,y) - \lambda\varphi(x,y)$$
称它为约束条件极值问题的拉格朗日函数, 其中待定未知数 λ 称为拉格朗日乘数. 求出 $F(x,y,\lambda)$ 关于 x,y 和 λ 的偏导数, 并令其等于零, 得方程组

$$\begin{cases} \dfrac{\partial F}{\partial x} = \dfrac{\partial f}{\partial x} - \lambda\dfrac{\partial \varphi}{\partial x} = 0 \\ \dfrac{\partial F}{\partial y} = \dfrac{\partial f}{\partial y} - \lambda\dfrac{\partial \varphi}{\partial y} = 0 \\ \dfrac{\partial F}{\partial \lambda} = -\varphi(x,y) = 0 \end{cases}$$

解此方程组, 求得函数 $F(x,y,\lambda)$ 的驻点. 如果 $F(x,y,\lambda)$ 有唯一的驻点 (x_0,y_0,λ_0), 那么点 (x_0,y_0) 一般就是在约束条件下函数 $f(x,y)$ 的极值点, 而 $f(x_0,y_0)$ 是极大值还是极小值, 可由实际问题的具体情况来确定. 应该注意, 在上述方程中 $-\dfrac{\partial F}{\partial \lambda} = \varphi(x,y) = 0$ 正是原极值问题的约束条件, 因此, 实际上只需求 $F(x,y,\lambda)$ 对 x 和 y 的偏导数. 这并不是偶然的, 因为拉格朗日函数的特殊结构总能使它对拉格朗日乘数 λ 的导数给出原始的约束条件. 实际上, 只要这个导数为零, 约束条件便得到满足 (即 $\varphi(x,y) = 0$), 而且对任何 λ 的值都有 $\lambda\varphi(x,y) = 0$. 在这种情况下, 拉格朗日函数的末项必须等于零, 拉格朗日函数也就简化为原来的函数 $f(x,y)$, 从而使不受约束的拉格朗日问题的解答总是原先约束极值问题的解答.

例 4 用拉格朗日乘数法确定在前面例子中各装配线产量为何值时, 总成本最低.

解 作辅助函数
$$F(x,y,\lambda) = T(x,y) - \lambda\varphi(x,y) = 3x^2 + 6y^2 - xy - \lambda(x + y - 20)$$
求 $F(x,y,\lambda)$ 对 x,y 和 λ 的偏导数, 并令其为零, 解方程组
$$\begin{cases} \dfrac{\partial F}{\partial x} = 6x - y - \lambda = 0 \\ \dfrac{\partial F}{\partial y} = 12y - x - \lambda = 0 \\ \dfrac{\partial F}{\partial \lambda} = -(x + y - 20) = 0 \end{cases}$$

得驻点 $(13,7,71)$. 可见, 在 $x + y = 20$ 的条件下, 当 $x = 13, y = 7$ 时, 总成本最低.

这里的 λ 值可解释为总产量为 20 个单位时的边际成本, 也就是说在总产量为 20 个单位时, 再增加一个单位的产量, 总成本将会增加 71 元. 一般地, 拉格朗日乘数 λ 表明约束限额 (约束条件函数的常量) 的单位变化对原始函数的边际影响. 这种边际关系在企业估计放宽某个约束条件可能得到的效益时, 是非常重要的.

例 5 某三轮车配件制造厂每销售一付框架 (y) 搭配三个轮胎 (x), 即 $x = 3y$, 设需求函数为 $x = 63 - \dfrac{1}{4}p_1$, 和 $y = 60 - \dfrac{1}{3}p_2$, 成本函数为 $c = x^2 + xy + y^2 + 190$, 求利润最大时的产量及相应的价格.

解 由已知条件导出利润函数 $L(x,y)$
因为 $p_1 = 252 - 4x, p_2 = 180 - 3y$
所以
$$L(x,y) = p_1 x + p_2 y - c(x,y) = (252 - 4x)x + (180 - 3y)y - (x^2 + xy + y^2 + 190)$$
$$= 252x - 5x^2 - xy + 180y - 190 - 4y^2$$

函数 $x = 3y$ 就是函数 $L(x,y)$ 的约束条件,作拉格朗日函数
$$F(x,y,\lambda) = 252x - 5x^2 - xy + 180y - 190 - 4y^2 - \lambda(x - 3y)$$

求 $F(x,y,\lambda)$ 对各变量的偏导数,并令其为零,解方程组成

$$\begin{cases} \dfrac{\partial F}{\partial x} = 252 - 10x - y - \lambda = 0 \\ \dfrac{\partial F}{\partial y} = -x - 8y + 180 + 3\lambda = 0 \\ \dfrac{\partial F}{\partial \lambda} = -(x - 3y) = 0 \end{cases}$$

得驻点 $x = 27, y = 9, \lambda = -27$. 所以,利润最大时的产量为 $x = 27, y = 9$.

利润最大时的价格为 $p_1 = 252 - 4 \times 27 = 144, p_2 = 180 - 3 \times 9 = 153$,利润的最大值为 $L(27,9) = 4\,022$.

例 6 某种产品在国内外市场的需求函数分别是 $Q_1 = 21 - 0.1p_1, Q_2 = 50 - 0.4p_2$,企业的总成本函数是 $c(Q_1, Q_2) = 2\,000 + 10(Q_1 + Q_2)$. 企业为了取得最大利润,在国内外市场销售产品可以实行差别定价或统一定价. 试确定使利润最大的差别价格和统一价格,并比较两种定价所得的利润.

解 (1) 求利润最大时的差别价格是普通极值问题.

由已知条件,利润函数可表示为
$$L(Q_1, Q_2) = p_1 Q_1 + p_2 Q_2 - c(Q_1, Q_2)$$
$$= (210 - 10Q_1)Q_1 + (125 - 2.5Q_2)Q_2 - (2\,000 + 10Q_1 + 10Q_2)$$
$$= 200Q_1 - 10Q_1^2 + 115Q_2 - 2.5Q_2^2 - 2\,000$$

解方程组
$$\begin{cases} \dfrac{\partial L}{\partial Q_1} = 200 - 20Q_1 = 0 \\ \dfrac{\partial L}{\partial Q_2} = 115 - 5Q_2 = 0 \end{cases}$$

得驻点 $Q_1 = 10, Q_2 = 23$,点 $(10, 23)$ 为 $L(Q_1, Q_2)$ 的最大值点,使利润最大的差别价格为
$$p_1 = 210 - 10 \times 10 = 110(元)$$
$$p_2 = 125 - 2.5 \times 23 = 67.5(元)$$

(2) 求利润最大时的统一价格是约束条件的极值问题.

这里的约束条件为 $p_1 = p_2$,即 $210 - 10Q_1 = 125 - 2.5Q_2$. 化简后,约束条件变成
$$2.5Q_2 - 10Q_1 = -85$$

作拉格朗日函数

$$F(Q_1,Q_2,\lambda) = L(Q_1,Q_2) - \lambda(2.5Q_2 - 10Q_1 + 85)$$
$$= 200Q_1 - 10Q_1^2 + 115Q_2 - 2.5Q_2^2 - 2\,000 - \lambda(2.5Q_2 - 10Q_1 + 85)$$

解方程组

$$\begin{cases} \dfrac{\partial F}{\partial Q_1} = 200 - 20Q_1 + 10\lambda = 0 \\ \dfrac{\partial F}{\partial Q_2} = 115 - 5Q_2 - 2.5\lambda = 0 \\ \dfrac{\partial F}{\partial \lambda} = -(2.5Q_2 - 10Q_1 + 85) = 0 \end{cases}$$

得驻点 $Q_1 = 13.4, Q_2 = 19.6, \lambda = 6.8$ 为 $L(Q_1,Q_2)$ 的最大值点.

故使利润最大的统一价格为 $p_1 = p_2 = 125 - 2.5 \times 19.6 = 76$.

（3）差别价格的利润为
$$L = 110 \times 10 + 67.5 \times 23 - [(2\,000 + 10(10 + 23))]$$
$$= 2\,652.5 - 2\,330 = 322.5(元)$$

统一价格的利润为
$$L = 76 \times 33 - 2\,330 = 178(元)$$

2. 修正的拉格朗日乘数法

为了求在一个不等式约束条件下，二元函数的极大值（或极小值），可将拉格朗日乘数法作如下修正：

求不等式 $\varphi(x,y) \leq 0$ 约束条件下，二元函数的极大值. 若 $\lambda > 0$，则等式 $\varphi(x,y) = 0$ 约束条件下的极大值就是不等式约束条件下的极大值；若 $\lambda < 0$，则约束条件没有实际的限制作用，无约束的极大值就是不等式约束条件下的极大值.

求不等式 $\varphi(x,y) \leq 0$ 约束条件下，二元函数的极小值. 若 $\lambda > 0$，则约束条件没有实际的限制作用，无约束的极小值就是不等式约束条件下的极小值；若 $\lambda < 0$，则等式 $\varphi(x,y) = 0$ 约束条件下的极小值就是不等式约束条件下的极小值.

求不等式 $\varphi(x,y) \geq 0$ 约束条件下，二元函数的极大值. 若 $\lambda > 0$，则约束条件没有实际的限制作用，无约束的极大值就是不等式约束条件下的极大值；若 $\lambda < 0$，则等式 $\varphi(x,y) = 0$ 约束条件下的极大值就是不等式约束条件下的极大值.

求不等式 $\varphi(x,y) \geq 0$ 约束条件下，二元函数的极小值. 若 $\lambda > 0$，则等式 $\varphi(x,y) = 0$ 约束条件下的极小值就是不等式约束条件下的极小值；若 $\lambda < 0$，则约束条件没有实际的限制作用，无约束的极小值就是不等式约束条件下的极小值.

例7 设联合成本函数为 $c(x,y) = 8x^2 + 6y^2 - 2xy - 40x - 42y + 180$，产量限额为 $x + y \geq 12$，联合成本最低时两种产品产量各为多少？

解 假定 $x + y = 12$，作拉格朗日函数
$$F(x,y,\lambda) = 8x^2 + 6y^2 - 2xy - 40x - 42y + 180 - \lambda(x + y - 12)$$

解方程组

$$\begin{cases} \dfrac{\partial F}{\partial x} = 16x - 2y - 40 - \lambda = 0 \\ \dfrac{\partial F}{\partial y} = 12y - 2x - 42 - \lambda = 0 \\ \dfrac{\partial F}{\partial \lambda} = -(x + y - 12) = 0 \end{cases}$$

得驻点 $x = 5.19$，$y = 6.18$，$\lambda = 29.4$.

因为不等式约束条件 $\varphi(x,y) = x + y - 12 > 0$，$\lambda = 29.4 > 0$，所以等式约束条件的极小值也就是不等式约束条件的极小值. 故当 $x = 5.19$，$y = 6.18$ 时，成本最小，其成本值为 $c(5.19, 6.81) = 109.44$.

例 8 某产品分别在两种媒体上作宣传广告，产品的销售额 R 与花费在两种广告宣传工具上的宣传费 x 与 y 之间的关系为 $R = \dfrac{200x}{5+x} + \dfrac{100y}{10+y}$，净利润是销售额的 $\dfrac{1}{5}$ 减去广告费，广告费预算不能超过 25 万元，试确定应如何分配广告费才能使净利润最大.

解 利润函数为 $L = \dfrac{1}{5}\left(\dfrac{40x}{5+x} + \dfrac{20y}{10+y}\right) - (x+y)$，不等式约束条件为 $x + y < 25$，即

$$x + y - 25 < 0$$

设约束条件为等式 $x + y - 25 = 0$，利用拉格朗日乘数法得 $\lambda = -\dfrac{1}{2}$.

因为 $\lambda < 0$，不等式的约束条件 $x + y - 25 < 0$ 没有实际限制作用，所以无约束条件下的极大值也就是在不等式约束条件下的极大值. 对利润函数直接求极大值，得 $x = 9.14$，$y = 4.14$ 为极大值点，利润最大值为 18.43 万元.

4.6 二重积分

在一元函数积分学中，我们从求曲边梯形面积这类问题入手，通过分割、近似、求和、取极限四个步骤归结出求一元函数的定积分 $\int_a^b f(x)\,\mathrm{d}x$ 的方法. 这种方法的基本思想同样可以推广到二元函数中，从而建立二重积分的概念. 本节将介绍二重积分的概念、性质和计算.

一、二重积分的概念

引例 曲顶柱体的体积.

设有一个立体，它的底面是 xOy 平面上的有界闭区域 D，它的侧面是以 D 的边界曲线为准线而母线平行于 z 轴的柱面，它的顶部是定义在 D 上的二元函数 $z = f(x,y)$ 所表示的曲面，并设 $f(x,y) \geq 0$. 这种柱体叫作曲顶柱体（见图 4-5）. 下面讨论如何求这个曲体柱体的体积 V.

先把区域 D 任意分成 n 个小区域 σ_1，σ_2，$\cdots$，σ_n，它们的面积分别记作 $\Delta\sigma_i(i=1,$

$2, \cdots, n)$，于是以 $\Delta\sigma_i$ 为底可以作出 n 个小的曲顶柱体，设小曲顶柱体的体积为 ΔV_i. 在每个 σ_i 中任意取一点 $P_i(\xi_i, \eta_i)$，则用以 $\Delta\sigma_i$ 为底、以 $f(\xi_i, \eta_i)$ 为高的小平顶柱体的体积近似代替 ΔV_i，即

$$\Delta V_i \approx f(\xi_i, \eta_i)\Delta\sigma_i$$

当把这些小平顶柱体的体积加起来，就得到所求曲顶柱体体积 V 的近似值，即

$$V = \sum_{i=1}^{n} \Delta V_i \approx \sum_{i=1}^{n} f(\xi_i, \eta_i)\Delta\sigma_i$$

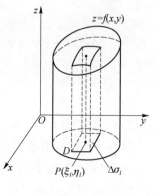

图 4-5

为了得到 V 的精确值，令 n 个小区域的直径中的最大值 λ 趋于零，通过极限过程便得

$$V = \lim_{\lambda \to 0} \sum_{i=1}^{n} f(\xi_i, \eta_i)\Delta\sigma_i$$

由此看到，求曲顶柱体的体积也与定积分概念一样，通过分割、近似、求和、取极限这四步得到，所不同的是现在讨论的对象是定义在平面区域上的二元函数，因此，我们把这种和的极限叫作二重积分.

定义 设 $z = f(x, y)$ 是闭区域 D 上的有界函数，将区域 D 任意分成 n 个小区域 σ_1, σ_2, $\cdots$, σ_n，其面积为 $\Delta\sigma_i (i = 1, 2, \cdots, n)$，在每个小区域 $\Delta\sigma_i$ 中任意取一点 (ξ_i, η_i)，作乘积并求和 $\sum_{i=1}^{n} f(\xi_i, \eta_i)\Delta\sigma_i$. 若无论 D 怎么划分，(ξ_i, η_i) 怎样取，当各小区域 $\Delta\sigma_i$ 的直径中的最大值 λ 趋于零时，这个和式的极限存在，则称此极限为函数 $z = f(x, y)$ 在闭区域 D 上的二重积分，记作 $\iint_D f(x, y)\mathrm{d}\sigma$，即

$$\iint_D f(x, y)\mathrm{d}\sigma = \lim_{\lambda \to 0} \sum_{i=1}^{n} f(\xi_i, \eta_i)\Delta\sigma_i$$

其中，$f(x, y)$ 称为被积函数；$f(x, y)\mathrm{d}\sigma$ 称为被积表达式；$\mathrm{d}\sigma$ 称为面积元素；x 和 y 称为积分变量；D 称为积分区域；$\sum_{i=1}^{n} f(\xi_i, \eta_i)\Delta\sigma_i$ 称为积分和.

关于二重积分的几点说明：

（1）如果被积函数 $f(x, y)$ 在闭区域 D 上的二重积分存在，则称 $f(x, y)$ 在 D 上可积. 若 $z = f(x, y)$ 在闭区域 D 上连续，则一定可积.

（2）二重积分与被积函数和积分区域有关，与积分变量的表示法无关，即

$$\iint_D f(x, y)\mathrm{d}\sigma = \iint_D f(u, v)\mathrm{d}\sigma$$

（3）二重积分的几何意义：当 $f(x, y) \geq 0$ 时，二重积分表示曲顶柱体的体积；当 $f(x, y) \leq 0$ 时，二重积分表示曲顶柱体的体积的负值；当 $f(x, y)$ 有正有负时，二重积分就等于这些部分区域上的曲顶柱体体积的代数和.

二、二重积分的性质

二重积分有着与定积分相类似的性质.

性质 1 被积函数中的常数因子可以提到积分号外面，即

$$\iint\limits_{D} kf(x,y)\,d\sigma = k\iint\limits_{D} f(x,y)\,d\sigma \quad (k\text{ 为常数})$$

性质 2 有限个函数的代数和的二重积分等于各函数的二重积分的代数和.

$$\iint\limits_{D} [f(x,y) \pm g(x,y)]\,d\sigma = \iint\limits_{D} f(x,y)\,d\sigma \pm \iint\limits_{D} g(x,y)\,d\sigma$$

性质 3 如果将积分区域 D 分成两个闭区域 D_1 和 D_2，则在 D 上的二重积分等于 D_1 和 D_2 上二重积分的和，即

$$\iint\limits_{D} f(x,y)\,d\sigma = \iint\limits_{D_1} f(x,y)\,d\sigma + \iint\limits_{D_2} f(x,y)\,d\sigma$$

这一性质表示二重积分对于积分区域具有可加性.

性质 4 如果在区域 D 上，$f(x,y) \equiv 1$，则二重积分等于区域 D 的面积的值，即

$$\iint\limits_{D} f(x,y)\,d\sigma = \iint\limits_{D} 1 \cdot d\sigma = \sigma$$

其中，σ 为区域 D 的面积.

性质 5 在区域 D 上，如果 $f(x,y) \leq g(x,y)$，则有不等式

$$\iint\limits_{D} f(x,y)\,d\sigma \leq \iint\limits_{D} g(x,y)\,d\sigma$$

性质 6 设 M, m 分别是 $f(x,y)$ 在有界闭区域 D 上的最大值和最小值，则有不等式

$$m\sigma \leq \iint\limits_{D} f(x,y)\,d\sigma \leq M\sigma$$

其中，σ 为区域 D 的面积.

性质 7 （二重积分的中值定理）设函数 $f(x,y)$ 在有界闭区域 D 上连续，σ 是 D 的面积，则在 D 上至少存在一点 (ξ,η)，使得

$$\iint\limits_{D} f(x,y)\,d\sigma = f(\xi,\eta) \cdot \sigma$$

例 1 比较二重积分 $\iint\limits_{D} \ln(x+y)\,d\sigma$ 与 $\iint\limits_{D} [\ln(x+y)]^2\,d\sigma$ 的大小，其中 D 是三角形闭区域，三顶点分别为 $(1,0)$，$(1,1)$，$(2,0)$.

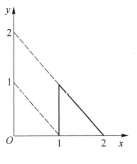

图 4-6

解 如图 4-6 所示，在 D 上 $1 \leq x+y \leq 2$，则 $0 \leq \ln(x+y) \leq \ln 2 < \ln e = 1$. 所以

$$\ln(x+y) \geq [\ln(x+y)]^2$$

由性质 5 得

$$\iint\limits_{D} \ln(x+y)\,d\sigma \geq \iint\limits_{D} [\ln(x+y)]^2\,d\sigma$$

例 2 估计二重积分 $\iint_D (x+3y+7) d\sigma$ 的值,其中 $0 \le x \le 1$,$0 \le y \le 2$.

解 因为在 D 上有 $7 \le x+3y+7 \le 14$,D 的面积为 2,则由性质 6 可得

$$14 \le \iint_D (x+3y+7) d\sigma \le 28$$

三、直角坐标系下二重积分的计算

由于二重积分的定义中对区域 D 的分割是任意的,因此我们常用平行于 x 轴和 y 轴的直线网把区域 D 分割成许多个小矩形,小矩形 $\Delta\sigma$ 的边长为 Δx 和 Δy,从而 $\Delta\sigma = \Delta x \Delta y$,故在直角坐标系中,面积元素 $d\sigma = dxdy$,于是二重积分 $\iint_D f(x,y) d\sigma$ 可记为 $\iint_D f(x,y) dxdy$. 下面将介绍直角坐标系下二重积分的计算.

1. 用不等式组表示积分区域

在对二重积分作计算时,我们首先要将积分区域用一种典型的不等式组来表示. 先考虑 xOy 平面上一种特殊类型的区域,这种区域的特点是:任何平行于 x 轴或 y 轴的直线与这一区域的边界的交点不多于两个(见图 4-7、图 4-8).

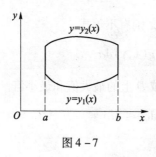

图 4-7

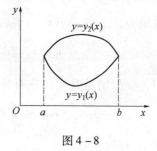

图 4-8

但是它的边界曲线可以包含平行于坐标轴的线段(见图 4-7).

在图 4-7、图 4-8 中,设区域 D 上点的横坐标 x 的变化范围为 $[a,b]$,D 的边界曲线由两个函数 $y = y_1(x)$,$y = y_2(x)$ 的图形构成. 由此可见,D 上以 x 为横坐标的一切点的纵坐标 y 都满足不等式

$$y_1(x) \le y \le y_2(x)$$

于是这样特殊类型的区域 D 可以表示成下列不等式组

$$\begin{cases} y_1(x) \le y \le y_2(x) \\ a \le x \le b \end{cases} \quad (1)$$

凡能用不等式组 (1) 表示的区域叫作 X-型区域.

例 3 设 D 是由圆 $x^2 + y^2 = 1$ 及直线 $y = 1-x$ 所围成的第一象限部分(见图 4-9),试用不等式组表示该区域 D.

解 D 上点的横坐标的变化范围为 $[0,1]$,对于 $[0,1]$ 上的任何点 x,该点的纵坐标介于 $1-x$ 与 $\sqrt{1-x^2}$ 之间,故表示该区

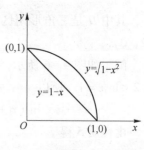

图 4-9

域的不等式组为
$$\begin{cases} 1-x \leq y \leq \sqrt{1-x^2} \\ 0 \leq x \leq 1 \end{cases}$$

例4 设 D 是由圆 $x^2+y^2=1$，直线 $y=x$ 及 x 轴所围成的第一象限部分（见图4–10），试用不等式组表示该区域.

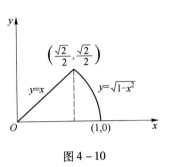

图 4–10

解 D 上点的横坐标的变化范围是区间 $[0,1]$. 对于区间 $\left[0,\dfrac{\sqrt{2}}{2}\right]$ 上任何 x 值，其点的纵坐标介于 0 和 x 之间，而对于区间 $\left[\dfrac{\sqrt{2}}{2},1\right]$ 上任何 x 值，该点的纵坐标介于 0 和 $\sqrt{1-x^2}$ 之间，故要用两组不等式组表示 D.

$$\begin{cases} 0 \leq y \leq x \\ 0 \leq x \leq \dfrac{\sqrt{2}}{2} \end{cases} \text{及} \begin{cases} 0 \leq y \leq \sqrt{1-x^2} \\ \dfrac{\sqrt{2}}{2} \leq x \leq 1 \end{cases}$$

这就是说，所给区域可以分成两个 X–型区域.

类似地，设平面域 D 如图4–11、图4–12 所示，D 上的点的纵坐标 y 的变化范围为 y 轴上的区间 $[c,d]$，D 的边界曲线由两个函数 $x=x_1(y),x=x_2(y)$ 的图形构成，容易写出表示 D 的不等式组为

$$\begin{cases} x_1(y) \leq x \leq x_2(y) \\ c \leq y \leq d \end{cases} \tag{2}$$

能用不等式组（2）表示的区域，称为 Y–型区域.

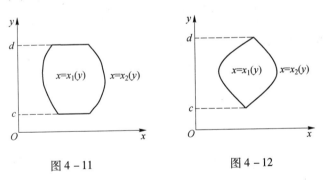

图 4–11　　　　图 4–12

例3 中所给的区域既是 X–型区域又是 Y–型区域，可以表示为不等式组
$$\begin{cases} 1-y \leq x \leq \sqrt{1-y^2} \\ 0 \leq y \leq 1 \end{cases}$$

而例4 中将 D 分为两个 X–型区域，如果把 D 看成 Y–型区域，则可表示成
$$\begin{cases} y \leq x \leq \sqrt{1-y^2} \\ 0 \leq y \leq \dfrac{\sqrt{2}}{2} \end{cases}$$

2. 化二重积分为二次积分

对于 X - 型区域，由于积分区域 D 可用不等式组（1）表示，这样就确定了积分限，于是可把二重积分化为二次积分来计算，即

$$\iint_D f(x,y)\,d\sigma = \iint_D f(x,y)\,dxdy = \int_a^b \Big[\int_{y_1(x)}^{y_2(x)} f(x,y)\,dy\Big] dx$$

上式右端是一个先对 y 后对 x 的二次积分，也就是说，先把 x 看作常数，把 $f(x,y)$ 只看作 y 的函数，并对 y 计算由 $y_1(x)$ 到 $y_2(x)$ 的积分，然后把算得的结果（是 x 的函数）再对 x 计算在区间 $[a,b]$ 上的定积分。这个先对 y 后对 x 的二次积分也常记作

$$\int_a^b dx \int_{y_1(x)}^{y_2(x)} f(x,y)\,dy$$

也就是

$$\iint_D f(x,y)\,d\sigma = \int_a^b dx \int_{y_1(x)}^{y_2(x)} f(x,y)\,dy$$

这就是把二重积分化为先对 y 后对 x 的二次积分公式．

类似地，如果积分区域 D 是 Y - 型区域，即可用不等式组（2）来表示，其中 $x_1(y)$、$x_2(y)$ 在区间 $[c,d]$ 上连续，则有

$$\iint_D f(x,y)\,d\sigma = \int_c^d \Big[\int_{x_1(y)}^{x_2(y)} f(x,y)\,dx\Big] dy$$

上式右端是一个先对 x 后对 y 的二次积分，这个积分也常写作

$$\int_c^d dy \int_{x_1(y)}^{x_2(y)} f(x,y)\,dx$$

也就是

$$\iint_D f(x,y)\,d\sigma = \int_c^d dy \int_{x_1(y)}^{x_2(y)} f(x,y)\,dx$$

这就是把二重积分化为先对 x 后对 y 的二次积分公式．

例5 计算 $\iint_D xy\,d\sigma$，其中 D 是由直线 $y=1$，$x=2$ 及 $y=x$ 所围成的区域．

解法一 画出积分区域 D（见图 4–13），视 D 为 X - 型区域，用不等式组表示 D 为

$$\begin{cases} 1 \le y \le x \\ 1 \le x \le 2 \end{cases}$$

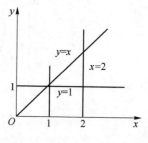

图 4–13

则有

$$\iint_D xy\,d\sigma = \int_1^2 \Big[\int_1^x xy\,dy\Big] dx = \int_1^2 \Big[x \cdot \frac{y^2}{2}\Big]_1^x dx$$

$$= \int_1^2 \Big(\frac{x^3}{2} - \frac{x}{2}\Big) dx = \Big[\frac{x^4}{8} - \frac{x^2}{4}\Big]_1^2 = \frac{9}{8}$$

解法二 如视 D 为 Y - 型区域（见图 4–14），则用不等式组表示 D 为

$$\begin{cases} y \le x \le 2 \\ 1 \le y \le 2 \end{cases}$$

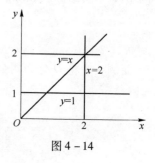

图 4–14

于是
$$\iint_D xy\,d\sigma = \int_1^2 \Big[\int_y^2 xy\,dx\Big]dy = \int_1^2 y\cdot\Big[\frac{x^2}{2}\Big]_y^2 dy$$
$$= \int_1^2\Big(2y - \frac{y^3}{2}\Big)dy = \frac{9}{8}$$

例6 计算 $\iint_D y\,d\sigma$，D 是由抛物线 $y^2 = 2x$ 和直线 $y = x - 4$ 所围成的区域。

解 作 D 的图形，并求出 D 的两条边界曲线的交点坐标（见图4-15）。视 D 为 Y-型区域，则有

$$D:\begin{cases} \dfrac{y^2}{2} \leq x \leq y+4 \\ -2 \leq y \leq 4 \end{cases}$$

于是有
$$\iint_D y\,d\sigma = \int_{-2}^4 dy\int_{\frac{y^2}{2}}^{y+4} y\,dx = \int_{-2}^4 y\Big(y+4-\frac{y^2}{2}\Big)dy$$
$$= \Big(\frac{y^3}{3}+2y^2-\frac{y^4}{8}\Big)\Big|_{-2}^4 = 18$$

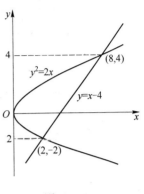

图 4-15

如视 D 为 X-型区域，则需分 D 为两个 X-型区域 D_1 和 D_2，显然计算要麻烦得多，可见，选择恰当的积分次序对计算二重积分是很重要的。

例7 计算 $\iint_D \dfrac{\cos y}{y}d\sigma$，$D$ 是由直线 $y = x$ 和抛物线 $y^2 = x$ 所围成的区域。

解 作 D 的图形，并求出 D 的两条边界曲线的交点坐标（见图4-16）。视 D 为 Y-型区域，则有

$$D:\begin{cases} y^2 \leq x \leq y \\ 0 \leq y \leq 1 \end{cases}$$

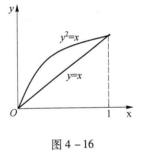

图 4-16

于是有
$$\iint_D \frac{\cos y}{y}d\sigma = \int_0^1 dy\int_{y^2}^y \frac{\cos y}{y}dx = \int_0^1 \frac{\cos y}{y}(y - y^2)dy$$
$$= \int_0^1 (\cos y - y\cos y)dy$$
$$= (\sin y - y\sin y - \cos y)\Big|_0^1 = 1 - \cos 1$$

若视 D 为 X-型区域，则先对 y 积分，但是被积函数 $\dfrac{\cos y}{y}$ 的原函数不易求得，因此也要根据被积函数的特点选择积分次序。

由于把二重积分化为二次积分，有两个积分次序，因此有时需要将已给的二次积分交换积分次序，使交换后的二次积分计算更为方便。

例8 确定积分区域，并更换积分次序
$$\int_0^1 dx \int_0^x f(x,y) dy + \int_1^2 dx \int_0^{2-x} f(x,y) dy$$

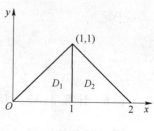

图 4-17

解 显然，积分区域 D 由两个区域组成，即 $D = D_1 + D_2$，其中 D_1 由直线 $y = 0$，$y = x$，$x = 1$ 所围成，D_2 由直线 $y = 0$，$y = 2 - x$，$x = 1$ 所围成（见图 4-17）。现将先对 y 积分后对 x 积分交换为先对 x 积分后对 y 积分的次序，则有

$$D: \begin{cases} 0 \leqslant y \leqslant 1 \\ y \leqslant x \leqslant 2 - y \end{cases}$$

于是有 $\int_0^1 dx \int_0^x f(x,y) dy + \int_1^2 dx \int_0^{2-x} f(x,y) dy = \int_0^1 dy \int_y^{2-y} f(x,y) dx$.

例9 通过交换积分次序计算二次积分 $\int_0^1 dx \int_x^1 e^{-y^2} dy$.

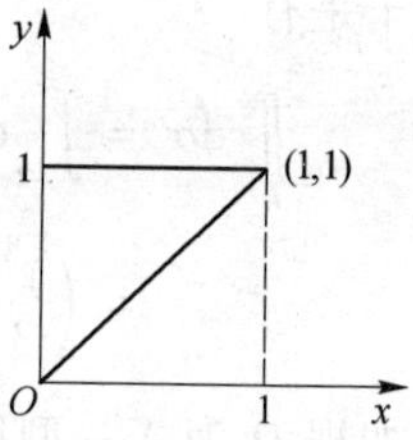

解 此时积分区域 D 为：$0 \leqslant x \leqslant 1$，$x \leqslant y \leqslant 1$（见图 4-18），现换为先对 x 积分后对 y 积分时，D 可表示为
$$0 \leqslant y \leqslant 1, 0 \leqslant x \leqslant y$$
于是 $\int_0^1 dx \int_x^1 e^{-y^2} dy = \int_0^1 dy \int_0^y e^{-y^2} dx = -\frac{1}{2} e^{-y^2} \Big|_0^1$
$$= \frac{1}{2}\left(1 - \frac{1}{e}\right)$$

图 4-18

习题四

1. 求下列函数的值：

(1) $f(x,y) = x^2 + xy + y^2$，求 $f(1,2)$，$f(-1,0)$；

(2) $f(x,y) = 3x - 2y$，求 $f(xy, x+y)$.

2. 确定下列二元函数的定义域：

(1) $z = \dfrac{1}{2x^2 + 3y^2}$； (2) $f(x,y) = \ln(x-y) + \ln x$；

(3) $z = \sqrt{1-x^2} + \sqrt{y^2-1}$； (4) $z = \sqrt{1 - \dfrac{x^2}{a^2} - \dfrac{y^2}{b^2}}$；

(5) $z = \sqrt{x - \sqrt{y}}$.

3. 求下列函数的极限：

(1) $\lim\limits_{\substack{x \to 1 \\ y \to 0}} \dfrac{\ln(x + e^y)}{x^2 + y^2}$； (2) $\lim\limits_{\substack{x \to 0 \\ y \to 0}} \dfrac{\sin(x^2 + y^2)}{\sqrt{x^2 + y^2}}$；

(3) $\lim\limits_{\substack{x \to 0 \\ y \to 0}} \dfrac{3 - \sqrt{x^2 + y^2 + 9}}{x^2 + y^2}$.

4. 求下列函数的偏导数：

(1) $z = x^2 y^2$；

(2) $z = \ln \dfrac{y}{x}$；

(3) $z = e^{xy} + yx^2$；

(4) $z = xy\sqrt{R^2 - x^2 - y^2}$；

(5) $u = e^x \sin xy$，求 $\left.\dfrac{\partial u}{\partial x}\right|_{(0,1)}, \left.\dfrac{\partial u}{\partial y}\right|_{(0,1)}$；

(6) $f(x,y) = x + (y-1)\ln \sin \sqrt{\dfrac{x}{y}}$，求 $f_x(x,1), f_y\left(\dfrac{\pi^2}{4}, 1\right)$.

5. 设 $z = e^{-\left(\frac{1}{x} + \frac{1}{y}\right)}$，求证：$x^2 \dfrac{\partial z}{\partial x} + y^2 \dfrac{\partial z}{\partial y} = 2z$.

6. 求下列函数的二阶偏导数：

(1) $z = x^2 + xy - 5xy^2$；

(2) $z = x\ln(x+y)$；

(3) $z = \sin(ax + by)$；

(4) $z = \dfrac{x}{\sqrt{x^2 + y^2}}$，求 $\dfrac{\partial^2 z}{\partial x^2}, \dfrac{\partial^2 z}{\partial y^2}$；

(5) $f(x,y) = \dfrac{\cos x^2}{y}$，求 $f''_{xx}(x,y), f''_{xy}(x,y), f''_{yy}(x,y)$；

(6) $f(x,y,z) = xy^2 + yz^2 + zx^2$，求 $f''_{xx}(0,0,1), f''_{xz}(1,0,2), f''_{yz}(0,-1,0), f'''_{zzx}(2,0,1)$.

7. 设两种产品的联合成本函数为 $C = x^2 \ln(y+10)$，求边际成本函数及当 $x=5, y=6$ 时的边际成本，并解释其经济意义.

8. 若生产函数为 $Q = 6xy - x^2 - 2y^2$，求 $x=1, y=1$ 及 $x=1, y=2$ 时的边际生产率，并讨论边际生产率随投入增加的变化情况.

9. 如果两件相关商品的需求函数为 $x = 15 - 2p + q, y = 16 + p - q$，求边际需求，需求的偏弹性，并确定这两种商品的关系.

10. 求下列函数的极值：

(1) $f(x,y) = x^2 + xy + y^2 + x - y + 1$；

(2) $f(x,y) = e^{2x}(x + y^2 + 2y)$.

11. 求函数 $f(x,y) = x + 2y$ 在条件 $x^2 + y^2 = 5$ 下的极值.

12. 两种产品的销售量 x 和 y 分别是它们价格 p 和 q 的函数：$x = 32 - 2p, y = 22 - q$，此外，产品的生产成本为 $C = \dfrac{1}{2}x^2 + 2xy + y^2 + 73$，求使利润达到最大时的产量及相应的价格.

13. 某养殖场饲养两种鱼，若甲种鱼放养 x（万尾），乙种鱼放养 y（万尾），收获时两种鱼的收获量分别为 $(3 - \alpha x - \beta y)x, (4 - \beta x - 2\alpha y)y (\alpha > \beta > 0)$，求使产鱼总量最大的放养数.

14. 三个正数之和为 12，问：三个正数为何值时才使三个数之积最大？

15. 某公司下属甲、乙两厂生产同一种产品，两厂条件不同，生产成本也不一样，甲厂每周生产成本 C_1 与产量 Q_1 的关系为 $C_1 = Q_1^2 - Q_1 + 5$，乙厂每周生产成本 C_2 与产量 Q_2 的关系为：$C_2 = Q_2^2 + 2Q_2 + 3$，公司的周生产计划是 $Q_1 + Q_2 = 8$，确定使公司总成本最小的各厂的产量及相应的成本，若计划产量增加到 10 个单位，总成本将增加多少？

16. 某企业在聘用 x 名技术工人 y 名非技术工人时，产品的产量 $Q = -8x^2 + 12xy - 3y^2$. 若企业只能聘用 230 人，那么该聘用多少技术工人，多少非技术工人才能使产量 Q 最大？

17. 假设某企业在两个相互分割的市场上出售同一种产品，两个市场的需求函数分别是 $P_1 = 18 - 2Q_1$，$P_2 = 12 - Q_2$，其中 P_1 和 P_2 分别表示该产品在两个市场的价格（单位：万元/吨），Q_1 和 Q_2 分别表示该产品在两个市场的销售量（即需求量，单位：吨），并且该企业生产这种产品的总成本函数是 $C = 2Q + 5$，其中 Q 表示该产品在两个市场的销售总量即 $Q = Q_1 + Q_2$，

(1) 如果该企业实行价格差别策略，试确定两个市场上该产品的销售量和价格，使该企业获得最大利润；

(2) 如果该企业实行价格无差别策略，试确定两个市场上该产品的销售量及其统一的价格，使该企业的总利润最大，并比较两种价格策略下的总利润大小.

18. 某公司可通过电台及报纸两种方式做销售某商品的广告，根据统计资料，销售收入 R（万元）与电台广告费用 x_1（万元）及报纸广告费用 x_2（万元）之间的关系有如下的经验公式：$R = 15 + 14x_1 + 32x_2 - 8x_1x_2 - 2x_1^2 - 10x_2^2$.

(1) 在广告费用不限的情况下，求最优广告策略；

(2) 若提供的广告费用为 1.5 万元，求相应的最优广告策略；

(3) 若再增加广告费用 1 万元，销售收入会如何变化？

19. 设生产某种产品需要投入两种要素，分别是劳力 x_1 和资金 x_2，Q 为产出量，若生产函数为 $Q = 2x_1^\alpha x_2^\beta$，其中 α，β 为正常数，且 $\alpha + \beta = 1$，假设两种要素的单价分别为 P_1 和 P_2，试问：当产出量为 12 时，两要素各投入多少可以使得投入总费用最小.

20. 根据二重积分的性质，比较下列积分的大小：

(1) $\iint\limits_D (x+y)^2 d\sigma$ 与 $\iint\limits_D (x+y)^3 d\sigma$，其中积分区域 D 由 x 轴、y 轴与直线 $x + y = 1$ 围成；

(2) $\iint\limits_D e^{xy} d\sigma$ 与 $\iint\limits_D e^{2xy} d\sigma$，其中 $D = [0,1] \times [0,1]$.

21. 化二重积分 $I = \iint\limits_D f(x,y) d\sigma$ 为二次积分（分别列出对两个变量先后次序不同的两个二次积分），其中 D 为：

(1) 由 $x = 1$、$x = 2$、$y = 0$、$y = 2$ 所围成的区域；

(2) 由 $y = x$、$y = 3x$、$x = 1$ 及 $x = 3$ 所围成的闭区域；

(3) 由 $x + y = 1$、$x - y = 1$ 及 $x = 0$ 所围成的闭区域；

(4) 由 $y = x$、$x = 2$ 及 $y = \dfrac{1}{x}$ 所围成的闭区域.

22. 计算下列二重积分：

(1) $\iint\limits_{D}(3x+2y)\mathrm{d}\sigma$，其中积分区域 D 由两坐标轴及直线 $x+y=2$ 所围成；

(2) $\iint\limits_{D}x\mathrm{d}\sigma$，其中积分区域 D 由抛物线 $y=x^2$ 及 $y=x^3$ 所围成；

(3) $\iint\limits_{D}(x^2+y^2-x)\mathrm{d}\sigma$，其中积分区域 D 由直线 $y=2$、$y=x$ 及 $y=2x$ 所围成；

(4) $\iint\limits_{D}\cos(x+y)\mathrm{d}\sigma$，其中积分区域 D 由 $x=0$、$y=\pi$ 及 $y=x$ 所围成.

第5章 无穷级数

※数学史话※

无穷级数的起源与发展

无穷级数是微积分学的一个重要组成部分，它是用来表示函数、研究函数性质，以及进行数值计算的一种有力工具，它对微积分的进一步发展以及在各种实际问题上的应用起着非常重要的作用．无穷级数最早起源于哲学和逻辑的悖论，出现在原始的极限观念中，如在古希腊时期，伊利亚学派的芝诺提出的阿基里斯追乌龟悖论；在我国战国时期的《庄子》中，有名辨"一尺之棰，日取其半，万世不竭"，这些都是无穷级数理论的萌芽．

到了中世纪，神学家们开始研究无穷，其中以奥雷姆为代表，他在无穷级数理论方面作出了非常大的贡献，例如，他明确指出，几何级数当公比大于等于 1 时和为无穷，发散，当公比小于 1 时收敛；他还严格证明了：如果无穷级数的项逐渐减小，但不是按比例的，其和也可以是无穷的．

到了 17、18 世纪，数学家打破对无穷的禁忌，逐渐应用无穷级数作为表示数量的工具，同时研究各种无穷级数的求和问题，18 世纪下半叶到 19 世纪初的数学家也对级数的敛散性进行过思考，但是他们并不认为在不确定级数收敛的情况下形式地使用无穷级数有什么不合理，因为一般来讲，他们只是利用前几项进行计算，因此，收敛与发散不在思考范围之内．直到 19 世纪初，数学家才认真思考级数的收敛与发散问题，第一个对其加以严密区别的是高斯．1821 年，柯西在其《分析教程》中，首次给出级数收敛的精确定义，并给出柯西收敛准则．随后，又出现了一系列的收敛判定方法．至此，无穷级数理论才算比较成熟了，其理论体系才算基本完整了．在 19 世纪末 20 世纪初，无穷级数理论又开辟了一个新的研究方向，即发散级数的"求和问题"．此后，求和法成为重要的分析工具．

数 学 家

布鲁克·泰勒（1685—1731 年），英国数学家，生于英格兰米德尔塞克斯郡的埃德蒙顿市一个富有的且有点贵族血统的家庭．1701 年布鲁克·泰勒进入剑桥大学圣约翰学院，1709 年获法学学士，1714 年获法学博士学位．泰勒的主要著作是 1715 年出版的《正的和反的增量方法》，书内陈述出他已于 1712 年 7 月给其老师梅钦（数学家、天文学家）信中首先提出的著名定理——泰勒定理，在同一著作中他还提出了著名的泰勒公式．泰勒定理开创了有限差分理论，使任何单变量函数都可展成幂级数，同时亦使泰勒成了有限差分理论的奠基者．

让·勒朗·达朗贝尔（1717—1783 年），法国著名的物理学家、数学家和天文学家，生于巴黎．数学是达朗贝尔研究的主要课题，他是数学分析的主要开拓者和奠基人，是 18 世纪少数几个把收敛级数和发散级数分开的数学家之一，并且他还提出了一种判别级数绝对收敛的方法——达朗贝尔判别法，即现在还使用的比值判别法；达朗贝尔在数学领域的各个方面都有所建树．19 世纪数学的迅速发展是建立在他们那一代科学家的研究基础之上的，达朗贝尔为推动数学的发展作出了重要的贡献．

前面学习了函数的极限与连续、函数的微分学与积分学，本章将在这些知识的基础上讨论级数及有关内容：首先介绍常数项级数及其有关的概念与性质；其次讨论正项级数、任意项级数敛散性的判别法；再次讨论函数项级数，重点介绍幂级数及其有关的基本内容；最后简单介绍级数在经济学中的应用．

5.1 常数项级数的概念与性质

一、常数项级数的概念

人们在认识事物数量方面的特性或进行数值计算时，往往要经历一个由近似到精确的过程，在这个过程中，又会遇到由有限个数量相加到无限个数量相加的问题．

例如，计算半径为 R 的圆面积 A，具体做法如下：作圆的内接正六边形，算出这六边形的面积 a_1，它是圆面积 A 的一个粗糙的近似值．为了比较准确地计算出 A 的值，我们以这个正六边形的每一边为底分别作一个顶点在圆周上的等腰三角形（见图 5-1），算出这六个等腰三角形的面积之和 a_2．那么 a_1+a_2（即内接正十二边形的面积）就是 A 的一个较好的近似值．同样地，以这个正十二边形的每一边为底分别作一个顶点在圆周上的等腰三角形，算出这十二个等腰三角形的面积之和 a_3．那么 $a_1+a_2+a_3$（即内接正二十四边

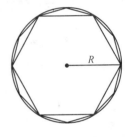

图 5-1

形的面积）就是 A 的一个更好的近似值．如此继续下去，内接正 3×2^n 边形的面积就逐步逼近圆面积：$A\approx a_1, A\approx a_1+a_2, A\approx a_1+a_2+a_3,\cdots,A\approx a_1+a_2+a_3+\cdots+a_n$．

如果内接正多边形的边数无限增加，则内接正多边形的和 $a_1+a_2+a_3+\cdots+a_n$ 就无限逼近圆面积 A．即 n 无限增大，和 $a_1+a_2+a_3+\cdots+a_n$ 的极限就是所要求的圆面积 A．这时，和式中的项数无限增多，于是出现了无穷多个数量依次相加的数学式子．

定义 1 一般地，给定一个数列 $\{u_n\}$，称表达式

$$u_1+u_2+\cdots+u_n+\cdots$$

为一个**常数项无穷级数**，简称为**（常数项）级数**，记为 $\sum_{n=1}^{\infty} u_n$，即

$$\sum_{n=1}^{\infty} u_n = u_1+u_2+\cdots+u_n+\cdots \tag{5-1}$$

其中，第 n 项 u_n 称为该级数的**一般项**或**通项**，u_1 称为**首项**．

注意： 上述级数的定义只是一个形式上的定义．大家要思考这样一个问题：无穷多个数

相加（即无穷级数）结果是什么？一定是数吗？

比如，$0+0+\cdots+0+\cdots$结果是一个数，而$1+1+\cdots+1+\cdots$结果则不是一个数. 因此，大家要明白，无穷多个数相加结果可能是一个数，也可能不是数，比如无穷大.

那么，怎样判断级数（5-1）何时表示一个数，何时不表示数呢？为此，需引入级数收敛与发散的概念.

先考虑级数（5-1）的前n项之和

$$s_n = u_1 + u_2 + \cdots + u_n = \sum_{k=1}^{n} u_k$$

称s_n为级数（5-1）的**部分和**.

当$n=1,2,3,\cdots$时，$s_1 = u_1, s_2 = u_1 + u_2, s_3 = u_1 + u_2 + u_3, \cdots, s_n = u_1 + u_2 + \cdots + u_n = \sum_{k=1}^{n} u_k, \cdots$构成一个新的数列$\{s_n\}$，称该数列为级数（5-1）的**部分和数列**. 显然$u_n = s_n - s_{n-1}(n \geq 2)$.

从形式上可以看出，$\sum_{n=1}^{\infty} u_n = \lim_{n \to \infty} \sum_{k=1}^{n} u_k = \lim s_n$，因此，可以用数列$\{s_n\}$的敛散性来定义级数（5-1）的敛散性.

定义2 若级数$\sum_{n=1}^{\infty} u_n$的部分和数列$\{s_n\}$有极限s，即$\lim_{n \to \infty} s_n = s$，则称**级数**$\sum_{n=1}^{\infty} u_n$**收敛**，并称**极限值**$s$为该级数的和，记为$s = \sum_{n=1}^{\infty} u_n$，这时也称**该级数收敛**于$s$. 若部分和数列$\{s_n\}$没有极限，则称**该级数**$\sum_{n=1}^{\infty} u_n$**发散**.

例1 试讨论**等比级数**（或几何级数）

$$\sum_{n=1}^{\infty} ar^{n-1} = a + ar + ar^2 + \cdots + ar^{n-1} + \cdots \quad (a \neq 0)$$

的敛散性，其中r称为该级数的公比.

解 根据等比数列的前n项和公式可知，当$r \neq 1$时，所给级数的部分和$s_n = \dfrac{a(1-r^n)}{1-r}$.

(1) 当$|r| < 1$时，有$\lim_{n \to \infty} s_n = \lim_{n \to \infty} \dfrac{a(1-r^n)}{1-r} = \dfrac{a}{1-r}$.

由定义2知，该等比级数收敛，其和$s = \dfrac{a}{1-r}$. 即$\sum_{n=1}^{\infty} ar^{n-1} = \dfrac{a}{1-r}$，$|r| < 1$.

(2) 当$|r| > 1$时，有$\lim_{n \to \infty} s_n = \lim_{n \to \infty} \dfrac{a(1-r^n)}{1-r} = \infty$，所以该等比级数发散.

(3) 当$r = 1$时，有$s_n = na \to \infty$（当$n \to \infty$时），因此该等比级数发散.

(4) 当$r = -1$时，有$s_n = \begin{cases} 0, & \text{当}n\text{为偶数} \\ a, & \text{当}n\text{为奇数} \end{cases}$

从而，部分和数列的极限不存在，故该等比级数发散.

综上所述：当$|r| < 1$时，等比级数$\sum_{n=1}^{\infty} ar^{n-1}(a \neq 0)$收敛；当$|r| \geq 1$时，等比级数$\sum_{n=1}^{\infty} ar^{n-1}(a \neq 0)$发散.

例2 讨论级数 $\sum_{n=1}^{\infty} \dfrac{1}{n(n+1)}$ 的敛散性.

解 由 $\dfrac{1}{n(n+1)} = \dfrac{1}{n} - \dfrac{1}{n+1}$ 可知

$$s_n = \sum_{k=1}^{n} \frac{1}{k(k+1)} = \sum_{k=1}^{n} \left(\frac{1}{k} - \frac{1}{k+1} \right) = 1 - \frac{1}{n+1}$$

于是

$$s = \lim_{n \to \infty} s_n = \lim_{n \to \infty} \left(1 - \frac{1}{n+1} \right) = 1$$

故所给级数收敛,且有 $\sum_{n=1}^{\infty} \dfrac{1}{n(n+1)} = 1$.

例3 证明**调和级数** $\sum_{n=1}^{\infty} \dfrac{1}{n}$ 发散.

证（反证法） 假设级数 $\sum_{n=1}^{\infty} \dfrac{1}{n}$ 收敛,设它的部分和为 s_n,且 $\lim\limits_{n \to \infty} s_n = s$.

显然,级数 $\sum_{n=1}^{\infty} \dfrac{1}{n}$ 的部分和 s_{2n} 也有极限 s,即 $\lim\limits_{n \to \infty} s_{2n} = s$.

从而

$$\lim_{n \to \infty} (s_{2n} - s_n) = 0$$

但

$$s_{2n} - s_n = \frac{1}{n+1} + \frac{1}{n+2} + \cdots + \frac{1}{2n} >$$

$$\frac{1}{2n} + \frac{1}{2n} + \cdots + \frac{1}{2n} = \frac{1}{2}$$

由此 $\lim\limits_{n \to \infty} (s_{2n} - s_n) \neq 0$,这与根据假设级数 $\sum_{n=1}^{\infty} \dfrac{1}{n}$ 收敛推出的 $\lim\limits_{n \to \infty} (s_{2n} - s_n) = 0$ 矛盾.

故假设不成立,调和级数 $\sum_{n=1}^{\infty} \dfrac{1}{n}$ 发散得证.

二、常数项级数的性质

根据常数项级数收敛的概念和极限运算法则,可以得到如下的基本性质:

性质1 若级数 $\sum_{n=1}^{\infty} u_n$ 收敛,C 是任一常数,则级数 $\sum_{n=1}^{\infty} Cu_n$ 也收敛,且

$$\sum_{n=1}^{\infty} Cu_n = C \sum_{n=1}^{\infty} u_n$$

证 设 $\sum_{n=1}^{\infty} u_n$ 的部分和为 s_n,且 $\lim\limits_{n \to \infty} s_n = s$. 又设级数 $\sum_{n=1}^{\infty} Cu_n$ 的部分和为 s_n',显然有 $s_n' = Cs_n$,于是 $\lim\limits_{n \to \infty} s_n' = \lim\limits_{n \to \infty} Cs_n = C \lim\limits_{n \to \infty} s_n = Cs$

故

$$\sum_{n=1}^{\infty} Cu_n = Cs = C \sum_{n=1}^{\infty} u_n$$

即级数 $\sum_{n=1}^{\infty} Cu_n$ 收敛,且 $\sum_{n=1}^{\infty} Cu_n = C \sum_{n=1}^{\infty} u_n$.

注： 由关系式 $s_n' = Cs_n$ 可知,如果 $\{s_n\}$ 没有极限,且 $C \neq 0$,则 $\{s_n'\}$ 也没有极限. 因此,我们得到如下结论:**级数的每一项同乘以一个不为零的常数后,级数的敛散性不发生改变**.

性质 2 若级数 $\sum_{n=1}^{\infty} u_n$ 与 $\sum_{n=1}^{\infty} v_n$ 都收敛，则 $\sum_{n=1}^{\infty} (u_n \pm v_n)$ 也收敛，且
$$\sum_{n=1}^{\infty} (u_n \pm v_n) = \sum_{n=1}^{\infty} u_n \pm \sum_{n=1}^{\infty} v_n$$

注意：性质 2 的结论可推广到有限个收敛级数的情形．

性质 3 在一个级数中去掉、增加或改变有限多项，不会改变级数的敛散性，但一般会改变收敛级数的和．

性质 4 如果级数 $\sum_{n=1}^{\infty} u_n$ 收敛，那么对该级数的项任意加括号后所得的级数仍收敛，且其和不变．

注意：如果加括号后所得级数收敛，那么不能断言原来未加括号的级数也收敛．例如，级数 $(1-1)+(1-1)+\cdots+(1-1)+\cdots$ 收敛于零，但级数 $\sum_{n=1}^{\infty}(-1)^{n-1} = 1-1+1-1+\cdots$ 是发散的．这是因为 $s_n = \begin{cases} 0, & n \text{ 为偶数} \\ 1, & n \text{ 为奇数} \end{cases}$

根据性质 4 可得结论：**如果加括号后所得级数发散，那么原来级数一定发散．**

定理（级数收敛的必要条件） 如果级数 $\sum_{n=1}^{\infty} u_n$ 收敛，则有 $\lim_{n \to \infty} u_n = 0$.

证 因级数 $\sum_{n=1}^{\infty} u_n$ 收敛，故极限 $\lim_{n \to \infty} s_n$ 与 $\lim_{n \to \infty} s_{n-1}$ 都存在且相等．于是
$$\lim_{n \to \infty} u_n = \lim_{n \to \infty} (s_n - s_{n-1}) = \lim_{n \to \infty} s_n - \lim_{n \to \infty} s_{n-1} = 0$$

注意：$\lim_{n \to \infty} u_n = 0$ 仅是级数收敛的必要条件，而非充分条件．不能由 $u_n \to 0$（当 $n \to \infty$ 时）推出级数 $\sum_{n=1}^{\infty} u_n$ 收敛．如调和级数 $\sum_{n=1}^{\infty} \frac{1}{n}$，虽然 $\lim_{n \to \infty} u_n = \lim_{n \to \infty} \frac{1}{n} = 0$，但调和级数 $\sum_{n=1}^{\infty} \frac{1}{n}$ 是发散的．

由级数收敛的必要条件易得如下推论，且该推论常用来判断级数发散．

推论 如果 $n \to \infty$，级数 $\sum_{n=1}^{\infty} u_n$ 的通项不趋于零，则该级数发散．

例 4 试证明级数 $\sum_{n=1}^{\infty} \frac{n}{n+1}$ 发散．

证 因为 $\lim_{n \to \infty} u_n = \lim_{n \to \infty} \frac{n}{n+1} = 1 \neq 0$，所以该级数发散．

注意：由推论可知，在判定级数的敛散性时，我们可以先观察一下当 $n \to \infty$ 时，通项 u_n 的极限是否为零．若 $n \to \infty$，通项 u_n 不趋于零，则可以直接说该级数发散；若 $\lim_{n \to \infty} u_n = 0$，则可考虑采用其他方法来判定该级数的敛散性．

5.2 正项级数敛散性判别法

一般的常数项级数，它的各项可以是正数、负数或者是零．下面将讨论各项均是非负数（即 $u_n \geq 0, n = 1, 2, \cdots$）的级数，这种级数称为**正项级数**．这是一种重要的级数，今后将看到许多级数的敛散性问题都可以转化为正项级数的敛散性问题．

本节主要介绍判别正项级数敛散性的几种常用判别法：

定理 1（正项级数收敛的充要条件） 正项级数 $\sum\limits_{n=1}^{\infty} u_n$ 收敛的充要条件是：它的部分和数列 $\{s_n\}$ 有界.

注意：对于一般的正项级数 $\sum\limits_{n=1}^{\infty} u_n$ 来说，有时根据 u_n 不易求出 s_n，或者部分和 $\{s_n\}$ 的有界性不易判断，故利用定理 1 来判定正项级数是否收敛，有时会不太方便，但根据定理 1，可以推出关于正项级数敛散性的几种常用的判别法：

定理 2（比较判别法） 设 $\sum\limits_{n=1}^{\infty} u_n$ 和 $\sum\limits_{n=1}^{\infty} v_n$ 都是正项级数，且 $u_n \leqslant v_n (n=1,2,\cdots)$.

（1）若级数 $\sum\limits_{n=1}^{\infty} v_n$ 收敛，则级数 $\sum\limits_{n=1}^{\infty} u_n$ 也收敛；（2）若级数 $\sum\limits_{n=1}^{\infty} u_n$ 发散，则级数 $\sum\limits_{n=1}^{\infty} v_n$ 也发散.

证 设正项级数 $\sum\limits_{n=1}^{\infty} u_n$ 与 $\sum\limits_{n=1}^{\infty} v_n$ 的部分和分别为 s_n 和 σ_n，由 $u_n \leqslant v_n (n=1,2,\cdots)$ 知
$$s_n \leqslant \sigma_n (n=1,2,\cdots)$$

（1）若级数 $\sum\limits_{n=1}^{\infty} v_n$ 收敛，由定理 1 可知，数列 $\{\sigma_n\}$ 有界，从而数列 $\{s_n\}$ 有界. 于是，由定理 1 得级数 $\sum\limits_{n=1}^{\infty} u_n$ 收敛.

利用反证法可得结论（2）.

由性质 1 和性质 3，可减弱定理 2 的条件，得到如下的推论：

推论 设 $\sum\limits_{n=1}^{\infty} u_n$ 和 $\sum\limits_{n=1}^{\infty} v_n$ 都是正项级数，且存在正数 k 和正整数 N，使得 $n>N$ 时，有 $u_n \leqslant kv_n$，（1）若级数 $\sum\limits_{n=1}^{\infty} v_n$ 收敛，则级数 $\sum\limits_{n=1}^{\infty} u_n$ 也收敛；（2）若级数 $\sum\limits_{n=1}^{\infty} u_n$ 发散，则级数 $\sum\limits_{n=1}^{\infty} v_n$ 也发散.

例 1 判别级数 $\sum\limits_{n=1}^{\infty} 2^n \sin \dfrac{\pi}{3^n}$ 的敛散性.

解 由于 $x>0$ 时，$\sin x < x$，因此 $0 < 2^n \sin \dfrac{\pi}{3^n} < 2^n \cdot \dfrac{\pi}{3^n} = \pi \left(\dfrac{2}{3}\right)^n \ (n=1,2,\cdots)$.

而等比级数 $\sum\limits_{n=1}^{\infty} \pi \left(\dfrac{2}{3}\right)^n$ 的公比 $r = \dfrac{2}{3} < 1$，故该等比级数收敛.

于是，由比较判别法可知，正项级数 $\sum\limits_{n=1}^{\infty} 2^n \sin \dfrac{\pi}{3^n}$ 收敛.

例 2 讨论 p 级数 $\sum\limits_{n=1}^{\infty} \dfrac{1}{n^p}$ 的敛散性，其中 p 为常数.

解 分两种情形分别讨论：

（1）当 $p \leqslant 1$ 时，有 $0 < \dfrac{1}{n} \leqslant \dfrac{1}{n^p}$，因调和级数 $\sum\limits_{n=1}^{\infty} \dfrac{1}{n}$ 发散，由比较判别法得级数 $\sum\limits_{n=1}^{\infty} \dfrac{1}{n^p}$ 发散.

（2）当 $p > 1$ 时，对于 $k-1 \leqslant x \leqslant k (k=2,3,\cdots)$，有 $\dfrac{1}{k^p} \leqslant \dfrac{1}{x^p}$，从而

$$0 < \frac{1}{k^p} = \int_{k-1}^{k} \frac{1}{k^p} dx \leq \int_{k-1}^{k} \frac{1}{x^p} dx$$

于是，p 级数的部分和

$$s_n = \sum_{k=1}^{n} \frac{1}{k^p} = 1 + \sum_{k=2}^{n} \frac{1}{k^p} \leq 1 + \sum_{k=2}^{n} \int_{k-1}^{k} \frac{1}{x^p} dx = 1 + \int_{1}^{n} \frac{1}{x^p} dx$$

$$= 1 + \frac{1}{p-1}\left(1 - \frac{1}{n^{p-1}}\right) < 1 + \frac{1}{p-1} = \frac{p}{p-1}$$

由此可知，部分和数列 $\{s_n\}$ 有界．由定理 1 可知，级数 $\sum_{n=1}^{\infty} \frac{1}{n^p}$ 收敛．

综上所述，当 $p \leq 1$ 时，$\sum_{n=1}^{\infty} \frac{1}{n^p}$ 发散；当 $p > 1$ 时，$\sum_{n=1}^{\infty} \frac{1}{n^p}$ 收敛．

注意：在使用比较判别法来判断给定级数的敛散性时，往往需要通过观察，找到另一个已知敛散性的级数与之进行比较，而等比级数、调和级数以及 p 级数是经常用来进行比较的已知敛散性的级数．因此，记住这些级数何时收敛，何时发散，是十分必要的．

但是，要想建立已知敛散性级数的一般项与给定级数的一般项之间的不等式，有时比较困难，为了应用上的方便，下面给出比较判别法的极限形式：

定理 3（比较判别法的极限形式） 设 $\sum_{n=1}^{\infty} u_n$ 与 $\sum_{n=1}^{\infty} v_n$ 为正项级数，且 $\lim_{n \to \infty} \frac{u_n}{v_n} = \rho$，

(1) 若 $0 < \rho < +\infty$，则 $\sum_{n=1}^{\infty} u_n$ 与 $\sum_{n=1}^{\infty} v_n$ 同时收敛或同时发散；

(2) 若 $\rho = 0$，且 $\sum_{n=1}^{\infty} v_n$ 收敛，则 $\sum_{n=1}^{\infty} u_n$ 收敛；

(3) 若 $\rho = +\infty$，且 $\sum_{n=1}^{\infty} v_n$ 发散，则 $\sum_{n=1}^{\infty} u_n$ 发散．

证 (1) 由于 $\lim_{n \to \infty} \frac{u_n}{v_n} = \rho > 0$，根据极限定义，对任意给定的 $\varepsilon = \frac{\rho}{2} > 0$，存在正整数 N，当 $n > N$ 时，有 $\left|\frac{u_n}{v_n} - \rho\right| < \varepsilon = \frac{\rho}{2}$，即

$$\frac{\rho}{2} v_n < u_n < \frac{3\rho}{2} v_n$$

由比较判别法的推论可知，级数 $\sum_{n=1}^{\infty} u_n$ 与 $\sum_{n=1}^{\infty} v_n$ 同时收敛或同时发散．

类似地可证 (2) 与 (3)，读者不妨自行完成．

注意：为了更好地记忆定理 2 的三个结论，我们可以把比较判别法的极限形式理解为：在两个正项级数的一般项均趋于零的情况下，其实相当于比较它们的一般项作为无穷小量的阶．当 $n \to \infty$ 时，如果 u_n 与 v_n 是同阶的无穷小，则级数 $\sum_{n=1}^{\infty} u_n$ 与 $\sum_{n=1}^{\infty} v_n$ 同时收敛或同时发散；如果 u_n 是比 v_n 高阶的无穷小，而级数 $\sum_{n=1}^{\infty} v_n$ 收敛，则级数 $\sum_{n=1}^{\infty} u_n$ 收敛；如果 u_n 是比 v_n 低阶的无穷小，而级数 $\sum_{n=1}^{\infty} v_n$ 发散，则级数 $\sum_{n=1}^{\infty} u_n$ 发散．

例 3 判别级数 $\sum_{n=1}^{\infty} \ln\left(1 + \frac{1}{n^2}\right)$ 的敛散性．

解 由于 $\lim\limits_{n\to\infty}\dfrac{\ln\left(1+\dfrac{1}{n^2}\right)}{\dfrac{1}{n^2}}=\lim\limits_{n\to\infty}\ln\left(1+\dfrac{1}{n^2}\right)^{n^2}=\ln e=1$，而 $p(p=2>1)$ 级数 $\sum\limits_{n=1}^{\infty}\dfrac{1}{n^2}$ 是收敛的，故由定理 3（比较判别法的极限形式）可知级数 $\sum\limits_{n=1}^{\infty}\ln\left(1+\dfrac{1}{n^2}\right)$ 收敛.

例 4 判别下列级数的敛散性：

(1) $\sum\limits_{n=1}^{\infty}\dfrac{1}{\sqrt{n(n^2+1)}}$； (2) $\sum\limits_{n=1}^{\infty}\dfrac{3n+1}{n^2+5n+2}$.

解 （1）因为

$$\lim_{n\to\infty}\dfrac{\dfrac{1}{\sqrt{n(n^2+1)}}}{\dfrac{1}{n^{\frac{3}{2}}}}=\lim_{n\to\infty}\dfrac{n^{\frac{3}{2}}}{\sqrt{n^3+n}}=\lim_{n\to\infty}\dfrac{n}{\sqrt{n^2+1}}=1$$

而 p 级数 $\sum\limits_{n=1}^{\infty}\dfrac{1}{n^{\frac{3}{2}}}$ 收敛 $\left(p=\dfrac{3}{2}>1\right)$，故由定理 3 可知级数 $\sum\limits_{n=1}^{\infty}\dfrac{1}{\sqrt{n(n^2+1)}}$ 收敛.

（2）因为

$$\lim_{n\to\infty}\dfrac{\dfrac{3n+1}{n^2+5n+2}}{\dfrac{1}{n}}=\lim_{n\to\infty}\dfrac{3n^2+n}{n^2+5n+2}=3$$

而调和级数 $\sum\limits_{n=1}^{\infty}\dfrac{1}{n}$ 发散，故由定理 3 可知级数 $\sum\limits_{n=1}^{\infty}\dfrac{3n+1}{n^2+5n+2}$ 发散.

注意：从上例中可以发现，如果正项级数的通项 u_n 是分式，而其分子、分母都是 n 的多项式（常数是零次多项式），只要分母的最高次数高出分子的最高次数一次以上（不包括一次），该正项级数就收敛，否则发散.

在利用比较判别法的极限形式进行判别时，也需要找到一个已知敛散性的级数的一般项与给定级数的一般项进行比较，但有时并非易事. 为了应用上的方便，将所给正项级数与等比级数进行比较，我们能得到下面两个使用起来比较方便的判别法：

定理 4（比值判别法） 设 $\sum\limits_{n=1}^{\infty}u_n$ 为正项级数，且 $\lim\limits_{n\to\infty}\dfrac{u_{n+1}}{u_n}=\rho$，

(1) 若 $0\leqslant\rho<1$，则级数 $\sum\limits_{n=1}^{\infty}u_n$ 收敛；

(2) 若 $\rho>1$（或 $\rho=+\infty$），则级数 $\sum\limits_{n=1}^{\infty}u_n$ 发散；

(3) 若 $\rho=1$，则级数 $\sum\limits_{n=1}^{\infty}u_n$ 可能收敛也可能发散（需另行判别）.

比值判别法也称为达朗贝尔判别法.

证 （1）由于 $\lim\limits_{n\to\infty}\dfrac{u_{n+1}}{u_n}=\rho<1$，因此总可找到一个正数 $\varepsilon_0>0$，使得 $\rho+\varepsilon_0=q<1$. 而对此给定的 ε_0，必有正整数 N，当 $n\geqslant N$ 时，有不等式 $\left|\dfrac{u_{n+1}}{u_n}-\rho\right|<\varepsilon_0$ 成立.

于是有

$$\dfrac{u_{n+1}}{u_n}<\rho+\varepsilon_0=q(n\geqslant N)$$

由此可知 $u_{N+1} < qu_N, u_{N+2} < qu_{N+1} < q^2 u_N, \cdots, u_{N+m} < qu_{N+m-1} < \cdots < q^m u_N, m \geq 1$

而等比级数 $\sum\limits_{m=1}^{\infty} u_N q^m (q < 1)$ 收敛. 于是, 由定理2(比较判别法)可知, 级数 $\sum\limits_{m=1}^{\infty} u_{N+m} = \sum\limits_{n=N+1}^{\infty} u_n$ 收敛, 从而级数 $\sum\limits_{n=1}^{\infty} u_n$ 收敛.

(2) 由于 $\lim\limits_{n\to\infty} \dfrac{u_{n+1}}{u_n} = \rho > 1$, 因此总可找到一个正数 $\varepsilon_0 > 0$, 使得 $\rho - \varepsilon_0 = q > 1$. 而对此给定的 ε_0, 必有正整数 N, 当 $n \geq N$ 时, 有不等式 $\left|\dfrac{u_{n+1}}{u_n} - \rho\right| < \varepsilon_0$ 成立.

于是有 $$\dfrac{u_{n+1}}{u_n} > \rho - \varepsilon_0 = q (n \geq N)$$

由此可知 $u_{N+1} > qu_N, u_{N+2} > qu_{N+1} > q^2 u_N, \cdots, u_{N+m} > qu_{N+m-1} > \cdots > q^m u_N, m \geq 1$

而等比级数 $\sum\limits_{m=1}^{\infty} u_N q^m (q > 1)$ 发散. 于是, 由定理2(比较判别法)可知, 级数 $\sum\limits_{m=1}^{\infty} u_{N+m} = \sum\limits_{n=N+1}^{\infty} u_n$ 发散, 从而级数 $\sum\limits_{n=1}^{\infty} u_n$ 发散.

(3) 当 $\rho = 1$ 时, 正项级数 $\sum\limits_{n=1}^{\infty} u_n$ 可能收敛, 也可能发散.

例如, 对于 p 级数 $\sum\limits_{n=1}^{\infty} \dfrac{1}{n^p}$, 总有 $\lim\limits_{n\to\infty} \dfrac{u_{n+1}}{u_n} = \lim\limits_{n\to\infty} \dfrac{\frac{1}{(n+1)^p}}{\frac{1}{n^p}} = \lim\limits_{n\to\infty} \left(\dfrac{n}{n+1}\right)^p = 1$. 但当 $p > 1$ 时, 级数 $\sum\limits_{n=1}^{\infty} \dfrac{1}{n^p}$ 收敛; 当 $p \leq 1$ 时, 级数 $\sum\limits_{n=1}^{\infty} \dfrac{1}{n^p}$ 发散.

例5 判断下列级数的敛散性: (1) $\sum\limits_{n=1}^{\infty} \dfrac{2^n}{n!}$; (2) $\sum\limits_{n=1}^{\infty} n! \left(\dfrac{x}{3}\right)^n, x > 0$.

解 (1) 因为 $$\lim\limits_{n\to\infty} \dfrac{u_{n+1}}{u_n} = \lim\limits_{n\to\infty} \dfrac{\frac{2^{n+1}}{(n+1)!}}{\frac{2^n}{n!}} = \lim\limits_{n\to\infty} \dfrac{2}{n+1} = 0$$

所以, 根据定理4(比值判别法)知, 级数 $\sum\limits_{n=1}^{\infty} \dfrac{2^n}{n!}$ 收敛.

(2) 因为 $$\lim\limits_{n\to\infty} \dfrac{u_{n+1}}{u_n} = \lim\limits_{n\to\infty} \dfrac{(n+1)! \left(\frac{x}{3}\right)^{n+1}}{n! \left(\frac{x}{3}\right)^n} = \lim\limits_{n\to\infty} \dfrac{(n+1)x}{3n} = \dfrac{x}{3}$$

所以, 当 $0 < \dfrac{x}{3} < 1$, 即 $0 < x < 3$ 时, 级数 $\sum\limits_{n=1}^{\infty} n! \left(\dfrac{x}{3}\right)^n$ 收敛; 当 $\dfrac{x}{3} > 1$, 即 $x > 3$ 时, 级数 $\sum\limits_{n=1}^{\infty} n! \left(\dfrac{x}{3}\right)^n$ 发散; 当 $\dfrac{x}{3} = 1$, 即 $x = 3$ 时, $u_n = n! \to +\infty$, 级数 $\sum\limits_{n=1}^{\infty} n! \left(\dfrac{x}{3}\right)^n$ 发散.

综上所述, 当 $0 < x < 3$ 时, 级数 $\sum\limits_{n=1}^{\infty} n! \left(\dfrac{x}{3}\right)^n$ 收敛; 当 $x \geq 3$ 时, 级数 $\sum\limits_{n=1}^{\infty} n! \left(\dfrac{x}{3}\right)^n$ 发散.

注意: 从上面的例子不难发现, 为正项级数的通项 u_n 中含有类似于 a^n, $n!$ 等因式时,采用比值判别法判别该正项级数的敛散性会比较方便.

定理 5（根值判别法） 设 $\sum_{n=1}^{\infty} u_n$ 为正项级数，且 $\lim_{n\to\infty} \sqrt[n]{u_n} = \rho$，

（1）若 $0 \leqslant \rho < 1$，则级数 $\sum_{n=1}^{\infty} u_n$ 收敛；

（2）若 $\rho > 1$（或 $\rho = +\infty$），则级数 $\sum_{n=1}^{\infty} u_n$ 发散；

（3）若 $\rho = 1$，则级数 $\sum_{n=1}^{\infty} u_n$ 可能收敛也可能发散（需另行判别）.

根值判别法也称为柯西（Cauchy）**判别法**. 它的证明与定理 4 类似，读者可自行证之.

例 6 判别下列级数的敛散性：（1）$\sum_{n=1}^{\infty} \left(\frac{nx}{n+1}\right)^n, x > 0$；（2）$\sum_{n=1}^{\infty} \left(\frac{n}{3n-1}\right)^{2n+1}$.

解（1）因为 $\lim_{n\to\infty} \sqrt[n]{u_n} = \lim_{n\to\infty} \frac{nx}{n+1} = x$

所以，当 $0 < x < 1$ 时，级数 $\sum_{n=1}^{\infty} \left(\frac{nx}{n+1}\right)^n$ 收敛；当 $x > 1$ 时，级数 $\sum_{n=1}^{\infty} \left(\frac{nx}{n+1}\right)^n$ 发散；当 $x = 1$ 时，$\lim_{n\to\infty} u_n = \lim_{n\to\infty} \left(\frac{n}{n+1}\right)^n = \frac{1}{e} \neq 0$，级数 $\sum_{n=1}^{\infty} \left(\frac{nx}{n+1}\right)^n$ 发散.

综上所述，当 $0 < x < 1$ 时，级数 $\sum_{n=1}^{\infty} \left(\frac{nx}{n+1}\right)^n$ 收敛；当 $x \geqslant 1$ 时，级数 $\sum_{n=1}^{\infty} \left(\frac{nx}{n+1}\right)^n$ 发散.

（2）因为 $\lim_{n\to\infty} \sqrt[n]{u_n} = \lim_{n\to\infty} \left(\frac{n}{3n-1}\right)^{\frac{2n+1}{n}} = \lim_{n\to\infty} \left(\frac{n}{3n-1}\right)^2 \left(\frac{n}{3n-1}\right)^{\frac{1}{n}} = \left(\frac{1}{3}\right)^2 \times 1 = \frac{1}{9} < 1$

所以，级数 $\sum_{n=1}^{\infty} \left(\frac{n}{3n-1}\right)^{2n+1}$ 收敛.

注意：从上面的例子不难发现，如果正项级数的通项 u_n 中含有类似于 a^n 等因式时，采用根值判别法来判别该正项级数的敛散性会比较方便.

5.3 任意项级数敛散性判别法

对级数 $\sum_{n=1}^{\infty} u_n$ 中的项 u_n 的符号不加限制的常数项级数称为**任意项级数**. 任意项级数是较复杂的常数项级数，而在任意项级数中，有一种比较常见且重要的级数——**交错级数**.

一、交错级数及其敛散性

如果在任意项级数中，正负项交错出现，那么这样的任意项级数叫作**交错级数**. 它的一般形式为

$$\sum_{n=1}^{\infty} (-1)^{n-1} u_n = u_1 - u_2 + u_3 - u_4 + \cdots + (-1)^{n-1} u_n + \cdots$$

其中，$u_n > 0$（$n = 1, 2, 3, \cdots$）.

针对交错级数，有一个简单方便的判别法——**莱布尼兹（Leibniz）判别法**

定理 1（莱布尼兹（Leibniz）判别法） 设交错级数 $\sum_{n=1}^{\infty}(-1)^{n-1}u_n$ 满足下列条件：

(1) $u_n \geq u_{n+1}(n=1,2,3,\cdots)$；(2) $\lim\limits_{n\to\infty}u_n=0$，则交错级数 $\sum_{n=1}^{\infty}(-1)^{n-1}u_n$ 收敛，且其和 $s \leq u_1$.

证 下面利用定义证明 $\sum_{n=1}^{\infty}(-1)^{n-1}u_n$ 收敛（即 $\lim\limits_{n\to\infty}s_n$ 存在），根据项数 n 是奇数或偶数分别考查 s_n.

设 n 为偶数，于是 $s_n = s_{2m} = u_1 - u_2 + u_3 - u_4 + \cdots + u_{2m-1} - u_{2m}$
$$= (u_1 - u_2) + (u_3 - u_4) + \cdots + (u_{2m-1} - u_{2m}) \geq 0$$

显然，$\{s_{2m}\}$ 单调增加.

另外 $s_{2m} = u_1 - (u_2 - u_3) - \cdots - (u_{2m-2} - u_{2m-1}) - u_{2m} \leq u_1$

由此可知 $\{s_{2m}\}$ 有界，故 $\lim\limits_{m\to\infty}s_{2m}$ 存在.

当 n 为奇数时，我们可以把部分和写为
$$s_n = s_{2m+1} = s_{2m} + u_{2m+1}$$

从而 $\lim\limits_{m\to\infty}s_{2m+1} = \lim\limits_{m\to\infty}(s_{2m} + u_{2m+1}) = \lim\limits_{m\to\infty}s_{2m}$

由此可知，$\lim\limits_{n\to\infty}s_n$ 存在，从而交错级数 $\sum_{n=1}^{\infty}(-1)^{n-1}u_n$ 收敛.

由 $s_{2m} \leq u_1$ 和 $\lim\limits_{n\to\infty}s_n = \lim\limits_{m\to\infty}s_{2m} = s$ 可知，$\sum_{n=1}^{\infty}(-1)^{n-1}u_n = s \leq u_1$，证毕.

例 1 判断级数 $\sum_{n=2}^{\infty}\dfrac{(-1)^n}{\ln n}$ 的敛散性.

解 易知级数 $\sum_{n=2}^{\infty}\dfrac{(-1)^n}{\ln n}$ 为交错级数，且

$$u_n = \frac{1}{\ln n} > \frac{1}{\ln(n+1)} = u_{n+1}(n=2,3,4,\cdots), \lim_{n\to\infty}u_n = \lim_{n\to\infty}\frac{1}{\ln n} = 0$$

由莱布尼兹判别法可知，交错级数 $\sum_{n=2}^{\infty}\dfrac{(-1)^n}{\ln n}$ 收敛.

二、绝对收敛与条件收敛

对任意项级数 $\sum_{n=1}^{\infty}u_n$ 敛散性的判别，首先要考虑的是正项级数 $\sum_{n=1}^{\infty}|u_n|$ 敛散性的判别，为此，引入绝对收敛与条件收敛的概念：

定义 1 对于级数 $\sum_{n=1}^{\infty}u_n$，如果正项级数 $\sum_{n=1}^{\infty}|u_n|$ 收敛，则称级数 $\sum_{n=1}^{\infty}u_n$ 为**绝对收敛**；如果正项级数 $\sum_{n=1}^{\infty}|u_n|$ 发散，而 $\sum_{n=1}^{\infty}u_n$ 本身收敛，则称级数 $\sum_{n=1}^{\infty}u_n$ 为**条件收敛**.

例如，根据前面的讨论易知，级数 $\sum_{n=1}^{\infty}(-1)^{n-1}\dfrac{1}{n^2}$ 绝对收敛，而级数 $\sum_{n=1}^{\infty}(-1)^{n-1}\dfrac{1}{n}$ 条件收敛.

级数绝对收敛与级数收敛之间有着如下的重要关系：

定理 2　如果正项级数 $\sum_{n=1}^{\infty}|u_n|$ 收敛，则级数 $\sum_{n=1}^{\infty}u_n$ 收敛.

证　因为 $u_n \leqslant |u_n|$，所以 $0 \leqslant |u_n| + u_n \leqslant 2|u_n|$.

已知正项级数 $\sum_{n=1}^{\infty}|u_n|$ 收敛，由正项级数的比较判别法可知，正项级数 $\sum_{n=1}^{\infty}(|u_n| + u_n)$ 收敛；又由级数的性质可知，$\sum_{n=1}^{\infty}u_n = \sum_{n=1}^{\infty}[(|u_n| + u_n) - |u_n|]$ 收敛，定理得证.

注意： 此定理说明，对于一般的级数 $\sum_{n=1}^{\infty}u_n$，可以利用正项级数敛散性的各种判别法，判别级数 $\sum_{n=1}^{\infty}|u_n|$ 的敛散性. 若级数 $\sum_{n=1}^{\infty}|u_n|$ 收敛，则级数 $\sum_{n=1}^{\infty}u_n$ 收敛，即**绝对收敛一定收敛**. 这就使得一大类级数的敛散性判定问题，转化为正项级数的敛散性判定问题.

但需注意，若级数 $\sum_{n=1}^{\infty}|u_n|$ 发散，我们不能判定级数 $\sum_{n=1}^{\infty}u_n$ 本身发散，只能断定级数 $\sum_{n=1}^{\infty}u_n$ 非绝对收敛. 例如，对于级数 $\sum_{n=1}^{\infty}(-1)^{n-1}\frac{1}{n}$，相应的级数 $\sum_{n=1}^{\infty}\left|(-1)^{n-1}\frac{1}{n}\right| = \sum_{n=1}^{\infty}\frac{1}{n}$ 发散，而易知级数 $\sum_{n=1}^{\infty}(-1)^{n-1}\frac{1}{n}$ 本身却是收敛的.

当我们利用比值判别法或根值判别法判断出正项级数 $\sum_{n=1}^{\infty}|u_n|$ 发散时，可以断言，级数 $\sum_{n=1}^{\infty}u_n$ 也一定发散. 这是因为，此时 $\lim_{n\to\infty}\frac{|u_{n+1}|}{|u_n|} = \rho > 1$ 或 $\lim_{n\to\infty}\sqrt[n]{|u_n|} = \rho > 1$，由此推得当 $n \to \infty$ 时，通项 u_n 不趋于零，由级数收敛的必要条件可知，级数 $\sum_{n=1}^{\infty}u_n$ 一定发散.

例 2　判断下列级数是否收敛，若收敛，指出其是绝对收敛还是条件收敛：

(1) $\sum_{n=1}^{\infty}\frac{\sin n}{n^2}$；(2) $\sum_{n=1}^{\infty}(-1)^{n-1}\frac{1}{n^p}(p > 0)$.

解　(1) 由于 $|u_n| = \left|\frac{\sin n}{n^2}\right| \leqslant \frac{1}{n^2}$，而级数 $\sum_{n=1}^{\infty}\frac{1}{n^2}$ 收敛，根据比较判别法，级数 $\sum_{n=1}^{\infty}\left|\frac{\sin n}{n^2}\right|$ 收敛，由定理 2 可知，级数 $\sum_{n=1}^{\infty}\frac{\sin n}{n^2}$ 收敛，且为绝对收敛.

(2) 由于 $u_n = \frac{1}{n^p} \geqslant \frac{1}{(n+1)^p} = u_{n+1}(n = 1,2,3,\cdots)$，$\lim_{n\to\infty}u_n = \lim_{n\to\infty}\frac{1}{n^p} = 0$，故由莱布尼兹判别法可知，交错级数 $\sum_{n=1}^{\infty}(-1)^{n-1}\frac{1}{n^p}$ 收敛.

当 $0 < p \leqslant 1$ 时，级数 $\sum_{n=1}^{\infty}\left|(-1)^{n-1}\frac{1}{n^p}\right| = \sum_{n=1}^{\infty}\frac{1}{n^p}$ 发散，故级数 $\sum_{n=1}^{\infty}(-1)^{n-1}\frac{1}{n^p}$ 为条件收敛；当 $p > 1$ 时，级数 $\sum_{n=1}^{\infty}\left|(-1)^{n-1}\frac{1}{n^p}\right| = \sum_{n=1}^{\infty}\frac{1}{n^p}$ 收敛，故级数 $\sum_{n=1}^{\infty}(-1)^{n-1}\frac{1}{n^p}$ 为绝对收敛.

综上所述，当 $0 < p \leqslant 1$ 时，级数 $\sum_{n=1}^{\infty}(-1)^{n-1}\frac{1}{n^p}$ 为条件收敛；当 $p > 1$ 时，级数 $\sum_{n=1}^{\infty}(-1)^{n-1}\frac{1}{n^p}$ 为绝对收敛.

小结： 判别任意项级数 $\sum\limits_{n=1}^{\infty} u_n$ 敛散性的基本步骤如下：

（1）检查 $\lim\limits_{n\to\infty} u_n = 0$ 是否成立，若不成立，则该级数发散；若成立，转入下一步.

（2）利用正项级数敛散性的判别法，判别级数 $\sum\limits_{n=1}^{\infty} |u_n|$ 的敛散性. 若 $\sum\limits_{n=1}^{\infty} |u_n|$ 收敛，则 $\sum\limits_{n=1}^{\infty} u_n$ 绝对收敛；若 $\sum\limits_{n=1}^{\infty} |u_n|$ 发散，则转入下一步.

（3）若 $\sum\limits_{n=1}^{\infty} |u_n|$ 发散，且此结论是由比值判别法或根值判别法得出的，则 $\sum\limits_{n=1}^{\infty} u_n$ 发散；若 $\sum\limits_{n=1}^{\infty} |u_n|$ 发散不是由比值判别法或根值判别法得出的，则需直接判别 $\sum\limits_{n=1}^{\infty} u_n$ 的敛散性，若收敛，则为条件收敛.

（4）对于交错级数 $\sum\limits_{n=1}^{\infty} (-1)^{n-1} u_n$，可以利用莱布尼兹判别法进行判别.

5.4 函数项级数

一、函数项级数的概念

定义 1 设 $u_n(x)(n=1,2,3,\cdots)$ 是定义在某一区间 I 内的函数序列，称

$$\sum_{n=1}^{\infty} u_n(x) = u_1(x) + u_2(x) + \cdots + u_n(x) + \cdots \tag{5-2}$$

为定义在区间 I 上的**函数项无穷级数**，简称**函数项级数**.

在函数项级数（5-2）中，若令 x 取定义区间 I 中某一确定值 x_0，则函数项级数（5-2）称为常数项级数

$$\sum_{n=1}^{\infty} u_n(x_0) = u_1(x_0) + u_2(x_0) + \cdots + u_n(x_0) + \cdots \tag{5-3}$$

该级数可能收敛，也可能发散. 若常数项级数（5-3）收敛（发散），则称函数项级数（5-2）在点 x_0 处收敛（发散），x_0 为函数项级数（5-2）的一个**收敛点（发散点）**. 函数项级数（5-2）的所有收敛点（发散点）构成的集合，称为函数项级数的**收敛域（发散域）**.

对于收敛域中的每一个数值 x，函数项级数（5-2）都是一个收敛的常数项级数，从而，都有唯一确定的和 s 与之对应. 因此，在收敛域内，函数项级数（5-2）的和 s 是 x 的一个函数，记为 $s(x)$，通常称 $s(x)$ 为函数项级数（5-2）的**和函数**，这个函数的定义域就是级数的收敛域，并写成

$$s(x) = \sum_{n=1}^{\infty} u_n(x) = u_1(x) + u_2(x) + \cdots + u_n(x) + \cdots \quad (x \text{ 属于收敛域})$$

仿照常数项级数的情形，将函数项级数（5-2）的前 n 项和记为 $s_n(x)$，且称其为函数项级数（5-2）的**部分和**，即

$$s_n(x) = \sum_{k=1}^{n} u_k(x) = u_1(x) + u_2(x) + \cdots + u_n(x)$$

那么在函数项级数（5-2）的收敛域内有

$$s(x) = \sum_{n=1}^{\infty} u_n(x) = \lim_{n\to\infty}\sum_{k=1}^{n} u_k(x) = \lim_{n\to\infty} s_n(x)$$

即
$$s(x) = \lim_{n\to\infty} s_n(x)$$

例如，由之前讨论的等比级数可知，当 $|r|<1$ 时，等比级数 $\sum_{n=0}^{\infty} r^n$ 收敛，且有 $\sum_{n=0}^{\infty} r^n = \frac{1}{1-r}$ ($|r|<1$).

因此，若令 $r=x$，则函数项级数 $\sum_{n=0}^{\infty} x^n$ 的收敛域为 $(-1,1)$，和函数为
$$s(x) = \sum_{n=0}^{\infty} x^n = \frac{1}{1-x}, x \in (-1,1)$$

若令 $r=\frac{1}{x}$，则函数项级数 $\sum_{n=0}^{\infty} \frac{1}{x^n}$ 的收敛域为 $(-\infty,-1)\cup(1,+\infty)$，和函数为
$$s(x) = \sum_{n=0}^{\infty} \frac{1}{x^n} = \frac{x}{x-1}, x \in (-\infty,-1) \cup (1,+\infty)$$

若令 $r=\sin x$，则函数项级数 $\sum_{n=0}^{\infty} \sin^n x$ 的收敛域为 $\Omega = \left\{x \mid x \in \mathbf{R}, x \neq k\pi + \frac{\pi}{2}, k \in \mathbf{Z}\right\}$，和函数为 $s(x) = \sum_{n=0}^{\infty} \sin^n x = \frac{1}{1-\sin x}$，$x \in \Omega$；类似地，读者也可以令 r 等于其他表达式.

下面介绍一种简单且常见的函数项级数——**幂级数**.

二、幂级数及其敛散性

定义 2 具有下列形式
$$\sum_{n=0}^{\infty} a_n(x-x_0)^n = a_0 + a_1(x-x_0) + a_2(x-x_0)^2 + \cdots + a_n(x-x_0)^n + \cdots$$

的函数项级数，称为**幂级数**，其中 $a_n(n=0,1,2,\cdots)$ 和 x_0 为常数，并称 $a_n(n=0,1,2,\cdots)$ 为**幂级数的系数**.

特别地，若 $x_0 = 0$，则幂级数变为
$$\sum_{n=0}^{\infty} a_n x^n = a_0 + a_1 x + \cdots + a_n x^n + \cdots$$

例如，$\sum_{n=0}^{\infty}(x-1)^n$，$\sum_{n=1}^{\infty}\left(\frac{n}{n+1}\right)^n x^n$，$\sum_{n=1}^{\infty}\frac{n!}{3^n}x^n$ 等都是幂级数.

下面主要讨论 $\sum_{n=0}^{\infty} a_n x^n$ 这种形式的幂级数，因为幂级数 $\sum_{n=0}^{\infty} a_n(x-x_0)^n$ 只需作变换 $t = x-x_0$，即可化为 $\sum_{n=0}^{\infty} a_n t^n$ 这种形式.

现在我们来讨论：对于给定的幂级数，它的收敛域及发散域是怎样的？即 x 取何值时，幂级数收敛？x 取何值时，幂级数发散？这就是幂级数的敛散性问题.

例如，幂级数 $\sum_{n=0}^{\infty} x^n$ 的收敛域为 $(-1,1)$，发散域为 $(-\infty,-1]\cup[1,+\infty)$，在收敛域 $(-1,1)$ 内有

$$s(x) = \sum_{n=0}^{\infty} x^n = \frac{1}{1-x}$$

从这个例子可以看出，幂级数的收敛域是一个区间（仅在 $x=0$ 处收敛的幂级数除外），事实上，这个结论对于一般的幂级数也是成立的．我们有如下定理：

定理 1 （阿贝尔（Abel）定理）

（1）若幂级数 $\sum_{n=0}^{\infty} a_n x^n$ 在点 $x_0 \neq 0$ 处收敛，则在满足不等式 $|x| > |x_0|$ 的一切点 x 处绝对收敛；

（2）若幂级数 $\sum_{n=0}^{\infty} a_n x^n$ 在点 x_1 处发散，则在满足不等式 $|x| > |x_1|$ 的一切点 x 处均发散．

证 （1）设幂级数 $\sum_{n=0}^{\infty} a_n x^n$ 在点 $x_0 \neq 0$ 处收敛，由级数收敛的必要条件知，$\lim_{n \to \infty} a_n x_0^n = 0$，因而数列 $\{a_n x_0^n\}$ 有界，即存在正常数 M，使得

$$|a_n x_0^n| \leq M \quad (n = 0, 1, 2, \cdots)$$

于是

$$|a_n x^n| = \left| a_n x_0^n \cdot \frac{x^n}{x_0^n} \right| = |a_n x_0^n| \left| \frac{x}{x_0} \right|^n \leq M \left| \frac{x}{x_0} \right|^n$$

当 $|x| < |x_0|$ 时，$\left| \frac{x}{x_0} \right| < 1$，由等比级数知，级数 $\sum_{n=0}^{\infty} M \left| \frac{x}{x_0} \right|^n$ 收敛．由正项级数的比较判别法知，幂级数 $\sum_{n=0}^{\infty} a_n x^n$ 绝对收敛．

（2）（反证法）假设存在 x_2，满足 $|x_2| > |x_1|$，级数 $\sum_{n=0}^{\infty} a_n x_2^n$ 收敛，则由（1）可知，级数 $\sum_{n=0}^{\infty} a_n x_1^n$ 应收敛，这与已知矛盾．于是定理得证．

注意：阿贝尔定理告诉我们，若幂级数 $\sum_{n=0}^{\infty} a_n x^n$ 在 $x_0 \neq 0$ 处收敛，则该幂级数在 $(-|x_0|, |x_0|)$ 内绝对收敛；若幂级数 $\sum_{n=0}^{\infty} a_n x^n$ 在 x_1 处发散，则该幂级数在 $(-\infty, -|x_1|) \cup (|x_1|, +\infty)$ 内发散．由此可知，若幂级数 $\sum_{n=0}^{\infty} a_n x^n$ 在 $x_0 \neq 0$ 处收敛，而在 x_1 处发散，则必有 $|x_0| \leq |x_1|$，且存在 $R > 0$，$|x_0| \leq R \leq |x_1|$，使得 $|x| < R$ 时，幂级数 $\sum_{n=0}^{\infty} a_n x^n$ 收敛；$|x| > R$ 时，幂级数 $\sum_{n=0}^{\infty} a_n x^n$ 发散．通常称 R 为幂级数 $\sum_{n=0}^{\infty} a_n x^n$ 的**收敛半径**，开区间 $(-R, R)$ 称为**收敛区间**，再由幂级数在 $x = \pm R$ 处的收敛性可以确定，它的收敛域为 $(-R, R)$，$[-R, R)$，$(-R, R]$，$[-R, R]$ 这四个区间之一．

特别地，当幂级数 $\sum_{n=0}^{\infty} a_n x^n$ 仅在 $x = 0$ 处收敛时，规定其收敛半径为 $R = 0$；当 $\sum_{n=0}^{\infty} a_n x^n$ 对一切 x 都收敛时，规定其收敛半径为 $R = +\infty$，此时的收敛域为 $(-\infty, +\infty)$．

根据正项级数的比值判别法，可得求收敛半径的如下定理：

定理 2 设幂级数 $\sum_{n=0}^{\infty} a_n x^n$ 的系数满足 $\lim_{n \to \infty} \left| \frac{a_{n+1}}{a_n} \right| = \rho$，

(1) 若 $0 < \rho < +\infty$ 时, 则 $R = \dfrac{1}{\rho}$;

(2) 若 $\rho = 0$ 时, 则 $R = +\infty$;

(3) 若 $\rho = +\infty$ 时, 则 $R = 0$.

证 对于正项级数 $\sum\limits_{n=0}^{\infty} |a_n x^n| = |a_0| + |a_1 x| + \cdots + |a_n x^n| + \cdots$, 有

$$\lim_{n \to \infty} \frac{|a_{n+1} x^{n+1}|}{|a_n x^n|} = \lim_{n \to \infty} \left|\frac{a_{n+1}}{a_n}\right| \cdot |x| = \rho |x|$$

(1) 若 $0 < \rho < +\infty$, 由比值判别法知, 当 $\rho |x| < 1$, 即 $|x| < \dfrac{1}{\rho}$ 时, 幂级数 $\sum\limits_{n=0}^{\infty} |a_n x^n|$ 收敛, 即 $\sum\limits_{n=0}^{\infty} a_n x^n$ 绝对收敛; 当 $\rho|x| > 1$, 即 $|x| > \dfrac{1}{\rho}$ 时, 可知 n 充分大时, 必有 $\dfrac{|a_{n+1} x^{n+1}|}{|a_n x^n|} > 1$, 即 $|a_{n+1} x^{n+1}| > |a_n x^n|$, 由此可推得 $n \to \infty$ 时, $|a_n x^n|$ 不趋向于零, 从而 $a_n x^n$ 不趋向于零, 由级数收敛的必要条件可知, 级数 $\sum\limits_{n=0}^{\infty} a_n x^n$ 一定发散. 故幂级数 $\sum\limits_{n=0}^{\infty} a_n x^n$ 的收敛半径为 $R = \dfrac{1}{\rho}$.

(2) 若 $\rho = 0$, 对任意 $x \neq 0, \rho|x| = 0 < 1$, 则对任意 $x \in (-\infty, +\infty)$, 级数 $\sum\limits_{n=0}^{\infty} |a_n x^n|$ 收敛, 从而 $\sum\limits_{n=0}^{\infty} a_n x^n$ 绝对收敛, 即幂级数 $\sum\limits_{n=0}^{\infty} a_n x^n$ 的收敛半径 $R = +\infty$.

(3) 若 $\rho = +\infty$, 对任意 $x \neq 0, \lim\limits_{n \to \infty} \dfrac{|a_{n+1} x^{n+1}|}{|a_n x^n|} = \rho|x| = +\infty > 1$, 从而当 n 充分大时, 必有 $\dfrac{|a_{n+1} x^{n+1}|}{|a_n x^n|} > 1$, 即 $|a_{n+1} x^{n+1}| > |a_n x^n|$, 由此可推得 $n \to \infty$ 时, $|a_n x^n|$ 不趋向于零, 从而 $a_n x^n$ 不趋向于零, 根据级数收敛的必要条件可知, 对任意 $x \neq 0$, 幂级数 $\sum\limits_{n=0}^{\infty} a_n x^n$ 发散. 故幂级数 $\sum\limits_{n=0}^{\infty} a_n x^n$ 仅在 $x = 0$ 处收敛, 其收敛半径为 $R = 0$.

例1 求下列幂级数的收敛半径及收敛域: (1) $\sum\limits_{n=1}^{\infty} \dfrac{x^n}{n!}$; (2) $\sum\limits_{n=1}^{\infty} n^n x^n$.

解 (1) 因为

$$\rho = \lim_{n \to \infty} \left|\frac{a_{n+1}}{a_n}\right| = \lim_{n \to \infty} \frac{n!}{(n+1)!} = \lim_{n \to \infty} \frac{1}{n+1} = 0$$

故收敛半径 $R = +\infty$, 从而收敛域为 $(-\infty, +\infty)$.

(2) 因为

$$\rho = \lim_{n \to \infty} \left|\frac{a_{n+1}}{a_n}\right| = \lim_{n \to \infty} \frac{(n+1)^{n+1}}{n^n} = \lim_{n \to \infty} (n+1)\left(1 + \frac{1}{n}\right)^n = +\infty$$

故收敛半径 $R = 0$, 即级数仅在点 $x = 0$ 处收敛.

例2 求幂级数 $\sum_{n=1}^{\infty} \dfrac{(-1)^n}{3^{n-1}\sqrt{n}} x^n$ 的收敛半径和收敛域.

解 因为 $\rho = \lim\limits_{n\to\infty}\left|\dfrac{a_{n+1}}{a_n}\right| = \lim\limits_{n\to\infty} \dfrac{3^{n-1}\sqrt{n}}{3^n\sqrt{n+1}} = \dfrac{1}{3}$，故收敛半径 $R = \dfrac{1}{\rho} = 3$.

当 $x = -3$ 时，级数成为 $\sum\limits_{n=1}^{\infty} \dfrac{3}{\sqrt{n}}$，由 p 级数的敛散性知，此级数发散.

当 $x = 3$ 时，级数成为 $\sum\limits_{n=1}^{\infty} \dfrac{(-1)^n \cdot 3}{\sqrt{n}}$，由莱布尼兹判别法可知，此级数收敛.

综上所述，幂级数 $\sum\limits_{n=1}^{\infty} \dfrac{(-1)^n}{3^{n-1}\sqrt{n}} x^n$ 的收敛半径为 $R = 3$，收敛域为 $(-3, 3]$.

例3 求幂级数 $\sum\limits_{n=1}^{\infty} \dfrac{(-1)^{n+1}}{n \cdot 2^n} (x-2)^n$ 的收敛域.

解 令 $t = x - 2$，原级数变为 $\sum\limits_{n=1}^{\infty} \dfrac{(-1)^{n+1}}{n \cdot 2^n} t^n$.

因为 $\rho = \lim\limits_{n\to\infty}\left|\dfrac{a_{n+1}}{a_n}\right| = \lim\limits_{n\to\infty} \dfrac{n \cdot 2^n}{(n+1) \cdot 2^{n+1}} = \dfrac{1}{2}$，所以幂级数 $\sum\limits_{n=1}^{\infty} \dfrac{(-1)^{n+1}}{n \cdot 2^n} t^n$ 的收敛半径 $R = 2$.

当 $t = 2$ 时，级数 $\sum\limits_{n=1}^{\infty} \dfrac{(-1)^{n+1}}{n}$ 收敛；当 $t = -2$ 时，级数 $\sum\limits_{n=1}^{\infty} \dfrac{(-1)^{n+1}}{n \cdot 2^n} (-2)^n = -\sum\limits_{n=1}^{\infty} \dfrac{1}{n}$ 发散. 因此，幂级数 $\sum\limits_{n=1}^{\infty} \dfrac{(-1)^{n+1}}{n \cdot 2^n} t^n$ 的收敛域为 $(-2, 2]$.

故原幂级数 $\sum\limits_{n=1}^{\infty} \dfrac{(-1)^{n+1}}{n \cdot 2^n} (x-2)^n$ 的收敛域为 $(0, 4]$.

例4 求幂级数 $\sum\limits_{n=0}^{\infty} \dfrac{x^{2n}}{3^n}$ 的收敛半径及收敛域.

解 此级数为缺项型幂级数，缺少含有 x 的奇次幂的项，不能直接利用定理 5.2 来求它的收敛半径，但可以利用比值判别法来求它的收敛半径.

令 $u_n = \dfrac{x^{2n}}{3^n}$，则

$$\lim_{n\to\infty}\left|\dfrac{u_{n+1}}{u_n}\right| = \lim_{n\to\infty}\left|\dfrac{3^n x^{2n+2}}{3^{n+1} x^{2n}}\right| = \dfrac{1}{3} x^2$$

于是，当 $\dfrac{1}{3} x^2 < 1$，即 $|x| < \sqrt{3}$ 时，级数 $\sum\limits_{n=0}^{\infty} \dfrac{x^{2n}}{3^n}$ 收敛；当 $\dfrac{1}{3} x^2 > 1$，即 $|x| > \sqrt{3}$ 时，级数 $\sum\limits_{n=0}^{\infty} \dfrac{x^{2n}}{3^n}$ 发散. 当 $\dfrac{1}{3} x^2 = 1$，即 $x = -\sqrt{3}$ 或 $x = \sqrt{3}$ 时，级数成为 $\sum\limits_{n=0}^{\infty} 1$，它是发散的.

综上所述，原级数的收敛半径为 $R = \sqrt{3}$，收敛域为 $(-\sqrt{3}, \sqrt{3})$.

下面介绍幂级数及其和函数的一些性质，证明从略.

三、幂级数在其收敛区间内的基本性质

（1）加法运算.

设幂级数 $\sum_{n=0}^{\infty} a_n x^n$ 与 $\sum_{n=0}^{\infty} b_n x^n$ 的收敛区间分别为 $(-R_1, R_1)$ 与 $(-R_2, R_2)$，其中 $R_1 > 0$，$R_2 > 0$，若记 $R = \min\{R_1, R_2\}$，则在两个幂级数的公共收敛区间内可进行如下运算：

$$\sum_{n=0}^{\infty} a_n x^n \pm \sum_{n=0}^{\infty} b_n x^n = \sum_{n=0}^{\infty} (a_n \pm b_n) x^n, x \in (-R, R)$$

（2）和函数的连续性.

设幂级数 $\sum_{n=0}^{\infty} a_n x^n$ 的收敛半径为 R，其和函数为 $s(x)$，则和函数 $s(x)$ 在 $(-R, R)$ 内连续，即有

$$\lim_{x \to x_0} s(x) = s(x_0) = \sum_{n=0}^{\infty} a_n x_0^n, \forall x_0 \in (-R, R)$$

若该幂级数在 $x = R$ 处收敛，则 $s(x)$ 在 $x = R$ 处左连续；若该幂级数在 $x = -R$ 处收敛，则 $s(x)$ 在 $x = -R$ 处右连续.

（3）逐项求导.

设幂级数 $\sum_{n=0}^{\infty} a_n x^n$ 的收敛半径为 R，其和函数为 $s(x)$，则和函数 $s(x)$ 在 $(-R, R)$ 内可导，且有逐项求导公式

$$s'(x) = \left(\sum_{n=0}^{\infty} a_n x^n \right)' = \sum_{n=0}^{\infty} (a_n x^n)' = \sum_{n=1}^{\infty} a_n n x^{n-1}, \forall x \in (-R, R)$$

（4）逐项积分.

设幂级数 $\sum_{n=0}^{\infty} a_n x^n$ 的收敛半径为 R，其和函数为 $s(x)$，则和函数 $s(x)$ 在收敛域内可积，且有逐项积分公式

$$\int_0^x s(t) dt = \int_0^x \sum_{n=0}^{\infty} a_n t^n dt = \sum_{n=0}^{\infty} \int_0^x a_n t^n dt = \sum_{n=0}^{\infty} \frac{a_n}{n+1} x^{n+1}$$

易证得幂级数 $\sum_{n=0}^{\infty} a_n x^n$，$\sum_{n=0}^{\infty} a_n n x^{n-1}$，$\sum_{n=0}^{\infty} \frac{a_n}{n+1} x^{n+1}$ 有相同的收敛半径.

四、求幂级数的和函数

例5 求幂级数 $\sum_{n=1}^{\infty} \frac{x^n}{n}$ 的和函数 $s(x)$，并求常数项级数 $\sum_{n=1}^{\infty} \frac{(-1)^n}{n}$ 的和.

解 所给幂级数的收敛半径 $R = 1$，收敛区间为 $(-1, 1)$.

通过观察，和函数 $s(x)$ 不容易直接求出，但注意到 $\left(\frac{x^n}{n} \right)' = x^{n-1}$，于是，可利用和函数逐项求导公式得

$$s'(x) = \left(\sum_{n=1}^{\infty} \frac{x^n}{n} \right)' = \sum_{n=1}^{\infty} \left(\frac{x^n}{n} \right)' = \sum_{n=1}^{\infty} x^{n-1} = \frac{1}{1-x}$$

由此得

$$s(x) = \int_0^x s'(t) dt + s(0) = \int_0^x \frac{1}{1-t} dt = -\ln|1-x|, x \in (-1, 1)$$

该幂级数的收敛半径 $R = 1$，当 $x = -1$ 时，得收敛的交错级数 $\sum_{n=1}^{\infty} \frac{(-1)^n}{n}$. 于是，由

和函数的连续性可知，$\sum_{n=1}^{\infty}\dfrac{(-1)^n}{n}=\sum_{n=1}^{\infty}\left.\dfrac{x^n}{n}\right|_{x=-1}=-\ln 2$.

注意：（1）解题思想：本题根据和函数逐项求导公式，采用了**先求导后积分**来求和函数.

（2）已知导函数 $s'(x)$，求原函数 $s(x)$，根据**牛顿—莱布尼兹**公式

$$s(x)=\int_a^x s'(t)\mathrm{d}t+s(a)$$

常取 $a=0$，因为 $s(0)$ 相对来说容易计算.

（3）因为 $\dfrac{x^n}{n}=\int_0^x t^{n-1}\mathrm{d}t$，故本题也可以直接利用和函数逐项积分公式得

$$s(x)=\sum_{n=1}^{\infty}\dfrac{x^n}{n}=\sum_{n=1}^{\infty}\int_0^x t^{n-1}\mathrm{d}t=\int_0^x\sum_{n=1}^{\infty}t^{n-1}\mathrm{d}t=\int_0^x\dfrac{1}{1-t}\mathrm{d}t=-\ln|1-x|,\quad x\in(-1,1)$$

例 6 求幂级数 $\sum\limits_{n=1}^{\infty}nx^{n-1}$ 的和函数 $s(x)$.

解 所给幂级数的收敛半径 $R=1$，收敛区间为 $(-1,1)$.

通过观察，和函数 $s(x)$ 不容易直接求出，但注意到 $\int_0^x nt^{n-1}\mathrm{d}t=x^n$，于是，可利用和函数逐项积分公式得

$$\int_0^x s(t)\mathrm{d}t=\int_0^x\sum_{n=1}^{\infty}nt^{n-1}\mathrm{d}t=\sum_{n=1}^{\infty}\int_0^x nt^{n-1}\mathrm{d}t=\sum_{n=1}^{\infty}x^n=\dfrac{x}{1-x}$$

由此得 $s(x)=\left(\int_0^x s(t)\mathrm{d}t\right)'=\left(\dfrac{x}{1-x}\right)'=\dfrac{1}{(1-x)^2},\quad x\in(-1,1)$

注意：（1）解题思想：本题根据和函数逐项积分公式，采用了**先积分后求导**来求和函数.

（2）因为 $(x^n)'=nx^{n-1}$，故本题也可以直接利用和函数逐项求导公式得：

$$s(x)=\sum_{n=1}^{\infty}nx^{n-1}=\sum_{n=1}^{\infty}(x^n)'=\left(\sum_{n=1}^{\infty}x^n\right)'=\left(\dfrac{x}{1-x}\right)'=\dfrac{1}{(1-x)^2},\ x\in(-1,1)$$

例 7 求幂级数 $\sum\limits_{n=1}^{\infty}nx^n$ 的和函数 $s(x)$.

解 所给幂级数的收敛半径 $R=1$，收敛区间为 $(-1,1)$.

$$s(x)=\sum_{n=1}^{\infty}nx^n=x\sum_{n=1}^{\infty}nx^{n-1}=x\sum_{n=1}^{\infty}(x^n)'=x\left(\sum_{n=1}^{\infty}x^n\right)'$$

$$=x\left(\dfrac{x}{1-x}\right)'=\dfrac{x}{(1-x)^2},\ x\in(-1,1)$$

例 8* 求幂级数 $\sum\limits_{n=1}^{\infty}n(n+2)x^n$ 的和函数 $s(x)$.

解 所给幂级数的收敛半径 $R=1$，收敛区间为 $(-1,1)$.

$$s(x)=\sum_{n=1}^{\infty}n(n+2)x^n=\sum_{n=1}^{\infty}n(n+1)x^n+\sum_{n=1}^{\infty}nx^n=x\sum_{n=1}^{\infty}n(n+1)x^{n-1}+x\sum_{n=1}^{\infty}nx^{n-1}$$

$$=x\left(\sum_{n=1}^{\infty}x^{n+1}\right)''+x\left(\sum_{n=1}^{\infty}x^n\right)'=x\left(\dfrac{x^2}{1-x}\right)''+x\left(\dfrac{x}{1-x}\right)'$$

$$=\dfrac{2x}{(1-x)^3}+\dfrac{x}{(1-x)^2}=\dfrac{x(3-x)}{(1-x)^3},\ x\in(-1,1)$$

5.5 函数展开成幂级数

在上一节中，我们求解了幂级数的和函数问题，知道在其收敛域内，幂级数表示某一确定的函数. 但在实际应用中，我们也会遇到相反的问题：给定函数 $f(x)$，要考虑在某个区间内能否将其展开成幂级数？也就是说，能否找到一个幂级数，它在某区间内收敛，且其和恰好就是给定的函数 $f(x)$. 如果能找到这样的幂级数，我们就说，函数 $f(x)$ **在该区间内可以展开成幂级数**，且这个幂级数在该区间内就表示函数 $f(x)$.

一、泰勒公式

在介绍函数的幂级数展开法之前，先介绍如下定理：

定理 1（泰勒（Taylor）中值定理） 如果函数 $f(x)$ 在点 x_0 的某一邻域 $\cup(x_0)$ 内具有直至 $n+1$ 阶的导数，那么对于任一 $x \in \cup(x_0)$，有

$$f(x) = f(x_0) + f'(x_0)(x-x_0) + \frac{f''(x_0)}{2!}(x-x_0)^2 + \cdots + \frac{f^{(n)}(x_0)}{n!}(x-x_0)^n + R_n(x) \tag{5-4}$$

其中，
$$R_n(x) = \frac{1}{(n+1)!} f^{(n+1)}(\xi)(x-x_0)^{n+1} \quad (\xi \text{ 介于 } x_0 \text{ 与 } x \text{ 之间}) \tag{5-5}$$

式 (5-4) 称为函数 $f(x)$ 在点 x_0 处（或按 $(x-x_0)$ 的幂展开）的带有拉格朗日余项的 n 阶泰勒（Taylor）式，其中由式 (5-5) 所确定的 $R_n(x)$ 称为拉格朗日余项.

函数 $f(x)$ 在点 x_0 处的 n 阶泰勒公式 (5-4) 表明，$f(x)$ 可以近似地表示为

$$f(x) \approx f(x_0) + f'(x_0)(x-x_0) + \frac{f''(x_0)}{2!}(x-x_0)^2 + \cdots + \frac{f^{(n)}(x_0)}{n!}(x-x_0)^n$$

其误差由余项 $R_n(x)$ 来估计.

当 $n=0$ 时，泰勒公式 (5-4) 就变成了拉格朗日中值公式：

$$f(x) = f(x_0) + f'(\xi)(x-x_0) \quad (\xi \text{ 介于 } x_0 \text{ 与 } x \text{ 之间})$$

因此，泰勒公式 (5-4) 是拉格朗日中值公式的推广.

在泰勒公式 (5-4) 中，如果取 $x_0 = 0$，则有

$$f(x) = f(0) + f'(0)x + \frac{f''(0)}{2!}x^2 + \cdots + \frac{f^{(n)}(0)}{n!}x^n + R_n(x) \tag{5-6}$$

其中余项
$$R_n(x) = \frac{1}{(n+1)!} f^{(n+1)}(\xi) x^{n+1} \quad (\xi \text{ 介于 } 0 \text{ 与 } x \text{ 之间})$$
$$= \frac{1}{(n+1)!} f^{(n+1)}(\theta x) x^{n+1} \quad (0 < \theta < 1)$$

称式 (5-6) 为函数 $f(x)$ 带有拉格朗日余项的麦克劳林（Maclaurin）公式.

二、泰勒级数

定义 1 对给定的函数 $f(x)$，如果有幂级数 $\sum_{n=0}^{\infty} a_n (x-x_0)^n$，使得在 x_0 的某一邻域内

有
$$f(x) = \sum_{n=0}^{\infty} a_n (x - x_0)^n$$

则称函数 $f(x)$ 在该邻域内可以展开成 $x - x_0$ 的幂级数.

我们可能会问：具有什么性质的函数才能展开成幂级数？如果能展开成 $x - x_0$ 的幂级数，其系数 a_n 是什么？展开式是否唯一？对此，我们有如下定理：

定理 2 设函数 $f(x)$ 在点 x_0 的某一邻域内有任意阶导数，且 $f(x)$ 在该邻域内能展开成 $x - x_0$ 的幂级数，即

$$f(x) = \sum_{n=0}^{\infty} a_n (x - x_0)^n$$

则其系数

$$a_n = \frac{f^{(n)}(x_0)}{n!}$$

且展开式是唯一的.

注意：由此可见，如果函数 $f(x)$ 有任意阶导数，且能够展开为幂级数，则其展开式的系数由 $a_n = \frac{f^{(n)}(x_0)}{n!}$ 来唯一确定，即 $f(x) = \sum_{n=0}^{\infty} \frac{f^{(n)}(x_0)}{n!} (x - x_0)^n$.

定义 2 如果函数 $f(x)$ 在 $x = x_0$ 的某一邻域内有任意阶导数，则称幂级数

$$f(x_0) + f'(x_0)(x - x_0) + \frac{f''(x_0)}{2!}(x - x_0)^2 + \cdots + \frac{f^{(n)}(x_0)}{n!}(x - x_0)^n + \cdots$$

$$= \sum_{n=0}^{\infty} \frac{f^{(n)}(x_0)}{n!}(x - x_0)^n \tag{5-7}$$

为函数 $f(x)$ 在点 x_0 处的**泰勒级数**.

当 $x_0 = 0$ 时，幂级数

$$f(0) + f'(0)x + \frac{f''(0)}{2!}x^2 + \cdots + \frac{f^{(n)}(0)}{n!}x^n + \cdots = \sum_{n=0}^{\infty} \frac{f^{(n)}(0)}{n!}x^n$$

又称为函数 $f(x)$ 的**麦克劳林级数**.

式（5-7）在收敛区间内是否收敛于函数 $f(x)$ 呢？换言之，函数 $f(x)$ 还应满足什么条件，式（5-7）才能收敛于函数 $f(x)$ 呢？

定理 3 设函数 $f(x)$ 在点 x_0 的某一邻域内有任意阶导数，则 $f(x)$ 能展开成泰勒级数 $\left(\text{即 } f(x) = \sum_{n=0}^{\infty} \frac{f^{(n)}(x_0)}{n!}(x - x_0)^n \right)$ 的充分必要条件为

$$\lim_{n \to \infty} R_n(x) = 0 \quad (R_n(x) \text{ 为拉格朗日余项})$$

证 必要性：设 $f(x)$ 能展开成泰勒级数，即

$$f(x) = \sum_{n=0}^{\infty} \frac{f^{(n)}(x_0)}{n!}(x - x_0)^n$$

由泰勒公式

$$f(x) = \sum_{k=0}^{n} \frac{f^{(k)}(x_0)}{k!}(x - x_0)^k + R_n(x)$$

得
$$R_n(x) = f(x) - \sum_{k=0}^{n} \frac{f^{(k)}(x_0)}{k!}(x-x_0)^k$$

于是
$$\lim_{n\to\infty} R_n(x) = \lim_{n\to\infty}\left[f(x) - \sum_{k=0}^{n} \frac{f^{(k)}(x_0)}{k!}(x-x_0)^k\right]$$
$$= \lim_{n\to\infty} f(x) - \lim_{n\to\infty}\sum_{k=0}^{n} \frac{f^{(k)}(x_0)}{k!}(x-x_0)^k$$
$$= f(x) - f(x) = 0$$

充分性：由泰勒公式
$$f(x) = \sum_{k=0}^{n} \frac{f^{(k)}(x_0)}{k!}(x-x_0)^k + R_n(x)$$

得
$$\sum_{k=0}^{n} \frac{f^{(k)}(x_0)}{k!}(x-x_0)^k = f(x) - R_n(x)$$

从而
$$\sum_{n=0}^{\infty} \frac{f^{(n)}(x_0)}{n!}(x-x_0)^n = \lim_{n\to\infty}\sum_{k=0}^{n} \frac{f^{(k)}(x_0)}{k!}(x-x_0)^k$$
$$= \lim_{n\to\infty}[f(x) - R_n(x)]$$
$$= f(x) - \lim_{n\to\infty} R(x) = f(x)$$

即泰勒级数收敛于 $f(x)$.

注意：若 $\lim\limits_{n\to\infty} R_n(x) \neq 0$，则 $s(x) = \sum\limits_{n=0}^{\infty} \frac{f^{(n)}(x_0)}{n!}(x-x_0)^n \neq f(x)$. 即 $f(x)$ 的泰勒级数可能不收敛于 $f(x)$ 本身！

三、函数展开成幂级数

利用定理 3 将函数 $f(x)$ 展开成泰勒级数的方法，称为**直接展开法**.

步骤如下：

第一步：求出函数 $f(x)$ 的各阶导数 $f'(x), f''(x), \cdots, f^{(n)}(x), \cdots$.

第二步：求出函数及其各阶导数在 $x = x_0$ 处的值：$f(x_0), f'(x_0), f''(x_0), \cdots, f^{(n)}(x_0), \cdots$.

第三步：写出幂级数 $f(x_0) + f'(x_0)(x-x_0) + \frac{f''(x_0)}{2!}(x-x_0)^2 + \cdots + \frac{f^{(n)}(x_0)}{n!}(x-x_0)^n + \cdots$，并求出收敛区间 I.

第四步：讨论 $\lim\limits_{n\to\infty} R_n(x) = 0$ 是否成立，若成立，函数在区间 I 内的幂级数展开式为
$$f(x) = f(x_0) + f'(x_0)(x-x_0) + \frac{f''(x_0)}{2!}(x-x_0)^2 + \cdots + \frac{f^{(n)}(x_0)}{n!}(x-x_0)^n + \cdots$$

下面着重讨论 $x_0 = 0$ 的情形.

例 1 试将函数 $f(x) = e^x$ 展开成 x 的幂级数.

解 因为 $f^{(n)}(x) = e^x$ $(n=0,1,2,\cdots)$，所以 $f^{(n)}(0) = 1$ $(n=0,1,2,\cdots)$.

于是，我们得到幂级数

$$1 + x + \frac{1}{2!}x^2 + \cdots + \frac{1}{n!}x^n + \cdots$$

该幂级数的收敛半径 $R = +\infty$，至于它是否以 $f(x) = e^x$ 为和函数，即它是否收敛于 $f(x) = e^x$，还需要进一步考查拉格朗日余项 $R_n(x)$ 的极限是否为零.

因为 $R_n(x) = \dfrac{e^{\theta x}}{(n+1)!} x^{n+1}$ $(0 < \theta < 1)$，且 $\theta x \leqslant |\theta x| < |x|$

所以 $|R_n(x)| = \dfrac{e^{\theta x}}{(n+1)!} |x|^{n+1} < \dfrac{e^{|x|}}{(n+1)!} |x|^{n+1}$

考虑正项级数 $\sum\limits_{n=0}^{\infty} u_n = \sum\limits_{n=0}^{\infty} \dfrac{e^{|x|}}{(n+1)!} |x|^{n+1}$，由正项级数的比值判别法可知，级数 $\sum\limits_{n=0}^{\infty} u_n = \sum\limits_{n=0}^{\infty} \dfrac{e^{|x|}}{(n+1)!} |x|^{n+1}$ 收敛，根据级数收敛的必要条件得

$$\lim_{n \to \infty} \dfrac{e^{|x|}}{(n+1)!} |x|^{n+1} = 0$$

从而，根据夹逼准则得

$$\lim_{n \to \infty} R_n(x) = 0$$

因此，根据定理 3 可得

$$e^x = 1 + x + \frac{1}{2!}x^2 + \cdots + \frac{1}{n!}x^n + \cdots \quad (-\infty < x < +\infty)$$

例2 试将函数 $f(x) = \sin x$ 展开成 x 的幂级数.

解 因为 $f^{(n)}(x) = \sin\left(x + \dfrac{n\pi}{2}\right) (n = 0,1,2,3,\cdots)$，所以

$$f^{(n)}(0) = \sin\left(\dfrac{n\pi}{2}\right) (n = 0,1,2,3,\cdots)$$

即 $f(0) = 0, f'(0) = 1, f''(0) = 0, f'''(0) = -1, \cdots \quad (n = 0,1,2,3,\cdots)$

于是，得到幂级数

$$x - \frac{1}{3!}x^3 + \frac{1}{5!}x^5 - \cdots + (-1)^n \frac{x^{2n+1}}{(2n+1)!} + \cdots$$

且它的收敛半径 $R = +\infty$.

又因为 $R_n(x) = \dfrac{\sin\left[\theta x + \dfrac{(n+1)\pi}{2}\right]}{(n+1)!} x^{n+1}$

故，可以推得

$$|R_n(x)| = \dfrac{\left|\sin\left[\theta x + \dfrac{(n+1)\pi}{2}\right]\right|}{(n+1)!} |x|^{n+1} \leqslant \dfrac{|x|^{n+1}}{(n+1)!} \to 0 \quad (\text{当 } n \to \infty \text{ 时})$$

因此，有

$$\sin x = x - \frac{1}{3!}x^3 + \frac{1}{5!}x^5 - \cdots + (-1)^n \frac{x^{2n+1}}{(2n+1)!} + \cdots (-\infty < x < +\infty)$$

注意：通过以上两个例子可以看出，运用直接展开法，虽然步骤明确，但运算往往过于烦琐，特别是判断 $\lim\limits_{n\to\infty}R_n(x)=0$ 是否成立时，有时并非易事. 因此，人们通常采用**间接展开法**，即利用某些已知函数（例如 $\dfrac{1}{1-x}$，e^x，$\sin x$ 等）的幂级数展开式，以及幂级数逐项求导或逐项积分等性质，将所给函数展开成幂级数的方法.

例3 试将函数 $f(x)=\cos x$ 展开成 x 的幂级数.

解 利用间接展开法，因为 $\cos x=(\sin x)'$，

而
$$\sin x = x - \frac{1}{3!}x^3 + \frac{1}{5!}x^5 - \cdots + (-1)^n \frac{x^{2n+1}}{(2n+1)!} + \cdots$$
$$= \sum_{n=0}^{\infty}(-1)^n \frac{x^{2n+1}}{(2n+1)!} \quad (-\infty < x < +\infty)$$

所以，根据幂级数逐项求导的性质，得
$$\cos x = 1 - \frac{1}{2!}x^2 + \frac{1}{4!}x^4 - \cdots + (-1)^n \frac{1}{(2n)!}x^{2n} + \cdots$$
$$= \sum_{n=0}^{\infty}(-1)^n \frac{x^{2n}}{(2n)!} \quad (-\infty < x < +\infty)$$

例4 试将函数 $f(x)=\ln(1+x)$ 展开成 x 的幂级数.

解 注意到 $[\ln(1+x)]' = \dfrac{1}{1+x} = \dfrac{1}{1-(-x)} = \sum_{n=0}^{\infty}(-1)^n x^n$

利用幂级数逐项积分的性质，得
$$\ln(1+x) = \int_0^x \frac{1}{1+t}dt = \int_0^x \sum_{n=0}^{\infty}(-1)^n t^n dt$$
$$= \sum_{n=0}^{\infty}\int_0^x(-1)^n t^n dt = \sum_{n=0}^{\infty}\frac{(-1)^n}{n+1}x^{n+1}$$
$$= \sum_{n=1}^{\infty}(-1)^{n-1}\frac{1}{n}x^n$$

因为幂级数逐项积分后收敛半径 R 不变，所以上式右边级数的收敛半径仍为 $R=1$；而当 $x=-1$ 时，该级数发散；当 $x=1$ 时，该级数收敛. 故收敛域为 $(-1,1]$.

综上所述，函数 $f(x) = \ln(1+x) = \sum_{n=1}^{\infty}(-1)^{n-1}\dfrac{1}{n}x^n, x \in (-1,1]$.

例5 试将函数 $f(x)=\arctan x$ 展开成 x 的幂级数，并求常数项级数 $\sum_{n=0}^{\infty}\dfrac{(-1)^n}{2n+1}$ 的和.

解 因为 $(\arctan x)' = \dfrac{1}{1+x^2} = \dfrac{1}{1-(-x^2)} = \sum_{n=0}^{\infty}(-1)^n x^{2n}$

利用幂级数逐项积分的性质，得
$$\arctan x = \int_0^x \frac{1}{1+t^2}dt = \int_0^x \sum_{n=0}^{\infty}(-1)^n t^{2n}dt$$
$$= \sum_{n=0}^{\infty}\int_0^x(-1)^n t^{2n}dt = \sum_{n=0}^{\infty}\frac{(-1)^n}{2n+1}x^{2n+1}$$

因为幂级数逐项积分后收敛半径 R 不变，所以上式右边级数的收敛半径仍为 $R=1$；而

当 $x=1$ 时，得交错级数 $\sum_{n=0}^{\infty} \frac{(-1)^n}{2n+1}$，由莱布尼兹判别法，该级数收敛；当 $x=-1$ 时，得收敛级数 $-\sum_{n=0}^{\infty} \frac{(-1)^n}{2n+1}$.

从而函数 $f(x) = \arctan x = \sum_{n=0}^{\infty} \frac{(-1)^n}{2n+1} x^{2n+1}, x \in [-1,1]$

故 $\sum_{n=0}^{\infty} \frac{(-1)^n}{2n+1} = f(1) = \arctan 1 = \frac{\pi}{4}$

例 6 试将函数 $f(x) = \frac{1}{3-x}$ 展开成 x 的幂级数.

解 利用 $\frac{1}{1-x} = \sum_{n=0}^{\infty} x^n \; (|x|<1)$ 得

$$\frac{1}{3-x} = \frac{1}{3} \cdot \frac{1}{1-\frac{x}{3}} = \frac{1}{3} \sum_{n=0}^{\infty} \left(\frac{x}{3}\right)^n = \sum_{n=0}^{\infty} \frac{x^n}{3^{n+1}} \; \left(\left|\frac{x}{3}\right|<1, 即 |x|<3\right)$$

例 7 试将函数 $f(x) = \frac{1}{x^2-3x+2}$ 展开成 x 的幂级数.

解 因为 $f(x) = \frac{1}{x^2-3x+2} = \frac{1}{(1-x)(2-x)} = \frac{1}{1-x} - \frac{1}{2-x}$

而 $\frac{1}{2-x} = \frac{1}{2} \cdot \frac{1}{1-\frac{x}{2}} = \frac{1}{2} \sum_{n=0}^{\infty} \frac{1}{2^n} x^n \; (|x|<2)$

所以

$$f(x) = \frac{1}{1-x} - \frac{1}{2-x} = \sum_{n=0}^{\infty} x^n - \frac{1}{2} \sum_{n=0}^{\infty} \frac{1}{2^n} x^n = \sum_{n=0}^{\infty} \left(1 - \frac{1}{2^{n+1}}\right) x^n = \sum_{n=0}^{\infty} \frac{2^{n+1}-1}{2^{n+1}} x^n$$

根据幂级数和的运算法则，其收敛半径应取较小的一个，故 $R=1$，因此所得级数的收敛区间为 $(-1,1)$.

即函数 $f(x) = \frac{1}{x^2-3x+2} = \sum_{n=0}^{\infty} \frac{2^{n+1}-1}{2^{n+1}} x^n, x \in (-1,1)$.

例 8 试将函数 $f(x) = \frac{1}{3-x}$ 展开成 $x-1$ 的幂级数.

解 利用 $\frac{1}{1-x} = \sum_{n=0}^{\infty} x^n \; (|x|<1)$ 得

$$\frac{1}{3-x} = \frac{1}{2-(x-1)} = \frac{1}{2} \cdot \frac{1}{1-\frac{x-1}{2}} = \frac{1}{2} \sum_{n=0}^{\infty} \left(\frac{x-1}{2}\right)^n$$

$$= \sum_{n=0}^{\infty} \frac{(x-1)^n}{2^{n+1}} \left(\left|\frac{x-1}{2}\right|<1, 即 -1<x<3\right)$$

最后，我们将几个初等函数的幂级数展开式列在下面，以便于读者查阅.

(1) $\frac{1}{1-x} = 1+x+x^2+\cdots+x^n+\cdots$

$$= \sum_{n=0}^{\infty} x^n \quad (|x| < 1);$$

(2) $\dfrac{1}{1+x} = 1 - x + x^2 - \cdots + (-1)^n x^n + \cdots$

$$= \sum_{n=0}^{\infty} (-1)^n x^n \quad (|x| < 1);$$

(3) $e^x = 1 + x + \dfrac{1}{2!} x^2 + \cdots + \dfrac{1}{n!} x^n + \cdots$

$$= \sum_{n=0}^{\infty} \dfrac{1}{n!} x^n \quad (-\infty < x < +\infty);$$

(4) $\ln(1+x) = x - \dfrac{1}{2} x^2 + \dfrac{1}{3} x^3 - \cdots + (-1)^n \dfrac{1}{n+1} x^{n+1} + \cdots$

$$= \sum_{n=1}^{\infty} \dfrac{(-1)^{n-1}}{n} x^n \quad (-1 < x \leq 1);$$

(5) $\sin x = x - \dfrac{1}{3!} x^3 + \dfrac{1}{5!} x^5 - \cdots + (-1)^n \dfrac{x^{2n+1}}{(2n+1)!} + \cdots$

$$= \sum_{n=0}^{\infty} (-1)^n \dfrac{x^{2n+1}}{(2n+1)!} \quad (-\infty < x < +\infty);$$

(6) $\cos x = 1 - \dfrac{1}{2!} x^2 + \dfrac{1}{4!} x^4 - \cdots + (-1)^n \dfrac{1}{(2n)!} x^{2n} + \cdots$

$$= \sum_{n=0}^{\infty} \dfrac{(-1)^n}{(2n)!} x^{2n} \quad (-\infty < x < +\infty);$$

(7) $\arctan x = x - \dfrac{1}{3} x^3 + \dfrac{1}{5} x^5 - \cdots + (-1)^n \dfrac{1}{2n+1} x^{2n+1} + \cdots$

$$= \sum_{n=0}^{\infty} \dfrac{(-1)^n}{2n+1} x^{2n+1} \quad (-1 < x \leq 1);$$

(8) $(1+x)^\alpha = 1 + \alpha x + \dfrac{\alpha(\alpha-1)}{2!} x^2 + \cdots + \dfrac{\alpha(\alpha-1)\cdots(\alpha-n+1)}{n!} x^n + \cdots$

$$= 1 + \sum_{n=1}^{\infty} \dfrac{\alpha(\alpha-1)\cdots(\alpha-n+1)}{n!} x^n \quad (|x| < 1)$$

通常称此式为**二项展开式**.

5.6 级数在经济学中的几个简单应用案例

本节介绍级数在经济学中的几个简单应用案例:

例1（银行通过存贷款"创造"货币问题） 假设有一笔款项 M 存入商业银行 A_1，按中央银行规定的法定准备金率 r，A_1 可将其中 $M(1-r)$ 的款项向客户贷出，获得该笔贷款的客户将此笔款项存入商业银行 A_2，A_2 再按中央银行规定向客户贷出 $M(1-r)^2$，$\cdots$，存贷款业务按如此方式无限继续下去，则由此笔存款 M 在银行体系中所创造出的货币量为

$$D = M + M(1-r) + \cdots + M(1-r)^n + \cdots$$

D 的前 n 项和 $\quad D_n = M + M(1-r) + \cdots + M(1-r)^{n-1}$

$$= M[1 + (1-r) + \cdots + (1-r)^{n-1}] = M\frac{1-(1-r)^n}{r}, n = 1,2,3,\cdots$$

由此得
$$D = \lim_{n\to\infty} D_n = \lim_{n\to\infty} M\frac{1-(1-r)^n}{r} = \frac{M}{r} \quad (0 < r < 1)$$

此式表明，一笔存款 M 经银行体系的存贷款运作后，银行体系中的货币量扩大为 $\frac{M}{r}$（因为 $0 < r < 1$）. 例如 $r = 0.2$ 时，$D = \frac{M}{0.2} = 5M$，即为 M 的 5 倍.

上面的分析未考虑有现金漏出的情况.

有现金漏出时，假设客户贷得款项后，按现金存款比率 cu，留下 $\frac{cu}{1+cu}M$ 的现金使用，$\frac{1}{1+cu}M$ 存入另一商业银行，$\cdots$，这种有现金漏出的存贷款业务无限继续下去，则由存款 M 所创造出的货币量为

$$D = M + M\frac{1-r}{1+cu} + M\left(\frac{1-r}{1+cu}\right)^2 + \cdots + M\left(\frac{1-r}{1+cu}\right)^n + \cdots$$

D 的前 n 项和 $D_n = M + M\frac{1-r}{1+cu} + M\left(\frac{1-r}{1+cu}\right)^2 + \cdots + M\left(\frac{1-r}{1+cu}\right)^{n-1}$

$$= M\left[1 + \frac{1-r}{1+cu} + \left(\frac{1-r}{1+cu}\right)^2 + \cdots + \left(\frac{1-r}{1+cu}\right)^{n-1}\right]$$

$$= M \cdot \frac{1-\left(\frac{1-r}{1+cu}\right)^n}{1-\frac{1-r}{1+cu}} = M \cdot \frac{1+cu}{r+cu}\left[1-\left(\frac{1-r}{1+cu}\right)^n\right]$$

由此得
$$D = \lim_{n\to\infty} D_n = \left(\frac{1+cu}{r+cu}\right) \cdot M$$

在货币银行学中，称 $\frac{1+cu}{r+cu}$ 为货币系数. 它表示，在有现金漏出的情况下，一笔存款在银行体系的存贷运作下所创造出的货币量的倍数. 例如 $r = 0.2$，$cu = 0.5$ 时，$D \approx 2.14M$，即 D 为 M 的 2 倍多.

例2（**劳资合同问题**）某演艺公司与某位演员签订一份合同，合同规定演艺公司在第 n 年年末必须支付该演员或其后代 n 万元（$n = 1,2,\cdots$），假定银行存款按 $r = 4\%$ 的年复利计算利息，问：演艺公司在签约当天需要存入银行的资金为多少？

解 演艺公司在签约当天需存入银行的资金是今后各年应付金额现值之和，即为

$$\frac{1}{1+r} + \frac{2}{(1+r)^2} + \cdots + \frac{n}{(1+r)^n} + \cdots = \sum_{n=1}^{\infty} \frac{n}{(1+r)^n}$$

由正项级数的比值判别法可知，该级数收敛.

为了求出该级数的和，先考查幂级数 $\sum_{n=1}^{\infty} nx^n = x + 2x^2 + 3x^3 + \cdots + nx^n + \cdots (x \in (-1, 1))$ 的和.

由本章第 4 节例 7 可知，幂级数 $\sum_{n=1}^{\infty} nx^n$ 的和函数 $s(x) = \frac{x}{(1-x)^2}, x \in (-1, 1)$，

令 $x = \dfrac{1}{1+r} \in (-1, 1)$,得幂级数 $\sum_{n=1}^{\infty} \dfrac{n}{(1+r)^n} = s\left(\dfrac{1}{1+r}\right) = \dfrac{1+r}{r^2}$.

将 $r = 4\%$ 代入上式,即可求得演艺公司在签约当天需要存入银行的资金为

$$s\left(\dfrac{1}{1+0.04}\right) = \dfrac{1+0.04}{0.04^2} = 650(万元)$$

即年利率 $r = 4\%$ 时,演艺公司在签约当天需要存入银行的资金为 650 万元.

例 3（奖励基金创立问题） 为了创立某奖励基金,需要筹集资金,现假定该基金从创立之日起,每年需要支付 400 万元作为奖励,设基金的利率为每年 5%,分别以（1）年复利计算利息;（2）连续复利计算利息. 问:需要筹集的资金为多少?

解 （1）以年复利计算利息,则

第一次奖励发生在创立之日,第一次所需要筹集的资金（单位:万元）= 400;

第二次奖励发生一年后时,第二次所需要筹集的资金（单位:万元）$\dfrac{400}{1+0.05} = \dfrac{400}{1.05}$;

第三次奖励发生二年后,第三次所需要筹集的资金（单位:万元）$\dfrac{400}{(1+0.05)^2} = \dfrac{400}{1.05^2}$;

一直延续下去,则总共需要筹集的资金（单位:百万元）为

$$400 + \dfrac{400}{1.05} + \dfrac{400}{1.05^2} + \cdots + \dfrac{400}{1.05^n} + \cdots$$

这是一个公比为 $\dfrac{1}{1.05}$ 的等比级数,收敛于 $\dfrac{400}{1 - \dfrac{1}{1.05}} \approx 8\,400$.

因此,以年复利计算利息时,需要筹集资金 8 400 万元来创立该奖励基金.

（2）以连续复利计算利息时,

第一次所需要筹集的资金（单位:万元）= 400;

第二次所需要筹集的资金（单位:万元）= $400\mathrm{e}^{-0.05}$;

第三次所需要筹集的资金（单位:万元）= $400(\mathrm{e}^{-0.05})^2$;

一直延续下去,则总共需要筹集的资金（单位:万元）为

$$400 + 400\mathrm{e}^{-0.05} + 400(\mathrm{e}^{-0.05})^2 + 400(\mathrm{e}^{-0.05})^3 + \cdots$$

这是一个公比为 $\mathrm{e}^{-0.05}$ 的等比级数,收敛于 $\dfrac{400}{1 - \mathrm{e}^{-0.05}} \approx 8\,202$.

因此,以连续复利计算利息时,需要筹集 8 202 万元的资金来创立该奖励基金.

例 4（增添机器设备问题） 某厂需增添一机器设备,如果购买需要 40 000 元,机器使用寿命 10 年,贴现率 14%;如果不买,则可以租用,每月租金 500 元,且规定每年年初交付该年租金,问:购买和租用哪个方案好?

解法一 把两种方案中工厂的支出都折算成现值进行比较.

买机方案:一次支出 40 000 元.

租机方案:$S_{10} = 6\,000 + 6\,000 \times (1+14\%)^{-1} + 6\,000 \times (1+14\%)^{-2} + \cdots + 6\,000 \times (1+14\%)^{-9}$

$= \dfrac{6\,000(1 - 1.14^{-10})}{1 - 1.14^{-1}} = 35\,678(元)$.

由 40 000 > 35 678，可见租机方案较为经济.

解法二 也可以都折算成终值来比较.

买机方案：$P_1 = 40\ 000(1+14\%)^{10} = 148\ 289(元)$.

租机方案：$P_2 = 6\ 000 \times 1.14^{10} + 6\ 000 \times 1.14^9 + \cdots + 6\ 000 \times 1.14$

$$= \frac{6\ 000 \times 1.14 \times (1.14^{10} - 1)}{1.14 - 1} = 132\ 267(元).$$

由 132 267 < 148 289，可得到相同的结论.

习题五

1. 写出下列级数的一般项：

(1) $1 - \frac{1}{2} + \frac{1}{3} - \frac{1}{4} + \cdots$；　　(2) $1 + \frac{1}{3} + \frac{1}{5} + \frac{1}{7} + \cdots$；

(3) $\frac{1}{2} + \frac{2}{5} + \frac{3}{10} + \frac{4}{17} + \cdots$；　　(4) $\frac{2}{3}x^3 - \frac{4}{5}x^5 + \frac{6}{7}x^7 - \frac{8}{9}x^9 + \cdots$.

2. 根据级数收敛与发散的定义，判定下列级数的敛散性：

(1) $\sum_{n=1}^{\infty}(\sqrt{n+1} - \sqrt{n})$；　　(2) $\sum_{n=1}^{\infty} \frac{1}{(n+1)(n+2)}$；　　(3) $\sum_{n=1}^{\infty} \frac{2n+1}{n^2(n+1)^2}$；

(4) $\sum_{n=1}^{\infty}(-1)^n 2$；　　(5) $\sum_{n=1}^{\infty} \ln \frac{n}{n+1}$；　　(6) $\sum_{n=1}^{\infty} \frac{\sqrt{n+1} - \sqrt{n}}{\sqrt{n^2+n}}$.

3. 若级数 $\sum_{n=1}^{\infty} u_n$ 收敛于 s，试证明级数 $\sum_{n=1}^{\infty}(u_n + u_{n+1})$ 收敛于 $2s - u_1$.

4. 若级数 $\sum_{n=0}^{\infty} u_n$ 收敛，$\sum_{n=0}^{\infty} v_n$ 发散，试证明级数 $\sum_{n=0}^{\infty}(u_n + v_n)$ 发散.

5. 若级数 $\sum_{n=0}^{\infty} u_n$ 发散，$\sum_{n=0}^{\infty} v_n$ 发散，试举例说明级数 $\sum_{n=0}^{\infty}(u_n + v_n)$ 的敛散性.

6. 利用收敛级数的性质，以及等比级数与调和级数的敛散性，判别下列级数的敛散性：

(1) $\sum_{n=1}^{\infty}\left(\frac{1}{3^n} + \frac{4}{5^n}\right)$；　　(2) $\sum_{n=1}^{\infty} \frac{1}{n+4}$；　　(3) $2 - \frac{1}{3} + \sum_{n=1}^{\infty} \frac{1}{2^n}$；

(4) $\sum_{n=1}^{\infty} \cos \frac{\pi}{n}$；　　(5) $\sum_{n=1}^{\infty} \frac{n}{n+1}$；　　(6) $\sum_{n=1}^{\infty} n \cdot \sin \frac{\pi}{2n}$.

7. 利用比较判别法或其极限形式，判定下列正项级数的敛散性：

(1) $\sum_{n=1}^{\infty} \frac{1}{2n-1}$；　　(2) $\sum_{n=1}^{\infty} 3^n \cdot \sin \frac{\pi}{5^n}$；

(3) $\sum_{n=1}^{\infty} \frac{1}{1+a^n}(a > 0)$；　　(4) $\sum_{n=1}^{\infty} \frac{1}{\sqrt{9n^3+1}}$.

8. 利用比较判别法的极限形式，判定下列正项级数的敛散性：

(1) $\sum_{n=3}^{\infty} \frac{\pi}{n} \tan \frac{\pi}{n}$；　　(2) $\sum_{n=1}^{\infty} \frac{2n+1}{n^3+2}$；

(3) $\sum_{n=1}^{\infty} \frac{1}{\sqrt{n}} \ln \frac{n+1}{n}$；　　(4) $\sum_{n=1}^{\infty}\left(1 - \cos \frac{1}{n}\right)$.

9. 利用比值判别法判别下列级数的敛散性:

(1) $\sum_{n=1}^{\infty} \frac{n^2}{5^n}$;

(2) $\sum_{n=1}^{\infty} \frac{2^n}{n \cdot 3^n}$;

(3) $\sum_{n=1}^{\infty} n \tan \frac{\pi}{3^n}$;

(4) $\sum_{n=1}^{\infty} \frac{1}{n^2} x^{3n} (x > 0)$;

(5) $\sum_{n=1}^{\infty} \frac{1 \cdot 3 \cdot 5 \cdot \cdots \cdot (2n-1)}{5^n \cdot n!}$;

(6) $\sum_{n=1}^{\infty} \frac{n!}{n^n}$.

10. 利用根值判别法判别下列级数的敛散性:

(1) $\sum_{n=1}^{\infty} \left(\frac{2n}{3n+1}\right)^n$;

(2) $\sum_{n=1}^{\infty} \left(\sin \frac{1}{n}\right)^n$;

(3) $\sum_{n=1}^{\infty} \frac{1}{[\ln(1+n)]^n}$;

(4) $\sum_{n=1}^{\infty} \frac{1}{5^n} \left(\frac{n+1}{n}\right)^{n^2}$.

11. 判别下列级数是否收敛,若收敛,指出其是绝对收敛还是条件收敛:

(1) $\sum_{n=1}^{\infty} (-1)^{n+1} \frac{1}{2n+1}$;

(2) $\sum_{n=1}^{\infty} \frac{1}{n^2} \sin \frac{n\pi}{3}$;

(3) $\sum_{n=1}^{\infty} n! \left(\frac{2}{n}\right)^n \sin \frac{n\pi}{5}$;

(4) $\sum_{n=1}^{\infty} \frac{(-1)^{n-1}}{n!}$.

12. 求下列幂级数的收敛域:

(1) $\sum_{n=1}^{\infty} \frac{1}{2^n \cdot n} x^n$;

(2) $\sum_{n=1}^{\infty} n! x^n$;

(3) $\sum_{n=1}^{\infty} \frac{1}{3^{n^2}} x^n$;

(4) $\sum_{n=1}^{\infty} \frac{5^n}{n^2} x^{2n}$;

(5) $\sum_{n=1}^{\infty} \frac{(-1)^{n+1}}{4^n} x^{2n+1}$;

(6) $\sum_{n=1}^{\infty} \frac{2^n}{2n+1} (x-1)^n$.

13. 已知 $\lim_{n \to \infty} \left|\frac{a_{n+1}}{a_n}\right| = a$,试证明幂级数 $\sum_{n=0}^{\infty} a_n x^{bn} (b > 1)$ 的收敛半径为 $R = \left(\frac{1}{a}\right)^{\frac{1}{b}}$.

14. 求下列幂级数的收敛域,以及它们在收敛域内的和函数:

(1) $\sum_{n=0}^{\infty} (n+1) x^n$;

(2) $\sum_{n=0}^{\infty} \frac{1}{3n+1} x^{3n+1}$;

(3) $\sum_{n=0}^{\infty} (2n+1) x^n$;

(4) $\sum_{n=1}^{\infty} n^2 x^{n-1}$.

15. 将下列函数展开成 x 的幂级数:

(1) $f(x) = \sin^2 \frac{x}{2}$;

(2) $f(x) = a^x (a > 0$ 且 $a \neq 1)$;

(3) $f(x) = \frac{1}{2-x}$;

(4) $f(x) = \ln(a+x) (a > 0)$.

16. 将函数 $f(x) = \frac{1}{2}(e^x + e^{-x})$ 展开成 x 的幂级数,并求常数项级数 $\sum_{n=0}^{\infty} \frac{1}{(2n)!}$ 的和.

17. 将下列函数在指定点处展开成幂级数,并求其收敛域:

(1) $f(x) = e^x, x_0 = 1$;

(2) $f(x) = \frac{1}{x}, x_0 = 3$;

(3) $f(x) = \frac{1}{5-x}, x_0 = 1$;

(4) $f(x) = \ln x, x_0 = 2$;

(5) $f(x) = \ln(1+x), x_0 = 3$;

(6) $f(x) = \lg x, x_0 = 1$.

18. 试将函数 $f(x) = \frac{1}{x^2+3x+2}$ 展开成 $x-1$ 的幂级数.

19. 现有一笔 1 000 万元的款项存入商业银行,中央银行规定的法定准备金率 $r = 20\%$,

该笔存款经银行体系的存贷款运作后，所创造出的货币量为多少？

20. （银行存款问题）假定银行存款的年利率为 $r=0.05$，若按年复利计算利息，某基金会希望通过存款 a 万元，实现第一年提取 19 万元，第二年提取 28 万元，第 n 年提取 $(10+9n)$ 万元，并按此规律一直提取下去，问：a 至少应为多少万元？

21. （增添机器设备问题）某企业需要一种使用寿命为 10 年的机械，该机械可以租用，每月租金为 1 100 元，且规定每年年初交付该年租金，若购买，则需 10 万元，贴现率 8%，问：购买和租用哪个方案好？

22. （房子出售问题）一幢房子如立即售出可得 10 万元，或者可以用 5 年时间进行装修然后以 30 万元的价格售出，装修花费 10 万元，这笔费用可在第 3 年年底支付。银行可以 12% 的年复利借给这笔费用，而在卖出房子后收回本利。假设贴现率为 10%，问：房主选择哪一个方案有利？

第6章 微分方程与差分方程初步

※数学史话※

关于常微分方程的发展

常微分方程是伴随着微积分发展起来的,常微分方程理论从创立至今已有 300 多年的历史了. 早在 17 世纪至 18 世纪,常微分方程作为牛顿力学的得力助手,在天体力学和机械力学领域显示了它巨大的功能. 比如海王星的发现就足以显示它的重要性. 在海王星被实际观测之前,英国天文学家亚当斯和法国天文学家勒威耶各自运用微分方程的方法演算出了那时尚未被发现的海王星的位置及运行规律,随后当时的天文台助理员卡勒在勒威耶预言的位置上发现了海王星. 海王星的发现是人类智慧的结晶,也是微分方程巨大作用的体现. 时至今日,在经济科技迅猛发展的信息时代,常微分方程同样有着蓬勃发展的生命力,在物理、化学、生物、工程、航空航天、医学、经济和金融等领域发挥着重要的作用.

17、18 世纪是常微分方程的早期发展阶段,以求通解为主要研究内容. 牛顿和莱布尼兹在建立微积分的同时,也都用无穷级数和待定系数法给出了简单微分方程的求解方法. 莱布尼兹是最早用分离变量法求解微分方程的. 1695 年,瑞士数学家雅各布·伯努利解决了等时问题,提出了伯努利方程,并用分离变量法解决了此方程. 总体上看,17 世纪的常微分方程还未形成一个独立的学科分支,仍然是微积分的一部分. 18 世纪,欧拉给出了关于常微分方程的一系列理论,对微分方程的发展起到了极大的促进作用. 拉格朗日是欧拉思想的传递者和延伸者,对常微分方程进行了理论拓展. 至 18 世纪末,常微分方程已发展成为一个独立的数学分支. 之后,常微分方程的发展又经历了适定性理论、解析理论和定性理论等主要的阶段,其标志主要为柯西问题和李普希兹条件的提出,庞加莱常微分方程定性理论的创立和李雅普诺夫运动稳定性理论的建立.

常微分方程的形成与发展和力学、物理学、天文学,以及其他科学技术的发展密切相关. 数学其他分支的新发展也对常微分方程的发展产生了深刻的影响,当前计算机的发展更为常微分方程的应用及理论研究提供了非常有力的工具. 随着社会经济与科学技术的不断发展和需求,微分方程会有更大的发展.

数 学 家

莱昂哈德·欧拉(1707—1783 年),瑞士数学家和物理学家,近代数学先驱之一. 1707 年欧拉生于瑞士的巴塞尔,13 岁时入读巴塞尔大学,15 岁大学毕业,16 岁获硕士学位. 欧拉是历史上最多产的数学家. 平均每年写出 800 多页的论文,还写了大量的力学、分析学、几何学等课本,《无穷小分析引论》《微分学原理》《积分学原理》等都成为数学中的经典著作. 欧拉对数学的研究非常广泛,因此在许多数学的分支中也可经常见到以他的名字命名的重要常数、公式和定理. 欧拉是刚体力学和流体力学的奠基者,弹性系统稳定性理论的开创人,还是微分方程近似解法的创始人. 他提出的"欧拉折线法"不仅解决了常微分方程解的存在性的证明,而且也是常微分方程数值计算的最主要的方法之一. 1750 年欧拉又给出了我们现在通常所用的微分方程的级数解法. 1768—1769 年,欧拉还将积分因子法推广到高阶方程. 1783 年 9 月 18 日于俄国彼得堡去世.

微分方程是数学联系实际并应用于实际的重要途径和桥梁,是各个学科进行科学研究的强有力的工具. 在许多实际问题中通常需要寻求某些变量之间的函数关系. 可是在许多问题中,这些函数关系往往不能直接找出,但有时却可以根据问题的条件等列出所研究的函数及其导数之间的关系式,这种关系式就是微分方程. 微分方程建立后,再通过求解微分方程,可以得到所要寻求的函数关系.

而差分方程是研究离散型变量之间变化规律的有效方法. 在经济管理等实际问题中,大多数数据是以等时间间隔进行处理的,如银行中的定期存款按所设定的时间等间隔计息,国家财政预算按年制定,产品的产量、成本、收益、利润等按月、周统计等. 对于这些离散型的经济变量,我们可以用差分方程进行研究.

本章主要介绍微分方程和差分方程的基本概念与解法,以及它们在经济学中的应用.

6.1 微分方程的基本概念

我们通过几个例子来说明微分方程的一些基本概念.

例 1 (商品的价格调整模型) 如果设某商品在时刻 t 的售价为 P,社会对该商品的需求量和供给量分别是 P 的函数 $D(P)$,$S(P)$,则在时刻 t 的价格对于时间 t 的变化率可认为与该商品在同时刻的超额需求量 $D(P)-S(P)$ 成正比,即有

$$\frac{dP}{dt} = k[D(P) - S(P)] \quad (k > 0)$$

在 $D(P)$ 和 $S(P)$ 确定情况下,可解出 P 与 t 的函数关系,这就是**商品的价格调整模型**.

例 2 (几何问题) 如果一条曲线通过点 $(1,2)$,且在该曲线上任一点 $M(x,y)$ 处的切线的斜率是其横坐标的 2 倍,求这条曲线的方程.

解 设所求的曲线为 $y = y(x)$,则根据已知条件,有

$$\begin{cases} y' = 2x \\ y\big|_{x=1} = 2 \end{cases}$$

其中,$y' = 2x$ 是含有未知函数的导数的方程,对此式两边积分,得

$$y = \int 2x dx = x^2 + C \quad (C\text{ 为任意常数})$$

它表示了 xOy 坐标平面上的一族曲线,将 $x = 1$,$y = 2$ 代入上式可得 $C = 1$. 因此所求曲线方程为

$$y = x^2 + 1$$

例3（推广普通话问题） 在某地区推广普通话（简称推普），已知该地区需要推普的人数为 N，设 t 时刻已掌握普通话的人数为 $p(t)$，推普的速度与已推普的人数和还未推普的人数之积成正比，比例常数为 $k>0$，于是得到

$$\frac{\mathrm{d}p}{\mathrm{d}t} = kp(N-p)$$

此方程称为**逻辑斯蒂（Logisitic）方程**，在经济学、生物学等学科领域有着广泛应用.

例4（物理问题） 一质量为 m 的物体只在重力作用下从静止状态自由下落，假设初始位置为 0，试确定该物体下落的位移 s 与时间 t 的函数关系.

解 设物体自由下落的起点为原点，垂直向下的方向是 s 轴的正向，物体下落的位移 s 与时间 t 的函数关系为 $s=s(t)$. 因该物体只受重力作用下落，重力加速度是 g，根据二阶导数的物理意义有

$$\frac{\mathrm{d}^2 s}{\mathrm{d}t^2} = g \tag{6-1}$$

对上式两边积分，得

$$\frac{\mathrm{d}s}{\mathrm{d}t} = gt + C_1 \tag{6-2}$$

由一阶导数的物理意义：$\frac{\mathrm{d}s}{\mathrm{d}t} = v(t)$，即 $v(t) = gt + C_1$，其中 C_1 为任意常数.

对式(6-2)两边积分，得

$$s = \frac{1}{2}gt^2 + C_1 t + C_2 \tag{6-3}$$

其中，C_2 也为任意常数.

又依题意，初始位置和初始速度都为 0，即

$$s(0) = s\big|_{t=0} = 0, v(0) = \frac{\mathrm{d}s}{\mathrm{d}t}\bigg|_{t=0} = 0 \tag{6-4}$$

将它们代入到式(6-2)和式(6-3)，得 $C_1=0$，$C_2=0$. 于是，所求的 s 与 t 的函数关系为

$$s = \frac{1}{2}gt^2$$

在上述几个例子中，都涉及了微分方程. 关于微分方程，一般有如下定义：

定义 1 含有未知函数的导数（或微分）的方程叫**微分方程**. 如果微分方程中的未知函数为一元函数，则称这样的微分方程为**常微分方程**；如果微分方程中的未知函数为多元函数，则称为**偏微分方程**. 微分方程中未知函数的导数的最高阶数称为**微分方程的阶**.

例如，方程 $\frac{\mathrm{d}P}{\mathrm{d}t} = k[D(P) - S(P)]$，$y' = 2x$，$\frac{\mathrm{d}p}{\mathrm{d}t} = kp(N-p)$ 都是一阶常微分方程；方程 $\frac{\mathrm{d}^2 s}{\mathrm{d}t^2} = g$ 是二阶常微分方程；方程 $x^3 y''' + x^2 y'' - 4xy' = 3x^2$ 是三阶常微分方程. 本章只介绍常微分方程的一些初步知识及应用，今后为方便起见，简称为微分方程（或方程）.

n 阶微分方程的一般形式是

$$F(x, y, y', y'', \cdots, y^{(n)}) = 0$$

其中，x 是自变量；y 为未知函数；最高阶导数 $y^{(n)}$ 必须出现，而 $x,y,y',\cdots,y^{(n-1)}$ 等变量则可以不出现. 若从此式中解出最高阶导数 $y^{(n)}$，则可得微分方程

$$y^{(n)} = f(x,y,y',y'',\cdots,y^{(n-1)})$$

以后我们讨论的微分方程都是已解出或能解出最高阶导数的方程.

定义2 如果将函数 $y=f(x)$ 代入微分方程能使方程两端恒等，则称函数 $y=f(x)$ 为该微分方程的**解**.

从例2和例4中知道，微分方程的解可能含有任意常数，也可能不含任意常数.

定义3 若微分方程的解中含有相互独立的任意常数（即它们不能合并而使任意常数的个数减少），且任意常数的个数与微分方程的阶数相同，则称这样的解为微分方程的**通解**（或一般解）. 给通解中的任意常数以特定值的解，称为微分方程的**特解**.

例如，在例2中函数 $y=x^2+C$ 中含有一个任意常数，且方程 $y'=2x$ 又是一阶微分方程，故 $y=x^2+C$ 是方程的通解，而函数 $y=x^2+1$ 是方程的一个特解；在例3中，函数 $s=\frac{1}{2}gt^2+C_1t+C_2$ 也是通解，函数 $s=\frac{1}{2}gt^2$ 是特解.

用于确定通解中任意常数的值的附加条件称为**初始条件**. 例如，例2中的 $y|_{x=1}=2$，例4中的 $s(0)=s|_{t=0}=0, v(0)=\frac{ds}{dt}\big|_{t=0}=0$ 都称为初始条件.

一般地，一阶微分方程的初始条件可写为

$$\text{当 } x=x_0 \text{ 时}, y=y_0 \quad \text{或} \quad y(x_0)=y_0 \quad \text{或} \quad y|_{x=x_0}=y_0$$

二阶微分方程的初始条件可写为

$$\text{当 } x=x_0 \text{ 时}, y=y_0, y'=y_1 \quad \text{或} \quad \begin{cases} y(x_0) = y_0 \\ y'(x_0) = y_1 \end{cases} \quad \text{或} \quad \begin{cases} y|_{x=x_0} = y_0 \\ y'|_{x=x_0} = y_1 \end{cases}$$

其中，x_0, y_0, y_1 为已知数.

求微分方程满足某初始条件的解的问题，称为微分方程的**初值问题**.

一阶微分方程的初值问题，记作

$$\begin{cases} y' = f(x,y) \\ y|_{x=x_0} = y_0 \end{cases} \quad (6-5)$$

它的解 $y=\varphi(x)$ 的图形是一条曲线，通常称为微分方程的积分曲线，该曲线通过点 (x_0,y_0).

二阶微分方程的初值问题，记作

$$\begin{cases} y'' = f(x,y,y') \\ y|_{x=x_0} = y_0, y'|_{x=x_0} = y_1 \end{cases} \quad (6-6)$$

它的解 $y=\varphi(x)$ 的图形是一条通过点 (x_0,y_0)，且在该点处的切线斜率为 y_1 的曲线.

例如，通解 $y=x^2+C$ 的图形是一族积分曲线，特解 $y=x^2+1$ 的图形是一条积分曲线.

例5 验证函数 $x(t)=C_1\cos t+C_2\sin t$ 是微分方程 $x''(t)+x(t)=0$ 的通解，并求满足初始条件 $x(t)|_{t=0}=1, x'(t)|_{t=0}=3$ 的特解.

解 要验证一个函数是否是方程的通解，只要将函数代入方程，看是否恒等，再看函数

式中所含的独立的任意常数的个数是否与方程的阶数相同.

对 $x(t)$ 求导得：$x'(t) = -C_1 \sin t + C_2 \cos t, x''(t) = -C_1 \cos t - C_2 \sin t$. 将 $x(t) = C_1 \cos t + C_2 \sin t$ 和 $x''(t) = -C_1 \cos t - C_2 \sin t$ 代入到原方程得

$$x''(t) + x(t) = -C_1 \cos t - C_2 \sin t + C_1 \cos t + C_2 \sin t = 0$$

故含有两个独立的任意常数的函数 $x(t) = C_1 \cos t + C_2 \sin t$ 是原方程的通解.

把 $x(t)|_{t=0} = 1, x'(t)|_{t=0} = 3$ 代入 $x(t) = C_1 \cos t + C_2 \sin t$ 和 $x'(t) = -C_1 \sin t + C_2 \cos t$ 得 $C_1 = 1, C_2 = 3$. 故所求的特解为

$$x(t) = \cos t + 3\sin t$$

6.2 一阶微分方程及其解法

本节我们主要讨论几种常见类型的一阶微分方程的解法. 一阶微分方程的一般形式为

$$F(x, y, y') = 0$$

或

$$y' = f(x, y)$$

其中，$F(x, y, y')$ 是 x, y, y' 的已知函数；$f(x, y)$ 是 x, y 的已知函数.

一、可分离变量的微分方程

如果一个一阶微分方程能写成

$$\psi(y)\mathrm{d}y = \varphi(x)\mathrm{d}x$$

的形式，那么此方程就称为**可分离变量的微分方程**.

注意：可分离变量的微分方程意味着能把微分方程写成一端只含 y 的函数和 $\mathrm{d}y$，另一端只含 x 的函数和 $\mathrm{d}x$.

显然，若一阶微分方程可变形为

$$\frac{\mathrm{d}y}{\mathrm{d}x} = f(x)g(y) \tag{6-7}$$

的形式，则此方程亦可称为可分离变量的微分方程. 例如方程 $\sqrt{1-x^2}\mathrm{d}y + \sqrt{1-y^2}\mathrm{d}x = 0$，$y' = 1 + x + y^2 + xy^2, y' = 10^{x+y}$ 都是可分离变量的微分方程. 求解此类方程的有效方法是分离变量法. 其求解步骤是：先分离变量，使方程的一端只含 y 的函数及 $\mathrm{d}y$，另一端只含 x 的函数及 $\mathrm{d}x$，然后两端积分，即可求得方程的通解. 具体步骤如下：

第一步，若 $g(y) \neq 0$，分离变量：

$$\frac{1}{g(y)}\mathrm{d}y = f(x)\mathrm{d}x$$

第二步，对上式两端分别积分：

$$\int \frac{1}{g(y)}\mathrm{d}y = \int f(x)\mathrm{d}x$$

得到通解

$$G(y) = F(x) + C$$

其中，$G(y)$ 与 $F(x)$ 分别是 $\dfrac{1}{g(y)}$ 与 $f(x)$ 的一个原函数，C 是任意常数，上式就是原方程的隐式通解.

第三步，在第一步中，用 $g(y)$ 除方程的两边，而 $g(y) = 0$ 是不能作除数的，所以对 $g(y) = 0$ 要单独考虑. 若由 $g(y) = 0$ 解出的 y_0 是常数，显然函数 $y = y_0$ 满足原方程，是原方程的特解，这种特解可能包含在所求出的通解中，也可能不包含在所求出的通解中（此时要把它单独列出）.

可分离变量的微分方程也可写成如下形式

$$M_1(x)M_2(y)\mathrm{d}x + N_1(x)N_2(y)\mathrm{d}y = 0 \tag{6-8}$$

因为当 $N_1(x)M_2(y) \neq 0$ 时，式(6-8)可化为

$$\frac{N_2(y)}{M_2(y)}\mathrm{d}y = -\frac{M_1(x)}{N_1(x)}\mathrm{d}x$$

故此式也是式(6-7)的形式.

例1 求微分方程 $y' = 2xy$ 的通解.

解 此方程是可分离变量的微分方程. 分离变量，得

$$\frac{1}{y}\mathrm{d}y = 2x\mathrm{d}x$$

两端积分，得

$$\int \frac{1}{y}\mathrm{d}y = \int 2x\mathrm{d}x$$

即

$$\ln|y| = x^2 + C_1$$

从而

$$y = \pm \mathrm{e}^{x^2+C_1} = \pm \mathrm{e}^{C_1} \cdot \mathrm{e}^{x^2}$$

因 $\pm \mathrm{e}^{C_1}$ 是任意非零常数，又 $y = 0$ 显然是方程的解，故原方程的通解为

$$y = C\mathrm{e}^{x^2}$$

需要指出的是，$\ln|y| = x^2 + C_1$ 也是方程的通解，是其隐式通解，而 $y = C\mathrm{e}^{x^2}$ 是显式通解（并不是每个方程都能求出显式通解，如果在这种情况下，则只需写出隐式通解）.

例2 求微分方程 $y' = 1 + x + y^2 + xy^2$ 的通解.

解 方程可化为

$$\frac{\mathrm{d}y}{\mathrm{d}x} = (1+x)(1+y^2)$$

分离变量，得

$$\frac{1}{1+y^2}\mathrm{d}y = (1+x)\mathrm{d}x$$

两边积分，得

$$\int \frac{1}{1+y^2}\mathrm{d}y = \int (1+x)\mathrm{d}x$$

即
$$\arctan y = \frac{1}{2}x^2 + x + C$$

于是,原方程的通解为
$$\arctan y = \frac{1}{2}x^2 + x + C \quad 或 \quad y = \tan\left(\frac{1}{2}x^2 + x + C\right)$$

例 3 求微分方程 $y' = y^2 \cos x$ 的通解及满足初始条件 $y(0)=1$ 的特解.

解 分离变量,得
$$\frac{1}{y^2}\mathrm{d}y = \cos x \mathrm{d}x$$

两端积分,得
$$\int \frac{1}{y^2}\mathrm{d}y = \int \cos x \mathrm{d}x$$

即
$$-\frac{1}{y} = \sin x + C$$

若 $y^2 = 0$,则 $y=0$,它也是方程的解,但不含在通解中,且不满足初始条件. 所以方程的通解为
$$-\frac{1}{y} = \sin x + C \quad 或 \quad y = -\frac{1}{\sin x + C}$$

将 $y(0)=1$ 代入通解中,求得 $C = -1$. 故所求特解为
$$-\frac{1}{y} = \sin x - 1 \quad 或 \quad y = \frac{1}{1 - \sin x}$$

例 4 求 Logisitic 方程 $\dfrac{\mathrm{d}p}{\mathrm{d}t} = kp(N-p)$ 的解,其中 N, $k>0$,且 $0<p<N$.

解 分离变量,得
$$\frac{\mathrm{d}p}{p(N-p)} = k\mathrm{d}t$$

两端积分,得
$$\frac{1}{N}\int\left(\frac{1}{p} + \frac{1}{N-p}\right)\mathrm{d}p = \int k\mathrm{d}t$$

$$\frac{1}{N}\ln\left|\frac{p}{N-p}\right| = kt + C_1$$

从而
$$\left|\frac{p}{N-p}\right| = \mathrm{e}^{Nkt + NC_1} = \mathrm{e}^{NC_1}\mathrm{e}^{Nkt}$$

即
$$\frac{p}{N-p} = C\mathrm{e}^{Nkt} \quad (C = \pm \mathrm{e}^{NC_1})$$

故所求的通解为
$$p = \frac{CN\mathrm{e}^{Nkt}}{1 + C\mathrm{e}^{Nkt}}$$

在上述计算过程中,用 $p(N-p)$ 除方程的两边,$p=0$ 和 $p=N$ 显然也是方程的解,而

$p = 0$ 包含在通解中 ($C = 0$ 时) 但 $p = N$ 不包含在通解中.

例 5 某公司 t 年净资产有 $W(t)$ (万元),并且资产本身以每年 5% 的速度连续增长,同时该公司每年要以 30 万元的数额连续支付职工工资.

(1) 给出描述净资产 $W(t)$ 的微分方程;

(2) 求解方程,假设初始净资产为 W_0;

(3) 讨论在 $W_0 = 500, 600, 700$ 三种情况下,$W(t)$ 变化的特点.

解 (1) 利用平衡法,即由净资产增长速度 = 资产本身增长速度 − 职工工资支付速度得到所求微分方程为

$$\frac{dW}{dt} = 0.05W - 30$$

(2) 对上式分离变量,得

$$\frac{dW}{W - 600} = 0.05 dt$$

两边积分,得

$$\ln|W - 600| = 0.05t + \ln C_1 \quad (C_1 \text{ 为正常数})$$

于是

$$|W - 600| = C_1 e^{0.05t} \quad \text{或} \quad W - 600 = C e^{0.05t} \quad (C = \pm C_1)$$

将 $W(0) = W_0$ 代入,得 $C = W_0 - 600$,故方程特解为

$$W = 600 + (W_0 - 600) e^{0.05t}$$

在上述推导过程中 $W \neq 600$,但当 $W = 600$ 时,$\frac{dW}{dt} = 0$,仍包含在通解表达式中. 将 $W_0 = 600$ 称为平衡解.

(3) 由通解表达式可知,当 $W_0 = 500$ 万元时,净资产额单调递减,公司将在第 36 年破产;当 $W_0 = 600$ 万元时,公司将收支平衡,将资产保持在 600 万元不变;当 $W_0 = 700$ 万元时,公司净资产将按指数不断增大.

二、齐次方程

如果一阶微分方程可化为

$$\frac{dy}{dx} = \varphi\left(\frac{y}{x}\right) \tag{6-9}$$

的形式,那么就称此方程为齐次微分方程,简称为齐次方程. 例如方程 $\dfrac{dy}{dx} = \dfrac{2xy - y^2}{x^2 - 3xy}$ 是齐次方程,因为它可化为 $\dfrac{dy}{dx} = \dfrac{2\left(\dfrac{y}{x}\right) - \left(\dfrac{y}{x}\right)^2}{1 - 3\left(\dfrac{y}{x}\right)} = \varphi\left(\dfrac{y}{x}\right)$. 齐次方程可通过变量代换将其化为可分离变量的方程进行求解.

求齐次方程的通解时,先将方程化为式(6-9)的形式,然后作变量代换 $u = \dfrac{y}{x}$,则 $y = xu, \dfrac{dy}{dx} = u + x\dfrac{du}{dx}$. 代入齐次方程(6-9),得

$$u + x\frac{du}{dx} = \varphi(u)$$

即

$$\frac{du}{dx} = \frac{\varphi(u) - u}{x}$$

上式是可分离变量的方程,分离变量,得

$$\frac{du}{\varphi(u) - u} = \frac{1}{x}dx$$

两端积分,得

$$\int \frac{du}{\varphi(u) - u} = \int \frac{1}{x}dx$$

求出积分后,再以 $\dfrac{y}{x}$ 代替 u,便得所给齐次方程的通解.

例 6 求微分方程 $y^2 + x^2 \dfrac{dy}{dx} = xy\dfrac{dy}{dx}$ 的通解.

解 原方程可化为

$$\frac{dy}{dx} = \frac{y^2}{xy - x^2} = \frac{\left(\dfrac{y}{x}\right)^2}{\dfrac{y}{x} - 1}$$

因此原方程是齐次方程. 令 $u = \dfrac{y}{x}$,则 $y = xu, \dfrac{dy}{dx} = u + x\dfrac{du}{dx}$,于是原方程变为

$$u + x\frac{du}{dx} = \frac{u^2}{u - 1}$$

即

$$\frac{du}{dx} = \frac{u}{x(u - 1)}$$

分离变量,得

$$\left(1 - \frac{1}{u}\right)du = \frac{dx}{x}$$

两端积分,得

$$u - \ln|u| + C = \ln|x|, \quad 或 \quad \ln|xu| = u + C$$

将 $u = \dfrac{y}{x}$ 回代到上式,得通解为

$$\ln|y| = \frac{y}{x} + C$$

例 7 求微分方程 $x(\ln x - \ln y)dy - ydx = 0$ 的通解及满足初始条件 $y(1) = 1$ 的特解.

解 原方程变形为

$$\ln\frac{y}{x}dy + \frac{y}{x}dx = 0$$

令 $u = \dfrac{y}{x}$，则 $\dfrac{dy}{dx} = u + x\dfrac{du}{dx}$，代入原方程并整理得

$$\dfrac{\ln u}{u(\ln u + 1)}du = -\dfrac{1}{x}dx$$

两边积分，得

$$\ln u - \ln(\ln u + 1) = -\ln x + \ln C$$

即

$$xu = C(\ln u + 1)$$

将 $u = \dfrac{y}{x}$ 回代到上式，得通解为

$$y = C\left(\ln\dfrac{y}{x} + 1\right)$$

将 $y(1) = 1$ 代入通解，得 $C = 1$. 故所求方程的特解为

$$y = \ln\dfrac{y}{x} + 1$$

例 8 设商品 A 和商品 B 的售价分别为 P_1，P_2. 已知价格 P_1 与 P_2 相关，且价格 P_1 相对 P_2 的弹性为 $\dfrac{P_2 dP_1}{P_1 dP_2} = \dfrac{P_2 - P_1}{P_2 + P_1}$，求 P_1 与 P_2 的函数关系式.

解 所给方程为齐次方程，整理得

$$\dfrac{dP_1}{dP_2} = \dfrac{1 - \dfrac{P_1}{P_2}}{1 + \dfrac{P_1}{P_2}} \cdot \dfrac{P_1}{P_2}$$

令 $u = \dfrac{P_1}{P_2}$，则 $P_1 = uP_2$，$\dfrac{dP_1}{dP_2} = u + P_2\dfrac{du}{dP_2}$. 于是原方程变为

$$u + P_2\dfrac{du}{dP_2} = \dfrac{1-u}{1+u} \cdot u$$

分离变量，得

$$\left(-\dfrac{1}{u} - \dfrac{1}{u^2}\right)du = 2\dfrac{dP_2}{P_2}$$

两边积分，得

$$\dfrac{1}{u} - \ln u = \ln(C_1 P_2)^2$$

将 $u = \dfrac{P_1}{P_2}$ 回代，则得到所求通解 (即 P_1 与 P_2 的函数关系式)

$$\dfrac{P_2}{P_1}e^{\frac{P_2}{P_1}} = CP_2^2 \quad (C = C_1^2 \text{ 为任意正常数})$$

三、可化为齐次方程的微分方程*

有些微分方程虽然不是齐次方程，但经过适当的变量变换后，可化为齐次方程或可分离变量的微分方程. 形如

$$\frac{dy}{dx} = f\left(\frac{a_1x + b_1y + c_1}{a_2x + b_2y + c_2}\right) \tag{6-10}$$

的一阶微分方程就属于此情形.

下面分三种情形分别讨论方程(6-10)的解法.

(1) 若 $c_1 = c_2 = 0$,则方程(6-10)为齐次方程;

(2) 若 c_1, c_2 中至少有一个不为零,且 $D = \begin{vmatrix} a_1 & b_1 \\ a_2 & b_2 \end{vmatrix} = a_1b_2 - a_2b_1 \neq 0$,则做变量代换

$$x = X + h, y = Y + k$$

其中,h 和 k 是待定常数. 于是

$$dx = dX, dy = dY$$

则方程(6-10)化为

$$\frac{dY}{dX} = f\left(\frac{a_1X + b_1Y + a_1h + b_1k + c_1}{a_2X + b_2Y + a_2h + b_2k + c_2}\right)$$

而常数 h, k 由方程组

$$\begin{cases} a_1h + b_1k + c_1 = 0 \\ a_2h + b_2k + c_2 = 0 \end{cases}$$

确定. 此时方程(6-10)便化为齐次方程

$$\frac{dY}{dX} = f\left(\frac{a_1X + b_1Y}{a_2X + b_2Y}\right)$$

求出这个齐次方程的通解后,在通解中令 $X = x - h, Y = y - k$ 代之,即得方程(6-10)的通解.

(3) 若 c_1, c_2 中至少有一个不为零,且 $D = \begin{vmatrix} a_1 & b_1 \\ a_2 & b_2 \end{vmatrix} = a_1b_2 - a_2b_1 = 0$,即有 $\frac{a_1}{a_2} = \frac{b_1}{b_2}$ 时,h 和 k 无法求得. 因此上述方法不能应用. 但这时令 $\frac{a_1}{a_2} = \frac{b_1}{b_2} = \lambda$,从而方程(6-10)可变为

$$\frac{dy}{dx} = f\left[\frac{\lambda(a_2x + b_2y) + c_1}{a_2x + b_2y + c_2}\right]$$

引入新变量 $v = a_2x + b_2y$,则

$$\frac{dv}{dx} = a_2 + b_2 \frac{dy}{dx}$$

于是方程(6-10)变为

$$\frac{dv}{dx} = a_2 + b_2 f\left(\frac{\lambda v + c_1}{v + c_2}\right)$$

这是关于 x 和 v 的可分离变量方程,用分离变量法即可求得通解.

例9 求微分方程 $\frac{dy}{dx} = \frac{x - y + 1}{x + y - 3}$ 的通解.

解 因 $c_1 = 1 \neq 0, c_2 = -3 \neq 0$,且 $D = \begin{vmatrix} 1 & -1 \\ 1 & 1 \end{vmatrix} = 2 \neq 0$,由方程组 $\begin{cases} h - k + 1 = 0 \\ h + k - 3 = 0 \end{cases}$ 解得

$h=1, k=2$. 于是,作变换 $x = X+1, y = Y+2$,代入原方程,得

$$\frac{dY}{dX} = \frac{X-Y}{X+Y} = \left(1-\frac{Y}{X}\right)\Big/\left(1+\frac{Y}{X}\right)$$

令 $u = \frac{Y}{X}$,则 $Y = uX$,$\frac{dY}{dX} = u + X\frac{du}{dX}$,代入上式,得

$$u + X\frac{du}{dX} = \frac{1-u}{1+u}$$

分离变量,得

$$\frac{1+u}{1-2u+u^2}du = \frac{1}{X}dX$$

两边积分,得

$$-\frac{1}{2}\ln|1-2u-u^2| = \ln|X| + \ln C_1$$

用 $u = \frac{Y}{X}$ 回代,得

$$X^2 - 2XY - Y^2 = C$$

再将 $X = x-1, Y = y-2$ 回代,并整理得到所求题设方程的通解为

$$x^2 - 2xy - y^2 + 2x + 6y = C$$

注意:由此可见,将一个方程化为齐次方程的做法是通过变量代换进行转化.

四、一阶线性微分方程

形如

$$\frac{dy}{dx} + P(x)y = Q(x) \tag{6-11}$$

的方程称为一阶线性微分方程,其中函数 $P(x), Q(x)$ 是某一区间 I 上的连续函数. 一阶线性微分方程的特点是方程中的 y 和 y' 都是一次的.

当 $Q(x) \not\equiv 0$ 时,方程(6-11)称为**一阶非齐次线性微分方程**. 当 $Q(x) \equiv 0$ 时,方程(6-11)变成

$$\frac{dy}{dx} + P(x)y = 0 \tag{6-12}$$

这个方程称为与一阶非齐次线性微分方程(6-11)相对应的**一阶齐次线性微分方程**.

注意:这里所说的齐次方程与之前所说的齐次方程完全不同.

对一阶非齐次线性微分方程(6-11)的求解,我们通常采用**常数变易法**,其方法步骤如下:

第一步,先求其对应的一阶齐次线性方程(6-12)的通解. 显然,方程(6-12)是可分离变量的方程. 分离变量后,得

$$\frac{dy}{y} = -P(x)dx$$

两边积分,得

$$\ln|y| = -\int P(x)\mathrm{d}x + C_1$$

故一阶齐次线性方程(6-12)的通解为

$$y = C\mathrm{e}^{-\int P(x)\mathrm{d}x} \quad (C = \pm \mathrm{e}^{C_1}) \tag{6-13}$$

注意：这里记号 $\int P(x)\mathrm{d}x$ 表示 $P(x)$ 的某个确定的原函数.

第二步，求一阶非齐次线性微分方程(6-11)的通解. 容易验证，不论 C 取何值，式(6-13)只能是方程(6-12)的解，而不是非齐次线性方程(6-11)的解. 如果我们假设方程(6-11)有形如式(6-13)的解，其中 C 自然不会再是常数而应是关于 x 的函数. 如果能够确定此函数，我们就可求得方程(6-11)的解. 因此将式(6-13)中的常数 C 换成 x 的函数 $u(x)$，猜想方程(6-11)具有形如

$$y = u(x)\mathrm{e}^{-\int P(x)\mathrm{d}x} \tag{6-14}$$

的解

于是

$$y' = u'(x)\mathrm{e}^{-\int P(x)\mathrm{d}x} - u(x)P(x)\mathrm{e}^{-\int P(x)\mathrm{d}x}$$

将它们代入方程(6-11)得

$$u'(x)\mathrm{e}^{-\int P(x)\mathrm{d}x} - u(x)P(x)\mathrm{e}^{-\int P(x)\mathrm{d}x} + P(x)u(x)\mathrm{e}^{-\int P(x)\mathrm{d}x} = Q(x)$$

即

$$u'(x)\mathrm{e}^{-\int P(x)\mathrm{d}x} = Q(x) \quad \text{或} \quad u'(x) = Q(x)\mathrm{e}^{\int P(x)\mathrm{d}x}$$

两端积分，得

$$u(x) = \int Q(x)\mathrm{e}^{\int P(x)\mathrm{d}x}\mathrm{d}x + C$$

将上式代入式(6-14)中，我们得到一阶非齐次线性微分方程(6-11)的通解公式为

$$y = \mathrm{e}^{-\int P(x)\mathrm{d}x}\left(\int Q(x)\mathrm{e}^{\int P(x)\mathrm{d}x}\mathrm{d}x + C\right) \tag{6-15}$$

通解即式(6-15)还可写成

$$y = C\mathrm{e}^{-\int P(x)\mathrm{d}x} + \mathrm{e}^{-\int P(x)\mathrm{d}x}\int Q(x)\mathrm{e}^{\int P(x)\mathrm{d}x}\mathrm{d}x$$

上式右边第一项是对应的齐次线性方程(6-12)的通解，第二项是非齐次线性方程(6-11)的一个特解（即在方程(6-11)的通解公式(6-15)中取 $C=0$）. 若将上式的第一项记为 y_C，第二项记为 $y*$，则一阶非齐次线性方程(6-11)的通解是 $y = y_C + y*$.

例10 求微分方程 $\dfrac{\mathrm{d}y}{\mathrm{d}x} - \dfrac{2y}{x+1} = (x+1)^{\frac{5}{2}}$ 的通解.

解 这是一个一阶非齐次线性方程. 先求对应的齐次线性方程 $\dfrac{\mathrm{d}y}{\mathrm{d}x} - \dfrac{2y}{x+1} = 0$ 的通解.

分离变量，得

$$\frac{1}{y}\mathrm{d}y = \frac{2}{x+1}\mathrm{d}x$$

两边积分，得

$$\ln|y| = 2\ln|x+1| + \ln|C_1|$$

故齐次线性方程的通解为

$$y = C_1(x+1)^2$$

用常数变易法，把 C_1 换成 $u(x)$，即令
$$y = u(x) \cdot (x+1)^2$$
则
$$\frac{dy}{dx} = u'(x) \cdot (x+1)^2 + 2u(x) \cdot (x+1)$$
代入所给的非齐次线性方程中，得
$$u'(x) \cdot (x+1)^2 + 2u(x) \cdot (x+1) - \frac{2}{x+1}u(x) \cdot (x+1)^2 = (x+1)^{\frac{5}{2}}$$
即
$$u'(x) = (x+1)^{\frac{1}{2}}$$
两边积分，得
$$u(x) = \frac{2}{3}(x+1)^{\frac{3}{2}} + C$$
再把上式代入 $y = u(x) \cdot (x+1)^2$ 中，即得所求方程的通解为
$$y = (x+1)^2 \left[\frac{2}{3}(x+1)^{\frac{3}{2}} + C\right]$$

注意： 如不用常数变易法，可直接应用通解式(6-15)进行求解.

例 11 求微分方程 $xy' + y = \cos x$ 的通解及满足初始条件 $y(\pi) = 1$ 的特解.

解 把方程化为标准形式为
$$y' + \frac{y}{x} = \frac{\cos x}{x}$$
于是 $P(x) = \frac{1}{x}$，$Q(x) = \frac{\cos x}{x}$，利用式(6-15)可得所求通解为
$$y = e^{-\int \frac{1}{x} dx} \left(\int \frac{\cos x}{x} e^{\int \frac{1}{x} dx} dx + C\right)$$
$$= e^{-\ln|x|} \left(\int \frac{\cos x}{x} e^{\ln|x|} dx + C\right)$$
$$= \frac{1}{|x|} \left(\int \frac{\cos x}{x} \cdot |x| dx + C\right)$$
当 $x > 0$ 时
$$y = \frac{1}{x}\left(\int \cos x \, dx + C\right) = \frac{1}{x}(\sin x + C)$$
当 $x < 0$ 时
$$y = -\frac{1}{x}\left[\int (-\cos x) dx + C\right] = \frac{1}{x}(\sin x + C)$$
综上所述，原方程的通解为
$$y = \frac{1}{x}\left(\int \cos x \, dx + C\right) = \frac{1}{x}(\sin x + C)$$
将 $y(\pi) = 1$ 代入上式，可得 $C = \pi$. 故所求特解为
$$y = \frac{1}{x}(\sin x + \pi)$$

注意：有些方程本身并非线性方程，但经过适当变形后可转化为线性方程.

例12 求微分方程 $y' = \dfrac{y}{x - y^3}$ 的通解及满足初始条件 $y(2) = 1$ 的特解.

解 这个方程不是一阶线性微分方程，不便求解. 如果将 x 看作 y 的函数，即对 $x = x(y)$ 进行求解，可将原方程化为关于未知函数为 $x = x(y)$ 的线性方程

$$\frac{dx}{dy} = \frac{x - y^3}{y}$$

即

$$\frac{dx}{dy} - \frac{x}{y} = -y^2$$

于是 $P(y) = -\dfrac{1}{y}, Q(y) = -y^2$. 利用式 (6 – 15)，可得所求通解为

$$x = e^{-\int(-\frac{1}{y})dy}\left[\int(-y^2)e^{\int(-\frac{1}{y})dy}dy + C\right]$$

$$= y\left(-\int y\,dy + C\right) = Cy - \frac{1}{2}y^3$$

将 $y(2) = 1$ 代入上式，可得 $C = \dfrac{5}{2}$. 故所求特解为

$$x = \frac{5y - y^3}{2}$$

例13 设某企业在 t 时刻产值 $y(t)$ 的增长率与产值以及新增投资 $2bt$ 有关，并有如下关系：

$$y' = -2aty + 2bt$$

其中，a, b 均为正常数，$y(0) = y_0 < b$，求产值函数 $y(t)$.

解 方程 $y' = -2aty + 2bt$ 是一阶非齐次线性方程，化为标准形式为

$$\frac{dy}{dt} + 2aty = 2bt$$

于是 $P(t) = 2at, Q(t) = 2bt$. 利用式 (6 – 15)，可得通解为

$$y = e^{-at^2}\left(\int 2bt \cdot e^{at^2}dt + C\right)$$

$$= e^{-at^2}\left[\frac{b}{a}\int e^{at^2}d(at^2) + C\right] = Ce^{-at^2} + \frac{b}{a}$$

将初始条件 $y(0) = y_0$ 代入上式，可得 $C = y_0 - \dfrac{b}{a}$. 故所求产值函数为

$$y(t) = \left(y_0 - \frac{b}{a}\right)e^{-at^2} + \frac{b}{a}$$

五、伯努利（Bernoulli）方程

形如

$$\frac{dy}{dx} + P(x)y = Q(x)y^n \tag{6 – 16}$$

的方程称为伯努利方程，其中 n 是常数，且 $n \neq 0$，1. 当 $n = 0$ 或 $n = 1$ 时，这是线性微分方程.

伯努利方程是一类非线性方程,但是通过适当的变量变换,可以把它化为线性方程. 事实上,在方程(6-16)两端除以 y^n,得

$$y^{-n}\frac{dy}{dx} + P(x)y^{1-n} = Q(x)$$

或

$$\frac{1}{1-n} \cdot (y^{1-n})' + P(x)y^{1-n} = Q(x)$$

于是,令 $z = y^{1-n}$,就得到关于变量 z 的一阶线性方程

$$\frac{dz}{dx} + (1-n)P(x)z = (1-n)Q(x)$$

利用线性方程的求解方法求出通解后,再回代原变量,便可得到伯努利方程(6-16)的通解为

$$y^{1-n} = e^{-\int(1-n)P(x)dx}\left[\int Q(x)(1-n)e^{\int(1-n)P(x)dx}dx + C\right]$$

例14 求微分方程 $\dfrac{dy}{dx} + \dfrac{1}{x}y = x^2y^6$ 的通解.

解 这是伯努利方程,其中 $n = 6$. 方程两端除以 y^6,得

$$y^{-6}\frac{dy}{dx} + \frac{1}{x}y^{-5} = x^2$$

令 $z = y^{-5}$,则 $\dfrac{dz}{dx} = -5y^{-6}\dfrac{dy}{dx}$,代入上式,原方程化为

$$\frac{dz}{dx} - \frac{5}{x}z = -5x^2$$

这是一阶非齐次线性微分方程,可求其通解为

$$z = x^5\left(\frac{5}{2x^2} + C\right)$$

因 $z = y^{-5}$,故原方程的通解为

$$x^5 y^5\left(\frac{5}{2x^2} + C\right) = 1$$

6.3 微分方程的降阶法

二阶及二阶以上的微分方程统称为高阶微分方程. 对于高阶方程,没有普遍有效的实际解法. 本节仅介绍三种特殊类型的高阶微分方程,都是采取逐步降低方程阶数的方法——降阶法进行求解.

一、$y^{(n)} = f(x)$ 型的微分方程

微分方程

$$y^{(n)} = f(x)$$

的右端仅含自变量 x. 对此方程只需相继积分 n 次即可求出通解.

例1 求微分方程 $y'' = e^{2x} - \cos x$ 的通解.

解 对所给方程相继积分两次,得

$$y' = \frac{1}{2}e^{2x} - \sin x + C_1$$

$$y = \frac{1}{4}e^{2x} + \cos x + C_1 x + C_2$$

后者即为所求通解.

例2 求微分方程 $y''' = \sin x + 24x$ 的通解及满足条件 $y(0) = 1, y'(0) = y''(0) = -1$ 的特解.

解 相继积分三次得出:

$$y'' = \int (\sin x + 24x) dx = -\cos x + 12x^2 + 2C_1$$

$$y' = \int (-\cos x + 12x^2 + 2C_1) dx = -\sin x + 4x^3 + 2C_1 x + C_2$$

$$y = \int (-\sin x + 4x^3 + 2C_1 x + C_2) dx = \cos x + x^4 + C_1 x^2 + C_2 x + C_3$$

后者即为方程的通解,其中 C_1, C_2, C_3 为任意常数. 第一次积分后的任意常数写作 $2C_1$ 是为了使最终结果更整齐,并保证符号的统一性.

将 $y(0) = 1, y'(0) = y''(0) = -1$ 代入后可得出 $C_1 = 0, C_2 = -1, C_3 = 0$. 于是,所求特解为

$$y = \cos x + x^4 - x$$

二、不显含未知函数 y 的方程

微分方程

$$y'' = f(x, y')$$

的右端不含未知函数 y,此时可令 $y' = p = p(x)$,则 $y'' = \dfrac{dp}{dx}$,将原方程化为关于变量 x 和 p 的一阶微分方程 $p' = f(x, p)$,设求其通解为

$$p = \varphi(x, C_1)$$

然后再根据关系式 $y' = p$,又得到一个一阶微分方程

$$\frac{dy}{dx} = \varphi(x, C_1)$$

对它进行积分便可得出原方程的通解

$$y = \int \varphi(x, C_1) dx + C_2$$

例3 求微分方程 $xy'' + y' = 0$ 的通解.

解 该方程是不显含 y 的方程,令 $y' = p$,则 $y'' = \dfrac{dp}{dx}$. 原方程化为一阶方程

$$xp' + p = 0$$

分离变量,得

$$\frac{1}{p}\mathrm{d}p = -\frac{1}{x}\mathrm{d}x$$

两边积分，得
$$p = \frac{C_1}{x}$$

再积分一次即得原方程的通解为
$$y = C_1 \ln|x| + C_2$$

需要提醒读者注意的是，在解题过程中曾以 p 作为除数，而由 $p=0$ 得到的解 $y=C$（任意常数）已包含在通解中（$C_1=0$）．

例 4 求初值问题 $\begin{cases}(1+x^2)y''=2xy'\\ y\big|_{x=0}=1,\quad y'\big|_{x=0}=3\end{cases}$ 的解．

解 题设方程属 $y''=f(x,y')$ 型．令 $y'=p$，代入方程并分离变量后，有
$$\frac{\mathrm{d}p}{p} = \frac{2x}{1+x^2}\mathrm{d}x$$

两端积分，得
$$\ln|p| = \ln(1+x^2) + C$$

即
$$p = y' = C_1(1+x^2)\quad (C_1 = \pm e^C)$$

由条件 $y'\big|_{x=0}=3$，得 $C_1=3$，所以
$$y' = 3(1+x^2)$$

两端积分，得
$$y = x^3 + 3x + C_2$$

又由条件 $y\big|_{x=0}=1$，得 $C_2=1$．于是，所求初值问题的解为
$$y = x^3 + 3x + 1$$

三、不显含自变量 x 的方程

微分方程
$$y'' = f(y, y')$$

的右端不显含自变量 x．为求其解，可令 $y'=p=p(y)$，这里，y 是自变量，p 是未知函数．根据复合函数的求导法则，有
$$y'' = \frac{\mathrm{d}p}{\mathrm{d}x} = \frac{\mathrm{d}p}{\mathrm{d}y} \cdot \frac{\mathrm{d}y}{\mathrm{d}x} = p\frac{\mathrm{d}p}{\mathrm{d}y}$$

把 y', y'' 代入原方程得到关于 y, p 的一阶微分方程
$$p\frac{\mathrm{d}p}{\mathrm{d}y} = f(y, p)$$

如果可求其通解为
$$y' = p = \varphi(y, C_1)$$

这是可分离变量的方程,对其分离变量再积分即得到原方程的通解为

$$\int \frac{dy}{\varphi(y, C_1)} = x + C_2$$

例 5 求微分方程 $yy'' - (y')^2 = 0$ 的通解.

解 该方程是不显含 x 的方程,令 $y' = p$,则 $y'' = p\dfrac{dp}{dy}$,原方程化为

$$y \cdot p \frac{dp}{dy} - p^2 = 0$$

分离变量,得

$$\frac{dp}{p} = \frac{dy}{y}$$

两边积分,得

$$\ln|p| = \ln|y| + \ln|C_1|$$

即

$$p = C_1 y \ (C_1 \neq 0)$$

再由 $\dfrac{dy}{dx} = C_1 y$,解得

$$y = C_2 e^{C_1 x}$$

在分离变量时以 py 除方程两边. 若 $p = 0$,或 $y = 0$,得 $y = C$,它显然是原方程的解,已包含在通解中(如果能取 $C_1 = 0$). 还要说明一点的是,上面用到的常数 $\ln|C_1|$ 能取 $(-\infty, +\infty)$ 内的任何值,所以是任意常数. 综上所述,所求的通解为

$$y = C_2 e^{C_1 x} \ (C_1, C_2 \text{ 为任意常数})$$

例 6 求微分方程 $yy'' = 2(y'^2 - y')$ 满足初始条件 $y(0) = 1$,$y'(0) = 2$ 的特解.

解 令 $y' = p$,则 $y'' = p\dfrac{dp}{dy}$,代入方程并化简得

$$y \frac{dp}{dy} = 2(p - 1)$$

上式为可分离变量的微分方程,分离变量并积分得

$$p = y' = Cy^2 + 1$$

由初始条件 $y(0) = 1$,$y'(0) = 2$ 得出 $C = 1$,于是

$$y' = y^2 + 1$$

再分离变量,得

$$\frac{dy}{y^2 + 1} = dx$$

两端积分,得

$$\arctan y = x + C_1 \quad \text{或} \quad y = \tan(x + C_1)$$

由 $y(0) = 1$,得出 $C_1 = \arctan 1 = \dfrac{\pi}{4}$. 因此,所求特解为

$$y = \tan\left(x + \frac{\pi}{4}\right)$$

6.4 二阶常系数线性微分方程

本节我们介绍线性微分方程解的性质与结构，并重点讨论二阶常系数线性微分方程的解法.

一、线性微分方程解的性质与结构

线性微分方程是常微分方程中最基础也是研究得最深入的部分. 这一节我们介绍线性微分方程解的性质和解的结构定理，在介绍解的性质与结构之前，先介绍函数线性相关与线性无关的概念.

定义 设 $y_1(x), y_2(x), \cdots, y_n(x)$ 是定义在区间 I 上的 n 个函数，如果存在 n 个不全为零的常数 $k_1, k_2, \cdots, k_n$，使得当 $x \in I$ 时有恒等式

$$k_1 y_1 + k_2 y_2 + \cdots + k_n y_n \equiv 0$$

成立，那么称这 n 个函数在区间 I 上**线性相关**；否则，称**线性无关**.

例如，函数 $1, \sin^2 x, \cos^2 x$ 在区间 $(-\infty, +\infty)$ 内是线性相关的. 因为取 $k_1 = 1$，$k_2 = k_3 = -1$，就有恒等式

$$1 - \sin^2 x - \cos^2 x \equiv 0$$

成立. 又如，函数 x^2 和 $3x^2$ 在区间 $(-\infty, +\infty)$ 内也是线性相关的. 而函数 $1, x, x^2$ 在任何区间 (a, b) 内是线性无关的. 因为如果 k_1, k_2, k_3 不全为零，那么在该区间内至多只有两个 x 能使二次三项式

$$k_1 + k_2 x + k_3 x^2$$

为零；要使它恒为零，必须 k_1, k_2, k_3 全为零. 而函数 e^{2x} 与 xe^{2x} 在区间 $(-\infty, +\infty)$ 内也是线性无关的. 因为只有当 $k_1 = k_2 = 0$ 时，在 $(-\infty, +\infty)$ 内才有恒等式

$$k_1 e^{2x} + k_2 x e^{2x} \equiv 0$$

成立.

应用上述概念可知，对于两个函数而言，它们线性相关与否，可根据它们的比是否为常数进行判断：如果比为常数，那么它们就线性相关；否则，就线性无关.

有了一组函数线性相关或线性无关的概念后，我们以二阶线性微分方程为主介绍解的性质与结构定理.

二阶线性微分方程的一般形式是

$$y'' + a_1(x) y' + a_2(x) y = f(x) \tag{6-17}$$

其中，$a_1(x), a_2(x), f(x)$ 都是 x 的已知连续函数，$f(x)$ 称为自由项. 当 $f(x) \not\equiv 0$ 时，方程(6-17)称为二阶非齐次线性微分方程. 当 $f(x) \equiv 0$ 时，方程(6-17)变为

$$y'' + a_1(x) y' + a_2(x) y = 0 \tag{6-18}$$

称为与方程(6-17)对应的二阶齐次线性微分方程.

定理 1 若函数 $y_1(x)$ 和 $y_2(x)$ 是二阶齐次线性微分方程(6-18)的两个解，则

也是方程(6-18)的解，其中 C_1, C_2 是任意常数.

证 将 $y = C_1 y_1(x) + C_2 y_2(x)$ 代入到方程(6-18)的左端，得

$$(C_1 y_1 + C_2 y_2)'' + a_1(x)(C_1 y_1 + C_2 y_2)' + a_2(x)(C_1 y_1 + C_2 y_2)$$
$$= C_1[y_1'' + a_1(x)y_1' + a_2(x)y_1] + C_2[y_2'' + a_1(x)y_2' + a_2(x)y_2]$$
$$= C_1 \cdot 0 + C_2 \cdot 0 = 0$$

所以 $y = C_1 y_1(x) + C_2 y_2(x)$ 是方程(6-18)的解.

定理2（齐次线性微分方程解的结构定理）若函数 $y_1(x)$ 和 $y_2(x)$ 是二阶齐次线性微分方程(6-18)的两个线性无关的特解，则

$$y = C_1 y_1(x) + C_2 y_2(x)$$

是此方程的通解，其中 C_1, C_2 是任意常数.

例1 验证 $y_1 = e^x, y_2 = 2e^x, y_3 = e^{-x}$ 是方程

$$y'' - y = 0$$

的解，但 $y = C_1 y_1 + C_2 y_2$ 不是原方程的通解，而 $y = C_1 y_1 + C_2 y_3$ 是原方程的通解.

证 将 $y_1 = e^x, y_2 = 2e^x, y_3 = e^{-x}$ 分别代入，易知其均为方程的解，从而由定理1知 $y = C_1 y_1 + C_2 y_2, y = C_1 y_1 + C_2 y_3$ 也都是方程的解.

但由于

$$C_1 y_1 + C_2 y_2 = C_1 e^x + 2C_2 e^x = (C_1 + 2C_2) e^x = C e^x \quad (C = C_1 + 2C_2)$$

实质上只有一个任意常数，故 $y = C_1 y_1 + C_2 y_2$ 不是原方程的通解.

而 $\dfrac{y_1}{y_3} = \dfrac{e^x}{e^{-x}} = e^{2x} \not\equiv$ 常数，$y_1 = e^x$ 和 $y_3 = e^{-x}$ 是线性无关的. 因此 $y = C_1 y_1 + C_2 y_3$ 是原方程的通解.

下面我们讨论二阶非齐次线性微分方程(6-17)解的结构与性质. 在6.2节我们知道，一阶非齐次线性微分方程的通解由两部分构成：一部分是对应的齐次线性方程的通解；另一部分是非齐次线性方程本身的一个特解. 实际上，不仅一阶非齐次线性微分方程的通解具有这样的结构，而且二阶及更高阶非齐次线性微分方程的通解也具有同样的结构.

定理3（非齐次线性微分方程解的结构定理）若 $y^*(x)$ 是二阶非齐次线性微分方程(6-17)的一个特解，$y_C(x)$ 是对应的齐次线性微分方程(6-18)的通解，则

$$y = y_C(x) + y^*(x)$$

是二阶非齐次线性微分方程(6-17)的通解.

证 把 $y = y_C(x) + y^*(x)$ 代入到方程(6-17)的左端，得

$$(y_C + y^*)'' + a_1(x)(y_C + y^*)' + a_2(x)(y_C + y^*)$$
$$= [y_C'' + a_1(x)y_C' + a_2(x)y_C] + [y^{*''} + a_1(x)y^{*'} + a_2(x)y^*]$$
$$= 0 + f(x) = f(x)$$

所以，$y = y_C(x) + y^*(x)$ 是方程(6-17)的解.

由于对应的齐次线性方程(6-18)的通解 $y_C = C_1 y_1(x) + C_2 y_2(x)$ 中含有两个任意常数，因此 $y = y_C(x) + y^*(x)$ 中也含有两个任意常数，从而它就是二阶非齐次线性方程(6-17)的

通解.

例如，方程 $y'' - y = x^2$ 是二阶非齐次线性微分方程. 已知 $y_C = C_1 e^x + C_2 e^{-x}$ 是对应的齐次线性方程 $y'' - y = 0$ 的通解；又容易验证 $y* = -2 - x^2$ 是所给方程的一个特解. 因此

$$y = C_1 e^x + C_2 e^{-x} - 2 - x^2$$

是所给方程的通解.

定理 4 （解的叠加原理）若函数 $y_1*(x)$ 和 $y_2*(x)$ 分别是二阶非齐次线性微分方程

$$y'' + a_1(x) y' + a_2(x) y = f_1(x)$$

与

$$y'' + a_1(x) y' + a_2(x) y = f_2(x)$$

的特解，则 $y_1*(x) + y_2*(x)$ 是微分方程

$$y'' + a_1(x) y' + a_2(x) y = f_1(x) + f_2(x) \tag{6-19}$$

的特解.

证 将 $y_1*(x) + y_2*(x)$ 代入到方程(6-19)的左端，得

$$(y_1* + y_2*)'' + a_1(x)(y_1* + y_2*)' + a_2(x)(y_1* + y_2*)$$
$$= [y_1*'' + a_1(x) y_1*' + a_2(x) y_1*] + [y_2*'' + a_1(x) y_2*' + a_2(x) y_2*]$$
$$= f_1(x) + f_2(x)$$

因此 $y_1*(x) + y_2*(x)$ 是方程(6-19)的一个特解.

二、二阶常系数齐次线性微分方程及其解法

在二阶齐次线性微分方程(6-18)中，如果 y', y 的系数 $a_1(x), a_2(x)$ 分别为常数 p, q，即得方程

$$y'' + py' + qy = 0 \tag{6-20}$$

其称为**二阶常系数齐次线性微分方程**.

由定理 2 可知，只要求出二阶常系数齐次线性方程(6-20)的两个线性无关的特解 y_1, y_2，就可以求出其通解 $y = C_1 y_1 + C_2 y_2$. 那么，如何求得方程(6-20)的两个线性无关的特解呢？

注意到方程(6-20)的左端的系数都是常数，自然使我们想到，特解最好具有如下性质：y'' 和 y' 均为 y 的常数倍. 而我们知道，指数函数 $y = e^{rx}$（r 为常数）的各阶导数仍为函数 e^{rx} 乘以一个常数. 因此，要使方程(6-20)的左端 $y'' + py' + qy$ 为零，可设想方程(6-20)有形如 $y = e^{rx}$ 的特解，其中 r 是待定常数.

将 $y = e^{rx}, y' = re^{rx}, y'' = r^2 e^{rx}$ 代入方程(6-20)，得

$$e^{rx}(r^2 + pr + q) = 0$$

因为 $e^{rx} \neq 0$，所以有

$$r^2 + pr + q = 0 \tag{6-21}$$

显然，只要待定常数 r 满足式(6-21)，则 $y = e^{rx}$ 一定是二阶常系数齐次线性微分方程(6-20)的解.

我们称一元二次方程(6-21)为微分方程(6-20)的**特征方程**. 特征方程(6-21)的根 r 称为方程(6-20)**特征根**.

由上述分析可知，函数 $y = e^{rx}$ 是微分方程(6-20)的解的充分必要条件是常数 r 为特征方程(6-21)的解，即 r 为特征根. 因此，求微分方程(6-20)的特解的问题转化为求特征方程(6-21)的根的问题.

由于特征方程 (6-20) 是一元二次方程，它的特征根有三种不同情形，因此需要分三种情形讨论微分方程 $y'' + py' + qy = 0$ 的通解.

1. 当判别式 $\Delta = p^2 - 4q > 0$ 时，特征根是两个不相等的实根的情形

当特征方程(6-21)的判别式 $\Delta = p^2 - 4q > 0$ 时，它有两个不相等的实根：

$$r_1 = \frac{-p + \sqrt{p^2 - 4q}}{2}, r_2 = \frac{-p - \sqrt{p^2 - 4q}}{2}$$

且 $r_1 \neq r_2$. 这时微分方程 $y'' + py' + qy = 0$ 有两个线性无关的特解：$y_1 = e^{r_1 x}, y_2 = e^{r_2 x}$（因为 $\frac{y_1}{y_2} = e^{(r_1 - r_2)x} \not\equiv$ 常数），因此微分方程(6-20)的通解为

$$y = C_1 e^{r_1 x} + C_2 e^{r_2 x}$$

例 2 求微分方程 $y'' - 5y' + 6y = 0$ 的通解.

解 特征方程为

$$r^2 - 5r + 6 = 0, \text{即}(r - 2)(r - 3) = 0$$

特征根为
$$r_1 = 2, r_2 = 3$$

因为 $r_1 \neq r_2$，故所求微分方程的通解为

$$y = C_1 e^{2x} + C_2 e^{3x} \quad (C_1, C_2 \text{ 是任意常数})$$

2. 当判别式 $\Delta = p^2 - 4q = 0$ 时，特征根是重根的情形

当特征方程(6-21)的判别式 $\Delta = p^2 - 4q = 0$ 时，有重根：

$$r_1 = r_2 = \frac{-p}{2} = r$$

这时，微分方程(6-20)只有一个特解：$y_1 = e^{rx}$. 为了得到微分方程(6-20)的通解，还需求出另一个与 $y_1 = e^{rx}$ 线性无关的特解 y_2（即满足 $\frac{y_1}{y_2} \not\equiv$ 常数的 y_2）.

设 $y_2 = u(x) e^{rx}$（$u(x)$ 是待定的函数，且 $\frac{y_2}{y_1} = u(x) \not\equiv$ 常数）是微分方程(6-20)的另一个特解.

将 $y_2 = u(x) e^{rx}$ 代入方程(6-20)得

$$(ue^{rx})'' + p(ue^{rx})' + q(ue^{rx})$$
$$= e^{rx}(u'' + 2ru' + r^2 u) + pe^{rx}(u' + ru) + que^{rx}$$
$$= e^{rx}[u'' + (2r + p)u' + (r^2 + pr + q)u] = 0$$

约去 e^{rx}，且因 r 是特征方程(6-21)的重根，因此 $2r+p=0$，$r^2+pr+q=0$，于是得到
$$u''=0$$
由于 $u(x)$ 不能是常数，故选取一个最简单的函数 $u(x)=x$，由此得到方程(6-20)的另一个特解为
$$y_2=xe^{rx}$$
显然 $y_1=e^{rx}$ 与 $y_2=xe^{rx}$ 是线性无关的，因此方程(6-20)的通解为
$$y=C_1e^{rx}+C_2xe^{rx} \text{ 或 } y=(C_1+C_2x)e^{rx} \quad (C_1,C_2 \text{ 是任意常数})$$

例3 求微分方程 $y''-4y'+4y=0$ 的通解及满足条件 $y(0)=y'(0)=1$ 的特解.

解 特征方程为
$$r^2-4r+4=0$$
特征根为重根 $r_1=r_2=2$. 故所求微分方程的通解为
$$y=(C_1+C_2x)e^{2x}$$
将 $y(0)=1$ 代入上式得 $C_1=1$，从而 $y=(1+C_2x)e^{2x}$，对上式求导得
$$y'=(C_2+2+2C_2x)e^{2x}$$
将 $y'(0)=1$ 代入上式得 $C_2=-1$. 故所求特解为
$$y=(1-x)e^{2x}$$

3. 当判别式 $\Delta=p^2-4q<0$ 时，特征根是一对共轭复根的情形

当特征方程(6-21)的判别式 $\Delta=p^2-4q<0$ 时，有一对共轭复根：
$$r_1=\alpha+i\beta, r_2=\alpha-i\beta$$
这时微分方程(6-20)的两个线性无关特解为
$$y_1=e^{(\alpha+i\beta)x}, y_2=e^{(\alpha-i\beta)x}$$
这是两个复值函数的特解，但使用起来不方便，为了得到实值函数形式的特解，根据欧拉公式
$$e^{i\beta}=\cos\beta+i\sin\beta$$
将 y_1 与 y_2 改写为
$$y_1=e^{\alpha x}(\cos\beta x+i\sin\beta x), y_2=e^{\alpha x}(\cos\beta x-i\sin\beta x)$$
进行代数运算，可得
$$\bar{y}_1=\frac{1}{2}(y_1+y_2)=e^{\alpha x}\cos\beta x$$
$$\bar{y}_2=\frac{1}{2i}(y_1-y_2)=e^{\alpha x}\sin\beta x$$
$$\frac{\bar{y}_2}{\bar{y}_1}=\frac{e^{\alpha x}\sin\beta x}{e^{\alpha x}\cos\beta x}=\tan\beta x \ (\neq \text{常数})$$
故 $\bar{y}_1$ 与 $\bar{y}_2$ 是微分方程(6-20)的两个线性无关的特解，其通解为
$$y=e^{\alpha x}(C_1\cos\beta x+C_2\sin\beta x) \quad (C_1,C_2 \text{ 是任意常数})$$

例4 求微分方程 $y'' - 2y' + 5y = 0$ 的通解.

解 其特征方程为
$$r^2 - 2r + 5 = 0$$
得出根 $r_{1,2} = 1 \pm 2i$ 是一对共轭复根. 因此所求通解为
$$y = e^x(C_1 \cos 2x + C_2 \sin 2x)$$

综上所述, 求二阶常系数齐次线性微分方程 $y'' + py' + qy = 0$ 的通解的步骤如下:

第一步, 写出微分方程的特征方程 $r^2 + pr + q = 0$;

第二步, 求特征方程的两个根 r_1, r_2;

第三步, 根据特征方程两个根的三种不同情形按表6–1写出微分方程的通解.

表 6–1

特征方程 $r^2+pr+q=0$ 根的情形	微分方程 $y''+py'+qy=0$ 的通解
(1) 有两个不相等的实根 $r_1 \neq r_2$	$y = C_1 e^{r_1 x} + C_2 e^{r_2 x}$
(2) 有重根 $r_1 = r_2 = r$	$y = (C_1 + C_2 x) e^{rx}$
(3) 有一对共轭复根 $r_{1,2} = \alpha \pm i\beta$	$y = e^{\alpha x}(C_1 \cos \beta x + C_2 \sin \beta x)$

三、二阶常系数非齐次线性微分方程及其解法

二阶常系数非齐次线性微分方程的一般形式是
$$y'' + py' + qy = f(x) \tag{6-22}$$
其中, p,q 为常数, 且 $f(x) \not\equiv 0$. 通常, 称 $y'' + py' + qy = 0$ 为方程(6–22)相对应的齐次线性微分方程.

由定理可知, 方程(6–22)的通解由两部分构成: 一部分是对应的齐次线性方程的通解 y_c; 另一部分是非齐次线性方程本身的一个特解 $y*$. 第二节我们已经介绍了求对应齐次线性方程(6–20)通解的方法, 因此为了求解二阶常系数非齐次线性方程(6–22), 只需解决如何求其特解 $y*$ 的问题.

下面只介绍当方程(6–22)中的 $f(x)$ 取三种特殊形式时求特解 $y*$ 的方法. 这种方法的特点是不用积分就可求出 $y*$ 来. 它是根据自由项 $f(x)$ 的形式, 而断定方程(6–22)应该具有某种特定形式的特解. 特解的形式确定后, 将其代入所给的方程中, 使方程成为恒等式; 然后再根据恒等关系来确定这个具体函数. 通常称这种方法为**待定系数法**.

1. $f(x) = P_m(x)$ 型

设方程(6–22)的右端 $f(x) = P_m(x)$, 其中, $P_m(x)$ 是一个已知的 m 次多项式:
$$P_m(x) = a_0 x^m + a_1 x^{m-1} + \cdots + a_{m-1} x + a_m$$
这时, 方程(6–22)成为
$$y'' + py' + qy = P_m(x) \tag{6-23}$$

我们知道, 方程(6–23)的特解 $y*$ 是使方程(6–23)成为恒等式的函数. 由于方程的右

端是多项式，而多项式的各阶导数仍是多项式，根据方程左端各项的系数均为常数的特点，可以推测，$y'' + py' + qy = P_m(x)$ 的特解的形式为

$$y* = x^k Q_m(x)$$

其中，$Q_m(x)$ 与 $P_m(x)$ 是同次多项式，即

$$Q_m(x) = b_0 x^m + b_1 x^{m-1} + \cdots + b_{m-1} x + b_m$$

其系数 $b_0, b_1, \cdots, b_{m-1}, b_m$ 是待定系数。k 的取值原则是使得等式两边 x 的最高阶的幂次相同，具体做法如下：

(1) 当 $q \neq 0$ 时，取 $k = 0$；

(2) 当 $q = 0$，但 $p \neq 0$ 时，取 $k = 1$；

(3) 当 $q = 0$，且 $p = 0$ 时，取 $k = 2$。

将所设的特解代入原方程，使等式两边 x 同次幂的系数相等，从而确定 $Q_m(x)$ 的各项系数，便得到所求的特解。

例 5 求微分方程 $y'' - 2y' - 3y = 3x + 1$ 的一个特解。

解 这是二阶常系数非齐次线性微分方程，且 $f(x) = 3x + 1$ 是关于 x 的一次多项式，y 的系数 $q = -3 \neq 0$，所以取 $k = 0$。故设特解为

$$y* = b_0 x + b_1$$

将它代入到所给方程，得

$$-3b_0 x - 2b_0 - 3b_1 = 3x + 1$$

比较两端 x 同次幂的系数和常数项，有

$$\begin{cases} -3b_0 = 3 \\ -2b_0 - 3b_1 = 1 \end{cases}$$

由此解得：$b_0 = -1, b_1 = \frac{1}{3}$。故所求的特解为

$$y* = -x + \frac{1}{3}$$

例 6 求微分方程 $y'' + y' = x^3 - x + 1$ 的通解。

解 这也是二阶常系数非齐次线性微分方程，与其对应的齐次方程为

$$y'' + y' = 0$$

它的特征方程为 $r^2 + r = 0$，即 $r(r+1) = 0$，特征根为 $r_1 = 0, r_2 = -1$。于是，所对应的齐次方程的通解为

$$y_C = C_1 + C_2 e^{-x}$$

因为 $f(x) = x^3 - x + 1$ 是关于 x 的三次多项式，$q = 0, p = 1 \neq 0$，所以取 $k = 1$。故设方程的特解为

$$y* = x \cdot (b_0 x^3 + b_1 x^2 + b_2 x + b_3)$$

则 $y*' = 4b_0 x^3 + 3b_1 x^2 + 2b_2 x + b_3, y*'' = 12b_0 x^2 + 6b_1 x + 2b_2$，将它们代入原方程，得

$$4b_0 x^3 + (12b_0 + 3b_1)x^2 + (6b_1 + 2b_2)x + 2b_2 + b_3 = x^3 - x + 1$$

比较两端 x 同次幂的系数和常数项，有

$$\begin{cases} 4b_0 = 1 \\ 12b_0 + 3b_1 = 0 \\ 6b_1 + 2b_2 = -1 \\ 2b_2 + b_3 = 1 \end{cases}$$

解得：$b_0 = \dfrac{1}{4}, b_1 = -1, b_2 = \dfrac{5}{2}, b_3 = -4$. 因此原方程的一个特解为

$$y* = x \cdot \left(\dfrac{1}{4}x^3 - x^2 + \dfrac{5}{2}x - 4\right)$$

从而得原方程的通解为

$$y = C_1 + C_2 e^{-x} + x \cdot \left(\dfrac{1}{4}x^3 - x^2 + \dfrac{5}{2}x - 4\right)$$

2. $f(x) = P_m(x)e^{\lambda x}$ 型

如果二阶常系数线性非齐次方程 (6-22) 的右端为

$$f(x) = P_m(x)e^{\lambda x}$$

其中，λ 为常数；$P_m(x)$ 为 m 次多项式. 这时方程(6-22)成为

$$y'' + py' + qy = P_m(x)e^{\lambda x} \tag{6-24}$$

因为方程中 p, q 均为常数，且指数函数与多项式乘积的各阶导数仍为指数函数与多项式的乘积，要使特解 $y*$ 能满足方程(6-24)，故推测 $y'' + py' + qy = P_m(x)e^{\lambda x}$ 的特解具有形式

$$y* = x^k Q_m(x)e^{\lambda x}$$

其中，$Q_m(x)$ 与 $P_m(x)$ 是同次多项式. k 的取值由 λ 是否为特征方程的根的情况而定，具体方法如下：

(1) 当 λ 不是特征方程的根时，取 $k=0$，待定特解为 $y* = Q_m(x)e^{\lambda x}$；

(2) 当 λ 是特征方程的单根时，取 $k=1$，待定特解为 $y* = xQ_m(x)e^{\lambda x}$；

(3) 当 λ 是特征方程的重根时，取 $k=2$，待定特解为 $y* = x^2 Q_m(x)e^{\lambda x}$.

将所设的特解代入原方程，使等式两边 x 同次幂的系数相等，从而确定 $Q_m(x)$ 的各项系数，便得到所求的特解.

例7 求微分方程 $y'' + y' + y = 2e^{2x}$ 的一个特解.

解 此方程也是二阶常系数非齐次线性微分方程，且 $f(x) = 2e^{2x}$ 是 $P_0(x)e^{\lambda x}$ 型. 显然 $\lambda = 2$ 不是特征方程 $r^2 + r + 1 = 0$ 的根，所以取 $k = 0$，故可设原方程的特解为

$$y* = be^{2x}$$

则 $y*' = 2be^{2x}$, $y*'' = 4be^{2x}$, 代入原方程，得

$$7be^{2x} = 2e^{2x}$$

解得 $b = \dfrac{2}{7}$，故方程有一特解为

$$y* = \dfrac{2}{7}e^{2x}$$

例8 求微分方程 $y''-3y'+2y=xe^{2x}$ 的通解.

解 所给方程是二阶常系数非齐次线性微分,且 $f(x)$ 是 $P_1(x)e^{\lambda x}$ 型(其中 $P_1(x)=x$,$\lambda=2$).

与所给方程相对应的齐次方程为
$$y''-3y'+2y=0$$
它的特征方程为 $r^2-3r+2=0$,特征根为 $r_1=1,r_2=2$,故得原方程对应的齐次方程的通解
$$y_C=C_1e^x+C_2e^{2x}$$
由于 $\lambda=2$ 是特征方程的单根,$P_1(x)=x$ 是一次多项式,因此应设特解
$$y*=x\cdot(b_0x+b_1)e^{2x}=(b_0x^2+b_1x)\cdot e^{2x}$$
则
$$y*{}'=(2b_0xe^{2x}+b_1e^{2x})+2e^{2x}(b_0x^2+b_1x)=[2b_0x^2+(2b_0+2b_1)x+b_1]\cdot e^{2x}$$
$$y*{}''=[4b_0x^2+(8b_0+4b_1)x+(2b_0+4b_1)]\cdot e^{2x}$$
将 $y*,y*{}',y*{}''$ 代入原方程,化简后约去 e^{2x},得
$$2b_0x+(2b_0+b_1)=x$$
分别比较 x 的系数和常数项,得
$$\begin{cases}2b_0=1\\2b_0+b_1=0\end{cases}$$
解得 $b_0=\dfrac{1}{2},b_1=-1$,得特解为 $y*=x\cdot\left(\dfrac{1}{2}x-1\right)\cdot e^{2x}=\left(\dfrac{1}{2}x^2-x\right)\cdot e^{2x}$. 故原方程的通解为
$$y=y_C+y*=C_1e^x+C_2e^{2x}+\left(\dfrac{1}{2}x^2-x\right)\cdot e^{2x}$$

3. $f(x)=e^{\lambda x}(A\cos\omega x+B\sin\omega x)$ 型

如果二阶常系数非齐次线性方程(6-22)的右端为
$$f(x)=e^{\lambda x}(A\cos\omega x+B\sin\omega x)$$
其中,A,B,λ,ω 均为实数,这时方程(6-22)成为
$$y''+py'+qy=e^{\lambda x}(A\cos\omega x+B\sin\omega x)$$
我们知道,指数函数的一阶、二阶导数仍为指数函数,三角函数的一阶、二阶导数仍是三角函数,因此可推断原方程具有如下形式的特解:
$$y*=x^ke^{\lambda x}(a\cos\omega x+b\sin\omega x)$$
其中,a 和 b 是待定常数,k 是整数,具体取值方法如下:

(1) 当 $\lambda\pm\omega i$ 不是特征方程的根时,取 $k=0$;

(2) 当 $\lambda\pm\omega i$ 是特征方程的根时,取 $k=1$.

例9 求微分方程 $y''+y=4\sin x$ 的通解.

解 对应齐次线性方程的特征方程为 $r^2+1=0$,特征根为 $r_{1,2}=\pm i$,其通解为

$$y_C = C_1 \cos x + C_2 \sin x$$

因方程右端 $f(x) = 4\sin x$ 属于 $f(x) = e^{\lambda x}(A\cos \omega x + B\sin \omega x)$ 类型，其中 $\lambda = 0, \omega = 1, A = 0, B = 4$，而 $\lambda + \omega i = i$ 是特征方程的根，所以取 $k = 1$，可设特解为

$$y* = x(a\cos x + b\sin x)$$

则
$$y*' = (a\cos x + b\sin x) + x(-a\sin x + b\cos x)$$
$$y*'' = -2a\sin x + 2b\cos x - x(a\cos x + b\sin x)$$

将它们代入原方程，化简得

$$-2a\sin x + 2b\cos x = 4\sin x$$

比较同类项的系数，有

$$\begin{cases} -2a = 4 \\ b = 0 \end{cases}$$

解得

$$\begin{cases} a = -2 \\ b = 0 \end{cases}$$

于是，所求特解为 $y* = -2x\cos x$. 故原方程的通解为

$$y = y_C + y* = C_1\cos x + C_2\sin x - 2x\cos x$$

例 10 求微分方程 $y'' + 4y = 3x + 2 + \sin x$ 的通解.

解 $f(x) = 3x + 2 + \sin x$ 可以看成 $f_1(x) = 3x + 2$ 与 $f_2(x) = \sin x$ 之和. 根据解的叠加原理，需分别考查方程 $y'' + 4y = 3x + 2$ 与方程 $y'' + 4y = \sin x$ 的特解.

容易求得方程 $y'' + 4y = 3x + 2$ 的一个特解为：$y_1* = \dfrac{3}{4}x + \dfrac{1}{2}$.

按例 9 的方法可求得方程 $y'' + 4y = \sin x$ 的一个特解为：$y_2* = \dfrac{1}{3}\sin x$.

于是，原方程的一个特解为

$$y* = y_1* + y_2* = \frac{3}{4}x + \frac{1}{2} + \frac{1}{3}\sin x$$

又原方程所对应的齐次方程 $y'' + 4y = 0$ 的通解为

$$y_C = C_1\cos 2x + C_2\sin 2x$$

故原方程的通解为

$$y = y_C + y* = \frac{3}{4}x + \frac{1}{2} + \frac{1}{3}\sin x + C_1\cos 2x + C_2\sin 2x$$

综上所述，二阶常系数非齐次线性微分方程 $y'' + py' + qy = f(x)$（p, q 为常数）的通解为 $y = y_C + y*$，其中，y_C 是对应的齐次方程 $y'' + py' + qy = 0$ 的通解，$y*$ 是原非齐次方程的一个特解，因此求二阶常系数非齐次线性微分方程的通解的步骤可归纳如下：

(1) 求出 $y'' + py' + qy = 0$ 的通解 y_C；

(2) 求出 $y'' + py' + qy = f(x)$ 的一个特解 $y*$，按表 6-2 规定 $y*$ 的形式，用特定系数法求出特解 $y*$；

(3) 写出 $y'' + py' + qy = f(x)$ 的通解为 $y = y_C + y*$.

表 6-2

自由项 $f(x)$ 的形式	条件	特解 $y*$ 的形式
$P_m(x)$	$q \neq 0$	$y* = Q_m(x)$
	$q = 0, p \neq 0$	$y* = xQ_m(x)$
	$q = 0, p = 0$	$y* = x^2 Q_m(x)$
$P_m(x)e^{\lambda x}$	λ 不是特征根	$y* = Q_m(x)e^{\lambda x}$
	λ 是单特征根	$y* = xQ_m(x)e^{\lambda x}$
	λ 是重特征根	$y* = x^2 Q_m(x)e^{\lambda x}$
$e^{\lambda x}(A\cos \omega x + B\sin \omega x)$	特征根 $r_{1,2} \neq \lambda \pm \omega i$	$y* = e^{\lambda x}(a\cos \omega x + b\sin \omega x)$
	特征根 $r_{1,2} = \lambda \pm \omega i$	$y* = xe^{\lambda x}(a\cos \omega x + b\sin \omega x)$

6.5 常微分方程在经济中的应用

常微分方程在经济学中有着广泛的应用,下面从几个方面进行说明.

一、微分方程在弹性分析中的应用

例1 已知某商品的需求价格弹性为 $E_d = \dfrac{P}{P-25}$,且该商品的最大需求量为100(即 $P=0$ 时, $Q=100$),试求该商品的需求函数 $Q = \varphi(P)$.

解 由题意可列微分方程为

$$\frac{P}{Q} \cdot \frac{dQ}{dP} = \frac{P}{P-25}$$

分离变量,得

$$\frac{dQ}{Q} = \frac{dP}{P-25}$$

两边积分,得

$$\ln Q = \ln(P-25) + \ln C$$

即

$$Q = C(P-25)$$

再由 $P=0$ 时,$Q=100$,得 $C=-4$,故所求需求函数为

$$Q = 100 - 4P$$

二、微分方程在产量、成本、收入、利润问题上的应用

例2 在某池塘内养鱼,由于条件限制最多只能养 1 000 条. 鱼数 y 是时间 t 的函数 $y = y(t)$,其变化率与鱼数 y 及 $1\,000 - y$ 的乘积成正比. 现养鱼 100 条,3 个月后池塘内有鱼 250 条,求函数 $y = y(t)$,以及 6 个月后池塘中鱼的数目.

解 由题意可列微分方程为

$$\frac{dy}{dt} = ky(1\,000 - y), \quad y\big|_{t=0} = 100, \quad y\big|_{t=3} = 250$$

分离变量,得

$$\frac{\mathrm{d}y}{y(1\,000-y)}=k\mathrm{d}t$$

两端积分,得

$$\frac{1}{1\,000}\ln\frac{y}{1\,000-y}=kt+\ln C$$

即

$$\frac{y}{1\,000-y}=C\mathrm{e}^{1\,000kt}$$

将 $y\big|_{t=0}=100, y\big|_{t=3}=250$ 代入得

$$\begin{cases}\dfrac{100}{1\,000-100}=C\\ \dfrac{250}{1\,000-250}=C\mathrm{e}^{3\,000k}\end{cases}$$

解得 $C=\dfrac{1}{9}$, $k=\dfrac{\ln 3}{3\,000}$,因此可得鱼数与时间的函数关系为

$$\frac{y}{1\,000-y}=\frac{1}{9}\times 3^{\frac{t}{3}}$$

即

$$y=\frac{1\,000\times 3^{\frac{t}{3}}}{9+3^{\frac{t}{3}}}$$

所以 6 个月后鱼塘中鱼数为

$$y=\frac{1\,000\times 3^{\frac{6}{3}}}{9+3^{\frac{6}{3}}}=500(条)$$

例 3 已知某厂的纯利润 L 对广告费 x 的变化率与常数 A 和纯利润 L 之差成正比,且当 $x=0$ 时 $L=L_0$. 试求纯利润 L 与广告费 x 之间的函数关系.

解 由题意可列微分方程为

$$\frac{\mathrm{d}L}{\mathrm{d}x}=k(A-L), L\big|_{x=0}=L_0$$

分离变量,得

$$\frac{\mathrm{d}L}{A-L}=k\mathrm{d}x$$

两端积分,得

$$-\ln(A-L)=kx+\ln C$$

即

$$L=A-C\mathrm{e}^{-kx}$$

由初始条件 $L\big|_{x=0}=L_0$ 解得 $C=A-L_0$,所以纯利润与广告费的函数关系为

$$L = A - (A - L_0)e^{-kx}$$

例4 某商场销售成本 y 和存储费用 S 均是时间 t 的函数,随时间 t 的增长,销售成本的变化率等于存储费用的倒数与常数 5 的和;而存储费用的变化率为存储费用的 $-\frac{1}{3}$. 当 $t = 0$ 时,销售成本 $y = 0$,存储费用 $S = 10$. 试求销售成本与时间 t 的函数关系及存储费用与时间 t 的函数关系.

解 由题意可得
$$\begin{cases} \dfrac{dy}{dt} = \dfrac{1}{S} + 5 & (1) \\ \dfrac{dS}{dt} = -\dfrac{1}{3}S & (2) \end{cases}$$

$$y|_{t=0} = 0, S|_{t=0} = 10$$

由式(2)得 $S = Ce^{-\frac{t}{3}}$,由 $S|_{t=0} = 10$,解出 $C = 10$. 于是,存储费用 S 与时间 t 的函数为

$$S = 10e^{-\frac{t}{3}}$$

将上式代入式(1)得

$$\frac{dy}{dt} = \frac{1}{10}e^{\frac{t}{3}} + 5$$

解此方程得 $y = \frac{3}{10}e^{\frac{t}{3}} + 5t + C_1$,由 $y|_{t=0} = 0$,解出 $C_1 = -\frac{3}{10}$.

于是,销售成本 y 与时间 t 的函数关系为

$$y = \frac{3}{10}e^{\frac{t}{3}} + 5t - \frac{3}{10}$$

三、微分方程在国民收入、国民债务问题上的应用

例5 在宏观经济研究中,发现某地区的国民收入 y,国民储蓄 S 和投资额 I 均是时间 t 的函数. 在 t 时刻储蓄额 S 为国民收入 y 的 $\frac{1}{10}$,投资额 I 为国民收入增长率的 $\frac{1}{3}$. 若当 $t = 0$ 时,国民收入为 5(亿元),试求国民收入函数(假定在时刻 t 储蓄额全部用于投资).

解 由题意知 当 $S = I$ 时,有 $S = \frac{1}{10}y$,$I = \frac{1}{3} \cdot \frac{dy}{dt}$,因此

$$\frac{1}{10}y = \frac{1}{3} \cdot \frac{dy}{dt}$$

且 $y|_{t=0} = 5$,解此微分方程,得

$$y = Ce^{\frac{3}{10}t}$$

将 $y|_{t=0} = 5$ 代入,得 $C = 5$,所以国民收入函数为

$$y = 5e^{\frac{3}{10}t}$$

从而储蓄函数和投资函数为

$$S = I = \frac{1}{2}e^{\frac{3}{10}t}$$

例6 某地区在一个已知的时期内国民收入 y 的增长率为 $\frac{1}{10}$，国民债务 D 的增长率为国民收入的 $\frac{1}{20}$，当 $t=0$ 时，国民收入为 5（亿元），国民债务为 0.1（亿元），试求国民收入及国民债务与时间 t 的函数关系.

解 由题意得

$$\frac{dy}{dt} = \frac{1}{10}$$

且 $y|_{t=0} = 5$，解此微分方程，得

$$y = \frac{1}{10}t + C$$

代入 $y|_{t=0} = 5$，得 $C = 5$. 于是，国民收入函数为

$$y = \frac{1}{10}t + 5$$

又已知 $\frac{dD}{dt} = \frac{1}{20}y$，即 $\frac{dD}{dt} = \frac{1}{200}t + \frac{1}{4}$，且 $D|_{t=0} = 0.1$，解此方程，得

$$D = \frac{1}{400}t^2 + \frac{1}{4}t + C_1$$

代入 $D|_{t=0} = 0.1$，得 $C_1 = 0.1$. 故国民债务函数为

$$D = \frac{1}{400}t^2 + \frac{1}{4}t + \frac{1}{10}$$

四、微分方程在流动的收入、消费、投资问题上的应用

例7 某地区考察消费-投资-收入的关系时，得知消费、投资均是收入的线性函数，而收入对时间的变化率正比于过度需求. C_1, I_1, y_1 分别表示在时刻 t，消费、投资、收入与它们各自均衡值 $\overline{C}, \overline{I}, \overline{y}$ 的偏差. 由统计资料分析得知 $C_1 = \frac{1}{3}y_1, I_1 = \frac{1}{4}y_1, \frac{dy_1}{dt} = \frac{1}{2}(C_1 + I_1 - y_1)$，当 $t=0$ 时，$y_0 = 3$（亿元）. 若此地区流动收入的均衡值 $\overline{y} = 5$（亿元），试求流动收入函数.

解 由题意 $C_1 = \frac{1}{3}y_1, I_1 = \frac{1}{4}y_1, \frac{dy_1}{dt} = \frac{1}{2}(C_1 + I_1 - y_1)$

可得 $\frac{dy_1}{dt} = -\frac{5}{24}y_1$，解得 $y_1 = Ce^{-\frac{5}{24}t}$，又 $y_1 = y - \overline{y}$，所以 $y - \overline{y} = Ce^{-\frac{5}{24}t}$.

代入 $y_0|_{t=0} = 3$，得 $C = y_0 - \overline{y}$，而 $\overline{y} = 5$. 于是，流动函数为

$$y = \overline{y} + (y_0 - \overline{y})e^{-\frac{5}{24}t} = 5 + (3-5)e^{-\frac{5}{24}t} = 5 - 2e^{-\frac{5}{24}t}$$

此题中，当 $t=5$ 时，流动收入 $y = 4.2949$（亿元）；

当 $t=10$ 时，流动收入 $y = 4.751$（亿元）.

显然当 $t \to \infty$ 时，流动收入 $y \to 5$（亿元）（这里取 $e = 2.7128$）.

五、存储过程中食物腐烂的微分方程模型

例8 设在冷库中存储的某水果有 $A(t)$，已发现其中有些开始腐烂，其腐烂率为未腐烂

的 λ 倍 $(0<\lambda<1)$，设腐烂的数量为 $x(t)$，显然它是时间 t 的函数，试求此函数．

解 由题意可得

$$\frac{dx}{dt} = \lambda(A-x)$$

解此微分方程得

$$A - x = Ce^{-\lambda t}$$

又已知当 $t=0$ 时，$x=0$，代入上式得 $C=A$．所以腐烂数量与时间 t 的关系为

$$x = A(1 - e^{-\lambda t})$$

六、多马经济增长模型

经济学家多马（E. D. Domar）曾提出如下简单的宏观经济增长模型：

$$\begin{cases} S(t) = sY(t) & (1) \\ I(t) = k\dfrac{dY}{dt} & (2) \\ S(t) = I(t) & (3) \end{cases}$$

其中，式（1）表示储蓄 $S(t)$ 占国民收入 $Y(t)$ 的比例为 s，通常假设 s 为常数，称 s 为储蓄率 $(s>0)$；式（2）表示投资 $I(t)$ 与国民收入变化率 $\dfrac{dY}{dt}$ 成正比，比例系数 k 称为加速数 $(k>0)$；式（3）为均衡条件，即储蓄等于投资．

由式（1）、式（2）、式（3）消去 $S(t)$ 和 $I(t)$，可得关于 $Y(t)$ 的微分方程

$$\frac{dY}{dt} = \mu Y, \mu = \frac{s}{k} > 0$$

此方程的通解为

$$Y = Y(t) = Ce^{\mu t} \quad (C \text{ 为任意常数})$$

设初始条件为 $Y(0) = Y_0$，则 $C = Y_0$．于是，得

$$Y = Y(t) = Y_0 e^{\mu t}$$

因此

$$I(t) = S(t) = sY_0 e^{\mu t}$$

由 $\mu > 0$ 可知，$Y(t), S(t)$ 和 $I(t)$ 均为 t 的单调增加函数，即它们都是随时间不断增长的．

6.6 差分方程的基本概念

一、一阶差分的概念与性质

一般地，在连续变化的时间范围内，变量 y 关于时间 t 的变化率是用 $\dfrac{dy}{dt}$ 来刻画的；但在某些场合，时间 t 是离散型变量，从而 y 也只能按规定的时间而相应地离散地变化，这时通

常取在规定的时间区间上的**差商**$\dfrac{\Delta y}{\Delta t}$来刻画变量 y 的变化率. 如果选择 $\Delta t = 1$, 则

$$\Delta y = y(t+1) - y(t)$$

可以近似表示变量 y 的变化率. 一般地, 我们引入如下定义.

定义 1 设函数 $y_t = f(t)$. 当自变量 t 依次取遍非负整数时 (即 $t = 0, 1, 2, \cdots$), 相应的函数值可以排成一个数列

$$f(0), f(1), \cdots, f(t), f(t+1), \cdots$$

即

$$y_0, y_1, \cdots, y_t, y_{t+1}, \cdots$$

当自变量从 t 变到 $t+1$ 时, 函数的改变量 $y_{t+1} - y_t$ 称为函数 y_t 在点 t 的**差分**, 也称为函数 y_t 的**一阶差分**, 记为 Δy_t, 即

$$\Delta y_t = y_{t+1} - y_t = f(t+1) - f(t), t = 0, 1, 2, \cdots$$

符号 Δ 称为**差分符号**, 也称为**差分算子**.

例 1 设 $y_t = C$(C 为常数), 求 Δy_t.

解 $\Delta y_t = y_{t+1} - y_t = C - C = 0$

注意: 常数的差分为零, 该结果与常数的导数为零相类似.

例 2 设 $y_t = t^2$, 求 Δy_t.

解 $\Delta y_t = y_{t+1} - y_t = (t+1)^2 - t^2 = 2t + 1$

例 3 设 $y_t = a^t$ (其中 $a > 0$ 且 $a \neq 1$), 求 Δy_t.

解 $\Delta y_t = y_{t+1} - y_t = a^{t+1} - a^t = a^t(a-1)$

注意: 指数函数的差分等于指数函数乘一个常数.

例 4 设 $y_t = \sin t$, 求 Δy_t.

解 $\Delta y_t = y_{t+1} - y_t = \sin(t+1) - \sin t = 2\cos\left(t + \dfrac{1}{2}\right)\sin\dfrac{1}{2}$

由一阶差分的定义, 可得到差分的基本运算性质:

(1) $\Delta(y_t \pm z_t) = \Delta y_t \pm \Delta z_t$;

(2) $\Delta(y_t \cdot z_t) = y_{t+1}\Delta z_t + z_t\Delta y_t = y_t\Delta z_t + z_{t+1}\Delta y_t$;

(3) $\Delta(Cy_t) = C\Delta y_t$ (C 为常数);

(4) $\Delta\left(\dfrac{y_t}{z_t}\right) = \dfrac{z_t \Delta y_t - y_t \Delta z_t}{z_{t+1} \cdot z_t}$ ($z_t \neq 0$).

例如, 对性质 (2) 的第一个等式证明如下:

$$\Delta(y_t \cdot z_t) = y_{t+1}z_{t+1} - y_t z_t = y_{t+1}z_{t+1} - y_{t+1}z_t + y_{t+1}z_t - y_t z_t$$
$$= y_{t+1}(z_{t+1} - z_t) + (y_{t+1} - y_t)z_t = y_{t+1} \cdot \Delta z_t + z_t \cdot \Delta y_t$$

从性质 (2) 和例 6-1 可得: 设 C 为常数, 则 $\Delta(Cy_t) = C\Delta y_t$.

例 5 求 $y_t = t^2 \cdot 2^t$ 的差分.

解法一 由差分的定义, 有

$$\Delta y_t = (t+1)^2 \cdot 2^{t+1} - t^2 \cdot 2^t = 2^t(t^2 + 4t + 2)$$

解法二 由差分的性质，有

$$\Delta y_t = \Delta(t^2 \cdot 2^t) = 2^t \Delta t^2 + (t+1)^2 \Delta 2^t$$
$$= 2^t(2t+1) + (t+1)^2 \cdot 2^t(2-1) = 2^t(t^2+4t+2)$$

二、高阶差分

由一阶差分可推广到二阶及以上的差分.

定义 2 当自变量从 t 变到 $t+1$ 时，一阶差分的差分称为函数 y_t 在 t 的**二阶差分**，记为 $\Delta^2 y_t$，即

$$\Delta^2 y_t = \Delta(\Delta y_t) = \Delta y_{t+1} - \Delta y_t = (y_{t+2} - y_{t+1}) - (y_{t+1} - y_t)$$
$$= y_{t+2} - 2y_{t+1} + y_t$$

类似可定义三阶差分、四阶差分

$$\Delta^3 y_t = \Delta(\Delta^2 y_t) = \Delta^2 y_{t+1} - \Delta^2 y_t = \Delta y_{t+2} - 2\Delta y_{t+1} + \Delta y_t$$
$$= y_{t+3} - 3y_{t+2} + 3y_{t+1} - y_t$$
$$\Delta^4 y_t = \Delta(\Delta^3 y_t) = \Delta^3 y_{t+1} - \Delta^3 y_t = y_{t+4} - 4y_{t+3} + 6y_{t+2} - 4y_{t+1} + y_t$$

一般地，函数 y_t 的 $n-1$ 阶差分的差分称为 n 阶差分，记为 $\Delta^n y_t$，即

$$\Delta^n y_t = \Delta(\Delta^{n-1} y_t) = \Delta^{n-1} y_{t+1} - \Delta^{n-1} y_t = \sum_{k=0}^{n}(-1)^k C_n^k y_{t+n-k}, n=1,2,\cdots$$

其中，$C_n^k = \dfrac{n!}{k!(n-k)!}, 0! = 1$.

二阶及二阶以上的差分统称为**高阶差分**.

例 6 设 $y_t = t^2$，求 $\Delta^2 y_t, \Delta^3 y_t$.

解 从例已经得到 $\Delta y_t = 2t+1$. 于是

$$\Delta^2 y_t = \Delta(2t+1) = [2(t+1)+1] - (2t+1) = 2$$
$$\Delta^3 y_t = \Delta(\Delta^2 y_t) = \Delta(2) = 2-2 = 0$$

例 7 设 $y_t = t^2 + 2t$，求 $\Delta y_t, \Delta^2 y_t, \Delta^3 y_t$.

解 由一阶差分的定义，有

$$\Delta y_t = [(t+1)^2 + 2(t+1)] - (t^2+2t) = 2t+3$$

由二阶差分的定义及差分的性质，有

$$\Delta^2 y_t = \Delta(\Delta y_t) = \Delta(2t+3) = 2\Delta(t) + \Delta(3) = 2 \times 1 = 2$$

由三阶差分的定义，有

$$\Delta^3 y_t = \Delta(\Delta^2 y_t) = \Delta(2) = 0$$

注意：若 $f(t)$ 为 n 次多项式，则 $\Delta^n f(t)$ 为常数，且 $\Delta^m f(t) = 0 (m > n)$.

例 8 设 $y_t = a^t$（其中 $a > 0$ 且 $a \neq 1$），求 $\Delta^2 y_t, \Delta^3 y_t$.

解 从例 4 已经得到 $\Delta y_t = a^t(a-1)$，于是

$$\Delta^2 y_t = \Delta[a^t(a-1)] = a^{t+1}(a-1) - a^t(a-1) = a^t(a-1)^2$$
$$\Delta^3 y_t = \Delta(\Delta^2 y_t) = a^{t+1}(a-1)^2 - a^t(a-1)^2 = a^t(a-1)^3$$

由此可见 $\Delta^n a^t = a^t(a-1)^n$（$n$ 是正整数）.

三、常差分方程的概念

定义 3 含有自变量 t，未知函数 y_t 以及未知函数 y_t 的差分 Δy_t，$\Delta^2 y_t$，…的方程称为**常差分方程**，简称为**差分方程**.

由于差分方程中必须含有未知函数的差分（自变量、未知函数可以不显含），因此差分方程也可称为含有未知函数的差分方程.

例如，$\Delta^2 y_t - 3\Delta y_t + 2y_t = t$ 就是一个差分方程. 由差分的定义及性质可知，任意阶的差分都可以表示为函数在不同时刻函数值的代数和，因此上述差分方程可以表示为 $y_{t+2} - 5y_{t+1} + 6y_t = t$. 因此，差分方程也可如下定义.

定义 3′ 含有自变量 t 及两个或两个以上函数值 y_t，y_{t+1}，…的函数方程，称为（**常**）**差分方程**.

差分方程中实际所含差分的最高阶数，称为差分方程的阶. 或者说，差分方程中未知函数的最大下标与最小下标的差称为该**差分方程的阶**.

例如，$\Delta y_t + 2y_t - 3 = 0$ 和 $y_{t+1} + y_t - 3 = 0$ 都是一阶差分方程；$\Delta^2 y_t - 3\Delta y_t + 2y_t = t$ 和 $y_{t+2} - 5y_{t+1} + 6y_t = t$ 都是二阶差分方程；注意 $\Delta^2 y_t - y_t = 2^t$ 不是二阶差分方程，而是一阶差分方程. 事实上，因为

$$\Delta^2 y_t - y_t = y_{t+2} - 2y_{t+1} + y_t - y_t = y_{t+2} - 2y_{t+1}$$

所以该方程可以表示为 $y_{t+2} - 2y_{t+1} = 2^t$，由定义它是一阶差分方程；而 $-3\Delta y_t = 3y_t + a^t$ 不是差分方程，因为此等式可变形为

$$-3(y_{t+1} - y_t) = 3y_t + a^t$$

即

$$-3y_{t+1} = a^t$$

上式不满足定义 3′，所以 $-3\Delta y_t = 3y_t + a^t$ 不是差分方程.

按上述定义，n 阶差分方程的一般形式为

$$F(t, y_t, \Delta y_t, \Delta^2 y_t, \cdots, \Delta^n y_t) = 0$$

其中，F 是 $t, y_t, \Delta y_t, \Delta^2 y_t, \cdots, \Delta^n y_t$ 的已知函数，且 $\Delta^n y_t$ 一定要在方程中出现.

或

$$G(t, y_t, y_{t+1}, \cdots, y_{t+n}) = 0$$

其中 G 是 $t, y_t, y_{t+1}, \cdots, y_{t+n}$ 的已知函数，且 y_t, y_{t+n} 一定要在方程中出现.

在经济模型等实际问题中，后一种定义的差分方程使用更为普通，所以我们只讨论这种形式的差分方程.

定义 4 若把一个函数 $y_t = \varphi(t)$ 代入差分方程中，使其成为恒等式，则称函数 $y_t = \varphi(t)$ 为**差分方程的解**. 如果差分方程的解中含有相互独立的任意常数的个数恰好等于方程的阶数，则称这个解为该差分方程的**通解**.

我们往往要根据系统在初始时刻所处的状态，对差分方程附加一定的条件，这种附加条件称为**初始条件**，满足初始条件的解称为**特解**. 一阶差分方程的初始条件为一个，一般是 $y_0 = a_0$（a_0 为常数）；二阶差分方程的初始条件为两个，一般是 $y_0 = a_0, y_1 = a_1$（a_0, a_1 为常数）；依次类推.

例 9 验证 $y_t = C + 2t$ 是差分方程 $y_{t+1} - y_t = 2$ 的通解.

证 将 $y_t = C + 2t$ 代入所给差分方程，得

$$y_{t+1} - y_t = [C + 2(t+1)] - (C + 2t) = 2$$

显然，这是恒等式，因此 $y_t = C + 2t$ 是所给差分方程的解，且该解含有一个任意常数，而差分方程是一阶差分方程，故 $y_t = C + 2t$ 是差分方程 $y_{t+1} - y_t = 2$ 的通解.

四、线性差分方程及其基本定理

形如

$$y_{t+n} + a_1(t)y_{t+n-1} + \cdots + a_{n-1}(t)y_{t+1} + a_n(t)y_t = f(t)$$

的方程称为 n 阶线性差分方程，其中 $a_1(t), a_2(t), \cdots, a_n(t)$ 为 t 的已知函数. 当 $f(t) \equiv 0$ 时，称该方程为齐次线性差分方程，否则称之为非齐次线性差分方程. 当 $a_1(t), a_2(t), \cdots, a_n(t)$ 都为常数时，称这个线性方程为常系数线性差分方程. 例如 $y_{t+3} - 4y_{t+2} + y_t = 0$ 是一个三阶常系数齐次线性差分方程；而方程 $y_{t+2} + 6y_{t+1} + 5y_t = 5^t$ 是二阶常系数非齐次线性差分方程.

下面我们以二阶线性差分方程叙述解的基本定理，任何阶（包括一阶）线性差分方程都有类似定理.

二阶线性差分方程的一般形式为

$$y_{t+2} + a(t)y_{t+1} + b(t)y_t = f(t) \qquad (6-25)$$

其中，$a(t), b(t)$ 和 $f(t)$ 均为 t 的已知函数，且 $b(t) \neq 0$. 若 $f(t) \not\equiv 0$，则方程（6-25）称为**二阶非齐次线性差分方程**；若 $f(t) \equiv 0$，则式（6-25）变为

$$y_{t+2} + a(t)y_{t+1} + b(t)y_t = 0 \qquad (6-26)$$

方程（6-26）称为与方程（6-25）相对应的**二阶齐次线性差分方程**.

定理 1 若函数 $y_1(t), y_2(t)$ 是二阶齐次线性差分方程（6-26）的解，则

$$y(t) = C_1 y_1(t) + C_2 y_2(t)$$

也是该方程的解，其中 C_1, C_2 是任意常数.

定理 2（齐次线性差分方程解的结构定理） 若函数 $y_1(t), y_2(t)$ 是二阶齐次线性差分方程（6-26）的线性无关的特解，则

$$y_C(t) = C_1 y_1(t) + C_2 y_2(t)$$

是该方程的通解，其中 C_1, C_2 是任意常数.

定理 3（非齐次线性差分方程解的结构定理） 若函数 $y^*(t)$ 是二阶非齐次线性差分方程（6-25）的一个特解，$y_C(t)$ 是齐次线性差分方程（6-26）的通解，则差分方程（6-25）的通解是

$$y_t = y_C(t) + y^*(t)$$

定理 4（解的叠加原理） 若函数 $y_1^*(t)$ 和 $y_2^*(t)$ 分别是二阶非齐次线性差分方程

$$y_{t+2} + a(t)y_{t+1} + b(t)y_t = f_1(t)$$

与

$$y_{t+2} + a(t)y_{t+1} + b(t)y_t = f_2(t)$$

的特解，则 $y_1^*(t) + y_2^*(t)$ 是差分方程

$$y_{t+2} + a(t)y_{t+1} + b(t)y_t = f_1(t) + f_2(t)$$

的特解.

6.7　一阶常系数线性差分方程及其解法

一阶常系数线性差分方程的一般形式为
$$y_{t+1} + ay_t = f(t), t = 0,1,2,\cdots \quad (6-27)$$
其中，a 为非零常数；$f(t)$ 为已知函数. 如果 $f(t) \equiv 0$，则方程（6-27）变为
$$y_{t+1} + ay_t = 0 \quad (6-28)$$
方程（6-28）称为**一阶常系数线性齐次差分方程**. 相应地，当 $f(t) \not\equiv 0$ 时，方程（6-27）称为**一阶常系数线性非齐次差分方程**.

一、齐次差分方程的通解

对于一阶常系数线性齐次差分方程（6-28），通常有两种求解方法.

1. 迭代法

将齐次差分方程（6-28）改写为
$$y_{t+1} = (-a)y_t$$
若 y_0 已知，则依次得出
$$y_1 = (-a)y_0$$
$$y_2 = (-a)y_1 = (-a)^2 y_0$$
$$y_3 = (-a)y_2 = (-a)^2 y_1 = (-a)^3 y_0$$
$$\cdots$$
$$y_t = (-a)^t y_0$$
因此 $y_t = (-a)^t y_0$ 就是方程 $y_{t+1} + ay_t = 0$ 的一个特解. 由于 y_0 可任意选取，因此令 $y_0 = C$ 为任意常数，则齐次差分方程（6-28）的通解为 $y_t = C(-a)^t$.

2. 特征根法

由 6.6 定理 2 可知，要求一阶齐次线性差分方程 $y_{t+1} + ay_t = 0$ 的通解，只要求出它的一个非零的特解即可. 注意到此方程的特点，y_{t+1} 是 y_t 的常数倍，而函数 $\lambda^{t+1} = \lambda \cdot \lambda^t$ 满足这个特点. 不妨设方程有如下形式的特解
$$y_t = \lambda^t$$
其中，λ 是非零的待定常数. 将其代入方程（6-28），有
$$\lambda^{t+1} + a\lambda^t = 0$$
即
$$\lambda^t (\lambda + a) = 0$$
因 $\lambda^t \neq 0$，故
$$\lambda + a = 0$$
显然，$\lambda = -a$，即一阶常系数齐次线性差分方程（6-28）的非零特解为
$$y_t = (-a)^t$$

从而其通解为

$$y_C(t) = C(-a)^t \quad (C \text{ 为任意常数})$$

称代数方程 $\lambda + a = 0$ 为差分方程（6-27）或方程（6-28）的**特征方程**，而 $\lambda = -a$ 为**特征根**（特征方程的根）.

例1 求差分方程 $y_{t+1} - 3y_t = 0$ 的通解.

解 特征方程为

$$\lambda - 3 = 0$$

特征根为 $\lambda = 3$. 于是，原方程的通解为

$$y_t = C3^t$$

例2 求差分方程 $2y_{t+1} + y_t = 0$ 满足初始条件 $y_0 = 3$ 的特解.

解 特征方程为

$$2\lambda + 1 = 0$$

特征根为 $\lambda = -\dfrac{1}{2}$. 于是，原方程的通解为

$$y_t = C\left(-\frac{1}{2}\right)^t$$

将初始条件 $y_0 = 3$ 代入，得出 $C = 3$. 故所求特解为

$$y_t = 3\left(-\frac{1}{2}\right)^t$$

二、非齐次差分方程的通解与特解

由定理 3 可知，要求一阶常系数非齐次差分方程（6-27）的通解，只要求出其对应齐次差分方程（6-28）的通解，再找出非齐次方程（6-27）的一个特解，然后相加即可. 如前所述，对应齐次差分方程的通解已经解决，因此只要找到非齐次差分方程的一个特解 $y*(t)$，我们就可以得到它的通解.

下面我们对于方程（6-27）的右端 $f(t)$ 的一些常见形式用待定系数法求一阶常系数非齐次线性差分方程的特解. 按表 6-3 根据 $f(t)$ 的形式确定待定特解的形式，比较方程两端的系数，可得到特解 $y*(t)$.

表 6-3

$f(t)$ 的形式	确定待定特解的条件		待定特解 $y*(t)$ 的形式
$P_m(t)$	特征根 $\lambda \neq 1$		$Q_m(t)$
	特征根 $\lambda = 1$		$tQ_m(t)$
$\mu^t P_m(t)$	$\mu \neq \lambda$		$\mu^t Q_m(t)$
$\mu > 0$	$\mu = \lambda$		$t\mu^t Q_m(t)$
$\mu^t(A\cos \omega t + B\sin \omega t)$	令 $\delta = \mu(\cos \omega + i\sin \omega)$	$\delta \neq \lambda$	$\mu^t(A_1\cos \omega t + B_1\sin \omega t)$
$\mu > 0$，A, B 不同时为零		$\delta = \lambda$	$t\mu^t(A_1\cos \omega t + B_1\sin \omega t)$

注意： (1) λ 为方程的特征根；

(2) 其中 $P_m(t)$ 为 m 次多项式，$Q_m(t)$ 为待定的 m 次多项式；

(3) 当 $f(t) = \mu^t(A\cos\omega t + B\sin\omega t)$ 时，因 μ 和 ω 为已知，令
$$\delta = \mu(\cos\omega + i\sin\omega)$$

可计算出 δ.

例 3 求差分方程 $y_{t+1} - 3y_t = t^2$ 的通解.

解 特征方程为 $\lambda - 3 = 0$，特征根为 $\lambda = 3$，因此对应的齐次方程的通解为
$$y_C(t) = C \cdot 3^t$$

$f(t) = t^2 = P_2(t)$，且 $\lambda = 3 \neq 1$，设方程 $y_{t+1} - 3y_t = t^2$ 的一个特解为
$$y*(t) = b_2 t^2 + b_1 t + b_0$$

代入原方程，得
$$b_2(t+1)^2 + b_1(t+1) + b_0 - 3(b_2 t^2 + b_1 t + b_0) = t^2$$

比较系数解得 $b_0 = b_1 = b_2 = -\dfrac{1}{2}$. 所以得原方程的一个特解为
$$y*(t) = -\frac{1}{2}(t^2 + t + 1)$$

于是，原方程的通解为
$$y_t = C \cdot 3^t - \frac{1}{2}(t^2 + t + 1) \quad (C \text{ 为任意常数})$$

例 4 求差分方程 $y_{t+1} - y_t = t 2^t$ 的通解.

解 特征方程为 $\lambda - 1 = 0$，特征根为 $\lambda = 1$，因此对应的齐次方程的通解为
$$y_C(t) = C \cdot 1^t = C$$

$f(t) = t 2^t = \mu^t P_1(t)$，$\mu = 2 \neq \lambda$，设原方程的一个特解为
$$y*(t) = 2^t (b_1 t + b_0)$$

代入原方程，得
$$2^{t+1}[b_1(t+1) + b_0] - 2^t(b_1 t + b_0) = t 2^t$$

化简整理，得
$$2b_1 t + 2b_1 + b_0 = t$$

比较系数解得 $b_0 = -2, b_1 = 1$，故特解为 $y*(t) = 2^t(t - 2)$.

于是，原方程的通解为
$$y_t = C + 2^t(t - 2) \quad (C \text{ 为任意常数})$$

例 5 求差分方程 $2y_{t+1} - 6y_t = t 3^t$ 的通解.

解 原方程可变形为 $y_{t+1} - 3y_t = \dfrac{1}{2} t 3^t$. 特征根 $\lambda = 3$，因此对应的齐次方程的通解为
$$y_C(t) = C \cdot 3^t$$

$f(t) = \dfrac{1}{2} t 3^t = \mu^t P_1(t)$，$\mu = 3 = \lambda$，设原方程的一个特解为
$$y*(t) = t 3^t (b_1 t + b_0)$$

代入原方程，得

$$3^{t+1}(t+1)[b_1(t+1)+b_0] - 3^t \cdot 3t(b_1 t+b_0) = \frac{1}{2}t 3^t$$

化简整理，得

$$12b_1 t + 6(b_1+b_0) = t$$

比较系数解得 $b_0 = -\frac{1}{12}, b_1 = \frac{1}{12}$，故特解为

$$y*(t) = \frac{1}{12}t(t-1)3^t = \frac{1}{12}(t^2-t) \cdot 3^t$$

于是，原方程的通解为

$$y_t = \frac{1}{12}(t^2 - t + 12C) \cdot 3^t \quad (C \text{ 为任意常数})$$

例 6 求差分方程 $y_{t+1} + y_t = \cos \pi t$ 满足初始条件 $y_0 = 1$ 的特解.

解 特征根 $\lambda = -1$，对应的齐次方程的通解为 $y_C(t) = C \cdot (-1)^t$.
$f(t) = \cos \pi t = \mu^t(A\cos \omega t + B\sin \omega t)$，其中 $A=1, B=0, \mu=1, \omega=\pi$，令

$$\delta = \mu(\cos \omega + i\sin \omega) = \cos \pi + i\sin \pi = -1$$

因 $\delta = -1 = \lambda$，设原方程的一个特解为

$$y*(t) = t(A_1 \cos \pi t + B_1 \sin \pi t)$$

代入原方程，得

$$(t+1)[A_1\cos \pi(t+1) + B_1\sin \pi(t+1)] + t(A_1\cos \pi t + B_1\sin \pi t) = \cos \pi t$$

化简整理，得

$$-A\cos \pi t - B\sin \pi t = \cos \pi t$$

解得 $A_1 = -1, B_1 = 0$，故 $y*(t) = -t\cos \pi t$.

于是，原方程的通解为

$$y_t = C(-1)^t - t\cos \pi t$$

将初始条件 $y_0 = 1$ 代入得 $C = 1$，因此原方程所求的特解为

$$y_t = (-1)^t - t\cos \pi t$$

例 7 求差分方程 $y_{t+1} - y_t = 3^t + 2$ 的通解.

解 特征根 $\lambda = 1$，对应的齐次方程的通解为 $y_t = C$.
设 $f_1(t) = 3^t, f_2(t) = 2$，则 $f(t) = f_1(t) + f_2(t)$.
对于 $f_1(t) = 3^t = \mu^t P_0(t)$，因 $\mu = 3 \neq \lambda$，可令 $y_1*(t) = A3^t$；对于 $f_2(t) = 2$，因 $\lambda = 1$，可令 $y_2*(t) = Bt$. 故原方程的特解可设为

$$y*(t) = A3^t + Bt$$

代入原方程，得

$$A3^{t+1} + B(t+1) - A3^t - Bt = 3^t + 2$$

即

$$2A3^t + B = 3^t + 2$$

解得 $A = \frac{1}{2}, B = 2$，故特解为 $y*(t) = \frac{1}{2}3^t + 2t$.

于是，所求方程的通解为

$$y*(t) = C + \frac{1}{2}3^t + 2t$$

6.8 差分方程在经济学中的应用

本节介绍差分方程在经济学中的几个简单应用.

一、存款模型

例（存款模型） 设 S_t 为 t 期期末的存款总额，r 为存款利率，则 $t+1$ 期期末的存款总额 S_{t+1} 为 t 期期末存款总额 S_t 与 t 到 $t+1$ 期存款总额的利息 rS_t 之和，即

$$S_{t+1} = S_t + rS_t = (1+r)S_t, t = 0,1,2,\cdots$$

这是关于 S_t 的一阶常系数齐次线性差分方程，其通解为

$$S_t = (1+r)^t S_0, t = 0,1,2,\cdots$$

其中，S_0 为期初存款额，即本金.

如果各期利率可以不同，t 期利率为 r_t，则上述模型化为

$$S_{t+1} = (1+r_t)S_t, t = 0,1,2,\cdots$$

由迭代法，可得通解为

$$S_t = (1+r_0)(1+r_1)\cdots(1+r_{t-1})S_0$$
$$= \prod_{i=0}^{t-1}(1+r_i) \cdot S_0, t = 0,1,2,\cdots$$

存款模型虽然简单，但在经济生活中却是一个经常遇到的模型. 例如，企业贷款投资、个人贷款购房等贷款行为，也可建立与存款模型类似的模型.

二、动态供需均衡模型（蛛网定理）

普通市场上一般商品的价格能影响消费者对该种商品的需求量，需求量与价格呈反向变化.

设 D_t 表示 t 期的需求量，S_t 表示 t 期的供给量，P_t 表示商品 t 期价格，则传统的动态供需均衡模型为

$$\begin{cases} D_t = a + bP_t & (1) \\ S_t = a_1 + b_1 P_{t-1} & (2) \\ D_t = S_t & (3) \end{cases}$$

其中，a，b，a_1，b_1 均为已知常数，又设初始价格为 $P(0) = P_0$.

上述各方程的经济意义是：式（1）表示 t 期（现期）需求量 D_t 依赖于同期价格 P_t；式（2）表示 t 期（现期）供给量 S_t 依赖于 $(t-1)$ 期（前期）价格 P_{t-1}. 这里实际上假定该种商品生产行为既不是瞬时的，也不是连续的，而是要求有一个固定的生产周期. 生产者总认为：本期的市场价格将在下一周期内保持不变，并按现期价格安排下一周期的生产. 因

此，第 t 期的供给量 S_t，实际上由前一周期价格 P_{t-1} 决定，也就是说，供给量滞后于价格一个周期. 式（3）为供需均衡条件.

若在供需平衡的条件下，而且价格保持不变，即

$$P_t = P_{t-1} = P_e$$

那么由式（1）、式（2）、式（3），我们即得静态均衡价格

$$P_e = \frac{a - a_1}{b_1 - b}$$

显然，若将需求曲线与供给曲线画在同一坐标平面上，其交点为 (P_e, Q_e)，即为该种商品的**静态均衡点**. 其中 Q_t 表示 t 期的产量.

一般地，将动态供需均衡模型的式（1）、式（2）代入式（3），便得到动态供需均衡模型的等价差分方程：

$$P_t - \frac{b_1}{b} P_{t-1} = \frac{a_1 - a}{b} \tag{6-29}$$

这是一个一阶常系数非齐次线性差分方程，可求得方程（6-29）的一个特解为

$$P_t * = \frac{a - a_1}{b_1 - b} = P_e$$

从而，方程（6-29）的通解为

$$P_t = C \cdot \left(\frac{b_1}{b}\right)^t + P_e$$

这里 C 为任意常数.

将初始价格 $P(0) = P_0$ 代入通解，可求得任意常数 $C = P_0 - P_e$. 于是，满足初始价格的解为

$$P_t = (P_0 - P_e) \left(\frac{b_1}{b}\right)^t + P_e \tag{6-30}$$

如果初始价格 $P_0 = P_e$，那么 $P_t = P_e$，这表明没有外部干扰发生，价格将固定在常数值 P_e 上，这就是前面所说的静态均衡.

如果初始价格 $P_0 \neq P_e$，那么价格 P_t 将随 t 的变化而变化. 显然，由特解（6-30）可知，

当 $\left|\frac{b_1}{b}\right| < 1$ 时，有

$$\lim_{t \to +\infty} P_t = \lim_{t \to +\infty} \left[(P_0 - P_e)\left(\frac{b_1}{b}\right)^t + P_e\right] = P_e$$

也就是说，动态价格 P_t 随着 t 的无限增大逐渐地振荡趋近于静态均衡价格 P_e.

当 $\left|\frac{b_1}{b}\right| > 1$ 时，有

$$\lim_{t \to +\infty} P_t = \lim_{t \to +\infty} \left[(P_0 - P_e)\left(\frac{b_1}{b}\right)^t + P_e\right] = +\infty$$

即随着时间无限增大，P_t 将无限（振荡）增大.

当 $\left|\frac{b_1}{b}\right| = 1$ 时，在 $t \to +\infty$ 时，P_t 在两个数值 P_0 与 $2P_e - P_0$ 上来回摆动

图 6-1 所示为普通商品的价格与供需关系图.

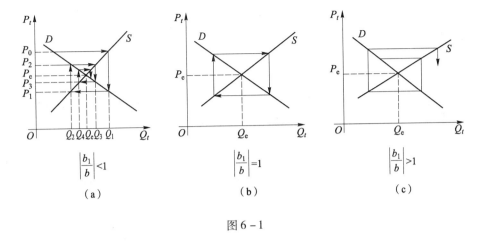

图 6-1

图 6-1 形状类似于蜘蛛网，故称此模型为蛛网模型（或蛛网定理）.

三、凯恩斯乘数动力学模型

设 Y_t 表示 t 期国民收入，C_t 为 t 期消费，I_t 为 t 期投资，I_0 为自发（固定）投资，ΔI 为周期固定投资增量. 凯恩斯国民经济收支动态均衡模型为

$$\begin{cases} Y_t = C_t + I_t & (1) \\ C_t = a + bY_{t-1} & (2) \\ I_t = I_0 + \Delta I & (3) \end{cases}$$

其中，式（1）为均衡条件，即国民收入等于同期消费与同期投资之和；式（2）为消费函数，即现期消费水平依赖于前期国民收入（消费滞后于收入一个周期），$a(\geqslant 0)$ 为基本消费水平，b 为边际消费倾向$(0<b<1)$；式（3）为投资函数，这里仅考虑为固定投资.

在式（1）、式（2）、式（3）中消去 C_t 和 I_t，得到一阶常系数非齐次线性差分方程

$$Y_t - bY_{t-1} = a + I_0 + \Delta I \tag{6-31}$$

可求得方程（6-31）的一个特解

$$Y*(t) = \frac{a + I_0 + \Delta I}{1 - b}$$

从而，方程（6-31）的通解为

$$Y_t = C \cdot b^t + \frac{a + I_0 + \Delta I}{1 - b}$$

其中，C 为任意常数. 我们称系数 $\dfrac{1}{1-b}$ 为凯恩斯乘数.

四、哈罗德经济增长模型

设 S_t 为 t 期储蓄，Y_t 为 t 期国民收入，I_t 为 t 期投资，s 称为边际储蓄倾向（即平均储蓄倾向），$0<s<1$，k 为加速系数.

哈罗德宏观经济增长模型为：

$$\begin{cases} S_t = sY_{t-1}, & 0 < s < 1 & (1) \\ I_t = k(Y_t - Y_{t-1}), & k > 0 & (2) \\ S_t = I_t & (3) \end{cases}$$

其中，s，k 为已知常数．

式（1）表示 t 期储蓄依赖于前期的国民收入；式（2）表示 t 期投资为前两期国民收入差的加速，且预期资本加速系数 k 为常数；式（3）为均衡条件．

整理后得一阶常系数齐次线性差分方程

$$Y_t - \frac{k+s}{k} Y_{t-1} = 0 \qquad (6-32)$$

其通解为

$$Y_t = C \cdot \left(1 + \frac{s}{k}\right)^t \qquad (6-33)$$

其中，C 为任意常数，$\frac{s}{k} > 0$，哈罗德称之为"**保证增长率**"．其经济意义就是：如果国民收入 Y_t 按保证增长率 $\frac{s}{k}$ 增长，就能保证 t 期储蓄与 t 期投资达到动态均衡，即 $S_t = I_t$，$t = 0$，1，2，…．

假定 $t-1$ 期收入 Y_{t-1} 满足通解（6-33），而 t 期收入 Y_t 由于某种外部干扰使其不满足于方程（6-33），而是

$$Y_t = C \cdot \left(1 + \frac{s}{k}\right)^t + B \quad (B \neq 0, \text{称为外部干扰})$$

不妨设 $B > 0$，那么有

$$\begin{aligned} I_t &= k(Y_t - Y_{t-1}) = k\left[\frac{s}{k} C \left(1 + \frac{s}{k}\right)^{t-1} + B\right] \\ &= sC\left(1 + \frac{s}{k}\right)^{t-1} + kB \\ &= sY_{t-1} + kB \\ &= S_t + kB \end{aligned}$$

因 $kB > 0$，故 $I_t > S_t$．这就表示：总投资将大于总供给（由储蓄提供），从而对收入产生一个向上的压力，迫使收入较以前增加得更多．这就充分说明了，"保证增长率"保证了国民收入的增长．

习题六

1. 单选题：

（1）微分方程 $\dfrac{d^2 y}{dx^2} + \left(\dfrac{dy}{dx}\right)^3 + 2x = 0$ 的阶数是（　　）．

　　A．1　　　　B．2　　　　C．3　　　　D．0

(2) 方程 $\dfrac{d^3y}{dx^3} + e^x \cdot \dfrac{d^2y}{dx^2} + e^{2x} = 1$ 的通解中应包含的任意常数的个数为（　　）.

  A. 2   B. 3   C. 4   D. 0

(3) 微分方程 $x^2(y'')^4 - yy' = 0$ 的阶数是（　　）.

  A. 1   B. 2   C. 3   D. 4

(4) 方程 $xy' + 3y = 0$ 的通解是（　　）.

  A. x^{-3} B. Cxe^x C. $x^{-3} + C$ D. Cx^{-3}

(5) 方程 $\sin x \cos y\, dx = \cos x \sin y\, dy$ 满足 $y|_{x=0} = \dfrac{\pi}{4}$ 的特解为（　　）.

  A. $\sin y = \dfrac{\sqrt{2}}{2}\sin x$ B. $\cos y = \dfrac{\sqrt{2}}{2}\cos x$

  C. $\sin y = \dfrac{\sqrt{2}}{2}\cos x$ D. $\cos y = \dfrac{\sqrt{2}}{2}\sin x$

(6) 方程 $x\,dy = y\ln y\,dx$ 的一个解为（　　）.

  A. $y = \ln x$ B. $y = \sin x$ C. $y = e^x$ D. $\ln^2 y = x$

(7) 下列方程中，（　　）是齐次方程.

  A. $\dfrac{dy}{y^2 - 2xy} = \dfrac{dx}{x^2 - xy + y^2}$ B. $y' = \dfrac{1}{x - y^2}$

  C. $(2x - y + 3)dy = (x - 2y + 1)dx$ D. $\dfrac{x}{2+y}dy = \dfrac{y}{2+x}dx$

(8) 微分方程 $(x+y)dx + x\,dy = 0$ 的通解是（　　）.

  A. $y = \dfrac{2C - x^2}{2x}$ B. $y = -\dfrac{x}{2} + C$ C. $y = \dfrac{x}{2} + C$ D. $y = \dfrac{C + x^2}{2x}$

(9) 微分方程 $y' = 4e^x - 3y$ 的通解是（　　）.

  A. $y = Ce^x$ B. $y = e^{-3x} + e^x$ C. $y = Ce^{-3x} + e^x$ D. $y = -e^{-3x} + e^x$

(10) 已知 $f(x)$ 是微分方程 $y' + P(x)y = Q(x)$ 的一个特解，则该方程的通解为（　　）.

  A. $y = Cf(x) + e^{\int P(x)dx}$ B. $y = f(x) + Ce^{\int P(x)dx}$

  C. $y = Cf(x) + e^{-\int P(x)dx}$ D. $y = f(x) + Ce^{-\int P(x)dx}$

(11) 微分方程 $y'' = x^2$ 的解是（　　）.

  A. $y = \dfrac{1}{x}$ B. $y = \dfrac{x^3}{3} + C$ C. $y = \dfrac{x^4}{12}$ D. $y = \dfrac{x^4}{6}$

(12) 方程 $\dfrac{dy}{dx}\cos x + y\sin x = 0$ 是（　　）.

  A. 齐次方程   B. 线性方程   C. 常系数方程   D. 二阶方程

(13) 方程 $\dfrac{d^2y}{dx^2} + \left(\dfrac{dy}{dx}\right)^2 + xy = 5$ 是（　　）.

  A. 齐次方程   B. 线性方程   C. 常系数方程   D. 二阶方程

（14）求 $y'' + 4y' = x^2 - 1$ 的特解时，应令 $y* = (\quad)$.

A. $ax^2 + bx + c$ B. $x(ax^2 + bx + c)$

C. $ax^2 + b$ D. $x(ax^2 + b)$

（15）求 $y'' + y = \cos x$ 的特解时，应令 $y* = (\quad)$.

A. $ax\cos x$ B. $a\cos x$

C. $a\cos x + b\sin x$ D. $x(a\cos x + b\sin x)$

2. 填空题：

（1）$xy''' + 2x^2 y'^2 + x^3 y = x^4 + 1$ 是 _____ 阶微分方程.

（2）$y' = 2xy$ 的通解为 _____.

（3）已知某商品的需求价格弹性为 $\dfrac{EQ}{Ep} = -\dfrac{1}{Q}$，且 $p = e^{100}$ 时，$Q = 0$，则需求函数为 _____.

（4）差分方程 $y_{t+1} - 3y_t = 4$ 满足初始条件 $y_0 = 1$ 的特解是 _____.

（5）差分方程 $y_{t+1} + 3y_t = 3^t \cos \pi t$ 的待定特解形式是 $y*(t) =$ _____.

3. 验证下列函数（其中 C 为任意常数）是否是相应的微分方程的解，是通解还是特解：

（1）$xy' = 2y$，$y = Cx^2$，$y = x^2$；

（2）$y'' = -y$，$y = \sin x$，$y = 3\sin x - 4\cos x$；

（3）$\dfrac{dy}{dx} = 2y$，$y = e^x$，$y = Ce^{2x}$.

4. 验证：函数 $x = C_1 \cos kt + C_2 \sin kt$（$k \neq 0$）是微分方程

$$\frac{d^2 x}{dt^2} + k^2 x = 0$$

的通解.

5. 求下列微分方程的通解或满足初始条件的特解：

（1）$y^2 dx + (x-1) dy = 0$； （2）$xy' - y \ln y = 0$；

（3）$\sqrt{1-x^2} y' = \sqrt{1-y^2}$； （4）$(xy^2 - x)dx + (x^2 y + y)dy = 0$；

（5）$y' = e^{2x-y}$，$y|_{x=0} = 0$； （6）$xdy + 2ydx = 0$，$y|_{x=2} = 1$；

（7）$xydx + \sqrt{1+x^2} dy = 0$，$y|_{x=0} = 1$； （8）$y' \sin x = y \ln y$，$y|_{x=\frac{\pi}{2}} = e$.

6. 求下列微分方程的通解或满足初始条件的特解：

（1）$xy' = y(\ln y - \ln x)$； （2）$(x^3 + y^3)dx - 3xy^2 dy = 0$；

（3）$(x-y)dx + xdy = 0$； （4）$\left(2x\sin\dfrac{y}{x} + 3y\cos\dfrac{y}{x}\right)dx - 3x\cos\dfrac{y}{x} dy = 0$；

（5）$y = \dfrac{x}{y} + \dfrac{y}{x}$，$y|_{x=1} = 2$； （6）$(x^2 + y^2)dx = xydy$，$y|_{x=1} = 0$.

7. 求下列微分方程的通解或满足初始条件的特解：

（1）$y' + y = e^{-x}$； （2）$y' - \dfrac{2}{x+1} y = (x+1)^2$；

(3) $\dfrac{dy}{dx} + 2xy = 4x$；

(4) $x^2 dy + (2xy - x^2) dx = 0$；

(5) $y' - \dfrac{y}{x} = -\dfrac{2}{x}\ln x$，$y|_{x=1} = 1$；

(6) $y' + y\cos x = e^{-\sin x}$，$y|_{x=0} = 0$；

(7) $(x-2)\dfrac{dy}{dx} = y + 2(x-2)^3$，$y|_{x=1} = 0$.

8. 求下列微分方程的通解或满足初始条件的特解：

(1) $y'' = x + \sin x$；

(2) $y'' = y' + x$；

(3) $xy'' + y' = 0$；

(4) $yy'' + 2y'^2 = 0$；

(5) $y'' = e^{2y}$，$y|_{x=0} = y'|_{x=0} = 0$；

(6) $(1+x^2)y'' = 2xy'$，$y|_{x=0} = 1$，$y'|_{x=0} = 3$.

9. 求下列微分方程的通解或满足初始条件的特解：

(1) $y'' - 7y' + 6y = 0$；

(2) $y'' + 9y = 0$；

(3) $y'' - 6y' + 8y = 8x^2 - 4x + 12$；

(4) $y'' + 3y' + 2y = 3xe^{-x}$；

(5) $y'' + y = \cos 3x$，$y|_{x=\frac{\pi}{2}} = 4$，$y'|_{x=\frac{\pi}{2}} = -1$；

(6) $y'' - 4y' + 3y = 8e^{5x}$，$y|_{x=0} = 3$，$y'|_{x=0} = 9$.

10. 已知某商品的生产成本 $C = C(x)$ 为产量 x 的函数，C 与 x 有如下关系：

$$C'(x) = \dfrac{1+x+C}{1+x}$$

又知产量为零时的固定成本为 $C(0) = C_0$，求成本函数 $C(x)$.

11. 在理想情形下，人口数以常数比率增长，若某地区人口在 2000 年为 3 000 万人，在 2010 年为 3 800 万人，试确定在 2030 年的人口数.

12. 某公司的净资产（单位：万元）因资产本身产生的利息以 5% 的年利率增加，同时公司每年还必须以 200 万元的数额连续支付职工的工资：

（1）列出描述净资产 W 的微分方程；

（2）假设公司的初始净资产为 W_0（单位：万元），求净资产 $W(t)$ 的表达式；

（3）求当初始净资产 W_0 分别为 3 000 万元，4 000 万元和 5 000 万元的特解，并解释今后公司净资产的变化特点.

13. 某制造公司根据经验发现，其设备的运行和维修成本 C 与大修间隔时间 t 的关系如下

$$\dfrac{dC}{dt} - \dfrac{b-1}{t}C = -\dfrac{ab}{t^2}$$

其中，a，b 均为常数且 $a > 0$，$b > 1$. 又当 $t = t_0$ 时，$C = C_0$，求 $C(t)$.

14. 设 $Y = Y(t)$，$D = D(t)$ 分别为 t 时刻的国民收入和国民债务，它们满足如下关系：

$$\begin{cases} \dfrac{dD}{dt} = \alpha Y + \beta \\ \dfrac{dY}{dt} = kY \end{cases}$$

其中 $\alpha > 0$，$\beta > 0$ 和 $k > 0$ 且均为常数.

（1）若 $Y(0) = Y_0$，$D(0) = D_0$，求 $Y(t)$，$D(t)$；

(2) 求极限 $\lim\limits_{t \to +\infty} \dfrac{D(t)}{Y(t)}$.

15. 设 $Y = Y(t)$，$C = C(t)$，$I = I(t)$ 分别表示在 t 时刻的国民收入、总消费和总投资，它们满足如下关系：

$$\begin{cases} Y = C + I & (1) \\ C = a + bY & (2) \\ I = kC' & (3) \end{cases}$$

其中，式 (2) 是消费函数；$a > 0$ 是自发消费；b 是边际消费倾向，$0 < b < 1$. 式 (3) 说明投资不是由消费决定，而是由消费的变动，从而由收入的变动决定，$k > 0$ 是常数.

(1) 设 $Y(0) = Y_0$，求 $Y(t)$，$C(t)$，$I(t)$；

(2) 求极限 $\lim\limits_{n \to \infty} \dfrac{Y(t)}{I(t)}$，$\lim\limits_{n \to \infty} \dfrac{Y(t)}{C(t)}$.

16. 求下列函数的一阶与二阶差分：

(1) $y_t = 2t^2 - 3$； (2) $y_t = t^2 \cdot 3^t$；

(3) $y_t = e^{2t}$； (4) $y_t = \ln(1 + t)$.

17. 确定下列差分方程的阶：

(1) $y_{t+2} - 7y_{t+1} = 5t + 3$； (2) $y_{t+3} - 7y_t = 3$；

(3) $y_{t+2} - 6y_{t+1} + 4y_t = 5$； (4) $y_{t+5} - 2y_{t+1} = 6$.

18. 证明下列函数是给定方程的解：

(1) $y_t = C + 2t + t^2$，$y_{t+2} - y_t = 3 + 2t$；

(2) $y_t = C_1 + C_2 2^t$，$y_{t+2} - 3y_{t+1} + 2y_t = 0$；

(3) $y_t = \dfrac{C}{1 + Ct}$，$y_{t+1} = \dfrac{y_t}{1 + y_t}$，并求 $y_0 = -4$ 的特解.

19. 求下列一阶常系数齐次线性差分方程的通解：

(1) $y_{t+1} - 2y_t = 0$； (2) $y_{t+1} + 3y_t = 0$；

(3) $3y_{t+1} - 2y_t = 0$.

20. 求下列一阶常系数非齐次线性差分方程的通解：

(1) $y_{t+1} - 5y_t = 8$； (2) $y_{t+1} - y_t = 3 + 2t$；

(3) $y_{t+1} + y_t = 3^t$； (4) $y_{t+1} + y_t = t2^t$；

(5) $y_{t+1} + 2y_t = 2^t \cos \pi t$.

21. 求下列一阶常系数线性差分方程满足初始条件的特解：

(1) $y_{t+1} + 3y_t = -1$，$y_0 = \dfrac{3}{4}$； (2) $2y_{t+1} - y_t = 2 + t^2$，$y_0 = 4$；

(3) $y_{t+1} + 4y_t = 3\sin \pi t$，$y_0 = 1$.

22. 设 A_t 为 t 期（以年为单位）存款总额，r 为年利率，且初始存款为 A_0，求 t 期的本利和，并求当 $r = 5\%$，$A_0 = 1\,000$ 万元时 A_5 的值.

23. 已知需求函数和供给函数如下：

$$D_t = 80 - 4P_t, \quad S_t = -10 + 2P_{t-1}$$

（1）求动态均衡价格 P_t，并确定均衡是否是稳定的；

（2）若初始价格 $P_0 = 18$，计算 P_1, P_2, P_3, P_4.

24. 设 C_t 为 t 时期的消费，Y_t 为 t 时期的国民收入，$I = 1$ 为投资（各期相同），设有如下关系式：
$$C_t = aY_{t-1} + b, \quad Y_t = C_t + 1$$

其中，$0 < a < 1$，$b > 0$ 均为常数，若基期（即初始时期）的国民收入 Y_0 为已知，试将 Y_t，C_t 表示为 t 的函数关系.

附录

附录一 复利终值系数表

期数	1%	2%	3%	4%	5%	6%	7%	8%	9%	10%	11%	12%	13%	14%	15%
1	1.010 0	1.020 0	1.030 0	1.040 0	1.050 0	1.060 0	1.070 0	1.080 0	1.090 0	1.100 0	1.110 0	1.120 0	1.130 0	1.140 0	1.150 0
2	1.020 1	1.040 4	1.060 9	1.081 6	1.102 5	1.123 6	1.144 9	1.166 4	1.188 1	1.210 0	1.232 1	1.254 4	1.276 9	1.299 6	1.322 5
3	1.030 3	1.061 2	1.092 7	1.124 9	1.157 6	1.191 0	1.225 0	1.259 7	1.295 0	1.331 0	1.367 6	1.404 9	1.442 9	1.481 5	1.520 9
4	1.040 6	1.082 4	1.125 5	1.169 9	1.215 5	1.262 5	1.310 8	1.360 5	1.411 6	1.464 1	1.518 1	1.573 5	1.630 5	1.689 0	1.749 0
5	1.051 0	1.104 1	1.159 3	1.216 7	1.276 3	1.338 2	1.402 6	1.469 3	1.538 6	1.610 5	1.685 1	1.762 3	1.842 4	1.925 4	2.011 4
6	1.061 5	1.126 2	1.194 1	1.265 3	1.340 1	1.418 5	1.500 7	1.586 9	1.677 1	1.771 6	1.870 4	1.973 8	2.082 0	2.195 0	2.313 1
7	1.072 1	1.148 7	1.229 9	1.315 9	1.407 1	1.503 6	1.605 8	1.713 8	1.828 0	1.948 7	2.076 2	2.210 7	2.352 6	2.502 3	2.660 0
8	1.082 9	1.171 7	1.266 8	1.368 6	1.477 5	1.593 8	1.718 2	1.850 9	1.992 6	2.143 5	2.304 5	2.476 0	2.658 4	2.852 6	3.059 0
9	1.093 7	1.195 1	1.304 8	1.423 3	1.551 3	1.689 5	1.838 5	1.999 0	2.171 9	2.357 9	2.558 0	2.773 1	3.004 0	3.251 9	3.517 9
10	1.104 6	1.219 0	1.343 9	1.480 2	1.628 9	1.790 8	1.967 2	2.158 9	2.367 4	2.593 7	2.839 4	3.105 8	3.394 6	3.707 2	4.045 6
11	1.115 7	1.243 4	1.384 2	1.539 5	1.710 3	1.898 3	2.104 9	2.331 6	2.580 4	2.853 1	3.151 8	3.478 6	3.835 9	4.226 2	4.652 4
12	1.126 8	1.268 2	1.425 8	1.601 0	1.795 9	2.012 2	2.252 2	2.518 2	2.812 7	3.138 4	3.498 5	3.896 0	4.334 5	4.817 9	5.350 3
13	1.138 1	1.293 6	1.468 5	1.665 1	1.885 6	2.132 9	2.409 8	2.719 6	3.065 8	3.452 3	3.883 3	4.363 5	4.898 0	5.492 4	6.152 8
14	1.149 5	1.319 5	1.512 6	1.731 7	1.979 9	2.260 9	2.578 5	2.937 2	3.341 7	3.797 5	4.310 4	4.887 1	5.534 8	6.261 3	7.075 7

续表

期数	1%	2%	3%	4%	5%	6%	7%	8%	9%	10%	11%	12%	13%	14%	15%
15	1.161 0	1.345 9	1.558 0	1.800 9	2.078 9	2.396 6	2.759 0	3.172 2	3.642 5	4.177 2	4.784 6	5.473 6	6.254 3	7.137 9	8.137 1
16	1.172 6	1.372 8	1.604 7	1.873 0	2.182 9	2.540 4	2.952 2	3.425 9	3.970 3	4.595 0	5.310 9	6.130 4	7.067 3	8.137 2	9.357 6
17	1.184 3	1.400 2	1.652 8	1.947 9	2.292 0	2.692 8	3.158 8	3.700 0	4.327 6	5.054 5	5.895 1	6.866 0	7.986 1	9.276 5	10.761 3
18	1.196 1	1.428 2	1.702 4	2.025 8	2.406 6	2.854 3	3.379 9	3.996 0	4.717 1	5.559 9	6.543 6	7.690 0	9.024 3	10.575 2	12.375 5
19	1.208 1	1.456 8	1.753 5	2.106 8	2.527 0	3.025 6	3.616 5	4.315 7	5.141 7	6.115 9	7.263 3	8.612 8	10.197 4	12.055 7	14.231 8
20	1.220 2	1.485 9	1.806 1	2.191 1	2.653 3	3.207 1	3.869 7	4.661 0	5.604 4	6.727 5	8.062 3	9.646 3	11.523 1	13.743 5	16.366 5
21	1.232 4	1.515 7	1.860 3	2.278 8	2.786 0	3.399 6	4.140 6	5.033 8	6.108 8	7.400 2	8.949 2	10.803 8	13.021 1	15.667 6	18.821 5
22	1.244 7	1.546 0	1.916 1	2.369 9	2.925 3	3.603 5	4.430 4	5.436 5	6.658 6	8.140 3	9.933 6	12.100 3	14.713 8	17.861 0	21.644 7
23	1.257 2	1.576 9	1.973 6	2.464 7	3.071 5	3.819 7	4.740 5	5.871 5	7.257 9	8.954 3	11.026 3	13.552 3	16.626 6	20.361 6	24.891 5
24	1.269 7	1.608 4	2.032 8	2.563 3	3.225 1	4.048 9	5.072 4	6.341 2	7.911 1	9.849 7	12.239 2	15.178 6	18.788 1	23.212 2	28.625 2
25	1.282 4	1.640 6	2.093 8	2.665 8	3.386 4	4.291 9	5.427 4	6.848 5	8.623 1	10.834 7	13.585 5	17.000 1	21.230 5	26.461 9	32.919 0
26	1.295 3	1.673 4	2.156 6	2.772 5	3.555 7	4.549 4	5.807 4	7.396 4	9.399 2	11.918 2	15.079 9	19.040 1	23.990 5	30.166 6	37.856 8
27	1.308 2	1.706 9	2.221 3	2.883 4	3.733 5	4.822 3	6.213 9	7.988 1	10.245 2	13.110 0	16.738 7	21.324 9	27.109 3	34.389 9	43.535 3
28	1.321 3	1.741 0	2.287 9	2.998 7	3.920 1	5.111 7	6.648 8	8.627 1	11.167 1	14.421 0	18.579 9	23.883 9	30.633 5	39.204 5	50.065 6
29	1.334 5	1.775 8	2.356 6	3.118 7	4.116 1	5.418 4	7.114 3	9.317 3	12.172 2	15.863 3	20.623 7	26.749 9	34.615 8	44.693 1	57.575 5
30	1.347 8	1.811 4	2.427 3	3.243 4	4.321 9	5.743 5	7.612 3	10.062 7	13.267 7	17.449 4	22.892 3	29.959 9	39.115 9	50.950 2	66.211 8

续表

期数	16%	17%	18%	19%	20%	21%	22%	23%	24%	25%	26%	27%	28%	29%	30%
1	1.160 0	1.170 0	1.180 0	1.190 0	1.200 0	1.210 0	1.220 0	1.230 0	1.240 0	1.250 0	1.260 0	1.270 0	1.280 0	1.290 0	1.300 0
2	1.345 6	1.368 9	1.392 4	1.416 1	1.440 0	1.464 1	1.488 4	1.512 9	1.537 6	1.562 5	1.587 6	1.612 9	1.638 4	1.664 1	1.690 0
3	1.560 9	1.601 6	1.643 0	1.685 2	1.728 0	1.771 6	1.815 8	1.860 9	1.906 6	1.953 1	2.000 4	2.048 4	2.097 2	2.146 7	2.197 0
4	1.810 6	1.873 9	1.938 8	2.005 3	2.073 6	2.143 6	2.215 3	2.288 9	2.364 2	2.441 4	2.520 5	2.601 4	2.684 4	2.769 3	2.856 1
5	2.100 3	2.192 4	2.287 8	2.386 4	2.488 3	2.593 7	2.702 7	2.815 3	2.931 5	3.051 8	3.175 8	3.303 8	3.436 0	3.572 3	3.712 9
6	2.436 4	2.565 2	2.699 6	2.839 8	2.986 0	3.138 4	3.297 3	3.462 8	3.635 2	3.814 7	4.001 5	4.195 9	4.398 0	4.608 3	4.826 8
7	2.826 2	3.001 2	3.185 5	3.379 3	3.583 2	3.797 5	4.022 7	4.259 3	4.507 7	4.768 4	5.041 9	5.328 8	5.629 5	5.944 7	6.274 9
8	3.278 4	3.511 5	3.758 9	4.021 4	4.299 8	4.595 0	4.907 7	5.238 9	5.589 5	5.960 5	6.352 8	6.767 5	7.205 6	7.668 6	8.157 3
9	3.803 0	4.108 4	4.435 5	4.785 4	5.159 8	5.559 9	5.987 4	6.443 9	6.931 0	7.450 6	8.004 5	8.594 8	9.223 4	9.892 5	10.604 5
10	4.411 4	4.806 8	5.233 8	5.694 7	6.191 7	6.727 5	7.304 6	7.925 9	8.594 4	9.313 2	10.085 7	10.915 3	11.805 9	12.761 4	13.785 8
11	5.117 3	5.624 0	6.175 9	6.776 7	7.430 1	8.140 3	8.911 7	9.748 9	10.657 1	11.641 5	12.708 0	13.862 5	15.111 6	16.462 2	17.921 6
12	5.936 0	6.580 1	7.287 6	8.064 2	8.916 1	9.849 7	10.872 2	11.991 2	13.214 8	14.551 9	16.012 0	17.605 3	19.342 8	21.236 2	23.298 1
13	6.885 8	7.698 7	8.599 4	9.596 4	10.699 3	11.918 2	13.264 1	14.749 1	16.386 3	18.189 9	20.175 2	22.358 8	24.758 8	27.394 7	30.287 5
14	7.987 5	9.007 5	10.147 2	11.419 8	12.839 2	14.421 0	16.182 2	18.141 4	20.319 1	22.737 4	25.420 7	28.395 7	31.691 3	35.339 1	39.373 8
15	9.265 5	10.538 7	11.973 7	13.589 5	15.407 0	17.449 4	19.742 3	22.314 0	25.195 6	28.421 7	32.030 1	36.062 5	40.564 8	45.587 5	51.185 9

续表

期数	16%	17%	18%	19%	20%	21%	22%	23%	24%	25%	26%	27%	28%	29%	30%
16	10.748 0	12.330 3	14.129 0	16.171 5	18.488 4	21.113 8	24.085 6	27.446 2	31.242 6	35.527 1	40.357 9	45.799 4	51.923 0	58.807 9	66.541 7
17	12.467 7	14.426 5	16.672 2	19.244 1	22.186 1	25.547 7	29.384 4	33.758 8	38.740 8	44.408 9	50.851 0	58.165 2	66.461 4	75.862 1	86.504 2
18	14.462 5	16.879 0	19.673 3	22.900 5	26.623 3	30.912 7	35.849 0	41.523 3	48.038 6	55.511 2	64.072 2	73.869 8	85.070 6	97.862 2	112.455 4
19	16.776 5	19.748 4	23.214 4	27.251 6	31.948 0	37.404 3	43.735 8	51.073 7	59.567 9	69.388 9	80.731 0	93.814 7	108.890 4	126.242 2	146.192 0
20	19.460 8	23.105 6	27.393 0	32.429 4	38.337 6	45.259 3	53.357 6	62.820 6	73.864 1	86.736 2	101.721 1	119.144 6	139.379 7	162.852 4	190.049 6
21	22.574 5	27.033 6	32.323 8	38.591 0	46.005 1	54.763 7	65.096 3	77.269 4	91.591 5	108.420 2	128.168 5	151.313 7	178.406 0	210.079 6	247.064 5
22	26.186 4	31.629 3	38.142 1	45.923 4	55.206 1	66.264 1	79.417 5	95.041 3	113.573 5	135.525 3	161.492 4	192.168 3	228.359 6	271.002 7	321.183 9
23	30.376 2	37.006 2	45.007 6	54.648 7	66.247 4	80.179 5	96.889 4	116.900 8	140.831 2	169.406 6	203.480 8	244.053 8	292.300 3	349.593 5	417.539 1
24	35.236 4	43.297 3	53.109 0	65.032 0	79.496 8	97.017 2	118.205 0	143.788 0	174.630 6	211.758 2	256.385 3	309.948 3	374.144 4	450.975 6	542.800 0
25	40.874 2	50.657 8	62.668 6	77.388 1	95.396 2	117.390 9	144.210 1	176.859 3	216.542 0	264.697 8	323.045 0	393.634 4	478.904 9	581.758 5	705.641 0
26	47.414 1	59.269 7	73.949 0	92.091 8	114.475 5	142.042 9	175.936 4	217.536 9	268.512 1	330.872 2	407.037 3	499.915 7	612.998 2	750.468 5	917.333 3
27	55.000 4	69.345 5	87.259 8	109.589 3	137.370 6	171.871 9	214.642 4	267.570 4	332.955 0	413.590 3	512.867 0	634.892 9	784.637 7	968.104 4	1 192.533 3
28	63.800 4	81.134 2	102.966 6	130.411 2	164.844 7	207.965 1	261.863 7	329.111 5	412.864 2	516.987 9	646.212 9	806.314 0	1 004.336 3	1 248.854 6	1 550.293 3
29	74.008 5	94.927 1	121.500 5	155.189 3	197.813 6	251.637 7	319.473 7	404.807 2	511.951 6	646.234 9	814.227 6	1 024.018 7	1 285.550 4	1 611.022 5	2 015.381 3
30	85.849 9	111.064 7	143.370 6	184.675 3	237.376 3	304.481 6	389.757 9	497.912 9	634.819 9	807.793 6	1 025.926 7	1 300.503 8	1 645.504 6	2 078.219 0	2 619.995 6

附录二 复利现值系数表

期数	1%	2%	3%	4%	5%	6%	7%	8%	9%	10%	11%	12%	13%	14%	15%
1	0.990 1	0.980 4	0.970 9	0.961 5	0.952 4	0.943 4	0.934 6	0.925 9	0.917 4	0.909 1	0.900 9	0.892 9	0.885 0	0.877 2	0.869 6
2	0.980 3	0.961 2	0.942 6	0.924 6	0.907 0	0.890 0	0.873 4	0.857 3	0.841 7	0.826 4	0.811 6	0.797 2	0.783 1	0.769 5	0.756 1
3	0.970 6	0.942 3	0.915 1	0.889 0	0.863 8	0.839 6	0.816 3	0.793 8	0.772 2	0.751 3	0.731 2	0.711 8	0.693 1	0.675 0	0.657 5
4	0.961 0	0.923 8	0.888 5	0.854 8	0.822 7	0.792 1	0.762 9	0.735 0	0.708 4	0.683 0	0.658 7	0.635 5	0.613 3	0.592 1	0.571 8
5	0.951 5	0.905 7	0.862 6	0.821 9	0.783 5	0.747 3	0.713 0	0.680 6	0.649 9	0.620 9	0.593 5	0.567 4	0.542 8	0.519 4	0.497 2
6	0.942 0	0.888 0	0.837 5	0.790 3	0.746 2	0.705 0	0.666 3	0.630 2	0.596 3	0.564 5	0.534 6	0.506 6	0.480 3	0.455 6	0.432 3
7	0.932 7	0.870 6	0.813 1	0.759 9	0.710 7	0.665 1	0.622 7	0.583 5	0.547 0	0.513 2	0.481 7	0.452 3	0.425 1	0.399 6	0.375 9
8	0.923 5	0.853 5	0.789 4	0.730 7	0.676 8	0.627 4	0.582 0	0.540 3	0.501 9	0.466 5	0.433 9	0.403 9	0.376 2	0.350 6	0.326 9
9	0.914 3	0.836 8	0.766 4	0.702 6	0.644 6	0.591 9	0.543 9	0.500 2	0.460 4	0.424 1	0.390 9	0.360 6	0.332 9	0.307 5	0.284 3
10	0.905 3	0.820 3	0.744 1	0.675 6	0.613 9	0.558 4	0.508 3	0.463 2	0.422 4	0.385 5	0.352 2	0.322 0	0.294 6	0.269 7	0.247 2
11	0.896 3	0.804 3	0.722 4	0.649 6	0.584 7	0.526 8	0.475 1	0.428 9	0.387 5	0.350 5	0.317 3	0.287 5	0.260 7	0.236 6	0.214 9
12	0.887 4	0.788 5	0.701 4	0.624 6	0.556 8	0.497 0	0.444 0	0.397 1	0.355 5	0.318 6	0.285 8	0.256 7	0.230 7	0.207 6	0.186 9
13	0.878 7	0.773 0	0.681 0	0.600 6	0.530 3	0.468 8	0.415 0	0.367 7	0.326 2	0.289 7	0.257 5	0.229 2	0.204 2	0.182 1	0.162 5
14	0.870 0	0.757 9	0.661 1	0.577 5	0.505 1	0.442 3	0.387 8	0.340 5	0.299 2	0.263 3	0.232 0	0.204 6	0.180 7	0.159 7	0.141 3

续表

期数	1%	2%	3%	4%	5%	6%	7%	8%	9%	10%	11%	12%	13%	14%	15%
15	0.861 3	0.743 0	0.641 9	0.555 3	0.481 0	0.417 3	0.362 4	0.315 2	0.274 5	0.239 4	0.209 0	0.182 7	0.159 9	0.140 1	0.122 9
16	0.852 8	0.728 4	0.623 2	0.533 9	0.458 1	0.393 6	0.338 7	0.291 9	0.251 9	0.217 6	0.188 3	0.163 1	0.141 5	0.122 9	0.106 9
17	0.844 4	0.714 2	0.605 0	0.513 4	0.436 3	0.371 4	0.316 6	0.270 3	0.231 1	0.197 8	0.169 6	0.145 6	0.125 2	0.107 8	0.092 9
18	0.836 0	0.700 2	0.587 4	0.493 6	0.415 5	0.350 3	0.295 9	0.250 2	0.212 0	0.179 9	0.152 8	0.130 0	0.110 8	0.094 6	0.080 8
19	0.827 7	0.686 4	0.570 3	0.474 6	0.395 7	0.330 5	0.276 5	0.231 7	0.194 5	0.163 5	0.137 7	0.116 1	0.098 1	0.082 9	0.070 3
20	0.819 5	0.673 0	0.553 7	0.456 4	0.376 9	0.311 8	0.258 4	0.214 5	0.178 4	0.148 6	0.124 0	0.103 7	0.086 8	0.072 8	0.061 1
21	0.811 4	0.659 8	0.537 5	0.438 8	0.358 9	0.294 2	0.241 5	0.198 7	0.163 7	0.135 1	0.111 7	0.092 6	0.076 8	0.063 8	0.053 1
22	0.803 4	0.646 8	0.521 9	0.422 0	0.341 8	0.277 5	0.225 7	0.183 9	0.150 2	0.122 8	0.100 7	0.082 6	0.068 0	0.056 0	0.046 2
23	0.795 4	0.634 2	0.506 7	0.405 7	0.325 6	0.261 8	0.210 9	0.170 3	0.137 8	0.111 7	0.090 7	0.073 8	0.060 1	0.049 1	0.040 2
24	0.787 6	0.621 7	0.491 9	0.390 1	0.310 1	0.247 0	0.197 1	0.157 7	0.126 4	0.101 5	0.081 7	0.065 9	0.053 2	0.043 1	0.034 9
25	0.779 8	0.609 5	0.477 6	0.375 1	0.295 3	0.233 0	0.184 2	0.146 0	0.116 0	0.092 3	0.073 6	0.058 8	0.047 1	0.037 8	0.030 4
26	0.772 0	0.597 6	0.463 7	0.360 7	0.281 2	0.219 8	0.172 2	0.135 2	0.106 4	0.083 9	0.066 3	0.052 5	0.041 7	0.033 1	0.026 4
27	0.764 4	0.585 9	0.450 2	0.346 8	0.267 8	0.207 4	0.160 9	0.125 2	0.097 6	0.076 3	0.059 7	0.046 9	0.036 9	0.029 1	0.023 0
28	0.756 8	0.574 4	0.437 1	0.333 5	0.255 1	0.195 6	0.150 4	0.115 9	0.089 5	0.069 3	0.053 8	0.041 9	0.032 6	0.025 5	0.020 0
29	0.749 3	0.563 1	0.424 3	0.320 7	0.242 9	0.184 6	0.140 6	0.107 3	0.082 2	0.063 0	0.048 5	0.037 4	0.028 9	0.022 4	0.017 4
30	0.741 9	0.552 1	0.412 0	0.308 3	0.231 4	0.174 1	0.131 4	0.099 4	0.075 4	0.057 3	0.043 7	0.033 4	0.025 6	0.019 6	0.015 1

续表

期数	16%	17%	18%	19%	20%	21%	22%	23%	24%	25%	26%	27%	28%	29%	30%
1	0.8621	0.8547	0.8475	0.8403	0.8333	0.8264	0.8197	0.8130	0.8065	0.8000	0.7937	0.7874	0.7813	0.7752	0.7692
2	0.7432	0.7305	0.7182	0.7062	0.6944	0.6830	0.6719	0.6610	0.6504	0.6400	0.6299	0.6200	0.6104	0.6009	0.5917
3	0.6407	0.6244	0.6086	0.5934	0.5787	0.5645	0.5507	0.5374	0.5245	0.5120	0.4999	0.4882	0.4768	0.4658	0.4552
4	0.5523	0.5337	0.5158	0.4987	0.4823	0.4665	0.4514	0.4369	0.4230	0.4096	0.3968	0.3844	0.3725	0.3611	0.3501
5	0.4761	0.4561	0.4371	0.4190	0.4019	0.3855	0.3700	0.3552	0.3411	0.3277	0.3149	0.3027	0.2910	0.2799	0.2693
6	0.4104	0.3898	0.3704	0.3521	0.3349	0.3186	0.3033	0.2888	0.2751	0.2621	0.2499	0.2383	0.2274	0.2170	0.2072
7	0.3538	0.3332	0.3139	0.2959	0.2791	0.2633	0.2486	0.2348	0.2218	0.2097	0.1983	0.1877	0.1776	0.1682	0.1594
8	0.3050	0.2848	0.2660	0.2487	0.2326	0.2176	0.2038	0.1909	0.1789	0.1678	0.1574	0.1478	0.1388	0.1304	0.1226
9	0.2630	0.2434	0.2255	0.2090	0.1938	0.1799	0.1670	0.1552	0.1443	0.1342	0.1249	0.1164	0.1084	0.1011	0.0943
10	0.2267	0.2080	0.1911	0.1756	0.1615	0.1486	0.1369	0.1262	0.1164	0.1074	0.0992	0.0916	0.0847	0.0784	0.0725
11	0.1954	0.1778	0.1619	0.1476	0.1346	0.1228	0.1122	0.1026	0.0938	0.0859	0.0787	0.0721	0.0662	0.0607	0.0558
12	0.1685	0.1520	0.1372	0.1240	0.1122	0.1015	0.0920	0.0834	0.0757	0.0687	0.0625	0.0568	0.0517	0.0471	0.0429
13	0.1452	0.1299	0.1163	0.1042	0.0935	0.0839	0.0754	0.0678	0.0610	0.0550	0.0496	0.0447	0.0404	0.0365	0.0330
14	0.1252	0.1110	0.0985	0.0876	0.0779	0.0693	0.0618	0.0551	0.0492	0.0440	0.0393	0.0352	0.0316	0.0283	0.0254
15	0.1079	0.0949	0.0835	0.0736	0.0649	0.0573	0.0507	0.0448	0.0397	0.0352	0.0312	0.0277	0.0247	0.0219	0.0195

续表

期数	16%	17%	18%	19%	20%	21%	22%	23%	24%	25%	26%	27%	28%	29%	30%
16	0.093 0	0.081 1	0.070 8	0.061 8	0.054 1	0.047 4	0.041 5	0.036 4	0.032 0	0.028 1	0.024 8	0.021 8	0.019 3	0.017 0	0.015 0
17	0.080 2	0.069 3	0.060 0	0.052 0	0.045 1	0.039 1	0.034 0	0.029 6	0.025 8	0.022 5	0.019 7	0.017 2	0.015 0	0.013 2	0.011 6
18	0.069 1	0.059 2	0.050 8	0.043 7	0.037 6	0.032 3	0.027 9	0.024 1	0.020 8	0.018 0	0.015 6	0.013 5	0.011 8	0.010 2	0.008 9
19	0.059 6	0.050 6	0.043 1	0.036 7	0.031 3	0.026 7	0.022 9	0.019 6	0.016 8	0.014 4	0.012 4	0.010 7	0.009 2	0.007 9	0.006 8
20	0.051 4	0.043 3	0.036 5	0.030 8	0.026 1	0.022 1	0.018 7	0.015 9	0.013 5	0.011 5	0.009 8	0.008 4	0.007 2	0.006 1	0.005 3
21	0.044 3	0.037 0	0.030 9	0.025 9	0.021 7	0.018 3	0.015 4	0.012 9	0.010 9	0.009 2	0.007 8	0.006 6	0.005 6	0.004 8	0.004 0
22	0.038 2	0.031 6	0.026 2	0.021 8	0.018 1	0.015 1	0.012 6	0.010 5	0.008 8	0.007 4	0.006 2	0.005 2	0.004 4	0.003 7	0.003 1
23	0.032 9	0.027 0	0.022 2	0.018 3	0.015 1	0.012 5	0.010 3	0.008 6	0.007 1	0.005 9	0.004 9	0.004 1	0.003 4	0.002 9	0.002 4
24	0.028 4	0.023 1	0.018 8	0.015 4	0.012 6	0.010 3	0.008 5	0.007 0	0.005 7	0.004 7	0.003 9	0.003 2	0.002 7	0.002 2	0.001 8
25	0.024 5	0.019 7	0.016 0	0.012 9	0.010 5	0.008 5	0.006 9	0.005 7	0.004 6	0.003 8	0.003 1	0.002 5	0.002 1	0.001 7	0.001 4
26	0.021 1	0.016 9	0.013 5	0.010 9	0.008 7	0.007 0	0.005 7	0.004 6	0.003 7	0.003 0	0.002 5	0.002 0	0.001 6	0.001 3	0.001 1
27	0.018 2	0.014 4	0.011 5	0.009 1	0.007 3	0.005 8	0.004 7	0.003 7	0.003 0	0.002 4	0.001 9	0.001 6	0.001 3	0.001 0	0.000 8
28	0.015 7	0.012 3	0.009 7	0.007 7	0.006 1	0.004 8	0.003 8	0.003 0	0.002 4	0.001 9	0.001 5	0.001 2	0.001 0	0.000 8	0.000 6
29	0.013 5	0.010 5	0.008 2	0.006 4	0.005 1	0.004 0	0.003 1	0.002 5	0.002 0	0.001 5	0.001 2	0.001 0	0.000 8	0.000 6	0.000 5
30	0.011 6	0.009 0	0.007 0	0.005 4	0.004 2	0.003 3	0.002 6	0.002 0	0.001 6	0.001 2	0.001 0	0.000 8	0.000 6	0.000 5	0.000 4

附录三 普通复利年金终值系数表

期数	1%	2%	3%	4%	5%	6%	7%	8%	9%	10%	11%	12%	13%	14%	15%
1	1.000 0	1.000 0	1.000 0	1.000 0	1.000 0	1.000 0	1.000 0	1.000 0	1.000 0	1.000 0	1.000 0	1.000 0	1.000 0	1.000 0	1.000 0
2	2.010 0	2.020 0	2.030 0	2.040 0	2.050 0	2.060 0	2.070 0	2.080 0	2.090 0	2.100 0	2.110 0	2.120 0	2.130 0	2.140 0	2.150 0
3	3.030 1	3.060 4	3.090 9	3.121 6	3.152 5	3.183 6	3.214 9	3.246 4	3.278 1	3.310 0	3.342 1	3.374 4	3.406 9	3.439 6	3.472 5
4	4.060 4	4.121 6	4.183 6	4.246 5	4.310 1	4.374 6	4.439 9	4.506 1	4.573 1	4.641 0	4.709 7	4.779 3	4.849 8	4.921 1	4.993 4
5	5.101 0	5.204 0	5.309 1	5.416 3	5.525 6	5.637 1	5.750 7	5.866 6	5.984 7	6.105 1	6.227 8	6.352 8	6.480 3	6.610 1	6.742 4
6	6.152 0	6.308 1	6.468 4	6.633 0	6.801 9	6.975 3	7.153 3	7.335 9	7.523 3	7.715 6	7.912 9	8.115 2	8.322 7	8.535 5	8.753 7
7	7.213 5	7.434 3	7.662 5	7.898 3	8.142 0	8.393 8	8.654 0	8.922 8	9.200 4	9.487 2	9.783 3	10.089 0	10.404 7	10.730 5	11.066 8
8	8.285 7	8.583 0	8.892 3	9.214 2	9.549 1	9.897 5	10.259 8	10.636 6	11.028 5	11.435 9	11.859 4	12.299 7	12.757 3	13.232 8	13.726 8
9	9.368 5	9.754 6	10.159 1	10.582 8	11.026 6	11.491 3	11.978 0	12.487 6	13.021 0	13.579 5	14.164 0	14.775 7	15.415 7	16.085 3	16.785 8
10	10.462 2	10.949 7	11.463 9	12.006 1	12.577 9	13.180 8	13.816 4	14.486 6	15.192 9	15.937 4	16.722 0	17.548 7	18.419 7	19.337 3	20.303 7
11	11.566 8	12.168 7	12.807 8	13.486 4	14.206 8	14.971 6	15.783 6	16.645 5	17.560 3	18.531 2	19.561 4	20.654 6	21.814 3	23.044 5	24.349 3
12	12.682 5	13.412 1	14.192 0	15.025 8	15.917 1	16.869 9	17.888 5	18.977 1	20.140 7	21.384 3	22.713 2	24.133 1	25.650 2	27.270 7	29.001 7
13	13.809 3	14.680 3	15.617 8	16.626 8	17.713 0	18.882 1	20.140 6	21.495 3	22.953 4	24.522 7	26.211 6	28.029 1	29.984 7	32.088 7	34.351 9
14	14.947 4	15.973 9	17.086 3	18.291 9	19.598 6	21.015 1	22.550 5	24.214 9	26.019 2	27.975 0	30.094 9	32.392 6	34.882 7	37.581 1	40.504 7

续表

期数	1%	2%	3%	4%	5%	6%	7%	8%	9%	10%	11%	12%	13%	14%	15%
15	16.096 9	17.293 4	18.598 9	20.023 6	21.578 6	23.276 0	25.129 0	27.152 1	29.360 9	31.772 5	34.405 4	37.279 7	40.417 5	43.842 4	47.580 4
16	17.257 9	18.639 3	20.156 9	21.824 5	23.657 5	25.672 5	27.888 1	30.324 3	33.003 4	35.949 7	39.189 9	42.753 3	46.671 7	50.980 4	55.717 5
17	18.430 4	20.012 1	21.761 6	23.697 5	25.840 4	28.212 9	30.840 2	33.750 2	36.973 7	40.544 7	44.500 8	48.883 7	53.739 1	59.117 6	65.075 1
18	19.614 7	21.412 3	23.414 4	25.645 4	28.132 4	30.905 7	33.999 0	37.450 2	41.301 3	45.599 2	50.395 9	55.749 7	61.725 1	68.394 1	75.836 4
19	20.810 9	22.840 6	25.116 9	27.671 2	30.539 0	33.760 0	37.379 0	41.446 3	46.018 5	51.159 1	56.939 5	63.439 7	70.749 4	78.969 2	88.211 8
20	22.019 0	24.297 4	26.870 4	29.778 1	33.066 0	36.785 6	40.995 5	45.762 0	51.160 1	57.275 0	64.202 8	72.052 4	80.946 8	91.024 9	102.443 6
21	23.239 2	25.783 3	28.676 5	31.969 2	35.719 3	39.992 7	44.865 2	50.422 9	56.764 5	64.002 5	72.265 1	81.698 7	92.469 9	104.768 4	118.810 1
22	24.471 6	27.299 0	30.536 8	34.248 0	38.505 2	43.392 3	49.005 7	55.456 8	62.873 3	71.402 7	81.214 3	92.502 6	105.491 0	120.436 0	137.631 6
23	25.716 3	28.845 0	32.452 9	36.617 9	41.430 5	46.995 8	53.436 1	60.893 3	69.531 9	79.543 0	91.147 9	104.602 9	120.204 8	138.297 0	159.276 4
24	26.973 5	30.421 9	34.426 5	39.082 6	44.502 0	50.815 6	58.176 7	66.764 8	76.789 8	88.497 3	102.174 2	118.155 2	136.831 5	158.658 6	184.167 8
25	28.243 2	32.030 3	36.459 3	41.645 9	47.727 1	54.864 5	63.249 0	73.105 9	84.700 9	98.347 1	114.413 3	133.333 9	155.619 6	181.870 8	212.793 0
26	29.525 6	33.670 9	38.553 0	44.311 7	51.113 5	59.156 4	68.676 5	79.954 4	93.324 0	109.181 8	127.998 8	150.333 9	176.850 1	208.332 7	245.712 0
27	30.820 9	35.344 3	40.709 6	47.084 2	54.669 1	63.705 8	74.483 8	87.350 8	102.723 1	121.099 9	143.078 6	169.374 0	200.840 6	238.499 3	283.568 8
28	32.129 1	37.051 2	42.930 9	49.967 6	58.402 6	68.528 1	80.697 7	95.338 8	112.968 2	134.209 9	159.817 3	190.698 9	227.949 9	272.889 2	327.104 1
29	33.450 4	38.792 2	45.218 9	52.966 3	62.322 7	73.639 8	87.346 5	103.965 9	124.135 4	148.630 9	178.397 2	214.582 8	258.583 4	312.093 7	377.169 7
30	34.784 9	40.568 1	47.575 4	56.084 9	66.438 8	79.058 2	94.460 8	113.283 2	136.307 5	164.494 0	199.020 9	241.332 7	293.199 2	356.786 8	434.745 1

续表

期数	16%	17%	18%	19%	20%	21%	22%	23%	24%	25%	26%	27%	28%	29%	30%
1	1.000 0	1.000 0	1.000 0	1.000 0	1.000 0	1.000 0	1.000 0	1.000 0	1.000 0	1.000 0	1.000 0	1.000 0	1.000 0	1.000 0	1.000 0
2	2.160 0	2.170 0	2.180 0	2.190 0	2.200 0	2.210 0	2.220 0	2.230 0	2.240 0	2.250 0	2.260 0	2.270 0	2.280 0	2.290 0	2.300 0
3	3.505 6	3.538 9	3.572 4	3.606 1	3.640 0	3.674 1	3.708 4	3.742 9	3.777 6	3.812 5	3.847 6	3.882 9	3.918 4	3.954 1	3.990 0
4	5.066 5	5.140 5	5.215 4	5.291 3	5.368 0	5.445 7	5.524 2	5.603 8	5.684 2	5.765 6	5.848 0	5.931 3	6.015 6	6.100 8	6.187 0
5	6.877 1	7.014 4	7.154 2	7.296 6	7.441 6	7.589 2	7.739 6	7.892 6	8.048 4	8.207 0	8.368 4	8.532 7	8.699 9	8.870 0	9.043 1
6	8.977 5	9.206 8	9.442 0	9.683 0	9.929 9	10.183 0	10.442 3	10.707 9	10.980 1	11.258 8	11.544 2	11.836 6	12.135 9	12.442 3	12.756 0
7	11.413 9	11.772 0	12.141 5	12.522 7	12.915 9	13.321 4	13.739 6	14.170 8	14.615 3	15.073 1	15.545 8	16.032 4	16.533 5	17.050 6	17.582 8
8	14.240 1	14.773 3	15.327 0	15.902 0	16.499 1	17.118 9	17.762 3	18.430 0	19.122 9	19.841 9	20.587 6	21.361 4	22.163 4	22.995 3	23.857 7
9	17.518 5	18.284 7	19.085 9	19.923 4	20.798 9	21.713 9	22.670 0	23.669 0	24.712 5	25.802 3	26.940 4	28.128 7	29.369 2	30.663 9	32.015 0
10	21.321 5	22.393 1	23.521 3	24.708 9	25.958 7	27.273 8	28.657 4	30.112 8	31.643 4	33.252 9	34.944 9	36.723 5	38.592 6	40.556 4	42.619 5
11	25.732 9	27.199 9	28.755 1	30.403 5	32.150 4	34.001 3	35.962 0	38.038 8	40.237 9	42.566 1	45.030 6	47.638 8	50.398 5	53.317 8	56.405 3
12	30.850 2	32.823 9	34.931 1	37.180 2	39.580 5	42.141 6	44.873 5	47.787 7	50.895 0	54.207 7	57.738 6	61.501 3	65.510 0	69.780 0	74.327 0
13	36.786 2	39.404 0	42.218 7	45.244 5	48.496 6	51.991 3	55.745 9	59.778 8	64.109 7	68.759 6	73.750 6	79.106 6	84.852 9	91.016 1	97.625 0
14	43.672 0	47.102 7	50.818 0	54.840 9	59.195 9	63.909 5	69.010 0	74.528 0	80.496 1	86.949 5	93.925 8	101.465 4	109.611 7	118.410 8	127.912 5
15	51.659 5	56.110 1	60.965 3	66.260 7	72.035 1	78.330 5	85.192 2	92.669 4	100.815 1	109.686 8	119.346 5	129.861 1	141.302 9	153.750 0	167.286 3

续表

期数	16%	17%	18%	19%	20%	21%	22%	23%	24%	25%	26%	27%	28%	29%	30%
16	60.925 0	66.648 8	72.939 0	79.850 2	87.442 1	95.779 9	104.934 5	114.983 4	126.010 8	138.108 5	151.376 6	165.923 6	181.867 7	199.337 4	218.472 2
17	71.673 0	78.979 2	87.068 0	96.021 8	105.930 6	116.893 7	129.020 1	142.429 5	157.253 4	173.635 7	191.734 5	211.723 0	233.790 7	258.145 3	285.013 9
18	84.140 7	93.405 6	103.740 3	115.265 9	128.116 7	142.441 3	158.404 5	176.188 3	195.994 2	218.044 6	242.585 5	269.888 2	300.252 1	334.007 4	371.518 0
19	98.603 2	110.284 6	123.413 5	138.166 4	154.740 0	173.354 0	194.253 5	217.711 6	244.032 8	273.555 8	306.657 7	343.758 0	385.322 7	431.869 6	483.973 4
20	115.379 7	130.032 9	146.628 0	165.418 0	186.688 0	210.758 4	237.989 3	268.785 3	303.600 6	342.944 7	387.388 7	437.572 6	494.213 1	558.111 8	630.165 5
21	134.840 5	153.138 5	174.021 0	197.847 4	225.025 6	256.017 6	291.346 9	331.605 9	377.464 8	429.680 9	489.109 8	556.717 3	633.592 7	720.964 2	820.215 1
22	157.415 0	180.172 1	206.344 8	236.438 5	271.030 7	310.781 3	356.443 2	408.875 3	469.056 3	538.101 1	617.278 3	708.030 9	811.998 7	931.043 8	1 067.279 6
23	183.601 3	211.801 3	244.486 8	282.361 8	326.236 9	377.045 4	435.860 7	503.916 6	582.629 8	673.626 4	778.770 7	900.199 3	1 040.358 3	1 202.046 5	1 388.463 5
24	213.977 6	248.807 6	289.494 5	337.010 5	392.484 2	457.224 9	532.750 1	620.817 4	723.461 0	843.032 9	982.251 1	1 144.253 1	1 332.658 6	1 551.640 0	1 806.002 6
25	249.214 0	292.104 5	342.603 5	402.042 5	471.981 1	554.242 2	650.955 1	764.605 4	898.091 6	1 054.791 2	1 238.636 3	1 454.201 4	1 706.803 1	2 002.615 6	2 348.803 3
26	290.088 3	342.762 7	405.272 1	479.430 6	567.377 3	671.633 0	795.165 3	941.464 7	1 114.633 6	1 319.489 0	1 561.681 8	1 847.835 8	2 185.707 9	2 584.374 1	3 054.444 3
27	337.502 4	402.032 3	479.221 1	571.522 4	681.852 8	813.675 9	971.101 6	1 159.001 6	1 383.145 7	1 650.361 2	1 968.719 1	2 347.751 5	2 798.706 1	3 334.842 6	3 971.777 6
28	392.502 8	471.377 8	566.480 9	681.111 6	819.223 3	985.547 9	1 185.744 0	1 426.571 9	1 716.100 7	2 063.951 5	2 481.586 0	2 982.644 3	3 583.343 8	4 302.947 0	5 164.310 9
29	456.303 2	552.512 1	669.447 5	811.522 8	984.068 0	1 193.512 9	1 447.607 1	1 755.683 5	2 128.964 8	2 580.939 4	3 127.798 4	3 788.958 3	4 587.680 1	5 551.801 6	6 714.604 2
30	530.311 7	647.439 1	790.948 0	966.712 2	1 181.881 6	1 445.150 7	1 767.081 3	2 160.490 7	2 640.916 4	3 227.174 3	3 942.026 0	4 812.977 1	5 873.230 6	7 162.824 3	8 729.985 5

附录四 普通复利年金现值系数表

期数	1%	2%	3%	4%	5%	6%	7%	8%	9%	10%	11%	12%	13%	14%	15%
1	0.990 1	0.980 4	0.970 9	0.961 5	0.952 4	0.943 4	0.934 6	0.925 9	0.917 4	0.909 1	0.900 9	0.892 9	0.885 0	0.877 2	0.869 6
2	1.970 4	1.941 6	1.913 5	1.886 1	1.859 4	1.833 4	1.808 0	1.783 3	1.759 1	1.735 5	1.712 5	1.690 1	1.668 1	1.646 7	1.625 7
3	2.941 0	2.883 9	2.828 6	2.775 1	2.723 2	2.673 0	2.624 3	2.577 1	2.531 3	2.486 9	2.443 7	2.401 8	2.361 2	2.321 6	2.283 2
4	3.902 0	3.807 7	3.717 1	3.629 9	3.546 0	3.465 1	3.387 2	3.312 1	3.239 7	3.169 9	3.102 4	3.037 3	2.974 5	2.913 7	2.855 0
5	4.853 4	4.713 5	4.579 7	4.451 8	4.329 5	4.212 4	4.100 2	3.992 7	3.889 7	3.790 8	3.695 9	3.604 8	3.517 2	3.433 1	3.352 2
6	5.795 5	5.601 4	5.417 2	5.242 1	5.075 7	4.917 3	4.766 5	4.622 9	4.485 9	4.355 3	4.230 5	4.111 4	3.997 5	3.888 7	3.784 5
7	6.728 2	6.472 0	6.230 3	6.002 1	5.786 4	5.582 4	5.389 3	5.206 4	5.033 0	4.868 4	4.712 2	4.563 8	4.422 6	4.288 3	4.160 4
8	7.651 7	7.325 5	7.019 7	6.732 7	6.463 2	6.209 8	5.971 3	5.746 6	5.534 8	5.334 9	5.146 1	4.967 6	4.798 8	4.638 9	4.487 3
9	8.566 0	8.162 2	7.786 1	7.435 3	7.107 8	6.801 7	6.515 2	6.246 9	5.995 2	5.759 0	5.537 0	5.328 2	5.131 7	4.946 4	4.771 6
10	9.471 3	8.982 6	8.530 2	8.110 9	7.721 7	7.360 1	7.023 6	6.710 1	6.417 7	6.144 6	5.889 2	5.650 2	5.426 2	5.216 1	5.018 8
11	10.367 6	9.786 8	9.252 6	8.760 5	8.306 4	7.886 9	7.498 7	7.139 0	6.805 2	6.495 1	6.206 5	5.937 7	5.686 9	5.452 7	5.233 7
12	11.255 1	10.575 3	9.954 0	9.385 1	8.863 3	8.383 8	7.942 7	7.536 1	7.160 7	6.813 7	6.492 4	6.194 4	5.917 6	5.660 3	5.420 6
13	12.133 7	11.348 4	10.635 0	9.985 6	9.393 6	8.852 7	8.357 7	7.903 8	7.486 9	7.103 4	6.749 9	6.423 5	6.121 8	5.842 4	5.583 1
14	13.003 7	12.106 2	11.296 1	10.563 1	9.898 6	9.295 0	8.745 5	8.244 2	7.786 2	7.366 7	6.981 9	6.628 2	6.302 5	6.002 1	5.724 5

续表

期数	1%	2%	3%	4%	5%	6%	7%	8%	9%	10%	11%	12%	13%	14%	15%
15	13.865 1	12.849 3	11.937 9	11.118 4	10.379 7	9.712 2	9.107 9	8.559 5	8.060 7	7.606 1	7.190 9	6.810 9	6.462 4	6.142 2	5.847 4
16	14.717 9	13.577 7	12.561 1	11.652 3	10.837 8	10.105 9	9.446 6	8.851 4	8.312 6	7.823 7	7.379 2	6.974 0	6.603 9	6.265 1	5.954 2
17	15.562 3	14.291 9	13.166 1	12.165 7	11.274 1	10.477 3	9.763 2	9.121 6	8.543 6	8.021 6	7.548 8	7.119 6	6.729 1	6.372 9	6.047 2
18	16.398 3	14.992 0	13.753 5	12.659 3	11.689 6	10.827 6	10.059 1	9.371 9	8.755 6	8.201 4	7.701 6	7.249 7	6.839 9	6.467 4	6.128 0
19	17.226 0	15.678 5	14.323 8	13.133 9	12.085 3	11.158 1	10.335 6	9.603 6	8.950 1	8.364 9	7.839 3	7.365 8	6.938 0	6.550 4	6.198 2
20	18.045 6	16.351 4	14.877 5	13.590 3	12.462 2	11.469 9	10.594 0	9.818 1	9.128 5	8.513 6	7.963 3	7.469 4	7.024 8	6.623 1	6.259 3
21	18.857 0	17.011 2	15.415 0	14.029 2	12.821 2	11.764 1	10.835 5	10.016 8	9.292 2	8.648 7	8.075 1	7.562 0	7.101 6	6.687 0	6.312 5
22	19.660 4	17.658 0	15.936 9	14.451 1	13.163 0	12.041 6	11.061 2	10.200 7	9.442 4	8.771 5	8.175 7	7.644 6	7.169 5	6.742 9	6.358 7
23	20.455 8	18.292 2	16.443 6	14.856 8	13.488 6	12.303 4	11.272 2	10.371 1	9.580 2	8.883 2	8.266 2	7.718 4	7.229 7	6.792 1	6.398 8
24	21.243 4	18.913 9	16.935 5	15.247 0	13.798 6	12.550 4	11.469 3	10.528 8	9.706 6	8.984 7	8.348 1	7.784 3	7.282 9	6.835 1	6.433 8
25	22.023 2	19.523 5	17.413 1	15.622 1	14.093 9	12.783 4	11.653 6	10.674 8	9.822 6	9.077 0	8.421 7	7.843 1	7.330 0	6.872 9	6.464 1
26	22.795 2	20.121 0	17.876 8	15.982 8	14.375 2	13.003 2	11.825 8	10.810 0	9.929 0	9.160 9	8.488 1	7.895 7	7.371 7	6.906 1	6.490 6
27	23.559 6	20.706 9	18.327 0	16.329 6	14.643 0	13.210 5	11.986 7	10.935 2	10.026 6	9.237 2	8.547 5	7.942 6	7.408 6	6.935 2	6.513 5
28	24.316 4	21.281 3	18.764 1	16.663 1	14.898 1	13.406 2	12.137 1	11.051 1	10.116 1	9.306 6	8.601 6	7.984 4	7.441 2	6.960 7	6.533 5
29	25.065 8	21.844 4	19.188 5	16.983 7	15.141 1	13.590 7	12.277 7	11.158 4	10.198 3	9.369 6	8.650 1	8.021 8	7.470 1	6.983 0	6.550 9
30	25.807 7	22.396 5	19.600 4	17.292 0	15.372 5	13.764 8	12.409 0	11.257 8	10.273 7	9.426 9	8.693 8	8.055 2	7.495 7	7.002 7	6.566 0

续表

期数	16%	17%	18%	19%	20%	21%	22%	23%	24%	25%	26%	27%	28%	29%	30%
1	0.862 1	0.854 7	0.847 5	0.840 3	0.833 3	0.826 4	0.819 7	0.813 0	0.806 5	0.800 0	0.793 7	0.787 4	0.781 3	0.775 2	0.769 2
2	1.605 2	1.585 2	1.565 6	1.546 5	1.527 8	1.509 5	1.491 5	1.474 0	1.456 8	1.440 0	1.423 5	1.407 4	1.391 6	1.376 1	1.360 9
3	2.245 9	2.209 6	2.174 3	2.139 9	2.106 5	2.073 9	2.042 2	2.011 4	1.981 3	1.952 0	1.923 4	1.895 6	1.868 4	1.842 0	1.816 1
4	2.798 2	2.743 2	2.690 1	2.638 6	2.588 7	2.540 4	2.493 6	2.448 3	2.404 3	2.361 6	2.320 2	2.280 0	2.241 0	2.203 1	2.166 2
5	3.274 3	3.199 3	3.127 2	3.057 6	2.990 6	2.926 0	2.863 6	2.803 5	2.745 4	2.689 3	2.635 1	2.582 7	2.532 0	2.483 0	2.435 6
6	3.684 7	3.589 2	3.497 6	3.409 8	3.325 5	3.244 6	3.166 9	3.092 3	3.020 5	2.951 4	2.885 0	2.821 0	2.759 4	2.700 0	2.642 7
7	4.038 6	3.922 4	3.811 5	3.705 7	3.604 6	3.507 9	3.415 5	3.327 0	3.242 3	3.161 1	3.083 3	3.008 7	2.937 0	2.868 2	2.802 1
8	4.343 6	4.207 2	4.077 6	3.954 4	3.837 2	3.725 6	3.619 3	3.517 9	3.421 2	3.328 9	3.240 7	3.156 4	3.075 8	2.998 6	2.924 7
9	4.606 5	4.450 6	4.303 0	4.163 3	4.031 0	3.905 4	3.786 3	3.673 1	3.565 5	3.463 1	3.365 7	3.272 8	3.184 2	3.099 7	3.019 0
10	4.833 2	4.658 6	4.494 1	4.338 9	4.192 5	4.054 1	3.923 2	3.799 3	3.681 9	3.570 5	3.464 8	3.364 4	3.268 9	3.178 1	3.091 5
11	5.028 6	4.836 4	4.656 0	4.486 5	4.327 1	4.176 9	4.035 4	3.901 8	3.775 7	3.656 4	3.543 5	3.436 5	3.335 1	3.238 8	3.147 3
12	5.197 1	4.988 4	4.793 2	4.610 5	4.439 2	4.278 4	4.127 4	3.985 2	3.851 4	3.725 1	3.605 9	3.493 3	3.386 8	3.285 9	3.190 3
13	5.342 3	5.118 3	4.909 5	4.714 7	4.532 7	4.362 4	4.202 8	4.053 0	3.912 4	3.780 1	3.655 5	3.538 1	3.427 2	3.322 4	3.223 3
14	5.467 5	5.229 3	5.008 1	4.802 3	4.610 6	4.431 7	4.264 6	4.108 2	3.961 6	3.824 1	3.694 9	3.573 3	3.458 7	3.350 7	3.248 7
15	5.575 5	5.324 2	5.091 6	4.875 9	4.675 5	4.489 0	4.315 2	4.153 0	4.001 3	3.859 3	3.726 1	3.601 0	3.483 4	3.372 6	3.268 2

续表

期数	16%	17%	18%	19%	20%	21%	22%	23%	24%	25%	26%	27%	28%	29%	30%
16	5.668 5	5.405 3	5.162 4	4.937 7	4.729 6	4.536 4	4.356 7	4.189 4	4.033 3	3.887 4	3.750 9	3.622 8	3.502 6	3.389 6	3.283 2
17	5.748 7	5.474 6	5.222 3	4.989 7	4.774 6	4.575 5	4.390 8	4.219 0	4.059 1	3.909 9	3.770 5	3.640 0	3.517 7	3.402 8	3.294 8
18	5.817 8	5.533 9	5.273 2	5.033 3	4.812 2	4.607 9	4.418 7	4.243 1	4.079 9	3.927 9	3.786 1	3.653 6	3.529 4	3.413 0	3.303 7
19	5.877 5	5.584 5	5.316 2	5.070 0	4.843 5	4.634 6	4.441 5	4.262 7	4.096 7	3.942 4	3.798 5	3.664 2	3.538 6	3.421 0	3.310 5
20	5.928 8	5.627 8	5.352 7	5.100 9	4.869 6	4.656 7	4.460 3	4.278 6	4.110 3	3.953 9	3.808 3	3.672 5	3.545 8	3.427 1	3.315 8
21	5.973 1	5.664 8	5.383 7	5.126 8	4.891 3	4.675 0	4.475 6	4.291 6	4.121 2	3.963 1	3.816 1	3.679 2	3.551 4	3.431 9	3.319 8
22	6.011 3	5.696 4	5.409 9	5.148 6	4.909 4	4.690 0	4.488 2	4.302 1	4.130 0	3.970 5	3.822 3	3.684 4	3.555 8	3.435 6	3.323 0
23	6.044 2	5.723 4	5.432 1	5.166 8	4.924 5	4.702 5	4.498 5	4.310 6	4.137 1	3.976 4	3.827 3	3.688 5	3.559 2	3.438 4	3.325 4
24	6.072 6	5.746 5	5.450 9	5.182 2	4.937 1	4.712 8	4.507 0	4.317 6	4.142 8	3.981 1	3.831 2	3.691 8	3.561 9	3.440 6	3.327 2
25	6.097 1	5.766 2	5.466 9	5.195 1	4.947 6	4.721 3	4.513 9	4.323 2	4.147 4	3.984 9	3.834 3	3.694 3	3.564 0	3.442 3	3.328 6
26	6.118 2	5.783 1	5.480 4	5.206 0	4.956 3	4.728 4	4.519 6	4.327 8	4.151 1	3.987 9	3.836 7	3.696 3	3.565 6	3.443 7	3.329 7
27	6.136 4	5.797 5	5.491 9	5.215 1	4.963 6	4.734 2	4.524 3	4.331 6	4.154 2	3.990 3	3.838 7	3.697 9	3.566 9	3.444 7	3.330 5
28	6.152 0	5.809 9	5.501 6	5.222 8	4.969 7	4.739 0	4.528 1	4.334 6	4.156 6	3.992 3	3.840 2	3.699 1	3.567 9	3.445 5	3.331 2
29	6.165 6	5.820 4	5.509 8	5.229 2	4.974 7	4.743 0	4.531 2	4.337 1	4.158 5	3.993 8	3.841 4	3.700 1	3.568 7	3.446 1	3.331 7
30	6.177 2	5.829 4	5.516 8	5.234 7	4.978 9	4.746 3	4.533 8	4.339 1	4.160 1	3.995 0	3.842 4	3.700 9	3.569 3	3.446 6	3.332 1

参 考 答 案

习题一答案

1. (1) $(1, +\infty)$；(2) $(1,2]$；(3) $(-\infty, -2) \cup (-2,2)$；(4) $(-\infty, 4]$；
   (5) $[-3,0) \cup (0,1)$；(6) $(-\infty, -1) \cup (-1,1) \cup (1, +\infty)$.

2. $f(1) = -\dfrac{1}{3}$；$f\left(\dfrac{1}{2}\right) = -\dfrac{5}{11}$；$f\left(\dfrac{1}{x}\right) = \dfrac{1-3x}{1+5x}$；$f\left(\dfrac{x-3}{x+5}\right) = -\dfrac{x+9}{2x+11}$.

3. $L(x) = -0.2x^2 + 4x - tx - 1$.

4. $L = 85x - 20\,000,\ x \leqslant 100\,000$.

5. (1) $p = \begin{cases} 90, & x < 200 \\ -0.01x + 91, & 200 \leqslant x \leqslant 1\,600 \\ 75, & x > 1\,600 \end{cases}$；

   (2) $L = \begin{cases} 30x, & x < 200 \\ -0.01x^2 + 31x, & 200 \leqslant x \leqslant 1\,600 \\ 15x, & x > 1\,600 \end{cases}$；

   (3) $L(1\,000) = 21\,000$.

6. $R = \begin{cases} 180x, & 0 \leqslant x \leqslant 300 \\ 160x + 6\,000, & 300 < x \leqslant 500 \\ 86\,000, & x > 500 \end{cases}$.

7. $Q(p) = 40\,000 - 100\,000p$；$Q(0.21) = 19\,000$.

8. (1) $p = 5$；(2) $p = 8$.

9. $18\,000,\ 19\,000$.

10. (1) 9；(2) 0；(3) $-\dfrac{2}{5}$；(4) -1；(5) -2；(6) $\dfrac{1}{3}$；(7) 0；(8) $\dfrac{1}{2}$；
    (9) $\left(\dfrac{3}{2}\right)^{200}$；(10) e^8；(11) $e^{-\frac{2020}{3}}$；(12) $e^{-\frac{2}{3}}$；(13) $\ln \dfrac{\pi}{6}$；(14) $\dfrac{1}{6}$.

11. $a = 1,\ b = -3$.

12. $a = 9,\ b = -12$.

13. (1) 2；(2) $\dfrac{1}{2}$；(3) $\dfrac{1}{3}$；(4) $-\dfrac{1}{2}$；(5) $\dfrac{1}{2}$；(6) $\dfrac{2}{3}$；(7) 1；(8) 2；

(9) $-\dfrac{1}{6}$；(10) x；(11) $\dfrac{1}{2}$；(12) $\dfrac{a^2}{b^2}$；(13) $\dfrac{\beta^2-\alpha^2}{2}$；(14) 4.

14. (1) $\lim\limits_{x\to 0^-}f(x)=-1$，$\lim\limits_{x\to 0^+}f(x)=1$，$\lim\limits_{x\to 0}f(x)$ 不存在；

(2) $\lim\limits_{x\to 0^-}f(x)=4$，$\lim\limits_{x\to 0^+}f(x)=\infty$，$\lim\limits_{x\to 0}f(x)$ 不存在．

15. 函数在 $x=0$ 和 $x=1$ 处都不连续．

16. 函数在 $x=0$ 处连续．

17. 函数在 $x=0$ 处不连续．

18. $b=1$ 或 $b=3$．

19. 证明略．

20. 证明略．

21. 证明略．

22. 证明略．

23. 证明略．

24. 证明略．

25. 10 200.

26. 一年期 1.086A，半年期 1.082A. 一年期存款方式收益较多，多 0.004A.

27. 10 784.31.

28. 3 883.56.

29. 10 080.

30. 17 959.22.

31. 306 956，39 752.

32. 4 227.12，314 509.

33. 128 227.

34. 122 808，122 376.

35. 甲 8.198 1 万元，乙 5.805 88 万元．

36. 甲现值 17.32 万元，乙现值 16.35 万元，乙方案优．

37. 5 000 万元．

38. (1) 249.244 万元；(2) 400 万元．

习题二答案

1. (1) $(3,+\infty)$；(2) $(1,2]$；(3) $(-\infty,-2)\cup(-2,2)$.

2. (1) $y'=\dfrac{1}{\sqrt{x}}+\dfrac{1}{x^2}$；

(2) $y'=x-\dfrac{4}{x^3}$；

(3) $y'=-\dfrac{(1+x)\sqrt{x}}{2x^2}$；

(4) $y' = 3x^2 + 12x + 11$;

(5) $y' = \dfrac{1 - \cos x - x \cdot \sin x}{(1 - \cos x)^2}$;

(6) $y' = \dfrac{2 \cdot 10^x \cdot \ln 10}{(10^x + 1)^2}$;

(7) $y' = 2x - x^{-\frac{3}{2}} + \dfrac{1}{2} x^{-\frac{1}{2}}$;

(8) $y' = 3x^2 \cdot \log_3 x + \dfrac{x^2}{\ln 3}$;

(9) $y' = \dfrac{2}{1 - 2x + x^2}$;

(10) $y' = (x \ln x + \ln x + 1) e^x$.

3. (1) $y' = -\dfrac{3}{2\sqrt{5 - 3x}}$;

(2) $y' = -2x e^{-x^2}$;

(3) $y' = \dfrac{-2x}{a^2 - x^2}$;

(4) $y' = \dfrac{1}{2} \cos \dfrac{x}{2}$;

(5) $y' = 60(1 + 2x)^{29}$;

(6) $y' = -\sin 2x$;

(7) $y' = \dfrac{4x}{(3 + 2x^2) \ln 3}$;

(8) $y' = \dfrac{1}{2} \cot \dfrac{x}{2}$;

(9) $y' = \sin^2 \dfrac{x}{3} \cos \dfrac{x}{3}$;

(10) $y' = 2x \sin \dfrac{1}{x} - \cos \dfrac{1}{x}$;

(11) $y' = 5^{x \ln x} \ln 5 (\ln x + 1)$;

(12) $y' = \dfrac{1}{x + \sqrt{x^2 - a^2}} \left(1 + \dfrac{x}{\sqrt{x^2 - a^2}}\right)$;

(13) $y' = \dfrac{1}{3} \sqrt[3]{\dfrac{x(x^2 + 1)}{(x^2 - 1)^2}} \left(\dfrac{1}{x} + \dfrac{2x}{x^2 + 1} - \dfrac{4x}{x^2 - 4}\right)$;

(14) $y' = (\cos x)^{\sin x} (\cos x \ln \cos x - \sin x \tan x)$.

4. (1) $y'' = \dfrac{-(2 + 2x^2)}{(1 - x^2)^2}$;

(2) $y''\left(\dfrac{\pi}{2}\right) = -2$;

(3) $y^{(4)} = \dfrac{6}{x}$;

(4) $y^{(n)} = (n+x)e^x$;

(5) $y^{(n)} = (-1)^{n-1}\dfrac{(n-1)!}{(1+x)^n}$.

5~6 略.

7. (1) 2；(2) 1；(3) 3；(4) 1；(5) 0；(6) 2；(7) 1；

(8) $\dfrac{1}{2}$；(9) 1；(10) $e^{-\frac{2}{\pi}}$.

8. (1) 减区间 $(-\infty, -1)$，增区间 $(-1, +\infty)$；

(2) 减区间 $(-\infty, -1)$，$(0, 1)$，增区间 $(-1, 0)$，$(1, +\infty)$；

(3) 减区间 $(0, +\infty)$，增区间 $(-\infty, 0)$；

(4) 减区间 $\left(0, \dfrac{1}{2}\right)$，增区间 $\left(\dfrac{1}{2}, +\infty\right)$.

9. (1) 极大值 $f(0)=7$，极小值 $f(2)=3$；

(2) 极大值 $f(-1)=21$，极小值 $f(2)=-6$；

(3) 极大值 $f(0)=-1$，无极小值；

(4) 极大值 $f(1)=1$，极小值 $f(-1)=-1$.

10. (1) 极大值 $f(-1)=0$，极小值 $f(3)=-32$；

(2) 极大值 $f\left(\dfrac{7}{3}\right)=\dfrac{4}{27}$，极小值 $f(3)=0$；

(3) 无极大值，极小值 $f(1)=2-4\ln 2$；

(4) 无极大值，极小值 $f(0)=2$.

11. $r = \sqrt[3]{\dfrac{150}{\pi}}$.

12. $x=200(\text{t})$，$p=90(\text{元})$.

13. $x=1\,900(\text{元})$，$L_{\max}=64\,800(\text{元})$.

14. $P=100$，$L_{\max}=175\,000$.

15. 产量 $x=3$，价格 $p=\dfrac{15}{e}$，收益 $R=\dfrac{45}{e}$.

16. $\hat{Q}=8\,000(\text{件})$.

17. (1) $C'(x)=7+\dfrac{25}{\sqrt{x}}$；(2) $\overline{C}(100)=22(\text{元})$，$C'(100)=9.5(\text{元})$.

解释略.

18. (1) $C'(x)=5+4x$，$R'(x)=200+2x$，$L'(x)=195-2x$；

(2) 145.

19. (1) $R(Q)=10Q-\dfrac{Q^2}{5}$，$\overline{R}(Q)=10-\dfrac{Q}{5}$，$R'(Q)=10-\dfrac{2Q}{5}$；

(2) $R(20)=120$，$\overline{R}(20)=6$，$R'(20)=2$.

经济意义略.

20. (1) $\eta(p) = -\dfrac{1}{5}p$;

(2) $\eta(3) = -0.6$, $\eta(5) = -1$, $\eta(6) = -1.2$.

经济意义略.

21. (1) $Q'(6) = -24$; (2) $\eta(6) = -1.85$; (3) 增加 1.6%.

经济意义略.

22. 当 $p = 10$ 时, $|\eta| = 1$;

当 $p > 10$ 时, $|\eta| > 1$.

23. $p_0 = \dfrac{ab}{b-a}$, $Q_0 = \dfrac{c}{1-b}$.

习题三答案

1. (1) 2; (2) 2π; (3) 0.

2. (1) $>$; (2) $<$; (3) $>$.

3. (1) $\dfrac{1}{2} \leqslant \int_0^1 \dfrac{1}{1+x^2}dx \leqslant 1$;

(2) $\dfrac{\pi}{2} \leqslant \int_{\frac{\pi}{2}}^{\pi}(1+\sin^2 x)dx \leqslant \pi$.

4. (1) 0; (2) $-e^{2x}\sin x$; (3) $\ln(e^x+1)$; (4) $\cos^3 x + \sin^3 x$.

5. (1) 1; (2) $\dfrac{\pi^2}{4}$; (3) $\dfrac{1}{3}$.

6. $-\dfrac{1}{4}$.

7. (1) $\dfrac{3}{4}x^{\frac{4}{3}} + c$;

(2) $\dfrac{2}{7}x^{\frac{7}{2}} - \dfrac{4}{5}x^{\frac{5}{2}} + \dfrac{2}{3}x^{\frac{3}{2}} + c$;

(3) $x^2 - \dfrac{1}{4}x^4 - 2\cos x - \dfrac{3^x}{\ln 3} + c$;

(4) $\dfrac{1}{2}x^2 + 2x + \ln|x| + c$;

(5) $\dfrac{3}{8}x^{\frac{8}{3}} + \dfrac{12}{7}x^{\frac{7}{6}} + \dfrac{9}{2}x^{\frac{2}{3}} + c$;

(6) $\arctan x + \ln|x| + c$;

(7) $e^x + x + c$;

(8) $\sin x + \cos x + c$;

(9) $\dfrac{x}{2} + \dfrac{1}{2}\sin x + c$;

(10) $\tan x - x + c$.

8. (1) $-\dfrac{1}{5}e^{-5x} + c$;

(2) $-\frac{1}{2}\ln|3-2x|+c$;

(3) $-e^{\frac{1}{x}}+c$;

(4) $2\sin\sqrt{x}+c$;

(5) $\frac{(2x-3)^{101}}{202}+c$;

(6) $\ln|\ln x|+c$;

(7) $\frac{3}{4}(x+2)^{\frac{4}{3}}+c$;

(8) $\frac{1}{2}\sin x^2+c$;

(9) $\ln|\tan x|+c$;

(10) $-\frac{1}{x\ln x}+c$;

(11) $\frac{1}{2}\arctan(\sin^2 x)+c$;

(12) $\frac{1}{3}\sec^3 x-\sec x+c$;

(13) $x-\ln(1+e^x)+c$;

(14) $\frac{2}{5}(\sqrt{x+1})^5-\frac{2}{3}(\sqrt{x+1})^3+c$;

(15) $x-2\sqrt{x}-2\ln(1+\sqrt{x})+c$;

(16) $\sqrt{2x}-\ln(1+\sqrt{2x})+c$;

(17) $2\arctan\sqrt{x+1}+c$;

(18) $\frac{1}{2}(\arcsin x-x\sqrt{1-x^2})+c$;

(19) $-\frac{\sqrt{1+x^2}}{x}+c$;

(20) $\frac{6}{5}x^{\frac{5}{6}}+\frac{3}{2}x^{\frac{2}{3}}+2x^{\frac{1}{2}}+3x^{\frac{1}{3}}+6x^{\frac{1}{6}}+6\ln|x^{\frac{1}{6}}-1|+c$.

9. (1) $-x\cos x+\sin x+c$;

(2) $\frac{1}{4}x^4\ln x-\frac{1}{16}x^4+c$;

(3) $\frac{1}{2}e^x(\sin x+\cos x)+c$;

(4) $x\ln(1+x^2)-2x+2\arctan x+c$;

(5) $-e^{-x}(1+x)+c$;

(6) $-\frac{1}{x}(1+\ln x)+c$;

(7) $(\sqrt{2x-1}-1)e^{\sqrt{2x-1}}+c$;

(8) $x\arccos x - \sqrt{1-x^2} + c$.

10. $\int xf''(x)\mathrm{d}x = -\ln x + c$.

11. (1) $-\dfrac{3}{2}$; (2) $\dfrac{13}{6}$; (3) 0; (4) 1; (5) $\dfrac{182}{3}$; (6) $2\ln 2 - 1$;

(7) $\arctan \mathrm{e} - \arctan\dfrac{1}{\mathrm{e}}$; (8) $\dfrac{1}{3}$; (9) $\dfrac{1}{9}(2\mathrm{e}^3 + 1)$; (10) $\dfrac{5}{3}$;

(11) 2; (12) $\dfrac{1}{4}$; (13) $\dfrac{1}{3}$; (14) 1.

12. 略.

13. (1) $\dfrac{4}{3}$; (2) 18; (3) 1; (4) $\dfrac{7}{6}$; (5) $\dfrac{3}{2} - \ln 2$.

14. 362.4.

15. 9 987.5, 19 850.

16. (1) 128, 144; (2) $C(Q) = 3Q^2 + 8Q + 2$; $R(Q) = 2Q^2 + 20Q$.

17. 50, 480.

18. 1.25.

19. 6 187.5.

20. 现值 1 728.4 万元, 回收期 4.46 年.

21. 4.055 年.

习题四答案

1. (1) $f(1, 2) = 7$; $f(-1, 0) = 1$;

(2) $f(xy, x+y) = 3xy - 2x - 2y$.

2. (1) $\{(x, y) \mid 2x^2 + 3y^2 \neq 0\}$;

(2) $\{(x, y) \mid x - y > 0, x > 0\}$;

(3) $\{(x, y) \mid x^2 \leqslant 1, y^2 \geqslant 1\}$;

(4) $\left\{(x, y) \mid \dfrac{x^2}{a^2} + \dfrac{y^2}{b^2} \leqslant 1\right\}$;

(5) $\{(x, y) \mid y \geqslant 0, x \geqslant 0, x^2 \geqslant y\}$.

3. (1) $\ln 2$; (2) 0; (3) $-\dfrac{1}{6}$.

4. (1) $z'_x = 2xy^2$, $z'_y = 2yx^2$;

(2) $z'_x = -\dfrac{1}{x}$, $z'_y = \dfrac{1}{y}$;

(3) $z'_x = y\mathrm{e}^{xy} + 2xy$, $z'_y = x\mathrm{e}^{xy} + x^2$;

(4) $z'_x = \dfrac{yR^2 - 2x^2y - y^3}{\sqrt{R^2 - x^2 - y^2}}$, $z'_y = \dfrac{xR^2 - 2xy^2 - x^3}{\sqrt{R^2 - x^2 - y^2}}$;

(5) $\left.\dfrac{\partial u}{\partial x}\right|_{(0, 1)} = 1$, $\left.\dfrac{\partial u}{\partial y}\right|_{(0, 1)} = 0$;

(6) $f_x(x, 1) = 1$, $f_y(\frac{\pi^2}{4}, 1) = 0$.

5. 略.

6. (1) $z''_{xx} = 2$, $z''_{xy} = 1 - 10y$, $z''_{yy} = -10x$;

(2) $z''_{xx} = \frac{x+2y}{(x+y)^2}$, $z''_{xy} = \frac{y}{(x+y)^2}$, $z''_{yy} = -\frac{x}{(x+y)^2}$;

(3) $z''_{xx} = -a^2\sin(ax+by)$, $z''_{xy} = -ab\sin(ax+by)$, $z''_{yy} = -b^2\sin(ax+by)$;

(4) $\frac{\partial^2 z}{\partial x^2} = -3xy^2(x^2+y^2)^{-\frac{5}{2}}$, $\frac{\partial^2 z}{\partial y^2} = 3xy^2(x^2+y^2)^{-\frac{5}{2}} - x(x^2+y^2)^{-\frac{3}{2}}$;

(5) $f_{xx}(x, y) = -\frac{2}{y}(\sin x^2 + 4x^2\cos x^2)$, $f_{xy}(x, y) = \frac{2x\sin x^2}{y^2}$, $f_{yy}(x, y) = \frac{2\cos x^2}{y^3}$;

(6) $f''_{xx}(0, 0, 1) = 2$, $f''_{xz}(1, 0, 2) = 2$, $f''_{yz}(0, -1, 0) = 0$, $f'''_{zzx}(2, 0, 1) = 0$.

7. $\frac{\partial C}{\partial x} = 2x\ln(y+10)$, $\frac{\partial C}{\partial y} = \frac{x^2}{y+10}$, $\frac{\partial C}{\partial x}\Big|_{(5,6)} = 40\ln 2$, $\frac{\partial C}{\partial y}\Big|_{(5,6)} = \frac{25}{16}$.

8. $\frac{\partial Q}{\partial x} = 6y - 2x$, $\frac{\partial Q}{\partial y} = 6x - 4y$; $\frac{\partial Q}{\partial x}\Big|_{(1,1)} = 4$, $\frac{\partial Q}{\partial y}\Big|_{(1,1)} = 2$,

$\frac{\partial Q}{\partial x}\Big|_{(1,2)} = 10$, $\frac{\partial Q}{\partial y}\Big|_{(1,2)} = -2$.

9. x 的边际需求为: $\frac{\partial x}{\partial p} = -2$, $\frac{\partial x}{\partial q} = 1$, y 的边际需求为: $\frac{\partial y}{\partial p} = 1$, $\frac{\partial y}{\partial q} = -1$,

$$\eta_{xp} = \frac{p}{x} \cdot \frac{\partial x}{\partial p} = \frac{-2p}{15-2p+q}, \quad \eta_{xq} = \frac{q}{x} \cdot \frac{\partial x}{\partial q} = \frac{q}{15-2p+q}$$

$$\eta_{yp} = \frac{p}{y} \cdot \frac{\partial y}{\partial p} = \frac{p}{16+p-q}, \quad \eta_{yq} = \frac{q}{y} \cdot \frac{\partial y}{\partial q} = \frac{-q}{16+p-q}$$

两种商品为可替代品.

10. (1) 极小值 $f(-1, 1) = 0$, 极大值 $f(3, 2) = 36$; (2) 极小值 $f\left(\frac{1}{2}, -1\right) = -\frac{e}{2}$.

11. 极大值 $f(1, 2) = 5$, 极小值 $f(-1, -2) = -5$.

12. $x = 5$, $y = 3$, $p = 13.5$, $q = 19$.

13. $x = \frac{3\alpha - 2\beta}{2\alpha^2 - \beta^2}$, $y = \frac{4\alpha - 3\beta}{4\alpha^2 - 2\beta^2}$.

14. 三个正数相等且都等于 4.

15. $Q_1 = \frac{19}{4}$, $Q_2 = \frac{13}{4}$, 总成本将增加 17 个单位.

16. $x = 90$, $y = 140$.

17. (1) $Q_1 = 4$, $Q_2 = 5$, $P_1 = 10$, $P_2 = 7$; (2) $Q_1 = 5$, $Q_2 = 4$, $P = 8$.

18. (1) $x_1 = \frac{3}{2}$, $x_2 = 1$; (2) $x_1 = 0$, $x_2 = \frac{3}{2}$; (3) 收入会减少 2 万元.

19. $x_1 = 6\left(\frac{\alpha}{\beta}\right)^\beta \cdot \left(\frac{p_2}{p_1}\right)^\beta$, $x_2 = 6\left(\frac{\beta}{\alpha}\right)^\alpha \cdot \left(\frac{p_1}{p_2}\right)^\alpha$.

20. (1) $\iint_D (x+y)^2 d\sigma \geq \iint_D (x+y)^3 d\sigma$；(2) $\iint_D e^{xy} d\sigma \leq \iint_D e^{2xy} d\sigma$.

21. (1) $\int_1^2 dx \int_0^2 f(x,y) dy$ 或 $\int_0^2 dy \int_1^2 f(x,y) dx$；

(2) $\int_1^3 dx \int_x^{3x} f(x,y) dy$ 或 $\int_1^3 dy \int_1^y f(x,y) dx + \int_3^9 dy \int_{\frac{y}{3}}^3 f(x,y) dx$；

(3) $\int_0^1 dx \int_{x-1}^{1-x} f(x,y) dy$ 或 $\int_{-1}^0 dy \int_0^{1+y} f(x,y) dx + \int_0^1 dy \int_0^{1-y} f(x,y) dx$；

(4) $\int_1^2 dx \int_{\frac{1}{x}}^{x} f(x,y) dy$ 或 $\int_{\frac{1}{2}}^1 dy \int_{\frac{1}{y}}^2 f(x,y) dx + \int_1^2 dy \int_y^2 f(x,y) dx$.

22. (1) $\frac{20}{3}$；(2) $\frac{1}{20}$；(3) $\frac{13}{6}$；(4) -2.

习题五答案

1. (1) $u_n = (-1)^{n-1} \frac{1}{n}$；(2) $u_n = \frac{1}{2n-1}$；(3) $u_n = \frac{n}{n^2+1}$；(4) $u_n = (-1)^{n-1} \frac{2n}{2n+1} x^{2n+1}$.

2. (1) 发散；(2) 收敛；(3) 收敛；(4) 发散；(5) 发散；(6) 收敛.

3. 因为级数 $\sum_{n=1}^{\infty} u_n = s$，所以级数 $\sum_{n=1}^{\infty} u_{n+1} = s - u_1$，故级数 $\sum_{n=1}^{\infty} (u_n + u_{n+1}) = 2s - u_1$，得证.

4. （反证法）. 假设级数 $\sum_{n=0}^{\infty} (u_n + v_n)$ 收敛，而级数 $\sum_{n=0}^{\infty} v_n = \sum_{n=0}^{\infty} [(u_n + v_n) - u_n]$，由级数 $\sum_{n=0}^{\infty} u_n$ 收敛及级数收敛的性质 1.2 得级数 $\sum_{n=0}^{\infty} v_n$ 收敛，这与级数 $\sum_{n=0}^{\infty} v_n$ 发散矛盾，故假设不成立，级数 $\sum_{n=0}^{\infty} (u_n + v_n)$ 发散得证.

5. 可能收敛，也可能发散. 例如，设级数 $\sum_{n=1}^{\infty} u_n = \sum_{n=1}^{\infty} 1$，$\sum_{n=1}^{\infty} v_n = \sum_{n=1}^{\infty} (-1)$，则级数 $\sum_{n=0}^{\infty} (u_n + v_n)$ 收敛；若设级数 $\sum_{n=1}^{\infty} u_n = \sum_{n=1}^{\infty} 1$，$\sum_{n=1}^{\infty} v_n = \sum_{n=1}^{\infty} 1$，则级数 $\sum_{n=0}^{\infty} (u_n + v_n)$ 发散.

6. (1) 收敛；(2) 发散；(3) 收敛；(4) 发散；(5) 发散；(6) 发散.

7. (1) 发散；(2) 收敛；(3) 当 $0 < a \leq 1$ 时级数发散，当 $a > 1$ 时级数收敛；(4) 收敛；

8. (1) 收敛；(2) 收敛；(3) 收敛；(4) 收敛.

9. (1) 收敛；(2) 收敛；(3) 收敛；(4) 收敛；(5) 收敛；(6) 收敛.

10. (1) 收敛；(2) 收敛；(3) 收敛；(4) 收敛.

11. (1) 条件收敛；(2) 绝对收敛；(3) 绝对收敛；(4) 绝对收敛.

12. (1) $(-2, 2]$；(2) $\{0\}$；(3) $(-\infty, +\infty)$；

(4) $\left[-\frac{1}{\sqrt{5}}, \frac{1}{\sqrt{5}}\right]$；(5) $(-2, 2)$；(6) $\left[\frac{1}{2}, \frac{3}{2}\right)$.

13. 因为 $\lim_{n \to \infty} \frac{|a_{n+1} x^{b(n+1)}|}{|a_n x^{bn}|} = \lim_{n \to \infty} \left|\frac{a_{n+1}}{a_n}\right| |x|^b = a|x|^b$，所以收敛半径 $R = \left(\frac{1}{a}\right)^{\frac{1}{b}}$.

14. (1) $(-1, 1)$，$\frac{1}{(1-x)^2}$；

(2) $(-1, 1)$, $\dfrac{1}{2}\ln\dfrac{1+x}{1-x}$;

(3) $(-1, 1)$, $\dfrac{1+x}{(1-x)^2}$;

(4) $(-1, 1)$, $\dfrac{1+x}{(1-x)^3}$.

15. (1) $\dfrac{1}{2}\sum\limits_{n=1}^{\infty}\dfrac{(-1)^{n+1}}{(2n)!}x^{2n}$, $x\in(-\infty, +\infty)$;

(2) $\sum\limits_{n=0}^{\infty}\dfrac{(\ln a)^n}{n!}x^n$, $x\in(-\infty, +\infty)$;

(3) $\sum\limits_{n=0}^{\infty}\dfrac{1}{2^{n+1}}x^n$, $x\in(-2, 2)$;

(4) $\ln a + \sum\limits_{n=1}^{\infty}\dfrac{(-1)^{n-1}}{na^n}x^n$, $x\subset(-a, a]$.

16. $\sum\limits_{n=0}^{\infty}\dfrac{1}{(2n)!}x^{2n}$, $x\in(-\infty, \infty)$; $\sum\limits_{n=0}^{\infty}\dfrac{1}{(2n)!}=\dfrac{e^2+1}{2e}$.

17. (1) $e\sum\limits_{n=0}^{\infty}\dfrac{1}{n!}(x-1)^n$, $x\in(-\infty, +\infty)$;

(2) $\sum\limits_{n=0}^{\infty}\dfrac{(-1)^n}{3^{n+1}}(x-3)^n$, $x\in(0, 6)$;

(3) $\sum\limits_{n=0}^{\infty}\dfrac{1}{4^{n+1}}(x-1)^n$, $x\in(-3, 5)$;

(4) $\ln 2 + \sum\limits_{n=1}^{\infty}\dfrac{(-1)^{n-1}}{n\cdot 2^n}(x-2)^n$, $x\in(0, 4]$;

(5) $\ln 4 + \sum\limits_{n=1}^{\infty}\dfrac{(-1)^{n-1}}{n\cdot 4^n}(x-3)^n$, $x\in(-1, 7]$;

(6) $\dfrac{1}{\ln 10}\sum\limits_{n=1}^{\infty}\dfrac{(-1)^{n-1}}{n}(x-1)^n$, $x\in(0, 2]$.

18. $\sum\limits_{n=0}^{\infty}\left(\dfrac{1}{2^{n+1}}-\dfrac{1}{3^{n+1}}\right)(-1)^n(x-1)^n$, $x\in(-1, 3)$.

19. 5 000（万元）.

20. 3 980（万元）.

21. 租用.

22. 第二方案有利.

习题六答案

1. (1) B; (2) B; (3) B; (4) D; (5) B; (6) C; (7) A; (8) A; (9) C; (10) D; (11) C; (12) B; (13) D; (14) B; (15) D.

2. (1) 三; (2) $y=Ce^{x^2}$; (3) $Q=100-\ln p$; (4) $y_t=3^{t+1}-2$;

(5) $3^t(A\cos \pi t + B\sin \pi t)$.

3. (1) 通解，特解；(2) 特解，特解；(3) 不是，通解.

4. 略.

5. (1) $(\ln|x-1|+C)\, y=1$;

(2) $y=e^{Cx}$;

(3) $\arcsin y = \arcsin x + C$;

(4) $y^2 = 1 + \dfrac{C}{1+x^2}$;

(5) $e^y = \dfrac{1}{2}e^{2x}+C$, $e^y = \dfrac{1}{2}(e^{2x}+1)$;

(6) $y \cdot x^2 = C$, $y \cdot x^2 = 4$;

(7) $y = Ce^{-\sqrt{1+x^2}}$, $y = e^{1-\sqrt{1+x^2}}$;

(8) $\ln y = C \cdot \tan \dfrac{x}{2}$, $\ln y = \tan \dfrac{x}{2}$.

6. (1) $\ln \dfrac{y}{x} = Cx + 1$ 或 $y = xe^{1+Cx}$;

(2) $x^3 - 2y^3 = Cx$;

(3) $y = x(C - \ln x)$;

(4) $x^2 = C \sin^3 \dfrac{y}{x}$;

(5) $y^2 = 2x^2(\ln x + 2)$;

(6) $y^2 = x^2 \ln x^2$.

7. (1) $y = e^{-x}(x+C)$;

(2) $y = (x+C)(1+x)^2$;

(3) $y = 2 + Ce^{-x^2}$;

(4) $y = \dfrac{x}{3} + \dfrac{C}{x^2}$;

(5) $y = 2\ln x + Cx + 2$, $y = 2\ln x - x + 2$;

(6) $y = (x+C)e^{-\sin x}$, $y = xe^{-\sin x}$;

(7) $y = (x-2)^3 + C(x-2)$, $y = (x-2)^3 - (x-2)$.

8. (1) $y = \dfrac{1}{6}x^3 - \sin x + C_1 x + C_2$;

(2) $y = C_1 e^x - \dfrac{1}{2}x^2 - x + C_2$;

(3) $y = C_1 \ln|x| + C_2$;

(4) $y^3 = C_1 x + C_2$;

(5) $y = \left(\dfrac{1}{2}x+1\right)^4$;

(6) $y = x^3 + 3x + 1$.

9. (1) $y = C_1 e^x + C_2 e^{6x}$;

(2) $y = C_1 \cos 3x + C_2 \sin 3x$;

(3) $y = C_1 e^{2x} + C_2 e^{4x} + x^2 + x + 2$;

(4) $y = C_1 e^{-x} + C_2 e^{-2x} + \left(\dfrac{3}{2}x^2 - 3x\right) e^{-x}$;

(5) $y = \dfrac{5}{8}\cos x + 4\sin x - \dfrac{1}{8}\cos 3x$;

(6) $y = e^x + e^{3x} + e^{5x}$.

10. $C(x) = (1+x)[C_0 + \ln(1+x)]$.

11. 6 096.89 万人.

12. (1) $\dfrac{dW}{dt} = 0.05W - 200$; (2) $W(t) = 4\,000 + (W_0 - 4\,000)e^{0.05t}$;

(3) $W_0 = 3\,000$ 时, $W = 4\,000 - 1\,000 e^{0.05t}$, 当 $t = 27.7$ 时, $W = 0$, 说明第 28 年净资产为负值; $W_0 = 4\,000$ 时, 净资产长期稳定不变; $W_0 = 5\,000$ 时, $W = 4\,000 + 1\,000 e^{0.05t}$, 净资产将以指数形式增加.

13. $C(t) = \dfrac{a}{t} + \dfrac{C_0 t_0 - a}{t_0^b} t^{b-1}$.

14. (1) $Y(t) = Y_0 e^{kt}$, $D(t) = \dfrac{\alpha Y_0}{k} e^{kt} + \beta t + D_0 - \dfrac{\alpha Y_0}{k}$;

(2) $\lim\limits_{t \to \infty} \dfrac{D(t)}{Y(t)} = \dfrac{\alpha}{k}$.

15. (1) $Y(t) = (Y_0 - Y_e)e^{\mu t} + Y_e$, $\mu = \dfrac{1-b}{kb}$, $Y_e = \dfrac{a}{1-b}$,

$C(t) = b(Y_0 - Y_e)e^{\mu t} + Y_e$, $I(t) = (1-b)(Y_0 - Y_e)e^{\mu t}$;

(2) $\lim\limits_{t \to \infty} \dfrac{Y(t)}{I(t)} = \dfrac{1}{1-b}$, $\lim\limits_{t \to \infty} \dfrac{Y(t)}{C(t)} = \dfrac{1}{b}$.

16. (1) $\Delta y_t = 4t + 4$, $\Delta^2 y_t = 4$;

(2) $\Delta y_t = 3^t (2t^2 + 6t + 3)$, $\Delta^2 y_t = 3^t (4t^2 + 24t + 30)$;

(3) $\Delta y_t = e^{2t}(e^2 - 1)$, $\Delta^2 y_t = e^{2t}(e^2 - 1)^2$;

(4) $\Delta y_t = \ln\dfrac{(t+2)}{(t+1)}$, $\Delta^2 y_t = \ln\dfrac{(t+3)(t+1)}{(t+2)^2}$.

17. (1) 一阶; (2) 三阶; (3) 二阶; (4) 五阶.

18. 证明略. (3) $y_t = \dfrac{4}{4t - 1}$.

19. (1) $y_t = C 2^t$;

(2) $y_t = C(-3)^t$;

(3) $y_t = C \dfrac{2^t}{3}$.

20. (1) $y_t = C 5^t - 2$;

(2) $y_t = C + 2t + t^2$;

(3) $y_t = C(-1)^t + \dfrac{1}{4} \cdot 3^t$;

(4) $y_t = C(-1)^t + 2^t\left(\dfrac{1}{3}x - \dfrac{2}{9}\right)$;

(5) $y_t = C(-2)^t - t2^{t-1}\cos \pi t$.

21. (1) $y_t = (-3)^t - \dfrac{1}{4}$;

(2) $y_t = -4\left(\dfrac{1}{2}\right)^t + x^2 - 4x + 8$;

(3) $y_t = (-4)^t + \sin \pi t$.

22. $A_t = A_0(1+r)^t$, $t = 0, 1, 2, \cdots$, $A_5 = 127.63$ 万元. 提示：$A_{t+1} = A_t + rA_t$.

23. (1) $P_t = C(-0.5)^t + 15$, 稳定;

(2) $P_1 = 13.5$, $P_2 = 15.75$, $P_3 = 14.625$, $P_4 = 15$.

提示：(1) 由 $D_t = S_t$ 得 $P_t + \dfrac{1}{2}P_{t-1} = \dfrac{45}{2}$.

24. $Y_t = (Y_0 - Y_e)a^t + Y_e$, $Y_e = \dfrac{1+b}{1-a}$; $C_t = (Y_0 - Y_e)a^t + \dfrac{a+b}{1-a}$.

提示：由 $Y_t - aY_{t-1} = 1 + b$ 及 $C_t - aC_{t-1} = a + b$ 解得通解，并由 Y_0 及 $C_0 = Y_0 - 1$ 确定任意常数.

参 考 文 献

[1] 吴传生. 经济数学—概率论与数理统计［M］. 北京：高等教育出版社，2015.

[2] 吴传生. 经济数学—线性代数［M］. 北京：高等教育出版社，2015.

[3] 韩旭里，谢永钦. 概率论与数理统计［M］. 上海：复旦大学出版社，2009.

[4] 师亚萍，李小琴. 财会数学［M］. 广州：广东高等教育出版社，2014.

[5] 周誓达. 线性代数与线性规划［M］. 北京：中国人民大学出版社，2005.

[6] 卢刚. 线性代数［M］. 北京：高等教育出版社，2003.

[7] 吴赣昌. 概率论与数理统计（经济类）［M］. 北京：中国人民大学出版社，2011.

[8] 赵凤治. 线性规划计算方法［M］. 北京：科学出版社，2019.

[9] 戴维·C. 雷，史蒂文·R. 雷. 线性代数及其应用［M］. 北京：机械工业出版社，2018.

[10] 何书元. 概率论［M］. 北京：北京大学出版社，2015.